王韜集外文編

〔清〕王韜 著
陳正青 編校

圖書在版編目(CIP)數據

王韜集外文編/(清)王韜撰；陳正青編校. —上海：上海古籍出版社，2021.12
ISBN 978-7-5732-0239-0

Ⅰ.①王… Ⅱ.①王… ②陳… Ⅲ.①中國歷史—文集 Ⅳ.①K207-53

中國版本圖書館 CIP 數據核字(2022)第 009911 號

王韜集外文編

陳正青　編校
上海古籍出版社出版發行

(上海市閔行區號景路 159 弄 1-5 號 A 座 5F　郵政編碼 201101)
(1) 網址：www.guji.com.cn
(2) E-mail：guji1@guji.com.cn
(3) 易文網網址：www.ewen.co
常熟市文化印刷有限公司印刷
開本 635×965　1/16　印張 29　插頁 3　字數 404,000
2021 年 12 月第 1 版　2021 年 12 月第 1 次印刷
ISBN 978-7-5732-0239-0
K·3133　定價：128.00 元
如有質量問題，請與承印公司聯繫

前　言

　　王韜(1828.11.10—1897.5.24)，生于蘇州長洲縣甫里村(今蘇州市吴中區甪直鎮)，原名利賓，字蘭瀛，後相繼改名王瀚、王韜，字懶今、紫詮、蘭卿，有仲弢、天南遁叟、甫里逸民、淞北逸民、弢園老民、蘅華館主等多種别號。父親王昌桂爲塾師，母親朱氏有文化。王韜1849年到上海，協助麥都思等傳教士翻譯西書。1862年因涉及上書太平天國將領事，遭清政府通緝，亡命香港。此後經過二十多年國内外奔波忙碌，於1884年(光緒十年)回上海定居，1897年(光緒二十三年)去世。

　　王韜是近代第一批抨擊封建專制、接受西方近代民主理念的思想家，是第一批主張革除舊弊、興辦洋務的改革家，是第一批引進西方科學技術、用中西結合方式辦學的教育家，也是創辦世界上第一家華資中文報紙《循環日報》的中國第一報人。任何一本中國近代思想史、新聞史、教育史，都會提到他。

　　他本是蘇州郊區小鎮的一名窮書生，却一生經歷豐富，曲折坎坷，先後到上海謀生，去香港避難，遠渡重洋到英國，迢迢千里去日本。他刻苦自勵，不斷進取，富有家國情懷，筆耕不輟。有學者評論，王韜中年時期在香港度過的二十三年，是他一生中最重要的階段，是最有貢獻、成果最多的黄金年代，此論固爲精當。需要補充的是，晚年王韜在上海度過的十四年，也是佳作多多，碩果累累，可圈可點。他在國内外經歷了太多的滄海桑田，眼界闊，見識廣，積澱厚，晚年文章中西文化兼容并收，洋務改革，强兵富國，經濟科技，懷舊追新，題材更爲廣泛，思想更爲醇熟，風格更爲老練。王韜是文章大家、學問大家，筆耕之勤，涉獵之廣，成果之豐，近代史上少有人能望其項背。尤爲難能可貴的是，他執掌格致書院，篳路藍縷，别開生面，培養了爲數可觀的科學前沿人才。

王韜極爲重視立言,高度重視保存自己的文字。他在世時,已編定出版過《弢園文録外編》《弢園尺牘》《弢園尺牘續鈔》《瀛壖雜志》《漫游隨録》《淞濱瑣話》等多種著作,但是,依然有很多文字未被收録,尤其是晚年定居上海以後的文字。筆者曾多年參加上海圖書館和香港中文大學所藏盛宣懷檔案的整理工作,發現裡面有很多王韜書信。筆者標點過原先收藏在臺北中研院的王韜部分日記,因而對王韜散落在外未被編録的著作格外留心,日積月累,竟超過二十萬字。竊以爲,對於全面、系統、深入研究王韜這樣一位重量級的思想家、文化人,這些文字并非無關宏旨,因此,不揣淺陋,編了這本《王韜集外文編》。

本書主要收集王韜晚年,即1884年(光緒十年)從香港回到上海以後寫就的文章、詩詞與信函,也收集了1884年前他自己編輯的《弢園文録外編》《弢園尺牘續鈔》等書没有收録的一些文字。主要包括以下六類:

其一,王韜在《萬國公報》上發表的文章。1868年(同治七年)美國傳教士林樂知在上海創辦《教會新報》,後改名《萬國公報》。1890年(光緒十六年)秋,王韜被聘爲《萬國公報》特約撰稿人,從該年第21册起,直到他去世前一年即1896年(光緒二十二年)第89册止,幾乎每一册都有他寫的文章。

其二,王韜在《格致書院課藝》上的序言和評語。上海格致書院是清末輸入西學的重要機構之一。王韜從1885年(光緒十一年)起擔任格致書院山長,一直到1897年(光緒二十三年)去世,這是他從香港回到上海以後所做的最主要工作。他請李鴻章、盛宣懷、薛福成等鋭意洋務的官紳爲書院命題,讓學生作文,然後把遴選出來的優秀文章編成《格致書院課藝》。從第一期起,每一期他都寫序言,做點評。這些序言和評語,本書全部收録。

其三,王韜載於幾部晚清經世文編中的文章。清代編輯刊行的類編性經世文章總集《皇朝經世文編》,從1826年(道光六年)賀長齡

前　言

編了第一部以後，陸續有人編了續編、三編、四編、新編、續新編等，多部文編皆錄有王韜文章。其中，王韜門生、格致書院高材生儲桂山所編《皇朝經世文續新編》（光緒二十八年出版），收錄王韜文章最多。

其四，王韜在《申報》等報紙上發表的文章。晚年王韜在上海報刊上發表過許多詩詞文章，包括《申報》《新聞報》，其中發表於《申報》的篇數最多。王韜一度擔任《申報》主筆，主持《申報》筆政的何桂笙、袁祖志等均爲其好友，錢昕伯是其女婿，故與《申報》淵源特深。

其五，與增田貢等人的筆談記錄。1879年4月王韜東遊日本，考察了東京、大阪、神户、橫濱等城市，訪問了許多日本文人學者，因言語不通，與增田貢等人經常筆談，討論中西文化。

其六，致友朋信函。這些信函數量之多，内容之豐，在近代文人存世信函中殊爲罕見。尤其是他寫給盛宣懷、謝綏之、理雅各等人的信件，談論國事，褒貶時局，臧否人物，兼及人情世故，史料價值極高。王韜是一風流至性文人，信中有許多載酒看花、聲色犬馬的文字，對於後人瞭解晚清社會衆生相，提供了極有價值的資料。

本書後附《王韜簡歷》，以便讀者閱讀、理解本書内容。鑒於忻平、張海林、張志春等學者所著王韜傳記、年譜，對王韜晚年回上海之前生平所記甚詳，故本書所附簡歷對1884年以前王韜生平僅存其概略，而對此後生平記述略詳。

對於文中述及的不太常見的人名字號，整理者盡己所能增加了部分簡注；對於個别手民誤植與衍脱之處，也酌情附注説明。

期盼本書能對關注、從事王韜研究的學者，有所裨益。

陳正青
2021.2.21

目　録

前言 / 1

一、刊於《萬國公報》的文章 / 1

1. 哥倫布傳贊 / 1
   附：艾約瑟跋 / 3
2. 論宜興製造以廣貿易 / 4
3. 論宜得人以理財 / 6
4. 論川東設立洋務學塾 / 8
5. 論宜遴選使才以重使事 / 10
6. 論宜設商局以旺商務 / 13
7. 論大地九州之外復有九州 / 15
8. 閱德國《什好船廠章程》書後 / 18
9. 歐西金銀宜各自為價論 / 21
10. 論巡閱炮臺 / 23
11. 論中國煤鐵之富，美國金銀之富 / 25
12. 論出使須求真才 / 27
13. 論所談洋務終難坐言起行 / 29
14. 《中東戰紀本末》序 / 31

二、載於《格致書院課藝》的序言與評論 / 34

1. 格致書院丙戌課藝　1886年（光緒十二年）/ 34
   (1) 序言 / 34
   (2) 春季課題 / 35
   (3) 夏季課題 / 36
   (4) 秋季課題 / 36
   (5) 冬季課題 / 37
2. 格致書院丁亥課藝　1887年（光緒十三年）/ 38

(1) 序言 / 38
(2) 春季課題 / 39
(3) 夏季課題 / 39
(4) 秋季課題 / 40
(5) 冬季課題 / 41

3. 格致書院戊子課藝　1888年(光緒十四年) / 42
(1) 序 / 42
(2) 春季課題 / 43
(3) 夏季課題 / 44
(4) 秋季課題 / 46
(5) 冬季課題 / 48

4. 格致書院己丑課藝　1889年(光緒十五年) / 49
(1) 序 / 49
(2) 北洋大臣李傅相春季特課題三道 / 50
(3) 升任浙江按察司龔仰蘧廉訪春季課題 / 51
(4) 寧紹台兵備道吳福茨觀察夏季課題 / 52
(5) 南洋大臣曾宮太保秋季特課題三道 / 53
(6) 登萊青兵備道盛杏蓀觀察秋季課題 / 54
(7) 三品銜江南製造局翻譯格致書院董事傅蘭雅先生冬季課題 / 55

5. 格致書院庚寅課藝　1890年(光緒十六年) / 56
(1) 序 / 56
(2) 北洋大臣李爵閣督春季特課題三道 / 58
(3) 升任廣西臬司天津兵備道胡芸楣廉訪春季課題 / 59
(4) 寧紹台兵備道吳福茨觀察夏季課題 / 60
(5) 南洋大臣署理兩江總督沈仲復制軍秋季特課 / 61
(6) 蘇松太兵備道聶仲芳觀察秋季課題 / 62
(7) 登萊青兵備道盛杏蓀觀察冬季課題 / 63

6. 格致書院辛卯課藝　1891年(光緒十七年) / 64
(1) 弁言 / 64
(2) 欽差北洋大臣直隸爵閣督李春季特課題三道 / 67

目 錄

  （3）蘇松太兵備道憲聶仲芳觀察春季課題二道 / 68
  （4）寧紹台兵備道憲吳福茨觀察夏季課題二道 / 69
  （5）欽差南洋大臣兩江總督劉制軍秋季特課題二道 / 70
  （6）三品銜江海關稅務司裴秋季課題 / 71
  （7）頭品頂戴山東登萊青兵備道憲盛杏蓀觀察冬季課題 / 72

 7. 格致書院壬辰課藝　1892年（光緒十八年）/ 73
  （1）序 / 73
  （2）北洋大臣直隸李爵閣督春季特課題三道 / 74
  （3）升任浙江臬司蘇松太兵備道江海關權憲聶仲芳廉訪春季
    課題四道 / 76
  （4）寧紹台兵備道海關權憲吳福茨觀察夏季課題二道 / 77
  （5）南洋大臣兩江督憲劉制軍秋季特課題三道 / 79
  （6）直隸津海關道權憲盛杏蓀觀察秋季課題 / 80
  （7）登萊青兵備道海關權憲李子木觀察冬季課題三道 / 81

 8. 格致書院癸巳課藝　1893年（光緒十九年）/ 83
  （1）序 / 83
  （2）北洋大臣直隸爵閣督李傅相春季特課題三道 / 84
  （3）升任浙江臬憲江蘇蘇松太兵備道憲聶仲芳廉訪春季課題
    二道 / 85
  （4）浙江寧紹台兵備道憲吳福茨觀察夏季課題二道 / 86
  （5）南洋大臣兩江總督劉制軍秋季特課題二道 / 87
  （6）欽加三品銜江南製造局翻譯傅蘭雅西士秋季課題 / 88
  （7）招商局總辦候補道鄭陶齋觀察冬季課題三道 / 88

三、載於晚清經世文編的文章 / 91
 1. 釐捐弊論 / 91
 2. 論關津鐵路 / 92
 3. 論英通中國商務路程 / 93
 4. 製造局開鑄制錢論 / 95
 5. 郵政 / 97
 6. 論變法宜詳審弊源 / 98

7. 歷代國本得失利弊論 / 100

8. 論各國强弱相因之道 / 101

9. 歷代馭夷得失説 / 102

10. 救時芻議 / 104

11. 高麗考 / 106

12. 與客論日本地震海嘯事 / 107

13. 海防芻議 / 109

14. 論國初戡亂之速 / 110

15. 論練兵宜仿西法寓兵於商農工 / 111

16. 論兵禍之慘 / 113

17. 槍炮宜一律説 / 114

18. 雷艇及海底輪船記 / 115

19. 歐洲兵輪考實 / 116

20. 論民團宜依西法 / 118

21. 德國水陸軍政考 / 120

22. 整頓海軍芻議一 / 122

23. 整頓海軍芻議二 / 123

24. 海軍芻議條目 / 124

25. 泰西郵局考 / 126

26. 中西藏書考 / 127

27. 論中國科舉之學爲人心之大害 / 128

28. 論學術不可偏廢 / 129

29. 變通取士之制議 / 131

30. 論宜去學校積弊以興人材 / 133

31. 論試士以不搜檢爲得體 / 136

32. 增設船政學堂論 / 138

33. 論日本工藝之精 / 139

34. 輪船速率考 / 140

35. 印度茶産考 / 140

36. 整頓茶商議 / 141

37. 人民繁則貿易盛説 / 142

目　錄

38. 論整頓鹽法 / 144
39. 書許河帥奏摺後 / 146
40. 河工近論 / 147
41. 治河探源説 / 149
42. 論法人擬攬河工事 / 150
43. 西人治河節略 / 152
44. 西國鐵路述略 / 152
45. 辟以止辟論 / 154
46. 中西教養得失論 / 156
47. 自強策一 / 158
48. 自強策二 / 160
49. 自強策三 / 162
50. 自強策四 / 164
51. 變通治法爲善後議上 / 166
52. 變通治法爲善後議中 / 168
53. 變通治法爲善後議下 / 170

四、刊於《申報》的詩詞文章 / 173

1. 詩詞 / 173

　　(1) 萬玉田先生，近日之岐黄名家也，擅活人之術，存濟世之心，品詣純粹，容貌和藹，一望而知爲長者。今歲四月爲先生七秩壽辰，敬獻小詩祝嘏，藉進一觴，以爲先生壽 / 173

　　(2) 題許壬瓠小像 / 174

　　(3) 題黄君春甫《垂釣圖》/ 175

　　(4) 題祝聽桐《撫琴圖》，時余將束裝回粤矣 / 175

　　(5) 奉題高昌寒食生《劫火紀焚卷》後，即請指正 / 176

　　(6) 《陳節母詩》爲徐古春先生作。節母，平湖之乍浦人，蓋古春外姑也，無子，僅一女，依壻而居，守節二十有七年。古春爲之請旌於朝，徵詩海内，意良厚也。爰爲古風一篇 / 177

　　(7) 壬瓠招飲，席上賦詩贈别，即步原韻奉酬 / 177

　　　附：許壬瓠原詩 / 178

(8) 蒙苕溪花月吟廬主人贈詩，敬酬一律 / 178

(9) 梁溪瘦鶴詞人見贈二律，賦此奉酬，即步原韻 / 178

(10) 藜床舊主賦詩見贈，步韻奉答，即乞指政 / 179

(11) 海上逢許仲韜觀察，賦長歌贈之，即以言別 / 179

(12) 贈黃瘦竹，即題其《捐竹圖》/ 180

(13) 馬湘伯自朝鮮回，贈予髮紙，賦此誌謝 / 181

(14) 題李小池《環遊地球圖》/ 181

(15) 題萬玉田儒醫小像，即踐卜鄰之約 / 182

(16) 姚葆卿司馬嘗來云，將寄朱提二十笏，以償十年前書值。余即擬移賑山東水災，賦此誌謝 / 183

(17) 甲申春暮自粵歸吳，誌感四首 / 184

(18) 昨登青蓮閣酒樓，隔座有哦詩作廋語者，有觸於懷，口占五十六字 / 184

(19) 題小樓主人《吟飲圖》，即步原韻，敬呈松堂司馬尊兄宗大人正可 / 185

(20) 贈小樓主人，仍用其題《吟飲圖》原韻，即呈松堂司馬宗大人正可 / 185

(21) 小樓主人以《吟飲圖》索題，囑和原韻 / 185

(22) 題倪耘劭司馬《湖樓茶話圖》，時司馬將北上，即送其行 / 186

(23) 同人公餞唐君芝田北上，謹呈一律送行 / 187

(24) 題徐古春先生《貽硯圖》/ 187

(25) 閒居感事，即用《春暮自粵歸吳》原韻四首 / 188

(26) 讀懺情侍者《海上羣芳譜》書後 / 189

(27) 題江東小劍《海天長嘯圖》/ 189

(28) 題藜床舊主《寫詩圖》/ 190

(29) 寺田望南從東來，偕其國詩人岡鹿門，邀諸名士集飲酒樓。時在座者李芋仙刺史、易實甫部郎、曾重伯孝廉、黃式權茂才、黃瘦竹處士及余也。望南即席呈詩，因和其韻 / 190

附：寺田望南《將發東京，留別同人》/ 191

目 錄

(30) 謂芋仙 / 191
(31) 岡君鹿門、寺田君望南,以屆其國除夕,招飲酒樓,即席分韻賦詩,得"燈、寒、眠"三字 / 192
(32) 招鹿門山人小飲酒樓,即送其往遊粵東,和望南韻 / 192
附:寺田望南《餞鹿門山人遊南海》/ 192
(33) 望南招飲,席上口占,和小園居士韻 / 193
附:小園居士《寺田君望南招飲酒樓,即席賦呈,時予將赴粵》/ 193
(34) 五月十三日,鮑君叔衡、管君秋初招飲酒樓,賓朋畢集。兩君效戴宏正故事,互易蘭譜,雅慕昔時齊國管、鮑交,自謂兩人姓氏適合,毋使古人專美也。袁大令翔甫先生即席有詩,因亦繼聲,謹步元韻 / 193
(35) 讀《海上羣芳譜》書後 / 194
(36) 去月杪,陡患肺疾,僵臥床褥者六日,抱病以來,未有如是之劇者,殆將恒化乎?伏枕呻吟,口占一律,聊寫遺音 / 194
(37) 意琴室主招集滬上衆名士於紉秋館,爲王佩蘭眉史作生日,即席分韻賦詩。余以病齒未赴,特詠一詩爲眉史壽 / 194
(38) 贈佩蘭詩後忽有所感,復得一律 / 195
(39) 聽秋聲館主,甬江名下士也。以赴任皖江道經滬瀆,招余小飲於吟蘭室。王雅卿眉史素著香名,久標豔幟,貌端麗而寡於言,有問則答,或涉以詼諧,則嫣然一笑而已,真所謂"豔如桃李,而冷若冰霜"者也。當筵捧觴爲壽,因索新詩,余口占兩絶句□之 / 195
(40) 贈北條鷗所 / 195
(41) 北條鷗所將歸其國,賦詩二章送行,即步原韻 / 196
(42) 張蓉臺先生今年六秩有一,五月二日爲稱觴之辰,同人代爲徵詩,敬撰長歌一篇,爲先生壽 / 196
(43) 題程步庭太守《知足圖》 / 197
(44) 徐古春先生之哲嗣庚香茂才,隨其師嚴芝僧太史赴粵,賦詩留別,即和元韻送行,並述舊懷 / 197
(45) 陳哲甫參贊自東瀛使署頒到《寄懷》詩四律,依韻奉和,

7

並請遥正 / 198

(46) 意琴室主將有八閩之遊,賦詩言別,讀之黯然言愁,我始欲愁矣。聊作四律送行,謹步原韻,即請哂政 / 199

(47) 用元韻題《餘春豔迹詩輯》後,並慰問梅瘦鶴 / 200

(48) 題陳喆甫參贊大行人《東海泛槎圖》/ 200

(49) 蒙贈新詩,殊不敢當,敬依元韻和呈,即請教正 / 201

附:皖中願學子原詩 / 201

(50) 席上贈吳佩香詞史 / 202

(51) 嚴芝僧太史特招陳喆甫參贊小宴,即席有詩。余雖不得預見而遥和之,藉進一觴,爲太史壽 / 202

(52) 六月二十九日,陳悔門太史特招吳子蔚太史、高詠之大令、朱稚村茂才、任伯年畫師及余,小集於補離騷館,王雅卿詞史亦在座。□倩任老繪圖,諸君各賦詩一章,藉留海上鴻爪 / 202

(53) 題吳子和學博玉照,調寄《賀新凉》,即步原韻 / 203

(54) 送秋山儉爲歸日本,即次其留別原韻 / 204

2. 文章 / 204

(1) 港督燕制軍東遊記并序 / 204

(2) 書曾廣鈞《即席和寺田君望南韻》詩後 / 205

附:曾廣鈞《即席和寺田君望南韻》/ 205

(3) 書周逸卿《菊夢》詩後 / 206

附:周逸卿《寄社第十八會詩題 菊夢》(不拘體韻)/ 206

(4) 《出使須知》跋 / 206

(5) 書《出洋瑣記》後 / 208

(6) 課卷出案 / 208

(7) 日本岡千仞《祭李芋仙文》附注 / 209

附:岡千仞《祭李芋仙文》/ 209

(8) 王松堂司馬小樓記 / 210

(9) 王松堂司馬《〈小樓吟飲圖〉題詠彙刻》序 / 212

(10) 書日本岡千仞《觀光紀遊》後 / 213

(11) 朱逸卿《金縷曲》後按語 / 215

目　録

附：朱逸卿《金縷曲》/ 215
(12) 一得芻言 / 216
(13) 程步庭太守安陽德政紀 / 219
(14)《安陽輿頌》序 / 221
(15)《紉蘭齋印譜》序 / 222
(16)《西學大成》序 / 223
(17) 蔣子蕃《薛叔耘廉訪去思碑》附識 / 224
(18) 紀陳宇山軍門德政，即送之淮揚鎮新任 / 225
(19) 浙西逸民《論典業利弊，擬請移款濟急》附識 / 227
(20) 弢園釀觜刻書啓 / 227
(21) 葉子成《〈中西算學大成〉跋》附識 / 229
(22) 錢志澄《北邊防務輕重緩急何在論》附識 / 229
(23) 張幼亦《祭黎母文》附識 / 230
(24) 一得居士《中西女塾説》附識 / 230
(25) 繆少初詩附識 / 231

附：繆少初原詩 / 231
(26) 李鼎頤《栽禁洋藥議》附識 / 231
(27) 姚太守《泰西自流井説》附識 / 232
(28) 玉笥生《妖火説》附識 / 233
(29)《法國志略》原序 / 233
(30) 味純園公祝何桂笙先生五秩壽文 / 236
(31)《格言聯璧》序 / 238
(32) 李貞姑下壇自述始末記 / 240
(33) 葉耀元《祭曾劼剛襲侯文》附識 / 242
(34) 許壬瓠《録纂修〈吴郡甫里志〉徵故實啓》附識 / 243
(35) 雅樂復古論 / 243
(36) 録舒太孺人傳 / 246
(37) 楊毓輝《自造銀幣利弊論》附識 / 247
(38) 朱有濂《朝鮮爲中國藩屬，宜用何策保守論(上)》附識 / 247
(39) 朱有濂《朝鮮爲中國藩屬，宜用何策保守論(下)》按 / 248
(40)《劍華堂續罪言》序 / 248

(41)《南行日記》序 / 251

(42) 輓聯附録 / 252

(43) 張春亮《西學略説》附識 / 252

(44) 題《金静芳校書焚香讀書圖》/ 253

(45) 紀陳孝女刲臂療親事 / 255

(46) 董琴琛《西伯利亞鐵路考》附識 / 258

(47) 朱正元《俄國西伯利亞造鐵路道里經費時日論》附識 / 259

(48) 胡永吉《物體凝流二質論》附識 / 259

(49) 李經邦《潮汐應月説》附識 / 260

(50) 彭壽人《問商務贏絀》附識 / 260

(51) 書黄君夢畹《扶桑攬勝集》後 / 261

(52) 胡家鼎《風性表説》附識 / 263

(53) 胡家鼎《大洋海、大西洋海、印度海、北冰海、南冰海考》附識 / 263

(54) 吴縣徐少甫先生六十壽序 / 263

(55) 潘敦先《節餉裁釐論》附識 / 266

(56) 潘敦先《請永停捐輸實官議》附識 / 266

(57) 殷之輅《問演故槍炮測量遠近度數》附識 / 266

(58) 楊史彬《論采煉鋼鐵織紡紗布》附識 / 267

五、刊於《新聞報》的詩 / 268

1. 戲贈寶珠詞史，兼感舊事 / 268

2. 奉題徐漱珊學博《永安塿硯圖》，即步原韻 / 269

3. 懺綺遊詩 / 270

4. 閑情詩畢，忽於枕上得句，附呈倉山舊主一粲 / 270

5. 三贈寶珠詞史 / 271

六、與增田貢等筆談記録 / 272

1. 與增田貢、黄遵憲筆談（1879 年 5 月 25 日　光緒五年四月初五日）/ 272

2. 與增田貢、張斯桂、王治本、王藩清筆談（1879 年 5 月 26 日

目　錄

光緒五年四月初六日) / 277

3. 與增田貢筆談(1879年6月1日　光緒五年四月十二日) / 281

4. 與增田貢、張斯桂筆談(1879年6月10日　光緒五年四月二十一日) / 282

5. 與增田貢筆談(1879年6月14日　光緒五年四月二十五日) / 284

6. 與增田貢筆談(1879年6月15日　光緒五年四月二十六日) / 285

7. 與增田貢筆談(1879年6月21日　光緒五年五月初二日) / 285

8. 與增田貢筆談(1879年6月25日　光緒五年五月初六日) / 287

9. 與增田貢筆談(1879年6月30日　光緒五年五月十一日) / 290

10. 與增田貢筆談(1879年7月16日　光緒五年五月二十七日) / 292

11. 與增田貢唱和(1879年8月　光緒五年六月至七月) / 293

七、致友朋信函 / 295

1. 王韜致盛宣懷函 / 295

　　(1) 光緒六年三月初七日 / 295

　　(2) 光緒[十年]正月十八日 / 298

　　(3) 光緒十年四月二十日 / 298

　　(4) 光緒[十一年]六月二十三日 / 300

　　(5) 光緒[十一年]六月二十九日 / 300

　　(6) 光緒[十二年]九月二十五日 / 301

　　(7) 光緒[十三年]四月十三日 / 302

　　附：王韜致楊廷杲函(光緒[十三年]七月十四日) / 302

　　(8) 光緒十三年五月初七日 / 302

　　(9) 光緒[十三年]六月十七日 / 303

　　(10) 光緒[十三年]八月二十二日 / 304

　　(11) [光緒十三年八月二十二日—十二月二十日之間] / 306

　　(12) 光緒[十三年]十二月二十日 / 307

　　(13) 光緒[十三年]十二月二十九日 / 308

(14)［光緒十四年正月初］/ 309
(15)［光緒十四年二月］/ 309
(16) 光緒［十四年］三月初八日 / 310
(17) 光緒［十四年］四月二十五日 / 310
(18) 光緒［十四年］七月十一日 / 311
(19) 光緒［十四年］八月二十六日 / 312
(20) 光緒［十四年］九月二十三日 / 313
(21) 光緒［十四年］九月二十八日 / 314
(22) 光緒［十四年］十二月初三日（第一封）/ 315
(23) 光緒［十四年］十二月初三日（第二封）/ 316
(24) 光緒［十五年］正月十三日 / 317
(25) 光緒［十五年］正月二十日 / 318
(26) 光緒［十五年］四月十七日 / 319
(27) 光緒［十五年］四月二十日 / 320
(28)［光緒十五年七、八月左右］/ 321
(29)［光緒十五年九月上旬］/ 322
(30) 光緒［十五年］十月初六日 / 322
(31) 光緒［十五年］十月二十八日 / 323
(32)［光緒十五年十月左右］/ 324
(33) 光緒［十五年］十一月二十三日 / 326
(34)［光緒十五年十月—十二月］/ 326

附：沈嵩齡致王韜電文 ［光緒十五年十月—十二月］/ 326

(35)［光緒十四或十五年□月□日］/ 327
(36)［光緒十五年□月□日］/ 327
(37) 光緒［十六年］閏二月二十四日 / 328
(38) 光緒［十六年］五月十六日（上午）/ 328
(39) 光緒［十六年］五月十六日（下午）/ 329
(40) 光緒［十六年］九月二十五日 / 329
(41) 光緒十六年十月十三日 / 330
(42) 光緒十六年十月二十日 / 331

附：藤田重遠名片 / 332

目　録

(43) 光緒[十六年]十二月初八日 / 332

(44) 光緒[十六年]十二月十二日 / 333

(45) 光緒[十七年]正月初七日 / 334

(46) 光緒十七年[二月初四日] / 335

(47) 光緒[十七年]四月二十一日 / 336

(48) 光緒[十七年]七月十四日 / 337

(49) 光緒[十七年]十二月十三日 / 338

(50) 光緒[十七年]十二月二十五日 / 338

(51) [光緒十六年—十八年之間] / 339

(52) [光緒十八年六月—十二月之間] / 340

(53) 光緒[十九年]正月十九日 / 340

附：論歐洲近日情形 / 341

(54) 光緒[十九年]四月二十七日 / 344

(55) 光緒十九年六月二十八日 / 345

(56) 光緒十九年八月二十七日 / 346

(57) 光緒十九年九月初九日 / 347

(58) 光緒[十九年]九月十八日 / 347

(59) 光緒[十九年]九月二十八日 / 348

(60) 光緒[二十年]正月二十二日 / 349

(61) 光緒[二十年]正月二十五日 / 350

(62) 光緒二十年二月初七日 / 350

(63) 光緒二十年二月二十二日 / 351

附：甲午年春季特課題目 / 352

(64) 光緒[二十年]十月初四日 / 352

(65) 光緒[二十一年]八月二十六日 / 353

(66) 光緒[二十一年]十二月二十五日 / 354

(67) 光緒[二十一年]□月□日 / 355

(68) 光緒[二十二年]三月二十七日 / 355

(69) 光緒[二十二年]五月二十二日 / 357

(70) [光緒二十二年五月二十八日前後幾天] / 357

(71) 光緒[二十二年]五月二十九日 / 358

(72) 光緒［二十二年］五月三十日 / 359
(73) 光緒［二十二年］六月初一日 / 360
附一：蔣超致王韜函（光緒［二十二年］五月二十八日）/ 361
附二：蔣超致王韜函（光緒［二十二年］六月初一日）/ 361
(74) ［光緒二十二年六月初二日］/ 361
(75) 光緒［二十二年］六月十四日 / 362
(76) 光緒［二十二年］六月十六日 / 362
(77) 光緒［二十二年］六月二十一日 / 363
(78) 光緒［二十二年］七月初二日 / 363
(79) 光緒［二十二年］七月初八日 / 364
(80) 光緒［二十二年］七月十三日 / 364
(81) ［光緒二十二年七月十五日］/ 365
附：魯本盤名條 / 366
(82) 光緒［二十二年］七月十六日 / 366
(83) 光緒［二十二年］八月初一日 / 367
(84) ［光緒二十二年十一月底左右］/ 368
(85) ［光緒二十二年十二月初左右］/ 369
(86) ［光緒二十二年十二月底］/ 369
(87) 光緒［二十二年—二十三年］二月十七日 / 370
(88) 光緒□□年正月二十二日 / 370
(89) 光緒□□年四月十二日後幾日 / 371
附：□□致王韜函（光緒□□年四月十二日）/ 371
(90) 光緒□□年□月□日 / 371
(91) 光緒□□年□月□日 / 372

2. 王韜致謝綏之函 / 372
(1) 光緒［十年］九月二十二日 / 372
(2) 光緒［十一年］二月二十二日 / 373
(3) 光緒［十一年］四月十三日 / 373
(4) 光緒［十二年］正月十四日 / 374
(5) 光緒［十二年］四月十七日 / 374
(6) ［光緒十一年至十五年］冬至後五日 / 375

目 録

(7) 光緒[十六年]五月二十二日 / 375

(8) [光緒十六年五月二十二日] / 376

(9) [光緒十六年十一月十四日] / 377

(10) 光緒[十六年]十二月初八日 / 378

(11) 光緒[十七年]十月二十三日 / 379

(12) 光緒[十九年]六月二十六日 / 379

(13) [光緒十九年五月至七月左右] / 380

(14) 光緒[十九年]十月初八日 / 380

(15) [光緒十九年十一月] / 381

(16) 光緒二十年正月二十七日 / 381

(17) 光緒[二十年]六月初三日 / 382

(18) [光緒二十年六月中下旬] / 383

(19) 光緒[二十年]十一月初五日 / 385

(20) 光緒[二十年]十一月十一日 / 386

(21) [光緒二十年十一月中下旬] / 387

(22) 光緒[二十年]十二月初七日 / 387

(23) 光緒[二十一年]二月二十五日 / 388

(24) 光緒[二十一年][閏五月]十二日 / 389

(25) [光緒二十一年八月初六日] / 391

(26) [光緒二十年—二十二年三月左右] / 391

(27) [光緒二十二年五月左右] / 392

(28) 光緒□□年十二月初十日 / 393

3. 王韜致理雅各函 / 393

(1) 光緒七年三月二十九日(1881年4月27日) / 393

(2) 光緒十七年八月二十九日(1891年10月1日) / 395

(3) 光緒十八年閏六月二十四日(1892年8月16日) / 395

(4) 光緒二十年正月十八日(1894年2月23日) / 396

(5) 光緒二十一年正月二十七日(1895年2月21日) / 397

4. 王韜致岡千仞函 / 398

(1) [1879年]5月2日 / 398

(2) [1879年]6月24日 / 399

(3) ［1879年］7月28日 / 399

(4) ［1879年］7月31日 / 400

(5) ［1879年］8月15日 / 400

(6) ［1879年］8月16日 / 400

(7) ［光緒五年八月中下旬］ / 400

(8) ［光緒五年］十月十四日 / 401

(9) 光緒六年三月二十一日 / 401

(10) 光緒［六年］四月初六日 / 402

(11) 光緒［六年］五月初十日 / 403

附：岡鹿門致王韜函（1879年12月底） / 404

(12) 光緒九年正月二十七日 / 404

(13) 光緒九年二月十五日（1883年3月23日） / 405

(14) 光緒［十年］八月初八日 / 405

附：王韜所作序、跋（三篇） / 406

5. 王韜致楠本正隆函 / 408

1879年8月21日 / 408

6. 王韜致增田貢函 / 409

(1) 光緒五年四月初七日（1879年5月27日） / 409

附：增田貢復王韜函 / 410

(2) 光緒五年四月初十日（1879年5月30日） / 410

(3) 光緒五年四月十一日（1879年5月31日） / 410

(4) 光緒六年二月二十二日（1880年4月1日） / 410

7. 王韜復宮島誠一郎函 / 411

光緒五年五月十二日（1879年7月1日） / 411

附：宮島誠一郎致王韜函 / 411

附錄一　王韜簡歷 / 413

附錄二　人名索引 / 426

一、刊於《萬國公報》的文章[1]

1. 哥倫布傳贊[2]

　　從來非常之人,始可建非常之功;負不世出之才,始能爲不世出之事。變古而爲今,易舊而爲新,獲從古未獲之地,開歷來未有之局,名著地球,功在寰宇,惟哥倫布可以當之而無愧矣。

　　哥倫布爲義大利之熱那亞人,居瀕地中海。少時讀書,喜爲有用之學,講習象緯輿圖,而尤精於航海之術。平生志趣好奇而尚異,思爲人之所不能爲,慨然有乘長風、破巨浪、馳驅乎域外萬里之想。其父爲舟師,遂繼其業,不憚涉遠荒,窮幽渺,以冀一驗其言。當時有窮究天文之士曰歌白尼,獨謂地體維圓,此外不應無地。顧僅有其說,聞者疑信參半。哥倫布於平居潛心體驗,深信而不疑,謂獨不得假手斧柯,俾親身閱歷,一償其夙願耳。幸天牖西班牙王后衷賜以舟艦貲

---

　　[1]《萬國公報》,前身爲《教會新報》,1868 年美國傳教士林樂知在上海創辦,週刊,1874 年改名《萬國公報》,1883 年停刊。1889 年 1 月廣學會斥資復刊,改爲月刊,由林樂知等主辦,刊登有關新聞、自然科學和時評等,爲當時中國發行量和影響力最大的刊物。1907 年,林樂知去世後不久,該刊停辦。王韜於 1890 年(光緒十六年)秋被聘爲該刊特約寫稿人,從該年第 21 册起,直到他去世前一年即 1896 年(光緒二十二年)第 89 册止,幾乎每一册都有他的文章。這些文章,除了部分在《弢園文錄外編》等書裏已發表外,一篇《救時芻議》收録在本書第三章《載於晚清經世文編的文章》裏,其餘均收録於本章。

　　[2] 原刊登在 1892 年 7 月(光緒十八年六月)《萬國公報》第 42 册。此文先刊登在 1892 年 5 月 1 日(光緒十八年四月初五日)《申報》第 1 版(但無艾約瑟的跋文),兩處文章對校,可知在《萬國公報》上的此文中個别字作了訂正。

1

糧,得行其志,果覓得新地而還,前後凡四至美洲。旋繼哥倫布而往者踵相接,歐洲諸國咸闢土建邦,設官置戍,開海外富強之基,名之曰新寰宇。嗚呼!謂非哥倫布首倡之功哉!

哥倫布往返中途屢經危險,而又行者尼之,居者讒之,乃百折不回,置身家性命於弗顧,卒以成此巨功。雖邀天佑,亦由其定識定力有以濟之也。顧哥倫布遭際非時,忌嫉者衆,知己無人,大援邃失,功高不賞,名重招尤,終至抑鬱抱憾以没世,千載而下追録其功者,不免代爲之悲焉。

惟哥倫布身没而名存,雖經萬古而不磨滅,迄今日泰西之名公巨卿、鴻儒碩彦、格致會士、貿易紳商,無不同深感念。首作贊詞者,則有若百年前密蘭教士巴利尼,於是一倡而百和,至今歌頌之辭幾遍天下。今年舉行賽奇會,一在密蘭城,一在日京[1]馬德利。上溯哥倫布探覓新地之時,適届四百年,擬遍徵各國贊詞,廣述其宏勳偉烈,衷輯成書,泐石流傳,藉以想見其流風餘韻,遺迹芳徽,俾猶仿佛在人心目間焉。

考哥倫布自通美洲之六年,歐洲商舶亦直達於中國,航海東來,其程逾遠,環行地球,遂自此始。間嘗論之天下之理,一本散爲萬殊,萬殊歸於一本。五千年前,全地球由合而分;五千年後,全地球由分而合。聖人之製舟車,蓋將聯同洲、異洲之人,而爲一家、一國也。哥倫布之開闢美洲,天特使之成一創局,俾世上一切事丕然一變,焕然一新。美國挺生華盛頓,敝屣萬乘,公天下而無私,俾有國家者傳於賢,而不傳於子,遠追唐虞揖讓之風。其創一也。

義大利名人輩出,曆算、格致、詩文之學,領袖一時。顧自伽離略以下,屈指數之,僅得三人,巍然鼎峙。哥倫布獨精航海之術乃得偶,三人而爲四,學術之難也如此。美洲開闢止四百年,而其學術已足抗衡歐洲,抑何速哉!其創二也。

自得美洲,而泰西有志之士益講求地學,精究測量,環歷海洋,幾無不遍,所有窮荒寫遠,杳無居人之所,足迹亦必至焉。南北二

―――――――――――
[1] 日京,這裏指西班牙首都,清朝時西班牙一度被譯作"日斯巴尼亞"。

一、刊於《萬國公報》的文章

冰洋,幾窮其境,鑿險縋幽,無有遺蘊,蓋前此之所未能焉。其創三也。

要之,哥倫布立奇功,以不朽垂令名於無窮,上下數千載,縱橫九萬里,誰與之比,誠古今未易才也。嗚呼!謂非人傑也哉!至其事迹,多見於所譯各書,不復贅焉。

謹爲之贊曰:

巍巍哥君,意國之英。天挺異質,藝苑蜚聲。少小勤學,有志遠行。測天曆準,航海術精。球形維圓,體驗獨先。重洋而外,應有幅員。人或沮尼,厥念彌堅。終酬夙願,大地乃全。

巍巍哥君,西方初祖。名耀一時,功邁千古。擴舊乾坤,開新寰宇。變局無雙,大洲有五。遺澤流芬,迄今弗墜。人思其勳,民拜厥賜。異口同音,稱頌不置。逸史王韜,珥筆以記。

光緒十有八年歲次壬辰季春之月,天南遯叟撰。

附:艾約瑟跋[1]

義大利國定於本年舉行賽奇大會,蓋上距哥倫布航海搜獲三阿美利加洲地,適屆四百年之期也。先是一百年前米蘭教士巴利巴[2]創爲贊辭,道揚盛美,後之名公巨卿、格學教士,尤爲推重稱頌不已。今歲設會,一爲日京馬德利,一則即在米蘭本城。天下各國之撰文頌贊者,咸送交米蘭縉紳會,俾之編輯成書,藉彰功烈。而中國則王君韜贊辭一篇,尤擅勝場。按,王君曾赴吾英暨日本各國,先與李教師偕譯中國五經四子書,易以英語,譯日本諸書,已所撰著有西學六函,弢園詩文內外諸集,一時中外均目爲儒林耆宿云。艾約瑟跋。

---

[1] 艾約瑟(Joseph Edkins,1823—1905),英國倫敦會傳教士,1848年受派來上海,爲倫敦會駐滬代理人,先協助麥都思工作,1856年麥離滬回國以後,他繼任墨海書館監理。1858年以後相繼在煙臺、天津、北京等地從事傳教活動。曾被總稅務司赫德聘爲海關翻譯。1905年病逝於上海。他是著名的中國通,著有介紹中國經濟、政治、語言、宗教的著作多種。王韜曾與他在墨海書館共事。

[2] 巴利巴,即王韜前文中的"巴利尼"。

2. 論宜興製造以廣貿易[1]

中國地大物博，所應有者無不有，供給己用之外，尚可轉輸於遠方。特近日中國貨物流通，但可行之於內地，而不能遍及乎外邦，則以製造之法未得其宜也。

欲精製造，必先自上開其端，教導而磨礪之，而後下之鼓舞奮勉者自神。國家於工農兵商，當各有藝塾，經費由地方官公捐。有不能爲士願爲工者，入工藝塾，塾中規模可稍異於士之藝館，無實學一途，專宗藝學，以專心致志於製造爲重，立一定課程，嚴考校，以定賞罰。凡有關於工藝之書冊、圖籍、儀器等件，以及機器、格致各新報，無不廣爲羅致，俾得研求披覽，能出新奇之物，有益於日用與行軍者，准其居奇數年或十餘年，他人不得爲贗鼎爭售。如國家欲行其法，須優賞以銀，以爲工勸。其有不在塾中者，無論何人習一藝，製一器，有益於國家富強之政者，許詣工部自呈，召試而實者不次擢用，不實者不罪。如是則人之聰明材力各有所用，不用於士，可用於工，而製造之物自無不精。

絲、茶爲出口大宗，磁器爲著名要物，西人至名之爲華器，以其得自中華也，然則貴重可知矣。

今可揣西人之所尚，將絲織成文綺美綢，色式同於外洋所製，而又勝之，以投其所好，不必由華商運往外洋，自有西商販運，而外洋之綢匹不來矣。夫西商以華絲運出華口，入其本國，織成綢匹，又出其本口，入我華口，關稅重疊，工價又重，尚能貿利。則華工以自有之絲織緞匹，關稅既少，工價又廉，貨值必較賤，西人在中國者，固樂就近取用。即運往外洋，較之洋綢工價較貶，且更堅緻，西人在本國者，無不樂用。不然，吾恐華人好用洋綢，減用華綢，洋人既奪我布匹之利，又將奪我綢匹之利矣。洋布亦貴自織自消，毋使英、美二國之布奪我利，日本之布奪我利，則布匹之利不流於外洋矣。

茶數出口大不如前，亟宜加意焙製，而嚴絕攙僞之弊。當使俄國

---

[1] 原載1892年10月（光緒十八年九月）出版的第45冊。

所運之茶磚,英、美二國所用之緑茶、紅茶各種,色香味三者俱足,而日本、印度之茶不能出其右,則口之於味有同嗜焉,誰不樂購中茶?而中國之産茶、業茶、販茶者,自無不同獲厚利矣。

絲之製練,當自講求白浄柔韌,當較他國産者美逾數倍,而更求新法,用機器以繅絲,質匀而工省,其價自廉,而絲業自然起色矣。如是,則絲、茶棧安有倒閉之虞哉!

磁器由日本來者不少,華人反有用日磁者,見異思遷,人情不免。日磁之料雖遜於我,而外觀之美,幾能勝我。是當描畫精細,工料堅實,使日本不能奪我自有之利,并奪我應得於西人之利。

推之各色紙料圖繪儀器燈盞各鐵器等,一名一物,凡有益於日用者,無不繩度曲中,動合自然。大而鐵甲兵輪、水雷漁艇、聯珠槍炮、棉花火藥鉛彈等,凡有益於軍需者皆能自造,較之歲以數百萬銀錢托外洋定造者,其得失損益爲何如?且一旦與某國失和,他國即守局外之利,所購船艦器械,概不得駕運而來,法之已事其明徵也。如能自造,然後百工有業者多,生之者衆,利權可以節節收回,而富強可望。

西國中英人心計最工,利不外溢。我國雖已設船政局、機器局、軍火局,船艦槍炮可自製造,而凡其中所需精微細緻各物,無不取之外洋。他如檣舵帆纜、鍋爐汽機、輪葉船皮,年中時須修理者,亦無不自外洋購至。有自製之名,而無自製之實,其利仍流於外耳,爲可歎矣。嘗按美國出産多於英國,而英國製造易於美國。英以美産加以運費,製成物件,價反賤於美之所自造。同一物,同一價,英可獲利,而美則失利,未嘗不歉英之工價廉而機器多也。中國工價更廉於英,倘能皆用機器,安見所製之物,不足與英競勝哉!

製造之外,兼講牧務。中國牛隻不少,耕牛不必計,其餘所牧之牛,取其牛乳、牛油,亦足以供用。美國牛乳一項販運出口,每年已約洋銀五百兆圓。英[1]牛極大者,日出八百四十兩,華牛則出乳遠不能及。若以美牛雜於華牛,變大其形體,亦如美國善爲牧之,安見牛乳之利獨讓美國乎?牛油足用以外,更可仿西法製餅,販行於遠。蒙

---

[1] 英,疑爲"美"。

古出馬極多。印度所需戰馬，皆購自新金山。若牧蒙古馬以西法，運至印度，亦獲利之一途。口外以牧羊爲利，千百成羣。毹毯呢氈、羽毛嘰呢等，皆用羊毛，相其時而養之，得其時而翦之，安知不足以供用乎？

西人於我所產絲、茶，尚且購求養法、種法、繅法、焙法，以奪我之利，何我國於固有之利置之不問哉！日本事事效法西人，衣履食用皆取之於西國，我人笑其利流於外，不知其於西國各物，亦復仿其法而製之，以販於其國中，如魚鹿煙酒，無不絕似西國之所爲。何我國并不一加考索也，尚得謂之有心時事者哉！宜其財之日絀也。

嗚呼！欲推廣貿易利源，製造之法可不亟講哉！

3. 論宜得人以理財[1]

今天下要務莫急於理財，誠所以培國本、厚民生而立富强之基者也。顧理財尤以得人爲先。

當此時事日艱，强鄰四逼，未嘗一日不覬覦中國，宜如何臥薪嘗膽，亟圖整頓，國家因此奮發有爲。許民間肄習西學，倣效西法，槍炮船艦，開礦織布，咸思次第施行，而卒未全收夫實效者，何也？是豈宜於泰西，而不宜於中國哉？蓋中國有泰西之法，而無泰西用法之人也。曰專徇情面也，曰濫行推薦也，曰上下捱剋也，曰公私朘削也，曰無專責成也，曰不嚴賞罰也，曰惟事調劑也，曰不問賢否也，曰不采聲望也，曰弗求實際也。貪緣鑽刺，趨終南之捷徑，既已得之，遂視爲利藪，積習相沿，牢不可破，亦安望其能有濟於事，克善始終哉！

夫始政未嘗不善立法，未嘗不精觀其章程，未嘗不克臻至當，而行政者無人，奉法者無人，則亦徒有其名耳。"學庸"一書，首言治國平天下之道，而其末章則曰："其人存則其政舉，其人亡則其政息。"終歸之於有人。苟有其人，無論何法，皆可以致富强，然則得人非今日之急務哉！曠觀古今來所任之人，多至於僨事者，其故有兩端。一則誤於"貪"之一字，存心牟利，甘爲不肖，此其人擯而棄之可也。即使

---

[1] 原載1892年11月（光緒十八年十月）出版的第46冊。

廢斥終身，適當其罪，國家非有負於彼也。一則既經任用，力思報效，而非其所長，偶爾受人之欺，迨乎閱歷以後即為美材，此其人尚堪錄用，當進而教之，以觀其後效。

然而天下之大，豈無人才？患所以求之者未至耳。國家取士，惟以制藝一途。苟非徵一日之長，終身不得仕進。雖豪傑之士，不得不以心思材力，消磨無用之時文，泊登科第，雖書稟之類，錢穀刑名之屬，猶將倩人為之。所取若此，雖有善法，而欲用法之人，烏可得哉！

近日朝廷亦嘗詔中外大臣保舉人才矣，然薦者動循成例，實不足恃。何則？今之大臣與下民隔絕，雖有奇才異能，伏處於下，彼固不得而知也。所接者屬員而已，屬員未必有才也；所習者戚友而已，戚友未必有才也。不得已而應詔，亦惟舉中興舊臣與庸懦循謹之輩，聊以塞責已耳，安見保一巖穴非常之士哉！甚者且借朝廷虛懷求士之心，為植党營私之計。曰某缺優缺也，可以升遷，保舉某某；某差美差也，可以得財，保舉某某。不計事之成敗，不察人之可否，舉薦若此，安望其得人哉！

今欲儲才於平日，則首在訪求。先由鄉舉里選進之於官，官試之於實用有效，然後進之於上。苟有蔽賢隱善，則必議罰；舉得其人，則必議賞。次在保薦，而保薦必先核實，曾試之於某事，則必據實陳明，不得以含糊了事。三於科第之外，兼習象緯、輿圖、曆算、器藝各學，以求實用。四於武科，馬步弓刀石而外，兼試以槍炮、營陳、築造諸法，能擅其長者得列上考。

此外於沿海各省設立文、武兩藝學，拔取俊秀子弟入而肄業。先畀以膏火之貲，延聘西師，教以一切西法，三年一加甄別，學而成材，可出而供職，各視其所長，以備我用，亦與正途進身者一體無異視。人才既得而用之，亦必有人，內而六部九卿，外而督撫司道，提鎮統領，皆其專責也，尤必使之各適其所用，各盡其所長。苟有蹈"貪"之一字者，立黜之而已，雖有才弗用也。此所以鼓舞裁成之一道也，而亦可以轉移近日之風氣。

自與泰西通商，多徵關稅，而財日見其匱者，何哉？則以財多溢於外也。中國銀錢流入外國者日多，中國貨物運至外國者日少，或謂幾於歲贏中國銀三四千萬，此海岸關口册可稽也。不有以補救之，將何以爲後日地哉！即如山東草帽辮子鬻於洋人，每年可得銀二百萬兩，煙臺一處獲銀五十餘萬。近年東洋人仿造，物精價廉，竟爲所奪。外洋之用心諸如此類，絲、茶尤其大端也，而我中國無一事能與之争者。他如仿造諸局甫行舉辦，已覺人浮於事，開礦公司多至一敗不可收拾。大抵中國多徇情而尚私，爲一家計，而不爲公衆計，此公司諸局之所以不能逮西國也。今當一反其道而行之，則得矣。

夫通商之名甚美，而通商之害甚深。自長江開埠二十七口，以無用之物，易我有用之錢，暗耗内地之民財於無形。即如鴉片一項，以土苴易我金貲，歲以四五千萬計，略抵中國一年賦税之數，而洋貨不與焉。鴉片猶有一物可抵，乃有以一紙空券易誆取民貨無數者，則其害猶甚於鴉片也。爲今計者，惟有興中國之財源，以奪外國之利權，庶足以敵之。若猶不知變計，則將來恐成枯槁之疾，振作益難矣。嗚呼！可不得人以理財哉！

4. 論川東設立洋務學塾[1]

我中國自與泰西諸國開關互市、立約通商以來，始不過五口耳。同治初年增設諸埠，南迄於瓊崖，北至於析津，東北至於煙臺、牛莊，海面延袤萬餘里，皆泰西商舶賈舶之所經。而長江則自京江溯流而至漢口，由漢口而達宜昌，今且由宜昌直抵重慶矣。中途迤邐所歷，如通州，如金陵，如蕪湖，如九江，皆有埠頭成市集焉。江海通商之利，泰西幾盡歸其掌握矣。商務之所至，洋務之所當講求焉。不通洋務，則於商務亦有所不明，何能與西商貿易交往哉？不特此也，一旦中外交涉事起，地方官秉公辦理，或爲之排解其間，設於洋務未精，何能措置裕如？故必深於閱歷，然後能出一言而涣然冰釋。

夫洋務何由而通達？則必於語言文字始。言語既通，文字既明，中外之性情自然無所隔閡。性情既洽，齟齬之患何自而生？試觀西人之入中國，欲傳其教者，必先立學塾，以教華人子弟。蓋少成若天

〔1〕原載1892年12月（光緒十八年十一月）出版的第47册。

性,習慣如自然,務令其於先入者爲之主,而其教乃易施。然則對鏡以觀,吾華人欲明洋務,安可不於幼年植其基哉！幼而學焉,壯而行焉,其於洋務當如掌上紋,安有不明者哉！

川東與泰西諸國通商,方在發軔之始,其於前日泰西通商諸地相距太遠。既已道里之迢遥,重以山川之間阻,信息不靈,見聞又陋,異言異服之人從未睹於目中。今驟然通商其地,求其相安於無事已爲幸矣,尚安望其講求洋務哉！

抑知有不然者。吾於川東道憲黎蒓齋觀察設立洋務學塾[1],而歎其用心之精,服其命意之摯,能立乎其本,探乎其源,而深合乎西人教人之法也。觀察於去臘始赴川東道新任,布施各事,咸就條理,於無所更張之中,而隱寓潛移默化之權。蓋不欲以改法自矜,不欲以立異鳴高,誠以欲興利不如除弊,欲安民不如省事,新硎不試,而舊貫可仍,則民之陰受其惠者多矣。川東之民亦皆仰體觀察之心,而束身自好,惟於設立洋務書塾一端,則毅然行之,聞已於閏六月間即行開辦。此役也一切經費悉出自觀察,大抵歲需一千五六百金,觀察特沛廉泉,藉以栽培後進,誠以洋務爲當務之急也。

今西人足跡幾遍天下矣。商務之所至,何嘗非洋務之所當學習也哉！川東於通商也新,宜於洋務一途未即留意,乃一時投考報名者,竟至五百餘人之多,足見洋務之興可翹足以俟,計日以待矣。豈川東之人厭故喜新,見異思遷歟？非也！蓋天下事有開,必先上有以率之,則下自有以應之,蓋有歡欣鼓舞默會於無形者矣。

吾嘗獲見其章程,而知其立法臻於至美盡善也。其所選之人入塾肄業者,則皆渝城内外官商紳庶,十六歲以下之聰穎子弟也。其所教者,自語言文字之外,則以天文、地理、算法爲先,蓋欲習西學者,應以此爲門徑。嫻熟之後,果能確有心得,則測量之學,格致之理,製器尚象之法,輪船火器之用,皆可兼綜條貫,由此階梯,是則所推而擴充之者,亦大而遠矣。方且得國家儲材育賢,他日折衝樽俎,焜耀敦槃,

---

[1] 黎蒓齋,即黎庶昌(1837—1898),字蒓齋,貴州遵義人,曾隨郭嵩燾等出使歐洲,歷任駐英、德、法、西班牙等國使館參贊,兩度擔任出使日本大臣,1891年任川東道員兼重慶海關監督。與王韜稔熟。

所以張國威而尊國體者,安知不出乎此? 夫豈徒洋務云爾哉!

且也誦習西文之餘,亦復兼肄華文,訓之以舉止威儀,俾不流於邪僻。於其入塾之始,必先試以文論,甄別優劣。其獲取者分正、副兩等。正者入塾,月給膏火,以示體恤,副者留以待補。其鄭重也如此。三月一加考試,分勤惰,別去留,功有進益,酌予獎賞,以示鼓勵。曠功輟業不足教誨者,立予遣去。其計核區別之嚴也又如此。別有渝城各署官幕聰穎子弟,既以額滿見遺,有願入塾副學者,亦聽其便,但無膏火貲爾,所以廣教育而示無棄材也。其計慮周密也又如此。誠若是也,洵可毫髮無憾矣。雖然,有其興之,莫或阻焉;有其舉之,莫或廢焉。此乃可以持之恒久也。

今出於觀察自解囊橐,尚屬私設,而非公設,未嘗有令甲之高懸,未嘗有官項之可撥,他日繼觀察而來者,不能力肩此巨費,其亦將中輟而已乎? 今若爲永遠計,莫如以關款之贏餘以爲之繼,由大吏奏明特設。至於所收學額,亦當量爲擴充,請以百二十人爲限,所費亦不過萬金而已。惟是邇來渝中商賈貿遷遠不逮十年以前,洋關所收稅餉,數歲之間不過十餘萬金,情形大略可知已。然則整頓商務亦屬要圖,商務興,則洋務亦盛。觀察於此三四年間力爲經營,必有成效可觀。若夫造就人才,以備國家之用,而爲全蜀轉移風氣,將見文章經濟彪炳一時,足與南皮張尚書後先媲美,夫豈徒洋務云爾哉!

5. 論宜遴選使才以重使事〔1〕

竊以泰西各邦,自明萬曆年間入居澳門,通商東粵,迄今已三百餘年,顧皆有來而無往。我朝乾隆五十八年、嘉慶二十一年,英國俱遣使臣入覲。書之國史,一曰"恪恭成禮,不愆於儀",一曰"謝筵不遵禮節"。此其故事可徵也。

道光二十一年,乃與我國立約通商,設領事於五口。同治初元,諸國各遣使臣駐我神京,載在約書,固有"互遣使臣、往駐各都"之説。於是我朝廷乃簡遣公使,設立領事,駐紮各西國,所以講信修睦,結兩

────────

〔1〕 原載1893年1月(光緒十八年十二月)出版的第48册。

一、刊於《萬國公報》的文章

國之歡,永萬年之好,意至美也,法至善也。朝廷於此歲糜帑項數十萬金,將以收實效於後來。近今數十年中,疆事亦正多故矣,而其能建功域外,以折衝於壇坫,焜耀於敦槃者,固自有人,特草野鄙儒,未之多聞,抑或尚有所待歟?

夫遣使之始意曰樹國威,張國體,通中外之消息,達彼此之情意,其他有以裨益於國家者,悉數之而不能終焉。泰西歷來使才均極一時之選,其至中國爲公使,固皆千人之俊,萬人之傑,所有參贊、翻譯各隨員,無不具有實學。舉凡輿圖像緯、格致曆算,靡弗兼長并貫,至於語言文字,乃其末也。彼其人於中國之情形,先已瞭然如指諸掌,一旦交涉事起,其所指陳,動中窾要。

夫大臣出使,固不必躬親細務,一切之事,自有參贊隨員爲之剖析稟陳焉。然星使亦必深悉洋情,乃能總其大成。雖不必明西文,識方言,而亦必熟諳約章,詳稔公法,度勢審時,察機觀變。平日深知各國交際之道,而明其政事之得失,民情之向背,臣工之進退黜陟,國家之治亂安危。其爲隨員者,亦必悉其山川之險阻,風俗之醇漓,兵制之強弱,海防之疏密。於一事之起伏,必能悉其端倪之所在,然後治之綽然有餘裕,出一言而箝其口,否則虛設而已,因循敷衍,不過待至三年一任,冀得保舉而已,是豈朝廷設官之初心哉!

且公使、隨員之至於人國也,原賴以情相聯絡,以禮相維持。公使握其大,隨員治其繁。使臣以忠信篤敬,外接異國之知,內爲朝廷耳目之寄,諸國有意外大事,立即奏聞,其職綦重焉。參贊、隨員皆宜以其國之舉動,時告之星使,互相酌商。領事則在保衛商賈,護持貿易,有事則據公法和約爲辦理,或有不行,則稟陳己國公使,或轉請之外部大臣,以俟裁決。此其大略也。

泰西各國官商教士,駐居中國也久矣,而我國事當創始,必宜鄭重以出之。首在遴正人,清流品。西人之在中國,無事不知,亦無弊不明。不獨教士能著書立說,以刺譏我之瑕隙,探悉我之隱微,即其官商於我之軍國重事,無不先知而灼見,洞若觀火。軍機中所有廷寄密擬,外未及知,而彼已十手傳抄,登之日報矣。其情不可測如此。何我國使臣於其國事,如隔十重簾幕也?則以平日不能與之浹洽也,亦係參贊、隨員未能輔佐其間耳。

然則使才之選，曷可緩哉？今我國使臣，朝被簡命而夕之登薦牘者，已人浮於事。親戚故舊，年誼鄉情，尚居其次，上憲之所委任，當軸之所推轂，即已充額而有餘。卻之則不可，且恐攖其怨；受之則無當，且更慮時掣我肘，不得不委蛇遷就其間。平日所有夾袋中人，反不得預焉。以朝廷出使大典爲徇情之用、調劑之具，使才何由而出哉！

或曰，我國使臣出駐泰西，有難於泰西數倍者。泰西列邦之通商人國也，商之所至，兵亦至焉，設官置守，聲氣相通。官之俸糈，兵之糧餉，皆出自商，國家無所糜其帑項也。通商埠頭，無不駐戰艦、設水師、置火器，往來絡繹，隱然若備敵國，一有齟齬，兵鋒立啓。彼以爲非如是，則不足以張國體、樹國威。惟其先聲足以奪人，故歐洲各國所臨其地之人，無不畏威奉令，退讓懾服之弗遑。泰西之以兵力佐其商力如此。

若我國則不然，僅恃一介之使天朝之命而已。既無利權，又無兵威，形格勢禁，孤立無援。若復言語之不通，文字之不知，則亦等諸木偶而已。公使無使才以輔之，何以異是哉？使臣恭承簡命，職重分尊，在人國中，專以結好修睦爲務。適遇軍國重事，其中曲折是非所在，可以與彼國大臣面爲敷陳，或其國所刊日報中議論。未遵乎持平是非有同於倒置者，可以令隨員托名一人，立爲駁斥，俾通國人民見之曉然，而浮議以息。前如曾侯之使俄論事，近如薛使之駁理教案，至於筆敝脣焦，始終持之不變，而後事始轉圜。此所謂以筆戰，以舌戰，以心戰，默弭於無形，操勝於不兵，然則使臣何嘗不有裨於國是哉！隨員在其國中，苟無交涉之件，本無所事，直可以臥治成之。然隨員所應爲者，其事固甚繁，山川風土、民情俗尚、物産礦務、兵法營制、船舶槍炮、製造機器，無一不當詳紀，各事沿革，亦必明其顛末，悉以備他日有事之用，正不但排日作遊記而已也。

通商諸國中其事變衆多、交際殷繁者，莫如英、法、德、俄、美，宜設專使，而不當兼任，所有廉俸應格外豐優，宜增而不宜減。宴會之費宜出自公，而不必爲之限制。蓋西國於宴享酒醴，所以聯邦誼而固

12

交情,亦猶行古之道也。

使於四方,不辱君命,我實於今之使臣望之矣。

6. 論宜設商局以旺商務[1]

《中庸》《大學》兩書,皆所謂聖經賢傳也。《大學》之言曰:"長國家而務財用者,必自小人矣。"然其所禁者在務財,而不在理財。務財則私之於一己,理財則公之於一國。朘民脂以自奉,與開利源以便民,二者判若天壤。故《大學》又言曰:"有土此有人,有人此有財。"固不廢乎言財也。《中庸》嘗極言之曰"未有府庫財而非其財者",可知財者,一國之所公有,而非一人之所私有。上有以裕下,下亦有以奉上,則君足而民無不足矣。

中國昔時未與泰西諸國通商以來,地大物博,所出足供中國民用而有餘。即使閉關拒客,一歲所入,自無不足。逮乎互市遍於南北,歲徵餉稅,動至千萬,似於國家大有裨益,然而小民之受困無窮。故人以爲益者,我獨以爲損。設再不知變計,小民謀生之路絕矣。今我國當先於商務中參其消息而變通之,則請設商局,以興商務。中國既能開財之源,而無流財之弊,且能杜塞漏卮,使外洋之財亦歸於我,不至外泄,則通商尚矣。

西人首重商務,恃爲國本,國中專設商部。所至之處,惟貪商市,而不務爭地爭城,卒之實至名歸,而土地亦歸其掌握。英人思深慮遠,幾欲盡奪中國之利而有之。其販運中國之物産,以絲、茶爲大宗。邇時印度種茶日盛,英人多嗜印度之茶。日本綠茶誇爲上品,美國多用之,而中國之茶利減矣。法蘭西、意大利皆産蠶絲,近更以新法育蠶,投蠶子於沸湯中,蠶即再生,謂之二蠶,出絲自倍。英人以其近也,多購自歐洲。日本之飼蠶繅絲,雖仿中法,而其用心甚精,蠶子、蠶絲多捆載而往,以奪我利。故今日販絲之旺異於昔時,而中國之絲利減矣。印度産麻,和以絲棉,織成布匹,以製衣服,染以諸色,鮮豔異常,英人以此可代土棉,而中國棉花之利亦日見其絀矣。欲挽回

---

[1] 原載1893年2月(光緒十九年一月)出版的第49册。

之，則必廣貿易，重貨財，通有無，權緩急，徵貴賤，便遠近，以垂其利於無窮。

蓋古今之局變，而貿易之途亦因之以變。古之爲商，僅遍於國中；今之爲商，必越乎境外。何則？他國之販運於西國者，踵趾相接也。自東南洋而通於中國，則由明始，由是其國愈衆，其路愈遙，所爲貿易者其術亦愈精。曩東南洋之在漢，所重者貢獻而已，初不在利也。唐則仍行榷稅之法，利入於官。至宋以來，錢幣漏泄，始以爲患。蓋彼所來者，奇瓌珍巧，只足以供給上官，而緡錢銀幣輸於外洋者，反以有用易無用，中國漏卮之弊實源於此。逮至明季，西洋諸國以兵力佐其行賈，於是其利日巨，其害日深。嗣後加以鴉片之酖毒，日耗無算，而中國所與交易者，無非中國之所固有。即如洋布一端，華人多爲服御所需，歲消至三四千萬，而中國織布之利微矣。甚至洋紗、洋綫亦取之於外國，年來女紅幾至於停機而嗟歎，其足以病民也豈不甚哉！至於鐘錶等物，等諸奇技淫巧已耳。顧彼能來，而我不能往，何能以中國之利權仍歸之中國？

西國之爲商也，陸則有輪車，水則有輪船，同洲異域，無所不至。所至之處，動集數千百人爲公司，其財充裕，其力無不足，而其國又爲設官戍兵，以資保衛。貲雖出自商人，而威令之行國家恃以壯觀瞻、致盛強，此古今貿易之一變也。中國雖不必盡行倣效，但事貴變通，道無窒礙。今誠能通商於泰西各國，自握其利權，絲、茶我販以往，呢、布我載以來。至於中國内地，當以小輪船爲之轉輸濟運。如是則可收西商之利，而復爲我所有。且夫通商之益有三。工匠之嫻於藝術者，得以自食其力。游手好閑之徒，得有所歸。商富即國富，一旦有事，可以供輸粗糧，事卒即償，並加以利。西人智巧日出，製造愈精，以中國絜之，何遽不如？特上未之重焉耳。苟有大力者開其端，而官爲之扶持，安見風會之不可轉移？

十餘年來，西商之爲華人奪其利者亦復不少，即如東南洋諸島，以及新、舊金山華人，皆自能運貨至彼，西商之利爲減十之六七。前者洋商擁厚貲、居奇貨，趾高氣豪，非重酬巨款不足以入其目、動其心。今則争利者日多，趨利者日衆，船價日貶，運費日減，西來一切貨物日漸薄劣,其值較前少四五倍。錐刀之本,無不羣焉赴之,舉止氣焰,似不若從前之居侮。列國中以英人最工心計,然其高視闊步,輕蔑肆傲,每不足以服人。日爾曼人出而一反其所爲,漸能與華商浹洽,貿易所至,未嘗不奪英人之利。昔之華商多仰西人鼻息,即有貨本,每苦於門徑未審,往往觀望,聽西人之指揮而已。華商本輕利薄,舟不能衝涉波濤,貨不能挽輸遠近,無一事不藉手於西商,而運貨之費,保險之值,已至不資,適爲西商增利益而已。

今自招商局啓江海運轉,漸與西商爭衡,而又自設保險公司,使利不至於外溢,故邇來西商之利,亦有所旁分矣。惟所至僅在中國各口,且貨物多被洋人包攬,其利猶微,然實爲中國商務一大關鍵。自開辦至今,輪船日多,成本積至五六百萬,不爲不巨。將來逐漸推廣,由近而及於遠,船上駕駛之人工同而價廉,而我國之人皆可往彼學習藝術,操舟之技不患不明。

民之願爲商者,當入商藝塾。塾爲官設,課程亦須一定,以算學、輿圖及各國之語言爲重。學成然後經商外洋,可以周知其國勢,審察其民情,善於經營,利市三倍。更以外洋日用之宜亦悉告之華,我物運往之,工商相依以成事,所裝運者,不獨絲、茶已也。並載貨物,兼搭客商,自往各國貿易,以中國之產歸中國自運,與公法並無不合,洋人不能因奪其利,遂生齟齬,如是則工富而商無不富。各國領事以誠正商人爲之。且海軍既設,原有出洋遊歷之舉,兵船可資保護,價值務在持平,使彼無所藉口。納稅應照中國和約,值百抽五。日本距華尤近,亦應一律通行,則商既有勸,且有所恃,當視重洋爲捷徑,而往來無阻矣,商務安有不旺者哉!

7. 論大地九州之外復有九州[1]

堯區天下爲九州,舜又分爲十有二州,至神禹治水之時仍爲九州,於是垂爲定制。然禹迹之所謂九州,要不出今之十八行省,若福建、廣東、廣西、貴州、雲南諸省,則《禹貢》並無其山川,然則禹時之九

---

[1] 原載1893年3月(光緒十九年二月)出版的第50冊。

州亦殊隘矣。

昔鄒衍談天以爲："儒者所謂中國者,乃天下八十一分之一耳。中國名曰赤縣神州。赤縣神州内自有九州,禹之所奠九州是也,不得爲州數。中國外如赤縣神州者九,乃所謂九州也。於是有裨海環之,人民、禽獸莫能相通,各爲一區,乃爲一州,如此者九,乃有大瀛海環其外,爲天地之際焉。"司馬子長謂其語閎大不經,桓寬、王充並譏其迂怪虚妄。即近人亦頗有疑之者,謂六合雖大,何至若斯遼闊哉! 鄒子乃推之至於無垠,想以聳人聽聞耳。夫鄒子爲戰國時人,諸子百家,紛然錯出,異説騰紜,鄒子之學,必有所授,非盡無稽。或者古人本有此學,鄒子從而推闡之,未可知也。

考梵典分大地爲四大洲,實先於西洋圖説一千數百餘年。四洲之名曰南贍部洲、西牛貨洲、北具盧洲、東神勝洲〔1〕。釋典又名四洲曰南閻浮提、西瞿耶尼州、東弗婆提州、北鬱單越州。《起世經》言,閻浮提〔2〕日正中時,東弗婆提州日則始没,西瞿耶尼日則初出,北鬱單越州正當夜半。又,此州之所謂東,彼州之所謂西,南、北亦然。釋典所言四大洲,其義如是。

魏氏默深因以證之〔3〕,西洋圖説之四大洲謂僅得其二。《説文》"水中可居曰州",其義蓋起於洪水以前,及降邱宅土以後,因而不改。後世偏旁加水爲洲。故鄒衍談天,則"裨海所環曰神州";釋典論地,則"鹹海所畫爲四洲"。是洲者,四面皆水之名,未可以陸地所通,區爲渚嶼之國。如亞細亞、阿非利加、歐羅巴,皆有陸地可達,則實爲一洲而已,未可强區爲三也,蓋即釋典之南贍部洲耳。亞美利加洲雖分南北,而連以頸地,亦爲一洲,即釋典之西牛貨洲也。至於北具盧洲,則隔於北冰洋,海船無繞北海而歸之事。東神勝洲,則阻於南冰海,西舶雖能至南極左右睹其地,而不能遇其人。魏説如是,則其所謂四大洲者,益復遼闊矣。

今泰西航海之術愈精,環游地球者不乏其人。雖南北未通,而東

〔1〕 東神勝洲,疑當爲"東勝神洲"。
〔2〕 閻浮提,疑當爲"南閻浮提"。
〔3〕 魏默深,即魏源。

西則了無遺藴。太平洋中一片汪洋，浩渺無際，僅有小島，而無大地。近日新覓得之澳大利亞大島，亦可當一洲，此外則更無矣。

邇來薛叔耘星使奉使歐洲[1]，經歷重洋，攬富媼之形勢，窮四洲之方位。有感於鄒衍九州之説，謂西人論地球之形，凡爲大洲者五，曰亞細亞洲，曰歐羅巴洲，曰阿非利加洲，曰亞美利加洲，曰澳大利亞洲，皆因其自然之勢而名之者也。

美洲固分南北，中間地頸相連之處曰巴拿馬，寬不過十數里，皆有大海環其外，固截然兩洲也，而舊説亦有分爲二洲者。即以方里計之，實足當二洲之地。

亞細亞洲於中爲最大，幅員衰廣，較之歐洲幾及五倍。就其山水自然之勢觀之，實可分爲三大洲。

蓋中國之地東南皆濱大海，由雲南徼外之緬甸海口，溯大金沙江，直貫雪山之北而得其源。於是循雪山、葱嶺、天山、大戈壁，以接瀚海，又由瀚海而東，接於嫩江、黑龍江之源，至混同江入海之口。則有十八行省，盛京、吉林、朝鮮、日本，及黑龍江之南境，内蒙内[2]四十九旗，西盡回疆八城，暨前後藏，剖緬甸之東境，括暹羅、越南、南掌、柬埔寨，此一大洲也。

由黑龍江之北境，迄瀚海以北，外蒙古八十六旗，及烏梁海諸部，西軼伊犁、布多塔爾、巴哈台，環浩罕、布哈爾、哈薩克、布魯特諸種，自鹹海逾裏海，以趨黑海，折而東北，依烏拉嶺劃歐、亞兩洲之界，直薄冰海，奄有俄羅斯之東半國，此又一洲也。

雪山以南，合五印度及緬甸之西境，兼得阿富汗、波斯、亞剌伯諸國，土耳機之中東兩土，此又一大洲也。亞細亞既判爲三洲。

又觀阿非利加洲内撒哈爾大漠之南，有大山起於大西洋海濱，亘塞内岡比亞之南境，幾内亞之北境，尼給里西亞及達爾夫耳之南境，延衺萬餘里，直接於尼羅江之源，此其形勢，殆與亞洲之雪山、葱嶺界劃中外者無異。尼羅江又曲折而北，以入於地中海。是阿非利加一

---

[1] 薛叔耘，即薛福成。
[2] 内蒙内，疑當爲"内蒙古"。

洲顯有南北之分。今以所稱北土、中土者，謂之北阿洲；所稱東土、西土者，謂之南阿洲。此又分阿非利加爲兩洲也。

南洋大小諸島，當附於澳大利亞一洲。然則大九州之説可得，而實指其地矣。雖其地之博隘險易不同，人民物產之衰旺不同，然實測全地之方里，謂其八十倍於昔日之中國，自覺有盈而無縮。所謂裨海者，若紅海、地中海皆是也。即有沙無水之瀚海，亦可謂之裨海。即中國東隔之黃海、渤海，有日本三島障其外，亦可謂之裨海。是裨海與大瀛海，殆一而二、二而一者也。而彼所謂大九州者，在鄒衍時，豈非人民、禽獸莫能相通者乎？

今既判五洲而爲九大州，即其一州之中，約略計其方里，要亦不過得九分之一。然則禹迹之九州，實不過大地八十一分之一，而《禹貢》所詳之一州，又不過得大地七百二十九分之一，其説殆信而有徵也。

薛星使之言如此。要之，魏默深司馬所云，則兩洲之外尚有兩洲，坤輿益見其廣，而南、北冰洋，亘古未得相通，欲徵釋典所云，誰得而探之哉？不如薛叔耘星使所云，固近而可徵也。濡筆記之，聊爲談瀛洲者一助云爾。

8. 閲德國《什好船廠章程》書後[1]

中國自古以來用兵之法多端，破敵之術不一。然只有海防而無海戰，故雖有艨艟巨艦，而其制不甚講求。至晉王濬樓船浮海，擊甌越、朝鮮，魏青州自海道討公孫度，劉裕遣兵自海道襲番屬，唐自萊州渡海趨高麗，漸能取道海洋威行徼外，外此乃用以濟師，而非於洪濤巨浸之中，兩軍相持，摧堅折鋭也。逮我朝嘉慶年間，海盜蔡牽在閩洋行劫，跳蕩縱橫，無以相制，粵撫孫玉庭特命提督李長庚，造大艦三十艘，擊賊於海洋，所向輒勝。名曰霆船，是爲中國海上兵船之始。

沿至今日，時局大變，始有木輪之創，繼則有鐵甲之堅，今則有魚

---

[1] 原刊登在 1893 年 4 月（光緒十九年三月）出版的第 51 册。此文還刊登在 1893 年 1 月 23 日（光緒十八年十二月初六日）《申報》第 1 版。

雷船之靈捷。

　　查魚雷其形如魚，磷銅爲身，首尾畢具，長德尺四尺五寸五，圓中徑三寸五分五。全體分爲四節。第一節爲魚頭，鋒尖如箭，内裝爆藥棉藥，轟槍炸彈。第二節曰腮，又曰深淺機，爲全雷深淺升降之樞紐。第三節曰腹，又曰氣缸，以蓄全船行駛之空氣，運動輪機，端賴於此。如人身之有氣力，氣動則體行，猶身之使臂，臂之使指也。第四節曰尾。其說有五尾，之前截曰機器艙，鑲魚雷之機器，有氣管通入氣缸中隔氣門，門閉則氣蓄於缸，門開則氣運其機，推動輪葉，如魚游行，舒翅掉尾，洋洋自適，猶舟之舵櫓也。次截曰浮雷艙，内係空腔，用以浮雷，使其不沈，猶魚之有泡也。三曰四輪箱，内藏坡輪，係助輪機，以轉輪葉。四曰十字架，所以定其行止左右，遠近偏倚，猶指南車之有針也。五曰舵架，在魚尾盡處，左右各鑲銅舵扇，接於深淺之機，機動則舵扇隨之載沈載浮，所以能自行升降之關鍵也。魚雷之制，其法盡於此矣。其運用之巧，神妙不測，亦於此可見一斑。此乃刷斯考甫廠所創魚雷之形，似製造之窾窶也。

　　有是廠之魚雷，必配以什好廠之船，方稱並美。兩廠之所以著名馳譽，能並駕而齊驅者，職是故也。然什好廠之都料匠，猶欿然不敢自是，悉心默運，精益求精。知法國於一千八百八十七年，曾造數十艘在地中海會操，有沈没炸裂之虞。英國同時亦創二十餘艘，在所屬海面比較遲速，亦因機器笨重，無甚大效。於是加意講求，默察利害，探悉幾微，參酌盡美盡善之法。因將汽鼓馬力加大，鍋爐用煤減省，煙囱縮短，吃水改淺，另加吹風機器，俾得煤火磅力加猛，機器汽鼓改用三連法，輪括改加靈活，旋轉自如，極意經營，始告厥成。蓋其難其慎至於如是也。

　　於是呈請德國海部試演，則見雷轟電掣，雲涌風馳，竟能超出各國所製諸船之上。論其行駛迅速異常，雖風浪滔天，而一如駛於平水。德國海部深喜其能，大爲嘉許，頒給獎牌，用示鼓勵。因此什好廠之名益著，各國之定造者接踵而至，自一千八百八十三年至八十八年，如俄、意、奧、土等國，紛紛定購數十艘之多。

　　中國之廣東亦定九艘，續又定一艘。福建船政局定大魚雷一艘，計艙面長一百四十四尺四寸，寬十六尺五，吃水七尺二寸五，落成於一千八百八十七年六月間，均由上海泰來洋行爲之承辦。蓋外國各廠與中國貿易，其承辦洋行均有一定。如什好船廠必歸泰來經理，訂有約章，他行不能越俎而謀也。

泰西各國定造魚雷，均注意於什好船廠，以爲他廠無足與之頡頏者，殆所稱爲專門名家之業矣。而猶以什好船廠但製魚雷，而不再造鐵甲輪船，用爲憾事，謂若能汽機、輪舶兩者兼之，安得不駕各廠而更上哉！什好船廠知其然，近日已度地量材，另闢新基，特建極大製造廠一所，榱桷崇宏，輪奐華美，場宇寬廠，廣斥無垠，無論商舶、兵輪、汽機均可承造，一時聞風而來定者遝邐畢集。

德國定造大公司輪船一艘，受載六千噸，可抵馬力一萬匹；兵舶一艘，受載四千噸，專行大海之魚雷船十〔1〕艘，可抵馬力一千八百匹；極大魚雷船一艘，可抵馬力四千匹；極大行海挖泥船一艘，奧國定制，輪船極快，機汽全副可抵馬力一萬匹。各國之定造機器輪船者，實繁有徒，幾於日不暇給。爐火之光，上燭霄漢；轟轟之聲，聞於遠近。非平昔有以取信於人，安能若是哉！由此觀之，工藝技巧可少忽乎哉！

嘗謂行兵制勝之道貴乎精，兵尤貴乎有利器。兵既精矣，而無利器以輔之，猶不足以操勝券。昔者英法助土攻俄之役，創有炮艇，以便進入狹流淺港，數十炮艇環攻一巨舶，無有不靡。南北花旗之戰，創有鐵甲，以尖桿橫衝敵船，幾於戰無不勝，攻無不克。而善製鐵甲者，創有魚雷快艦，此乃德國有志之士獨出新裁，竭數十年之心思材力而至。什好船廠始獲盡其能事，他國雖有仿造，總未能深探其奧蘊。

夫所貴乎魚雷者，在於駛行甚捷，形聲不露，臨陳之際，船行愈速，機聲愈微，飆忽往來，務使敵人不覺，防衛稍疏，即爲襲擊。如於曉色熹微、月影朦朧之候，雖敵人預知其來，亦難捍禦。此什好船廠之製所以獨精也。吾嘗求所以制伏魚雷者，不過外以鐵網捍護，而更

---

〔1〕 十，疑爲"一"。

以格林、挪騰飛諸炮連環抵禦而已。然以過什好之魚雷,亦難補救。夫以一魚雷攻一鐵甲,其鋒已不可當,況以數十艘蜂擁而來,萃於一鐵甲,安得不立成齏粉乎哉!

嗚呼!一技之長,足以擅名;一物之用,足以威遠。覽其章程,殊深歎美。國家安不忘危,分兵據險,非魚雷不足以有恃而無恐。魚雷進退便捷,利於防守海口,故在今日,爲中國東南沿海一帶口岸計者,防守莫過於魚雷,製造莫過於什好船廠。是在關心時事者,未雨而綢繆焉。天南遯叟王韜識於滬北淞隱廬。

9. 歐西金銀宜各自爲價論[1]

昔者伏羲製棘幣,神農造貨布,黃帝製金刀幣之制,未嘗及乎銀也。秦併天下,幣爲二等,而珠、玉、銀、錫、龜、貝之屬爲器飾,不以爲幣。漢武始造白金三品,尋廢不行。蓋古不以銀爲幣,書史所稱"千金爲壽",皆言黃金,而非銀也。

而黃金之用,獨盛於漢。漢初以黃金四萬斤與陳平間楚,其用如此,所積可知。梁孝王臨死,府庫尚有黃金四十餘萬斤。吳國懸賞,斬大將者黃金五十斤,以次賞金,各有差等。王國尚爾,天府有不待言者矣。且當時治郡有聲,則增秩賜金,復有功臣不時之賞,費用浩繁,不聞告乏,數十斤之賜甚多,不勝枚舉。如黃霸、嚴助、尹翁歸等,動與百斤,周勃賜五十斤,霍光前後所賜至七千斤。王莽之末,省中黃金尚積六十萬斤。董卓郿塢亦不可勝數。當時黃金爲獨多。

物之聚散盛衰,固各有其時也,多則賤,而少則貴焉。五金之中,黃金爲貴。天下之理,以至貴者爲尚,必其貴者不可多得,而後舍其上而求其次。故黃金有餘,則銀之用不盛;黃金不足,而銀之用始廣。自漢以前,有金以資其流通,則銀自退處於無用。至今日上下通行一以銀爲歸者,誠以金既不足,不得不以銀濟其窮也。然則金多則用金,金少則用銀。法制變通,原有因時制宜之理,而不可墨守成法,拘

[1] 原載1893年5月(光緒十九年四月)出版的第52冊。

執舊章,明矣。若是,則吾於今日歐西之用金銀,蓋不能無議焉。

按英國向用金磅,又恐爲值過昂,未易通行,復以銀鑄爲先零,每金一磅准換二十先零,無漲落,無折閱,整齊畫一,立法可稱盡善。然至於今日,而其弊有難以一端盡者,吾試得而備言之。蓋每一先零計銀一錢六分,二十先零計銀三兩有二錢。曩時金價不及今時之貴,英金一磅,初時行於粵東,僅兌鷹洋四圓有半。以後由漸加多,然至多約不過中國銀四兩。以先零之輕重,與中國銀數之輕重衡之,中國已陰虧銀八錢矣。今也金日益少,而金價日益貴,英金一磅約需中國銀五兩,而彼二十先零仍得抵一磅英金,是彼以三兩二錢之銀,可易我銀五兩矣。不特此也,爲價之不滿一磅者,動以先零計算,三先零十邊尼,可抵我中國銀一兩,是則中國之陰受其虧不更大於昔日乎?夫同一銀也,鑄爲先零,則雖輕而獨見爲貴;非先零,則雖重而猶見爲賤,是豈得其平也哉!

且金貴而先零亦隨之而貴,是不以銀視先零,直將以金視先零矣。貴賤無等,輕重無分,又烏乎可哉?若是者,中國固蒙其害,而英國亦未必享其利也。蓋先零但行之於英國,而未嘗行之於中國;銀則但行之於中國,而未嘗行之於英國,截然不相同也。英國商人至中國貿易者,必先以彼之先零易我之銀,然後可以經營商務。及一旦獲利而返故國,仍必以我之銀易彼之先零,然後可以通行無礙,則出而反爾,爲法自斃,其中暗耗,蓋有不待明言者矣。此非害之顯然可述者乎?有如洋貨售金一磅者,中國向時第以銀洋四圓半或五圓購之,即復加增多至四兩而止矣。今則須以銀五兩購之,是金貴而貨亦隨之而貴,洋貨之銷路必且因此而生阻滯。此用金而不知變通之弊也。

考英國曩時鑄錢亦用金、銀、銅三品,通行於閭閻間,顧銅錢之用獨少。其所以盛行金磅者,以新、舊金山產金極旺,開采宏富,積金充牣,亦猶我中國漢時黃金獨盛之際,故捨銀而用金。今也金磅少而先零多,名爲用金,而其實不啻用銀也。夫用銀不足爲病,惟以銀鑄之先零隨金磅而長其價,所以成爲今日之弊。

然則欲祛其弊,如之何而可?蓋莫若金、銀各自爲價,金貴而先零不隨之而貴,每金一磅,不必定換二十先零。先零之多寡,視金價之貴賤而差等之，然後無所偏倚，中外交受其利。近日美國倡議，會俄、法諸國於比利時所議，亦係此事。目前雖未經會議，然苟能兼收並聽，集思廣益，必有善法以處乎其間，興利而弊除，可拭目俟之，而余之所言，亦比於千慮一得云爾。

10. 論巡閱炮臺[1]

王公設險以守其國，誠以險爲內地之藩屛，得險而守之，則敵不能進。古人有言"守城不如守險"，以敵攻城易而攻險難，而我守城難而守險易也。若是則地利者，成敗勝負之所繫，烏可忽而不講哉！

然古所以成天下者，曰鍛乃戈矛，礪乃弓矢而已；曰戒爾車乘，謹爾師徒而已。故勇者得自見其勇，智者得自見其智。至今日火器盛行，專以轟擊爲事，前民五兵之利漸歸於廢，即智與勇亦漸歸於廢。又況外洋製造之法，精益求精，革故鼎新，層出而不窮，槍則易前腔爲後腔，炮則易鐵炮而爲鋼炮，凡兵輪鐵甲以及魚雷地雷之製，靡不殫心竭慮，務求突過前人，欲使後來者居上。嗟乎！殺人之術愈工，生民之禍愈亟矣。

夫環海各國，挾其船堅炮利，耽耽焉雄視一時，修好則與國也，敗盟即敵國也。兵可百年不用，不可一日無備，故必豫備於平日，乃能捍患於臨時。而中國防禦之道，實較前代爲尤難，蓋自來國家雖亦虞外患，然爲敵者，既不若今日之衆且强，而我之於彼，又有以逸代勞之勢，以主待客之形。今則涉我藩籬，窺我堂奧，且彼能來而我不能往，是我反主而爲客矣。彼擾我一海口，則我沿海各口，在在須設防備，而彼之兵輪則游戈[2]往來，倏無定蹤，戰亦聽之，不戰亦聽之，是我反逸而爲勞矣。夫主客之形既不同於往日，勞逸之勢又大異於昔時，此防禦之難豈前代所得同日而語哉！

我國家忠厚開基，文德武功，超邁前古。自與泰西互市以來，亦思發憤爲天下雄，凡槍炮船艦，亦既次第仿行。近年又創設海軍，以

---

[1] 原載1893年9月（光緒十九年八月）出版的第56冊。
[2] 戈，疑爲"弋"。

應防海之需,沿海扼要之區,相度形勢,分築炮臺,以資控制。蓋自兵輪既行,凡長江大河,敵艘皆可長驅深入,非於咽喉要害之地建築炮臺,則無以扼其衝而制其命。故炮臺之築,實爲當今防禦之急務。

吾觀於近日劉制軍[1]、奎中丞[2]之巡閱炮臺,而不禁深有感焉。蓋因象山新建炮臺,而近山地方有居民千數百戶,以築臺之後實不利於厥居,羣起而議其非。峴帥早有所聞,即擬出轅巡視,以便酌奪。適邇時江省有告警之信,一時未能兼顧。今小醜業已蕩平,遂於前日出轅,親自勘閱。峴帥負文武全才,熟諳兵家言,於形勢地利瞭然如掌上螺紋。今兹周覽之餘,當必胸有成竹矣。蘇撫奎中丞亦由蘇起節,首閱黃渡防軍,抵滬後詳觀製造局機器。蓋中丞於格致之學實能得其要領,於製器尚象頗能考其精粗,别其良楛,故便道過此,不肯失之交臂。由滬起節,抵吳淞,過江陰,巡視沿江炮臺,然後至象山查勘,以便與劉制軍會商。夫自來督、撫大抵各存意見,今制軍與中丞虚懷若谷,大公無我,其和衷共濟,不分畛域,不且加人一等哉!今所議如何,外人固不得懸揣而知,而得制軍與中丞親身經歷,集兩人之心思才力,其擘畫周詳,勘酌盡善,夫固可操券以俟矣。

或有詢於予者曰:"象山炮臺,所謂'爲山九仞,功虧一簣'者也。今將毁之乎,抑仍築之乎?築之則不洽於彼處之民情,毁之則黃金虛擲,國帑虛糜。既周章於事後,何不審慎於事先?此勢在兩難也。"

又曰:"英國京城係極大都會,並無城郭,於四圍形勢利便之地,分築炮臺,藉以備外患而制敵氛,彼聚族而居者且數百萬,然皆晏然相安,絶不聞有異議。今象山居民僅千數百戶耳,一聞建築,何得輒有阻撓?蓋人生斯世,幸國家無事則已,亦得享昇平之福,不幸而有事變,則象山雖無炮臺,彼千數百戶之居民,豈能獨安無事?既爲中國人民,宜與國家休戚相關,知炮臺之築,爲防禦起見,方將深同仇敵愾之風,踴躍聽命,安得僅顧身家之微,不顧天下之大局哉!而在上者,亦宜詳度形勢,細審地理,如象山炮臺,實係依險阻、據形勝,爲長

---

[1] 劉制軍,指劉坤一(1830—1902),字峴莊,時任兩江總督。
[2] 奎中丞,指奎俊(1843—1916),時任江蘇巡撫。

江防守必不可少之舉,則不妨獨行其是,正不必動於浮議,而遽爾中止。"

予應之曰:"子之説洵有味乎其言之,然揆之制軍與中丞之心,必有怓然大不安者。蓋自古名臣建功立業,必求上利國家,下順輿情。今象山炮臺在民情則既不洽矣,而形勢之得失,制度之是非,利國與否,尚在不可知之數。制軍與中丞以百聞不如一見,乃欲躬親目擊,身歷其途,使得失是非瞭然心目,方寸之地,既確有把握,則去取從違,自克求其至當。斯制軍與中丞之留意國事,關心民瘼,何如其勤且慎哉!即此以推而知,托庇宇下者之蒙其福、享其利爲不少也。吾不禁爲江南人士額手相慶也已。"

11. 論中國煤鐵之富,美國金銀之富[1]

近日中國傚效西法,以欲富國,莫如開礦爲先。故謀礦務者,各思糾集貲本,爲借箸之籌,以冀著有成效。無如事事皆需借資於外,以致得不償失。

蓋礦産之衰旺,須礦師爲能灼知,而礦師必由歐洲延致。始事之時,莫不以利市三倍爲之聳動,必立合同,必購機器,動費不貲,逮至一無所得,或受虧甚巨。礦師不任其咎,既安享三年之俸糈,竟得逍遥於局外,而所集股貲,事未成而已罄。由是失利者,羣視開礦爲畏途,而礦務遂不可復問,或至因噎而廢食。論者遂以明季之開礦誤於宦官,近時之開礦誤於集股,不知集股成一公司,衆擎易舉,本西國向來之成法,何以西國行之而無弊,中國行之遂至失利哉?豈以用心公私之間或有異同歟,抑貲不奢而力未厚歟?不然,我中國時未至也。

試觀日本,今時一切所行蒸蒸日上,無論製造工作駕乎中國,並足以奪西國之利。其所開官礦,式杜礦中值銀四十二萬,其中十三萬爲所得之净利;意輅奴礦中值銀十八萬六百,其中六萬兩爲所得之净利。即如長崎一處,其轉輸之遠,運載之廣,開掘之贏,亦非尋常之可

---

[1] 原載1893年10月(光緒十九年九月)出版的第57册。

比矣。

　　中國未聞能及之也，抑知中國礦産之富，非他國所能頡頏哉？即以煤礦一端而論，較之歐洲已多二十餘倍。湖北一省之煤，已足抵歐洲所有之煤，豈不盛哉！此外山東則有金、銀、鉛、鐵、煤各礦。滿洲之南，直隸之北，均有出煤之地，約二十五萬見方。山西得十四萬方里。以中國所有之煤而計，其足以供天下之用，沛乎有餘。每年約用三百萬噸，足支二千四百三十三年，而無所缺乏。若江西，若蒙古，據云皆有煤、銅、鐵各礦，中國不應及早開采乎？天施地生，寶藏所藴，在乎人善取之耳。有美意，斯有良法，然後能取之不盡，用之不竭。

　　即如黄金一項，中國古時甚夥，上下相饋遺，率以百斤千鎰爲率，至今所出漸少。而泰西諸邦咸用金錢操奇致贏者，惟以金錢爲尚，闠闠間交易，幾於擯銀錢而弗用。若我中國，一切率以銀爲之主，輸稅納賦，所有會計出入者皆銀也，而金價日昂。或謂追溯其由，係於日漸出口，歐洲諸邦販售以去，囤積居奇，而中國陰受其虧。諸礦之所産既無，而各國之出口日盛，宜其金之少而且貴也。

　　泰西諸邦論及金銀之富，莫如美國。即以光緒十七年間一歲金銀礦中所産，共出金值鷹洋三千二百八十萬元，净銀五千萬兩。進口之金值洋一千三百九萬七千一百四十六元，銀值洋二千七百五十二萬四千一百四十七元。出口之金值洋一千七百三十五萬一百九十三元，銀值洋三千六百六萬九千六百二元。以進出口數較之，出口約多洋一千三百七十萬元。鑄錢局中所進之金值洋四千九百二十二萬八千九百二十三元，所進之銀值洋四千三百五十六萬五千一百三十五元。所鑄之大小各洋，有一萬萬一千二百六十二萬八千七十一元，共值鷹洋六千二十五萬四千四百三十六元。鑄洋之多，爲從來所未有。今美國所存之金值洋六萬萬九千五百五十六萬三千二十九元，所存之銀值洋四萬萬六千三百二十一萬一千九百十九元。金銀兩項，共值洋十一萬萬五千八百七十七萬三千九百四十八元。自鑄錢外，金銀各工所用之金值洋一千六百六十九萬七千元，銀值洋八百九十六萬七千元。美國金銀之多，亦爲從來所未有，是則美國一國積儲金銀之富。

若此推之,泰西各國大略可知矣,而謂中國能與之齊驅並駕、較短絜長乎?是則講求各礦所產金銀,悉心開採,以濟其所不及,其可少緩乎哉!中國礦中金銀,即不能如美洲之富,而多產煤鐵,實足與天下抗衡,各國皆所弗逮。英之本國幅員殊狹,不過屹然三島耳,而雄峙歐洲,莫敢比肩,則以煤、鐵兩項獨稱饒足也。然則中國誠能掘鐵採煤,出之於礦中,鍛煉鎔鑄,以供造作,大而舟車,小而機器,安見富強之效不可立致也哉!

要之,富國強兵,全在乎人之自爲,富則未有不強者。以有用之心思,施之於有用之地,日事講求富強之效,可操券而得之矣。我不禁日夕拭目以俟之。

12. 論出使須求真才[1]

自古以來,禦外侮,聯邦交,周旋壇坫,折衝樽俎,非具有過人之才,烏能勝任而愉快哉!方今中外互市,修好訂盟,立約通使,盱衡時局,實與春秋列國後先合轍,今昔同軌,遠非前代以中馭外之勢所得同日而語。然則出使得人,誠為目前至要之圖。至於辦理洋務,何莫不然?第自通商五十年以來,洋務中卒未見有軼羣拔類之材,足以表見當世者,何哉?則甚矣,人才之難得也。竊嘗推求其故,蓋有數端。

一由於鄙夷洋務而不知重。不達時務之輩膠執成見,往往謂我國家自有法度,置洋務於不屑道。以洋務進身者,京師官員咸卑視之,有洋翰林、洋舉人之目。於是束身圭璧之士,憚於清議,不敢冒不韙之名,以干當世之所忌。近雖風氣漸開,不同疇昔,然在上者,既未神其鼓舞振作之方;即在下者,無由生其感激奮發之心。此人才之難得一也。

一由於僅求之於語言文字而不知其他。欲通洋務,固不能離乎語言文字,然語言文字止洋務中之膚淺者耳。其他若聘問會盟之經,吏治兵刑之大,朝章之沿革,政事之得失,習尚之美惡,風俗之醇漓,

―――

[1] 原載1893年11月(光緒十九年十月)出版的第58冊。

財賦之所入,物產之所出,山川之阨塞,形勢之險要,皆於實濟多所裨補。下之人於此而求之,可以得洋務有用之學;上之人於此而求之,可以得洋務有用之才。乃不此求,而徒沾沾焉求之語言文字而已足,故所得者,僅足供翻譯傳語之職,而無適於大用。此人才之難得二也。

一由於遴選不嚴而浮冒太多。通商以後,其在成見未破者,固置洋務爲不屑談,而夤緣奔競之流,則又視爲終南捷徑,稍稍涉獵,以爲進身之階,不自量其才之疏,識之淺,囂囂然以通洋務自負。在上者無由察其深淺誠僞,輒舉而用之,豈知若輩非但於西國文字未嘗深窺堂奧,即我中國應讀之書,且茫然無所知。不學無術之徒,而欲其講信修睦,釋怨平爭,聯兩國之交,敦中西之好,斯實難矣。此人才之難得三也。

夫振裘挈領,則萬毛自整;舉網提綱,則眾目盡張。今欲求出使之真才,洋務之有用,莫先於得人。得人之道當奈何?曰重洋務,曰采西學,曰嚴遴選,道亦在是三者而已矣。

曷言乎重洋務也?君子之德風,小人之德草,草上之風必偃,蓋言上行下效之理爲不可誣也。今世不乏聰穎才智士,窮老盡氣銷磨於時文試帖者,徒以上之好之重之也。今誠能破除成見,重視洋務,令天下聰穎才智之士,分其半以從事於洋務,而復爵以榮之,祿以優之,吾知天下必且靡然嚮風,幡然變其故見,切磋砥礪,以底於成。中國之大,人民之眾,必有殊尤異敏出乎其中。夫而後格致之學,製造之技,乃可從容議也。有當道之責者,曷不毅然起而行之哉!

曷言乎采西學也?聖人無常師,惟善之是師。今泰西之所爲實有勝於吾者,是吾不妨師彼之所長,以補吾之所短。夫師其長,則吾之所短,或有不終於短之日。苟或安於所短,則非但不能望彼之長,且將終於短矣,此大可懼也。宜令有志洋務之士,凡泰西兵刑吏治諸大端,以及製造工作之所出,土地物產之所宜,究其利弊,考其得失,務爲有本有用之學,不徒求之於語言文字之末,然後人才出,而於出使列國,辦理一切洋務,自見措置裕如矣。

曷言乎嚴遴選也？《書》有之曰："簡厥良[1]，以率其或不良。"自古國家未有不由斯而致治者也。洋務中浮冒太多，必至碱碔亂玉，真才難顯，均須嚴核其學問之純疵，詣力之優絀，使懷才者無不遇之歎，無才者無幸進之望，則賢者愈生其感激，不肖者亦切其奮勉。凡遇交涉各案所委員弁，尤宜簡擇有氣節、有才識、有口辯之員，以膺其選。蓋有氣節，則侃侃而談，不至阿意曲從，致損國體；有才識，則燭理精而處事審，可以因應咸宜；有口辯，則應對從容，不至貽羞隕越。三者不繫乎洋務，而實洋務中萬不可少之才，當軸者宜如何獎勵而裁成之乎？

綜而要之，在下者，必爲洋務有用之學，乃可以無愧厥職；在上者，必求洋務有用之才，乃可以無愧所舉。上下交修，安見人才不爲之興起，而真才不出於其間哉！

13. 論所談洋務終難坐言起行[2]

今天下務爲因循苟且，粉飾誇張，拘泥鮮通，委靡不振，非以爲舊法不可易，即曰成例不可更，抑知即使一旦翻然改轍，重啓新規，而非力爲整頓，以實心行實政，則所習者亦徒皮毛而已，所爲者亦只門面而已。非中以虛驕之氣，即將以草率之心，始似乎踴躍圖功，終至於敷衍了事。非以彌縫掩蔽爲工，即以阿諛奉迎爲能。動曰自強，而自強未有實際也；動曰致富，而致富徒托空言也。只以"富強"二字爲美談而已，揚厲補[3]張，不值一噱。

如欲真致富強，無論中法，無論西法，皆可以臻實效。首在乎上下一心一力，悉專工致志，於此責無旁貸，役不外紛，破除成見，消去隔膜，撤堂簾之尊嚴，而與民相見以天。習一事即着一事之效，爲一事即呈一事之功。以勤惰爲黜陟，以功過爲去留，以巧拙爲稽核，以精粗爲賞罰，庶幾乎冀收一得也。今上既不以此責之下，下亦不復以此自奮，所志若有不繫乎是者，若登終南山，別有捷徑可趨。今輪船

---

〔1〕 簡厥良，《尚書》中原句爲"進厥良"。
〔2〕 原載1893年12月（光緒十九年十一月）出版的第59册。
〔3〕 補，疑爲"鋪"。

創矣,電綫行矣,海軍立矣。鐵路雖見其端,而功尚有待。仿製布疋,製造機器,鑄鎗炮,造舟艦,由漸擴充,以期月有所裨益,日有所振興,駸駸乎馳域外之觀,似可與泰西諸國絜短較長,比權量力矣。即以之而治中馭外,亦無難也。抑知馭外必先自治中始,治國必先自治民始,而欲上下之交,互相固結,必先自民信其上始。

今我四境之藩屬,皆有輕我中國之心。如安南與法國立約,則自稱大南國大皇帝。其言曰:"大南國大皇帝,係操自主之權,非有遵服何國。"由此觀之,則安南一國之不復屬於我也審矣。設我而欲與法爭,適爲法人所藉口耳。高麗夙稱恭順,特處今日之事勢,恐其心亦未必向我耳。蓋今日之天下,一勢力之天下也。結之以信義,不如示之以兵威。中國人民出洋貿易,傭工者實繁有徒,邇來孳息愈衆,旅寄者不可勝計。始而西人招之往,惟恐其不至;今則驅之歸,惟恐其不去。往往肆其欺凌,設立苛例,多方掣肘。不獨美人於舊金山爲然,即英人於澳大利亞一島,亦將仿之而行。中國即使設立領事,爲之保護,恐勢有所不能。即使遇事照會西官,欲按公法以審其是非,援和約以判其曲直,事亦有所扞格而難通。何則?華民一出外洋,悉歸洋官主理,雖設領事,無管理賞罰之權,不過若贅瘤而已。華人所至之處,雖建有會館,立有董事,而居之數世者,且購田園,長子孫,視爲樂土,不復興首邱之思。其偶回中國,尚且恃入英籍,求庇於英官,其早有輕中國之心可知矣。如謂西人能徵身稅,我何不令其捐輸?即以輸貲之多寡,藉供設官之度支,不必別籌經費。不知既得其貲,則必力施保護,一切權自我操,庶足以服其心。試問能乎不能?恐一旦事至棘手,我徒仰西官之鼻息耳。

或謂,昔明時鄭和下西洋,所攜兵役未必衆也,尚且入其國、擒其王,易若反掌,威行數十邦,無不懾服。我朝乾隆時,粵人吳元盛商於婆羅洲,殺其番酋,國人奉之爲王,歷世弗替,抑何華民聲威之及於遠方哉!今如新嘉坡、檳榔嶼、噶羅巴、呂宋、蘇門答臘、古巴、巴西、秘魯、爪哇、西里百等處,華人之聚居錯處者,動至數十萬,或且百萬,其中豈無賢豪長者,幹略優長,材能出衆,如鄭和、吳元盛其人,可爲我用?即不然,以時訓練丁壯,操演團練,使成一軍,藉資外蔽,以供我指臂腹心,豈不緩急可恃歟?不知中國旅民,欲在外洋屬地而行此,由華官主理,指使其間,恐未能也。此皆言之似屬可聽,而行之必多窒礙者也。

此以言乎境外也,即我國中之民,亦未必果信乎上。夫天下之大患,莫患乎在下有不信其上之心。今試官出一示曰:"今國家興大徭役,欲與民間貸債一千萬,准以十年償還,爾民其輸將勿緩。"民間果有應之者乎?乃外國銀肆發出股票,民之趨者如鶩。名爲貸債於外洋,其實取貲於華民,華民之預股者多,而洋人反得以坐扣其息。嗚呼!民至不信上官,而信外洋,此真可爲歎息痛哭流涕者也。

今欲使上下一心,君民一體,下情得以上達,上惠得以下逮,無隔閡之弊,無掩飾之虞,不必西法,自可以臻富強。天下事在乎得人而已,得其人則治,不得其人,則雖有良法美意,多敗於奉行故事之手。不然者,西國財賦之源,首在開礦。英國不過屹然三島,而獨以煤鐵雄歐洲。秘魯蕞爾一隅,金銀甲於天下。如嘉鰲符尼亞,如澳大利亞,所產之金獨夥,富國強兵,皆繫於此。中國礦產,泰西所不能及,何以開掘未有善法?豈時未至歟?抑不得其人也?由是推之,近日所行洋務,將空言無補者多歟!天下坐而言起而行者,豈不難其人哉!

14.《中東戰紀本末》序[1]

嗚呼!中東之戰,實當今亞洲一大變局也。強弱盛衰,胥於是乎繫。人當創巨痛深之後,而能痛定思痛,竭力求賢,勵精圖治,臥薪嘗膽,寢干枕戈,内修政教,外詰戎兵,期得一當,何難浡然以興,蔚成中興之盛哉!故自古禍亂之作,天所以開聖人也。

亞洲之國,首推中華,而次日本。日本鴟張狼顧,跋扈飛揚,已非一日。步武西法以來,自以爲能富國強兵矣。以中國勢有可乘,特欲首發難端,以一見其所長,其犯中國也亦屢矣,履霜堅冰,由來者漸矣。其藉口於進討生番,渡師以侵臺灣,中國不加詰責,反酬幣五十

---

[1] 原載1896年6月(光緒二十二年五月)出版的第89册,作者在原刊於1896年4月20日(光緒二十二年三月初八日)《申報》第1版的同題文章基礎上,略作了一些修改。

萬金，即啓其翦滅琉球之漸也。既縣琉球，改名沖繩，諸國旁觀，漠若無事，中國亦無一介問罪之師，即啓其今日踞朝鮮、擾遼東之漸也。日本特不思，在亞洲中不過蕞爾彈丸耳，宜與中國聯輔車唇齒之誼，然後可以長保昇平。若其凌蔑中國，而求逞其所欲，以自誇耀，竊謂其計之左矣。中東競爽，猶不足抵歐洲數大國。今反從而剝損之、傾軋之，無論勝不足爲日喜，且深貽後日憂。自此中國形勢，局外者得以窺其底蘊，而將爲衆矢之鵠矣。日本趾高氣揚，滿盈召患，不知小國之勝大國，禍也，非福也。徐偃王强盛於一時，卒爲六國所滅，此往藉之堪稽者也。日本今日亦爲猜忌所叢，杌陧之形，端倪已著。此一戰也，非所以維持亞洲之大局也，亦何取焉！何日本之不悟也！

夫善覘國勢者，可即人事以驗天心。歐洲諸國航海東來，藉通商爲名，所在設立埠頭，恃其船堅炮利，往往兼併人國，五印度全土折而入於英矣。曩所登王會之圖、備共球之列者，盡轉而爲歐洲諸國之藩屬矣。不三百年，東南洋無一國存，而中國之屛蔽失矣。中國之屬國五，如越南、暹羅、緬甸，皆爲英、法所割據，琉球爲日本所占，皆若無足繫於重輕，而朝鮮又見告矣。日本處心積慮於二十年前，而發之於一旦。我中國欲以靡然積弱之勢，宴然無備之形，僥幸而相嘗試，其能得乎？

嗚呼！前車之覆，後車之鑒也；前事不忘，後事之師也。及今而中國力圖變計，猶可及也，當思以堂堂絕大中國，反厄於藐焉日本一小邦，可恥孰甚焉！恥心生，悔心萌，踔厲奮發，以求日進乎上。即此一戰，而迫我以不得不變，毋徒爲泰西環伺諸國所輕，他日者轉敗而爲勝，因禍而爲福，胥於此一變基之也。是日人未始非有造於我也。若謂，難已息矣，事已平矣，仍復虛憍之氣中之，自足自滿，漫然無所動於其心，因循苟且如故也，蒙蔽粉飾如故也，勿論報復無期，亦且振興無自，不有負林君樂知先生作此書之本意乎哉！

林君之作此書，蓋欲中國之自強而發也。原始要終，因端竟委，挈領提綱，具存微指。全書以未戰前機栝爲本，以罷戰後主張爲末，一卷一篇之中，亦復自有本末。凡例叙述綦詳，玆不復贅。惟其命意所在，實欲中國之行新法，斅西學，以克自振拔爲自強，而借日本以自

一、刊於《萬國公報》的文章

鏡,其所以期望者深矣。

嗚呼!近地之人不言,而遠方之人言之;東方之人不言,而西洲之人言之。中國何幸而得之哉!林君爲美國進士,聲望素著,來中國且四十年,與李君提摩太齊名,皆廣學會中領袖,學問淵博,具有實際,其所撰述,殆已等身,務欲牖我之聰明,袪我之鄙惑,增我之識見,其有益我中國非淺鮮矣!而受是書而讀之,又使人忠君愛國之心油然以生,而恥爲日人所侮,更知己之學藝材能,與泰西諸國遠不相若,於是乎人人能自奮矣。

其主譯事者,爲上海蔡君紫黻,當今名茂材,且曠代逸才也。書中慷慨激昂,亦復細膩熨帖,多其琢磨潤色之功。書成,以余略知洋務,特索一言。余識進士林君二十餘年矣,每誦所作,如《中西關係略論》等書,未嘗不爲心折。此書高掌遠跖,所見者大,與李君西鐸一書名異而意同。其能心乎中國如此,禮賢下士,我國家禮亦宜之,奈之何熟視若無睹焉,抑亦可深爲歎息者已。光緒二十二年三月上澣序於滬北淞隱廬。時年六十有九。

(《中東戰紀本末》一書,於三月下澣印成,比來風行四海,幾於人盡知名。今將王紫詮先生序文照錄如左,以諗諸欲讀是書者。萬國公報館附志。)

二、載於《格致書院課藝》的序言與評論[1]

1. 格致書院丙戌課藝[2]
1886 年(光緒十二年)

(1) 序言

格致書院之設,於今十餘年矣。乙酉秋,唐景星觀察偕丹文律師、傅蘭雅西士[3],延余爲監院,不獲辭。承乏以來,兩載於茲,深恐

---

〔1〕 格致書院,是上海中西合辦的新型學堂,以傳授西方科技知識爲宗旨,1876 年(光緒二年)建成,王韜於 1885 年(光緒十一年)起受聘擔任格致書院山長,一直到 1897 年(光緒二十三年)去世。在傅蘭雅等人支持下,從 1886 年(光緒十二年)起,王韜每年舉辦四季考課,後來增加春秋兩季特課,請一些銳意洋務的高級官紳出課藝考題,題目多與時事或西學有關,優秀者可獲得一定獎金。參加者相當踴躍。這套教學方法,一反以往學塾的八股文章教學方式,給格致書院帶來新的活力,培養了許多新型科技與經濟人才。《格致書院課藝》,是 1886—1894 年(光緒十二年—光緒二十年)間所舉行的歷次季考的優勝課藝按年度彙編的集子,每年一集。從第一集起,王韜每集都寫序言,每一篇文章,除了出題目的官紳寫評語外,王韜再加上評語。由於年老體衰多病,他只寫到 1893 年(光緒十九年),以後沒有再寫。

〔2〕 此書扉頁上標明"光緒丁亥秋上海大文書局印"。王韜在此書序言末落款日期爲"光緒丁亥年十月下瀚"(光緒十三年十月下旬,1887 年 11 月下旬),則此書出版日期應在此後不久。

〔3〕 唐景星,即唐廷樞(1832—1892),著名買辦、企業家,時爲格致書院董事;丹文,一作擔文(William Venn Drummond, 1842—1915),英國律師,19 世紀 70 年代前期到上海執業,1878 年以後獨立開設律師事務所,時爲格致書院董事;傅蘭雅(John Fryer, 1839—1928),英國人,時爲江南製造局翻譯館編譯、格致書院董事。

二、載於《格致書院課藝》的序言與評論

隕越貽羞，無以副諸君子所期望。余雖略知西法，而於格致之學僅涉藩籬，未足爲肄業者師，況四方俊彥志乎西學者哉！

竊謂近今一切西法無不從格致中出，製造機器皆由格致爲之根柢，非格致無以發明其理，而宣泄其閫奧。以是言之，格致顧不重哉！惟是世之欲明格致者，都畏其難於入門，而不知無難也。在乎專心致志，觸類旁通，即文字以發揮格致之理。

傅君之意，欲與海內人士結文字緣，由文字引伸之，俾進於格致。每年分四季爲課期，由余請於當道出題課士，即由當道視其優劣，評定甲乙。列前茅者，例撥院款，給以獎勵，而當道亦復分厥廉泉，優加策勉，藉以鼓舞興起之焉。

傅君先撰《格致彙編》，搜羅宏富，辨論精深，遐邇傳觀，奉爲圭臬。今日所行課藝，亦即彙編之微恉也。彙編出所知以詔人，課藝集衆長以問世，其間誘掖獎勵，獨具苦心，所有丙戌一年課卷，先將前列三名刊出，俾留意於格致文字者，得以覽觀焉。

排印既竣，爲之序其緣起如此。光緒丁亥年十月下澣，格致書院監院天南遯叟王韜謹識。

（2）春季課題
陳湯、甘延壽論。（邵筱村方伯鑒定）

超等第一名　蘇州府學生**許玉瀛**
監院天南遯叟王評：
此篇立意以才識並提，亦自有見。然其所謂識者，不過終身委蛇簡默，不復有所建白以干忌，故保爵位以功名終。誠如是，朝廷何賴有此人哉？近今之得延壽心傳者，抑何多歟！士君子爲國家宣力於外，寧爲陳湯，毋爲延壽，何則？設使當時僅延壽一人，決不能成此大功。

超等第二名　**王志中**
監院天南遯叟王評：
筆有斷制，駁丁氏說殊快。世不少模棱人，天下事正爲此輩所壞。

超等第三名　湖南長沙府善化縣學附生**彭瑞熙**
監院天南遯叟王評:
　　能瞭然於當時形勢,計事論功,筆如老吏斷獄。

（3）夏季課題
中國創設海軍議。（薛叔耘觀察鑒定）

超等第一名　**吳昌綬**
監院天南遯叟王評:
　　平日能留心於洋務,而於西學俱能深入,故言之有物,不同紙上空談。

超等第二名　太倉州寶山縣學附生**瞿昂來**
監院天南遯叟王評:
　　於海防形勢,瞭然如掌上螺紋,坐言可以起行,洵當今傑出才也。

超等第三名　浙江寧波府慈溪縣學生員**王恭壽**
監院天南遯叟王評:
　　作者於西學頗有心得,故言之有物。談時務具中肯綮,固天下有心人也。

（4）秋季課題
中國近日講求富强之術,當以何者爲先論。（周玉珊都轉鑒定[1]）

超等第一名　長洲縣學附生**許庭詮**
監院天南遯叟王評:
　　此篇所以爲集中之冠者,以集中所有無不有也。雖意亦猶人,而

----

　　[1] 周玉珊,即周馥(1837—1921),字玉珊,安徽至德(今安徽東至)人,時任長蘆鹽運使。

二、載於《格致書院課藝》的序言與評論

簡潔有斷制，文筆如急風飄雨之颯至，所以為佳。

超等第二名　太倉州寶山縣學附生**瞿昂來**
監院天南遯叟王評：
　　作者雅意欲行西法，而仍能審時度勢，以救其弊，此固貴乎先立富強之本也。

超等第三名　**王佐才**
監院天南遯叟王評：
　　才氣識力俱臻絕頂，洵未易才也。臚陳十事，雖具參以西法，而王道不外人情，將來推行盡利，一一如其所言，亦未可知也。

　　(5) 冬季課題
　　中國創行鐵路利弊若何論。（龔仰蘧觀察鑒定〔1〕）

超等第一名　**王佐才**
監院天南遯叟王評：
　　鐵路將來必興於中國，特在遲速之間耳。再數十年，洋務日明，人才日出，所行豈特鐵路已哉！此文層層勘入，如剝蕉心，快人快語，海內罕見。斯人王佐之才，其自道歟？

超等第二名　蘇州府長洲縣學優生**張涵中**
監院天南遯叟王評：
　　言利弊能抉其要舉，浮游諸說，一掃而空之，斯為快文。

超等第三名　松江府上海縣附生**秦錫田**
監院天南遯叟王評：
　　鐵路之行，雖不能謂有利而無弊，然究竟利多弊少。泰西初行之

---

〔1〕 龔仰蘧，即龔照瑗(1835—1897)，字仰蘧，安徽合肥人，時任上海道臺。

時,豈無室[1]礙哉？在善行之而能持久耳。此文能自達所見。

2. 格致書院丁亥課藝[2]
1887年（光緒十三年）

（1）序言

　　國家之設書院以課士也,人咸曰爲培養人才計也。然其所以培養人才者,惟尚詞章之學而已,求其以通知時事爲務者,未之問也。

　　光緒初元,中西人士同心協力,於滬上創設格致書院,舉董事十六人總其成。院中儲藏之物,圖書之外,兼備西洋儀器,及製造工藝需用之器,便學者之觀摩而則效也。數年之間,亦既規模粗具矣。

　　甲申之夏,中西董事聘余主其事。由是四方之士無日而不來,然皆流連忘返,或過而不留,求其確有心得者,又未之見也。董事中有欲擴充斯院者,收生徒若干人肄業其中,苦於經費不足,有願莫償。

　　適值會議之日,一董事倡言於衆曰:"此院之不能振興,董事之責也。盍設季課,請當道以時務命題,拔其尤者而獎勵之,庶幾稍有裨補於時事,稍可培植人才乎？"衆束皆曰:"善！"於是倩余致書當道,命題課士,每季遵行不改,與課者日益多,迄今已三年矣。課藝中宏篇巨制,美不勝收,前已選錄丙戌年佳卷,匯爲一帙,用活字板印行。兹仍曩例,將丁亥年前列各卷印行問世,題不外乎洋務、格致,文亦可以坐言起行。有心時事者,苟欲采蕘言,拔真才,則是編或有補於萬一也。

　　余老矣,行將拭目而觀,中土人才蒸蒸日上,通知時事,爲國家立富强之基也,豈不幸哉！豈不快哉！光緒十有四年,歲在戊子季秋朔,吳門王韜序於滬上之格致書院。

---

〔1〕室,疑爲"窒"。
〔2〕此書扉頁上標明"光緒戊子季秋上海著易堂印",王韜在此書的序言末落款日期爲"光緒十有四年,歲在戊子季秋朔"（光緒十四年九月初一日,1888年10月5日）,那麽此書出版日期應該在此後不久。

二、載於《格致書院課藝》的序言與評論

(2) 春季課題

格致之學中西異同論。(許星臺方伯鑒定[1])

超等第一名　湖南長沙府善化縣學附生**彭瑞熙**
書院山長天南遯叟王評：

中國格物致知之說，始見於《大學》，然於格致之旨實無所發明，或謂其上殆有軼文。此篇能探中國格致之源而抉其要，俾誇耀西人者閱之爲之短氣，洵良文也。

超等第二名　湖南湘鄉監生**葛道殷**
書院山長天南遯叟王評：

作者於西學深造而有得，而於中國格致之學亦能探原抠要，立論具有根柢，洵傑作也。

超等第三名　江蘇蘇州府新陽縣附貢生**趙元益**
書院山長天南遯叟王評：

於中西異同之故詳對無遺，剖析精當，作者於格致之學殆三折肱矣。此當今未易才也。

(3) 夏季課題

輪船、電報二事應如何剔弊方能持久論。(盛杏蓀觀察鑒定)

超等第一名　廣東候補縣丞**鍾天緯**
書院山長天南遯叟王評：

作者能力抉其弊之所在，慨切以言言，長沙策論無此精詳，內甫指陳，遂兹剴切，於商務、洋務具見其大，而俱能洞垣一方，言言有物，洵當今未易才也，宜蘭陵觀察之亟爲傾倒也。

---

[1] 許星臺，即許應鑅(1820—1891)，號星臺，廣東番禺(今廣州市)人，時任浙江布政使。

超等第二名　附生張玠
書院山長天南遯叟王評：

　　指陳弊竇，具有實在見地，言之有物，不同泛舉。作者留心時事，識精見卓，於此可見一斑。

超等第三名　**王佐才**
書院山長天南遯叟王評：

　　招商局規模，比之始創之時擴充遠甚，此舉實足分洋人之利權，歲必有贏，誠再能剔弊興利，所贏豈可算哉！作者所陳十弊，實有見到處。如當軸者擇其可行者次第行之，當不無裨補也。

　　（4）秋季課題
　　問：中國近年絲、茶出口之貨，核通商總冊，較光緒初年有增無減，而絲、茶各商日見耗折，其故何歟？今議整頓之法，其策安在？（薛叔耘觀察鑒定）

超等第一名　上海學附貢生**李培禧**
書院山長天南遯叟王評：

　　中國出洋貨物，以絲、茶爲大宗。近日華商生計之日絀者，由於爭利多而成本薄，而洋商又一切從中把持。作者能洞見其癥結所在，歷歷指陳，動中窾要，而於絲、茶整頓之法，詳明剴切以言之，於商務誠思過半矣。後幅欲中國以機器製造廣出貨物，以奪洋商之利，而補鴉片之漏卮，此鄙人於二十年[1]已先言之，不意明眼人能代爲抉出，洵通才也。

超等第二名　常熟縣貢生**商霖**
書院山長天南遯叟王評：

　　絲、茶之弊在商本短，商情渙，洋人心計之工，土戶取利之巧。欲救其弊，在乎精物産，精化學，以爲整頓之一法，誠能剴切以言之，足

―――――――――
〔1〕年，此字後疑漏一"前"字。

二、載於《格致書院課藝》的序言與評論

見作者留心商務非一朝夕矣。中國商務苟能如此法以行之，安見不足挽狂瀾於既倒哉？

超等第三名　殷之輅
書院山長天南遯叟王評：
　　洋人以鴉片入中國，而中國以絲、茶售於洋人，兩者銀錢出入之數，實不足以相抵。若絲、茶每歲再有虧絀，則中國所失者大矣。作者識高慮遠，故議論所及具有根柢，洵可見之施行。惟臚陳太泛，未歸簡核，頗有士衡才多之患。

　　（5）冬季課題
　　水旱災荒，平時如何豫備，臨事如何補救論。（龔仰蘧觀察鑒定）

超等第一名　江蘇蘇州府新陽縣附貢生**趙元益**
書院山長天南遯叟王評：
　　所陳八策，於古今備荒諸法，融會貫通，並能參以西法，以救其窮，而補其缺，如此則平時所以備之者至矣，安有臨事倉皇、一籌莫展之患哉？作者識高慮遠，才大心細，誠當今不可多得之人也。

超等第二名　江蘇常州府無錫縣廩生**孫景康**
書院山長天南遯叟王評：
　　所舉六大患，除鴉片外，皆古法而可行之於今者也。然欲禁鴉片，實無所難，惜當軸者憚於舉行耳。

超等第三名　天津府學附生**鄒紹曾**
書院山長天南遯叟王評：
　　治水必先得人，治河必先濬淮，此作者之本旨也。講求水利，必先得良器，而歸重於西學，此作者平日用心之所注，實有所見及，非泛言也。至於廢八股，革丁書，非水旱之所亟，姑推本以及之耳，然不可謂非有心世道者也。

41

3. 格致書院戊子課藝[1]
1888年（光緒十四年）

（1）序

余忝主格致書院皋比者，五年於茲矣。既刊《戊子課藝》竣事而序之曰：當今人才，夫豈以一隅限哉！而求其貫通中西之學問，講求格致之淵源，涉藩籬，探奧突，聞一知十，推陳出新，足與西國博物知名之士，度長絜短，並駕齊驅，蓋殊難其選矣。非中國人才遠不逮西國也，所習所尚者非也。

國家設科，文武並重，文以制藝，武以弓刀石，士子非是，末由進身，他技雖精，俱非所重。夫上有好者，下必有甚焉者矣。上以此求斯，下以此應舉。凡西國所尚，象緯輿圖，律算機器，格致之精，製作之巧，俱非所習。即有一二草野有志者流，專心致志於此，世非議其迂，即譏其謬，而上之人亦無有過而問焉者。

近日朝廷漸知向用西學，特設算學一科以取士。船艦槍炮，製造一切，漸尚西法，特創海軍，開鐵路，駸駸乎遠馳域外之觀矣，而士之有志振興者，趨之亦日夥焉。然以中國之大，一時風氣之開，不過在通商各埠，而通商各埠中，亦惟推上海一隅為巨擘。其故何也？事莫難於創始，基莫難於造端，學問之道，何莫不然？

余於乙酉秋間甫蒞院事，擬進肄業者於庭，而詔以格物致知之理，使之由淺以入深，由粗以及精，一時應者寥寥。明年春，請於今邵筱村中丞出題課士，擢其尤者，列之前茅，厚獎以膏火。由是來者日多，而於西學似各有所得，庶幾坐而言者可起而行。三四年來，人才稱盛，鬱鬱彬彬，海內承風之彥，聞而興起，爭自濯磨，冀得高奪錦標以為榮，甄拔所加，皆一時之選也。

今年南北洋大臣更行特課，觀聽所萃，愈形踴躍，豈非格致之學有漸行之機乎？行之則必自上海始，由上海而達之於通商各埠，則由

---

[1] 此書扉頁上標明"光緒戊子弢園選印"，指1888年（光緒十四年）弢園書局選印此書。王韜在此書的序言末落款日期為"龍在己丑律中夷則之月"（光緒十五年七月，1889年8月），那麼此書出版日期應在此後不久。

二、載於《格致書院課藝》的序言與評論

漸推廣之機也。將見格致之學，必不以一隅而限也。

備兵使者龔仰蘧觀察洞燭洋務，而尤留意於人才，説士若甘，好賢如渴。雖於一介寒畯，亦必加意栽植，謂於地方樂育人才，即爲國家培養元氣。以是書院各事有益於士子者，凡有所請，無不俯允，於龍門、求志各書院課士，無不以實學士風，文學之盛，超軼前時。余得躬逢其間，竊自幸已。光緒十有五年，龍在己丑律中夷則之月，天南遯叟王韜序於滬北淞隱廬。

(2) 春季課題

西漢人才可與適道，東漢人才可與立，三國人才可與權論。（龔仰蘧觀察鑒定）

超等第一名　松江府學廩生**朱昌鼎**[1]
格致書院山長天南遯叟王評：
　　文如老吏斷獄，有識有筆。豫章所論，原有所偏，文能知其所以偏，而不爲所囿，故佳。
　　韜按：書院既以格致名，則所命之題自當課以西學爲主，而旁及乎時事洋務。然史論亦在所不廢，上下數千載，縱論其成敗得失，有如目擊身親，是亦論世知人之微旨也。如丙戌春季課題之《陳湯、甘延壽論》，今年春季之課以此題，皆讀史者之所有事也。惟是論古即所以知今，在今日之所以駕馭遠人者，將以何道？適道與立與權，將以何者爲先？於此不獨見其經濟學問，亦可覘其定識定力、應時達變、致身立朝之大節焉。

超等第二名　湖南長沙府善化縣附生**龔雲藻**
格致書院山長天南遯叟王原評：
　　有識有筆，自是合作，而文體峻潔，亦爲集中之冠。

---

〔1〕 朱昌鼎文章還刊登在1888年7月7日（光緒十四年五月二十八日）《申報》第一版，文章後王韜的評論與此不同。

超等第三名　崇明縣廩生**劉翰飛**
格致書院山長天南遯叟王原評：
　　既就題面以立論，本本原原，言皆有物。篇末獨析羅豫章持論之偏謬，具有卓識。

超等第四名　安徽桐城縣職監生**左忠訓**
格致書院山長天南遯叟王原評：
　　以矜練出之，一語抵人千百。

超等第五名　河南固始縣舉人**邵慕堯**
格致書院山長天南遯叟王原評：
　　作者於羅豫章持論之語似少領略，惟文體尚潔，文筆尚整。

超等第六名　上海縣附生**李安邦**
格致書院山長天南遯叟王原評：
　　筆底羅羅清疏，惟叙次尚少翦裁。

（3）夏季課題
　　問：中國工商生計多爲洋人所奪，欲收回利權，應如何進口貨少，出口貨多，以期利不外散，權自我操？諸生留心時事，其各條舉以對。（盛杏蓀觀察鑒定）

超等第一名　**華國盛**
格致書院山長天南遯叟王原評：
　　治國以富強爲先，而富心[1]自振頓商務始。中國之患正在官商隔閡，多所掣肘。英人設立東方貿易公司，即爲入賈中國之基。中國而誠欲富強也，必先在各直省創立商務總局，以達商情，而裕商力。以中國人民之衆，若能通力合作，亦復何事不可爲哉？此篇於中外通

---

〔1〕 心，疑爲"強"。

商大局暢達以言之，於利弊所在瞭然如指諸掌，誠當今未易才也。

超等第二名　錢清臣
格致書院山長天南遯叟王原評：
　　通商本爲利國第一要著，泰西各邦皆恃此以坐致富強。何以中國行之，利權反爲外洋所奪？此不獨由於心計之未工，蓋一由於製作之未精，一由於仿造之無術，徒務乎小，而昧乎其大也。此作於中國商務利弊，頗能抉剔其要，見之明晰，而言之暢達，洵通材也。聞作者年未及冠，而文氣疏宕入古，頗似大蘇，充其養，精其識，何難成古文名家？

超等第三名　程起鵬
格致書院山長天南遯叟王原評：
　　開礦、絲、茶、紡織，皆能明揭其利弊所在，獨至鴉片一項，洵屬有害而無利，故於中國自行種植罌粟，暫以奪其利權者，亦復置而不言，識見既超，議論亦正。竊謂，開礦今日尚無善法；仿造一事，費多於外洋，而物遜其精美；似於製造一門，尚未能造乎西人之堂奧。此訾警洋務者，所以有徒襲皮毛之誚也。安得明於西法者，一一起而整頓之，以關其口而奪之氣？嗚呼！言之匪艱，行之維艱，殊令人罨然高望而穆然深思也。

超等第四名　浙江鎮海縣職員候選縣丞**車善呈**
格致書院山長天南遯叟王原評：
　　所論極有見地，且能言人所不能言，知人所不能知，明晰利弊所在，如燭照數計而龜卜也。惟首條創設外洋華商埠，則一時恐未易遽行。近年華商自運絲、茶出洋，往往折閱。且泰西諸國所有稅則，可以隨時任意輕重，並無一定。華貨到彼，必至上下其手，多所掣肘。蓋華商自行運貨，必至奪其利權，本非西商之所甚樂，其從中有所扞格，亦出於勢所必然，宜先行之於東南洋各島，然後由漸及遠。至於推廣輪船，宜先行之於内河洋商所不能至之處，此可據萬國公法以與之爭。內河既已暢行，輪船日多，然後達之外洋。此非一朝一夕之所能奏功也，是在當軸者善於維持商務而已矣。

超等第五名　張玠
格致書院山長天南遯叟王原評：
　　天下事大抵言之易，而行之難。所見能及之，而所行或不能赴之。蓋欲行者不過一二人，而從中沮尼之者什百千萬人也。故有治法而無治人，爲古今所同歎。況乎事爲創見之事，法爲創行之法，而亟亟於進言者，又只此草茅新進之人。即使一時能動當軸者之聽，亦不過如異聞奇論，聊備一説而已，宜眞欲采擇而行之哉！坐令良法美意，日消磨於因循苟且之中，言之諄諄，聽之藐藐，從未聞有起而整頓之者。所謂倣效西法，揣摩西學，亦惟徒襲皮毛，姑以塞責。盱衡時局，不禁爲之長太息也。

（4）秋季課題
　　問：海軍以船爲本，有船則必有修船之塢，而修理鐵甲船之塢，尤爲難得，以經費與地勢限之也。近者北洋大沽、旅順皆有船塢，膠州則甫經規畫，將來能否漸修鐵艦，均未可知。南洋惟廣州之黄埔船塢，號爲能修鐵甲船，恐亦不甚寬暢。故中國近雖有鐵艦，必須駛至日本之長崎借塢修理，甚非計也。夫以中國之大，豈竟無一善地可爲鐵甲船塢者乎？彼長崎之船塢，其初用費幾何？究竟形勢若何？中國經營鐵甲船塢，以何地最善，能詳悉言之歟？（薛叔耘星使鑒定）

超等第一名　廣東番禺附生李龍光
格致書院山長天南遯叟王原評：
　　近日雖已設立海軍，製造鐵甲，而欲與外洋决戰於洪濤巨浸之中，似猶未易言也。故在今日造巨艦不如造精舶，戰外洋不如守内港，必先自立於不敗之地，而後徐議其他。作者於長江外海形勢瞭然如指掌，其於建築船塢之所，以爲定海不若湖口，老成持重，慮遠謀深。至於述長崎之形勝，核所造船塢之經費，抑何其詳且悉也。足見其留心當世之務，非一朝一夕矣，誠天下有心人哉！後聞此篇爲廣東候補縣丞鍾天緯所作，托名於李龍光。是課列於前茅者三人，皆出於一人手筆，然則其才殊不凡矣。鍾君字鶴笙，華亭名下士，幼肄業廣方言館，在製造局司翻譯者有年，講求西學，通達洋務，久已深造而有得矣，宜特加人一等而已哉！

超等第二名　江陰縣舉人**朱震甲**
格致書院山長天南遯叟王原評：
　　船塢之分三等，言之確鑿有據，詳陳造法，亦復明切簡當，非空談敷衍者所能望其項背，洵未易才也。

超等第三名　定海學附生**王佐才**
格致書院山長天南遯叟王原評：
　　作者於舟山形勢極爲稔悉，險阻穩固，兼而有之。環顧中國海面，建立船塢，未有宜於此者。英人始入中國，本欲以舟山爲請，厥後捨舟山而就香港者，亦以自歐洲而達東南洋，香港爲適中之地，形勢最稱利便耳。而猶恐他國有垂涎者，故外則佯托保護爲名，實以陰絕其望。英人心計亦狡矣哉！中國他日能自用之，以收其效，安見海軍之精練，不足與西人頡頏哉！

超等第四名　慈溪縣生員**王恭壽**
格致書院山長天南遯叟王原評：
　　作者謂鄱陽湖建立船塢有四利，誠然。然究距海較遠，出入稍紆，且取材亦殊不易。惟地勢阻深，爲敵人所不能驟至，可稱穩固，亦老成持重者謀國之一得焉。

超等第五名　江蘇華亭縣職監**鄭其裕**
格致書院山長天南遯叟王原評：
　　於造塢一事，頗能相度土宜，審察地勢，言之有物，切實可行，不同紙上空談。

（5）冬季課題

近日北邊防務輕重緩急何在論。（胡雲楣觀察鑒定[1]）

超等第一名　錢志澄
格致書院山長天南遯叟王原評：
　　指陳形勢，洞徹利害，事必求實，言皆有物，可稱通材。作者年未弱冠，所造即已如此，將來正未可量。

超等第二名　江南蘇州府元和縣附生**陶師韓**[2]

超等第三名　湖南湘鄉縣監生**葛道殷**
格致書院山長天南遯叟王原評：
　　昔日海防其重在東南，今日邊務其急尤在東北。觀津門兩次被兵，而旋即由旅順以入犯，其形勢輕重緩急之所繫可知。陪京既密邇疆鄰，而畿輔海口未嘗不爲敵人所注意。作者扼要設防，具有深謀遠慮，指陳大局，有如掌上螺紋，洵爲留心時事者，誠當今未易才也。

超等第四名　程昌齡
格致書院山長天南遯叟王原評：
　　近日西人通商於中土，北自析津，南至瓊廉，溯江而上，直抵宜昌，險隘之區，盡與我共，是則西人已在我門戶肘腋之間，於此而欲講求防務，蓋亦難矣。不知西人此時志在貨財，而不在土地，尚可暫緩一著。惟俄人與我土壤毗連，志尤叵測，強鄰壓境，時有可虞，狡謀秘計，常欲伺我中國之釁，而逞其所求。故今日北邊防務，以俄人爲尤重尤急也。文能抉其注意所在，而規俄人進攻之路，以預爲之備，非泛作抵掌空談者也。

---
〔1〕胡雲楣，即胡燏棻（1840—1906），字芸楣，安徽泗州（今泗縣）人，時任天津道。
〔2〕陶師韓文章後，只有胡雲楣原評，無王韜原評。

二、載於《格致書院課藝》的序言與評論

超等第五名　　江蘇常熟縣貢生**商霖**
格致書院山長天南遯叟王原評：
　　作者注意於東、西兩陲，欲鎮以重兵，爲他日緩急可恃，亦屬要著。

4. 格致書院己丑課藝[1]
1889年(光緒十五年)

（1）序
　　余承乏格致書院，謬主皋比，七年於茲。自丙戌之春，請於當軸命題課士，或詢西學，或問時務，一時肄業士子潛心致力，頗多創獲，不少特見。由此擴充於泰西格致之理，詎不能深造而有得哉！初但有四季課，繼請於南北洋大臣，另設春秋兩季特課，則自己丑年始。合肥李傅相謂，上海格致書院諸生課卷，經本閣爵大臣細加評閱，其中不乏究心實學、議論中肯者，殊堪嘉獎。以是遠近名流碩彥，聞風興起，彬彬稱盛，可見鼓舞人才，其權實操之自上。
　　竊謂近今既以算學一門列於考試，用以取士，則格致之學又何妨連類而及之？夫有益於日用行常者，皆得謂之實學。上古製作之精，何一不由學問而來？後世區學問與藝術爲二，文字遂爲空談，讀書拘墟之士，多爲世所詬病。且所貴乎算學者，其精微之所注，固在推測象緯，而尤在能製器成物，非先以算學爲根柢，則末由探厥閫奧。故形而上者謂道，形而下者謂器，道以成器，而器以載道，二者無相離也。若格致不明，一切製造何由入室而升堂歟？
　　深願院中肄業之士，由淺以入深，由粗以及精，出其緒餘，可以措之於實用，庶幾爲不負乎所學。非然者，徒知乎泰西語言文字之末，又曷足貴哉！光緒辛卯花朝後十日，格致書院山長天南遯叟王韜識於淞隱廬。

────────

〔1〕 此書扉頁上標明"光緒己丑弢園選印"，當指1889年(光緒十五年)弢園書局選印此書。王韜在此書的序言末落款日期爲"光緒辛卯花朝後十日"(光緒十七年二月二十二日，1891年3月31日)，那麼此書出版日期應在此後不久。

（2）北洋大臣李傅相春季特課題三道

一問：《大學》格致之説，自鄭康成以下無慮數十家，於近今西學有偶合否？西學格致始於希臘之阿廬力士託德爾，至英人貝根出，盡變前説，其學始精。逮達文、施本思二家之書行，其學益備，能詳溯其源流歟？

二問：各國立約通商，本爲彼此人民來往營生起見。設今有一國，議欲禁止有約之國人民來往，其理與公法相背否？能詳考博徵以明之歟？

三問：印度近來講求茶利不遺餘力，幸茶味不及華產，是以銷售未廣，一時尚難與中國敵。惟印商近以華茶攙和印茶，冀暢銷路，始則華多而印少，繼則華少而印多。中國茶利後此必漸爲所奪，能預籌防弊之方歟？

超等第一名　江蘇太倉州寶山縣附生蔣同寅
天南遯叟格致書院山長王加評：

首篇於格致之學條對詳明，具有實際，以是知中西學問之源本無所異同，特後來流派別耳。次篇言當以公法爲折衷，布告列國，明正其非，確有見地。至三不便之説，直抉其隱，尤能洞見癥結。三篇論杜茶弊，歸於官辦恐亦未易言。商家以僞亂真，積習毫不可破，而散商購致機器，確係無力。至於公司之弊，近日殊不可枚舉。總之，風氣尚未開，當軸者於商務一門，似猶未能加之意也。

超等第二名　浙江定海廳附生**王佐才**
天南遯叟格致書院山長王加評：

首藝詮發具有實義。作者於中西學問源流，俱能瞭然於心，故腕底風生，胸中雪亮。次藝準時扼勢，慨乎其言之。余嘗謂，萬國公法乃萬國之强法也。試觀俄議戰律，而英不赴，俄無如之何也。法爲普蹶，而俄遽改黑海之盟，英、法不能禁也。强則可主持其説，而弱則廢矣。三藝主腦在收中國自有之利權。中國苟能製造各物，以奪西人之利，則茶、絲兩項亦在其中矣。日本蕞爾小邦，所產有限，猶能自製泰西各物，幾於逼真，既擅利藪，而自不患漏卮。二十年之外，其足與西人爭利者，日本其一也。吁！中國何不及時講求也哉！

超等第三名　江蘇松江府上海縣附生**朱澄叙**
天南遯叟格致書院山長王加評：
　　作者於泰西學人之源流頗有心得，故能言之有物。次藝層層駁斥，直令藉公法爲護符者無可置喙。三藝論茶事頗爲細到。泰西於農務種植、物務製造、商務經營，俱有專書，皆上爲之教導，爲之董理，爲之激勸，惜中國不及此也。即或有之，特恐如前代之勸農，便有名而無實耳。

超等第四名　五品銜廣東候補縣丞**鍾天緯**
天南遯叟格致書院山長王加評：
　　首藝起手數行，提綱挈領，能見其大，獨探其源。叙述四大家著述，并其所創各種學問，如數家珍，知作者寢饋於西學也深矣。美邦下逐客之令，證以萬國公法，彼亦無可置喙。然其悍然竟爲者，乃有與之以藉口地也。一語破的，欲除茶弊，先須振頓商務。末段欲種煙以塞漏卮，亦是一策，然無救於茶弊也，是在廣羅物産，精求製造而已。

（3）升任浙江按察司龔仰蘧廉訪春季課題
泰西格致之學與近刻翻譯諸書詳略得失，何者爲最要論。

超等第一名　**孫維新**
格致書院山長天南遯叟王加評：
　　此卷以講求實學，故拔置冠軍。若以文字言，尚有所未逮，蓋滂沛有餘，精警不足也。

超等第二名　浙江鎭海縣職監**車善呈**
格致書院山長天南遯叟王加評：
　　敷陳諸學，貴在詞句簡練，意義賅括集中，詳者未免失之冗蕪，略者未免挂一漏萬，不克盡其詞。此卷雖未能絕去諸弊病，而命意遣詞尚少支蔓。

超等第三名　廣東候補縣丞**鍾天緯**
格致書院山長天南遯叟王加評：
　　此卷以水、火、聲、光、重、電、化、醫八學爲綱，而於聲、光二學獨缺如也。汽機以水、火二力爲功用，此於熱學亦未之及。格致本原在算學，於提綱中已先言之，而此以別有專門姑置之，未及補以一二語，亦屬疏漏處。惟作者於西學已自入門，能窺其其〔1〕大要矣。

（4）寧紹台兵備道吳福茨觀察夏季課題〔2〕
　　洋藥一項，每歲金錢出口甚巨，中國吸煙者多，而罌粟之禁慮妨民食，勢必土漿日少，洋藥居奇，宜用何策杜塞漏卮無礙穀產論
　　問：中國古今養蠶之法宜取何術，致蠶絲收成日旺？并各國現在養蠶利病得失，視中國有無異同？出口之貨，絲爲大宗，江浙等省尤以蠶務爲重，諸生講求時事，其詳舉所聞以對。

超等第一名　潮州府大埔縣生員**楊毓輝**
格致書院山長天南遯叟王加評：
　　鴉片之爲中國漏卮，人人知之；補種罌粟，以奪西人利藪，亦人人知之。奈知之而仍無善法也。所擬一綱四目，確有見到處，行之當具有實效。至論絲之四弊，洞見癥結。茶、絲爲中國通商大宗，奈之何不加講求，日非一日。當事者一聽其然，并不爲之顧慮，但知權稅而已，抑知貨物出口多則稅亦旺，國富而民亦足，何計不及此也？

超等第二名　廣東廣州府南海縣學附生**李鼎頤**
格致書院山長天南遯叟王加評：
　　作者首篇所陳，俱如我意之所欲吐。昔嘗有此論，曾登之日報，今果蒙采取，可見彼此有同心也。絲業折閱，邇來幾於中西一

〔1〕其其，此處疑多一"其"字。
〔2〕吳福茨，即吳引孫(1851—1921)，字福茨，江蘇儀征（今揚州市）人，時任浙江寧紹道臺。

轍,至今販售者視爲畏途,而日本又起而與我争衡。今欲除積弊而振頓之,非先講求製造不可。作者所擬察蠶種,設公院,亦屬可行。中國養蠶繅絲具有成法,今當以西法參之,而後可與日人争一日之利也。

超等第三名　五品銜廣東候補縣丞**鍾天緯**
格致書院山長天南遯叟王加評:

作者於種煙之策設爲十難,逐層辨駁,痛快淋漓,利害得失,洞若觀火,而持論尤慷慨激昂,文如其人。末段所云,直令英人無可置喙。次篇以野蠶、洋蠶配合湖蠶,其種必繁,異想天開,發前人所未發,然思之實有妙理。鴉片爲中國絶大禍患,此篇亦爲中國絶大議論。試取中國十八省鄉會墨觀之,雖佳文林立,而無濟實用,不及此篇之有益於國計民生也。苟當局者能俯采其議,翻然變計,而不至爲洋人之所蒙蔽,則大局幸甚。特爲拈出,以告天下之留心時務者。

超等第四名　浙江定海廳附生**王佐才**
格致書院山長天南遯叟王加評:

近日禁煙之説非不可行,惟未有善法,則徒足以擾民而已。不如以種煙爲禁煙,先盛行土膏,以絀洋藥,而禁煙即寓其中。蓋禁外難,而禁内易。至於洋藥已失其利,則禁之亦復無難。作者所見極爲高遠,議論痛快,得未曾有。次藝振頓蠶務必以新法,亦屬可行。

(5)南洋大臣曾宮太保秋季特課題三道[1]
　　聖人有四府論。
　　救荒備荒目前宜若何爲盡善策。
　　鑄銀幣得失説。

超等第一名　浙江杭州府海寧州學增生**許克勤**

---

〔1〕曾宮太保,即曾國荃(1824—1890),湖南湘鄉人,時任南洋大臣兼兩江總督。

格致書院山長天南遯叟王加評：

邵子所云，聖人四府所包者廣，文能闡發無遺，而於題義仍不溢分毫，結語滴滴歸源，尤徵卓識。備荒古多成法，非不可用，然貴在因地制宜。所陳修水利一節，歸本於樹藝畜收，講求農學，參用西法，可謂知所要矣。鑄幣爲當今之急務，不然無形之耗折年復一年，殊不可問。五利之説，指陳痛切。作者洞悉時宜，識見高遠，固可稱爲通材。

超等第二名　潮州府大埔縣生員**楊毓輝**
格致書院山長天南遯叟王加評：

首藝簡潔明净，立論能探其源。次藝備載救荒之策，而歸重於得人，允爲有見。鑄幣指陳得失，識見深遠，佐以銀行鈔票，尤不可少。顧天下事非舉辦之難，在無人以襄理之難，故得人一語，可以概大凡。

超等第三名　　**程瞻洛**
格致書院山長天南遯叟王加評：

首篇推勘靡遺，情文并茂。次主格致以立説，逐條分疏，洞切時勢。三明抉利弊，備詳造幣之法，於西學已三折肱矣。

超等第四名　廣東廣州府南海縣附生**李鼎頤**
格致書院山長天南遯叟王加評：

首藝剖析詳明，若綱在綱，有條而不紊，剥蕉抽繭之思，分風劈流之筆，洵合作也。救荒備荒八策，言之有物，俱可歸之實用，非屬紙上空談。鑄幣一説，亦能指明得失之所在。合三藝而統觀之，固當今通材矣。

（6）登萊青兵備道盛杏蓀觀察秋季課題

問：海軍衙門議造漢口至盧溝橋輪車幹路，以資拱衛。或謂，漢口至信陽州，山路崎嶇，工程倍費。或謂，取道襄樊，路較平易。或謂，由浦口起，可兼運長江下游各省貨客。南北幹路，自係定策取道，遠近難易，平陂繁簡，將來勘擇，不厭求詳。如有熟諳輿地之學，精核

二、載於《格致書院課藝》的序言與評論

工程之計，以及如何分籌官本、商本，不借洋債，不買洋鐵，以期有利無弊，盍詳晰以對，并可繪圖立説，備轉陳采擇焉。

超等第一名　五品銜廣東候補縣丞鍾天緯
格致書院山長天南遯叟王加評：
　　指陳利弊，動中窾要。欲建鐵路，先宜在四通八達商賈經行之處。蓋築路宜先籌用路，然後可以經久處常，其暫處變其恒也。國家可百年不用兵，不能一日不經商，故鐵路不難在始創，而難在久行，修築經費有所出，而爲之始無弊矣。作者所陳十二條，皆可見之施行。惟保官利，借商款，或尚有所掣肘。若國家志在必爲，三千萬分作十年措置，亦復何難？

超等第二名　滁州學附生單秉鈞
格致書院山長天南遯叟王加評：
　　作者於鐵路所經之地，縱橫曲折，胸中具有經緯，尤能明於泰西開創鐵路之始，本本原原，言之有物，非同泛爲論説者。

超等第三名　金匱縣附生華國治
格致書院山長天南遯叟王加評：
　　鐵路利弊，人人能言之，而能洞中窾要者實鮮。此於鐵路興築能舉其要，窮本探原，審時度勢，坐而言者，可起而行，問答數條，尤有實際，作者於泰西各學已三折肱矣。

（7）三品銜江南製造局翻譯格致書院董事傅蘭雅先生冬季課題
華人講求西學，用華文、用西文利弊若何論。

超等第一名　潮州府大埔縣生員楊毓輝
格致書院山長天南遯叟王加評：
　　華文西文蹊徑截然不同。近來翻譯好手殊鮮，其能融會貫通歸

於一致者,實乏其人。蓋有言在彼而意在此者,譯者偶未體會入微,必致神理全昧。此猶以文字語言論之,尚屬無關得失。若係中外交涉之事,一有疏忽,貽誤非淺。至於學問之道,著書立説,其體裁亦復迥別。總之,華文詞簡,西文詞費,以西文譯華文,而不多加删薙,其文必無可觀。邇日華人講求西學,視其於西文造就之淺深爲定,然皆不無所偏,故華人以西文譯華文易明,西人於西文亦然。吾未見西人能深通華文奧窔者,亦未見華人能深悉西文底藴者,各就其所長,各行其所是,可也。

超等第二名　廣東廣州府南海縣學增生王襄
格致書院山長天南遯叟王加評:

西文華文,不可闕一,其説誠允,然能兼者,尤必能精,徒襲其皮毛無當也。中段所論,由中譯西、由西譯中之利弊,極爲透徹,而"譯意捨詞"四字,尤爲一語破的,此俱爲語言文字言之也。若夫泰西各學,當各由其門徑而入,否則末由通曉,是豈徒在文字語言而已哉!

超等第三名　江蘇舉人楊選青
格致書院山長天南遯叟王加評:

欲明西學,必用西文,其説固是,然西文不過始基,各種學問仍必由指授然後入門。鄙意欲通西學,以教華人,則必先以華文始。何則? 華人之有志於西學者,無一不知華文也。苟令其再學西文,又多一番周折,至其利弊所在,又當別論。

5. 格致書院庚寅課藝[1]
1890年(光緒十六年)

(1)序

余於甲申仲春自粵還吴,擬結廬淞水之濱,以終餘年,不復出而

---

〔1〕 此書扉頁上標明"光緒庚寅弢園選印",當指1890年(光緒十六年)弢園書局選印此書。王韜在此書的序言末落款日期爲"光緒十有八年首夏下澣"(光緒十八年四月下旬,1892年5月下旬),那麽此書出版日期應該在此後不久。

二、載於《格致書院課藝》的序言與評論

問世,乃承書院中西董事公舉,謬主皋比,忽忽八九年矣。四方俊彥,來遊來歌,猥蒙不棄,高軒枉過,賞奇析疑,共相商榷。

乙酉之春,課文取士,而其言多有可取者。其談洋務,或剴切詳明,或激昂慷慨,於西學則窮流溯源,由本及末,由粗及精,皆能進探其奧窔,於是知當今天下未嘗無人才也,特患在上者,不知所以求之耳。即求之矣,而恐其猶未至也。夫功令以時文取士,非此莫由進身。時文於西學大相徑庭,士子即能深通西學,苟所長不在時文,則亦同於無用。西學未設專科,而時文早有定例。人之聰明材力有限,豈能兼賅並貫,旁騖曲通?故人於西學一若無足重輕,以非畢生富貴功名之所繫也。如是安能使其專心致志,領奧探幽,而與西人齊驅并駕哉?

即如算學一門,習之者多,而精之者少。鄉場用以命題取士,於三四十人中拔其尤得預中式,然仍以正場時文爲重,則亦有名而無實。況深明算學者,貴在能窺望測量,製器造物,以適於用,否則虛有其說,亦何所裨?

今年諸當軸所命各題,都係西學之精微,洋務之切近者,所取前列諸生類皆能綱舉目張,旁通曲導,參中西而一貫,括經濟之大全,誠未易多覯者也。由此觀之,人材豈少也哉?特以下之人不肯潛思力索,壹意講求,羣相授受切磋,以期於通遂,未能深造而有得,以見之施行,而惟以西學佐談資耳。

且夫今人之於西學,其習之者,以性之所好也;其不習者,以非功令所重也。習者多至半途中輟,不習者悍然不顧,或瞢然無知,二者之蔽一也。昔時如列禦寇之木鳶能飛,祖沖之之千里船施機自運,近日如江慎修之耕具不煩人力,惜身死不傳,其法遂廢。若得有心人互相考索,精益求精,又何難駕西人而上之哉!奇技異巧,雖聖王所弗尚,而有益於民生,有裨於國計,可立乎富強之本者,亦所不廢。

今誠能於格致之學循序而進,由空言而收實效,則此書院一席地,安知不可以培植人才,造就多士,用備他日出使絕域之選,俾焜耀乎敦盤,折衝乎樽俎,而爲國家慶得人哉!光緒十有八年首夏下澣,

天南遯叟王韜識於淞隱廬。

（2）北洋大臣李爵閣督春季特課題三道

一問：化學六十四原質中，多中國常有之物，譯書者意趣簡捷，創爲形聲之字以名之，轉嫌杜撰。諸生宣究化學有年，能確指化學之某質即中國之某物，并詳陳其中西之體用歟？

二問：古設律度量衡，所以測點、綫、面、體也。自聲學、熱學、光學、電學之説出，而尋常律度量衡之用幾窮。西人測音、測熱、測光、測電，果何所憑藉而知其大小多寡，能詳言其法歟？

三問：鍛煉金質，全視火候，西人將各物質試驗定爲鎔度，能一一詳列歟？電池必用二種金類，一陰一陽，方能生電。有同一金質，與彼金較則爲陰，與此金較則又爲陽。西人因列金質十數種，按序推排，任取二種，皆成陰陽，絶不淆亂。能詳其説，并列表以明之歟？

超等第一名　五品頂戴潮州府大埔縣生員**楊毓輝**
格致書院山長天南遯叟王加評：

考據詳明，言有條貫，知其寢饋於西學也深矣。西人區金類、非金類爲二種，而又有氣質、流質、定質之分。所譯各西人化學之書不下十數種，所言皆大同小異。惟近日英人勞斯珂於六十五原質之外，又續得金類三質，合成六十有八，斯爲化學家之新義。

超等第二名　浙江寧波府鎮海縣附生**王輔才**
格致書院山長天南遯叟王加評：

語必透宗，題無遺藴，其於泰西化學窮流溯源，索微探奧，故不作饝餬影響之談，誠三折肱於此道矣。

超等第三名　肄業格致書院兼肄業同文館貢生**歐陽驥**[1]

〔1〕歐陽驥文章後，只有李鴻章原評，没有王韜加評。

二、載於《格致書院課藝》的序言與評論

超等第四名　安徽合肥縣附貢生**李國英**
格致書院山長天南遯叟王加評：
　　作者立論能探西學之原，而於中學之所已有、所未及者，亦能發端宣蘊。括理學之大綱，參中西而一貫，是真善讀書者。

超等第五名　**程瞻洛**
格致書院山長天南遯叟王加評：
　　於西學寢饋已深，故言之有物，詞無泛設，筆有餘妍，不屑爲一切浮光掠影之談，洵傑作也。

（3）升任廣西臬司天津兵備道胡芸楣廉訪春季課題
論事物各有消長，試求其正變公例。

超等第一名　江蘇寶山縣貢生**孫廷璋**
格致書院山長天南遯叟王加評：
　　此題既難著手，而作者又絕少入彀。是篇具有精義，然究嫌冗蔓，未能練字練句一歸律切。

超等第二名　**殷之輅**
格致書院山長天南遯叟王加評：
　　講理而至微妙處，即墮於禪學。惟西人以演算法入手，自可於正變中詮發公例之所在。作者以三大端詁題，條達曉暢，能見其大，其實不過一端而已，陰、陽二字已足包之。芸楣廉訪有擬作一篇，正可爲肄業諸生示之準的。

特等第一名　松江府學廩生**朱昌鼎**
格致書院山長天南遯叟王加評：
　　斯題本難著手，多未能體會命意所在。其能從消、長二義引證發揮者，已屬不可多得。此篇說理通暢，尚屬辯才無礙。

59

（4）寧紹台兵備道吳福茨觀察夏季課題

問：近來東南各省多用外洋銀錢，民尚稱便。中國如自造金銀各錢，應用何策，能否通行，有無利弊？試詳言之，用備采擇。

西曆稱善，適承明季之衰，試證之。

超等第一名　五品頂戴潮州府大埔縣生員**楊毓輝**
格致書院山長天南遯叟王評：
　　議論明通，識見精卓，能灼知利弊之所在，留心時事，足見一斑。次藝辨西曆，但善於明曆，而非善於古曆。設為十證證之，尤能窮流溯源，簡明曉暢，是深於曆學者，誠未易才也。卷中別字宜檢點，冗字冗句宜稍刪除。

超等第二名　廣東潮州府南海縣附生**李鼎頤**
格致書院山長天南遯叟王加評：
　　作者於興利除弊之道素所講求，故能言之有物。次於天算源流，徹始貫終，學識兼優，洵未易才。

超等第三名　江蘇松江府南匯縣優廩生**于鬯**
格致書院山長天南遯叟王加評：
　　鼓鑄金銀錢，為近今要務。作者於興利、除弊兩端，搜無遺蘊，斯為通才。次藝辨論明通，於中西曆學源流兼賅並貫，故能言之有物。

超等第四名　浙江寧波府鎮海縣附生**王輔才**
格致書院山長天南遯叟王加評：
　　鼓鑄金銀各錢必可通行，其權特操之自上耳。興利杜弊之良法，全在製造之精，行用之廣，出入之公平。篇中所陳，簡捷詳明，能扼其要，足覘作者平日留心於時務。次藝能抉出明曆不善之故，其衰實由於屢次測驗之不合，條舉臚陳，證據確實，知其究心於中西曆法者深矣。反復辨論，文筆亦極犀利。

二、載於《格致書院課藝》的序言與評論

(5) 南洋大臣署理兩江總督沈仲復制軍秋季特課〔1〕

絲茶煙布合論。

西學儲材説。

超等第一名　松江府學優行廩膳生**項文瑞**

格致書院山長天南遯叟王加評：

　　準時勢以陳言，探本源而立論，言皆有物，論不虛行，具見才識兼長，與浮泛張惶者有霄壤之別。

超等第二名　丹徒**楊家禾**

格致書院山長天南遯叟王加評：

　　指陳利弊，洞垣一方。整頓絲茶，尚可挽回利藪；播種鶯粟，亦可杜塞漏卮。惟洋布奪女紅之利，爲害不可勝言。誠如所論，是在地方有司與紳商籌議集貲，購置機器，十家或五家合賃一架，試行織布，辦有成效，然後推廣爲之，不然小民日益困窮矣。

超等第三名　五品銜實録館議叙通判、寶山學優附貢生**俞贊**

格致書院山長天南遯叟王加評：

　　曠觀近局，洞矚外情，慨乎其言之頗有王景略捫虱談兵氣概。西學亦當今急務，但當擇其至切要者，加意講求，庶幾平時習之有素，坐而言者，可起而行。苟不試之於實事，亦紙上空言耳。

超等第四名　廣東廣州府南海縣附生**李鼎頤**

格致書院山長天南遯叟王加評：

　　中國自與泰西通商以來，權收關稅，歲以千百萬計，人遂以爲利之所在，而不知正害之所在。何則？善用之則利，不用之則害。今中國之絲、茶日疲，外國之煙、布日旺，盱衡時事，扼腕興嗟。當局者尚思所以整頓而挽回之，及今圖之，尚可爲也。作者能明燭其

---

〔1〕 沈仲復，即沈秉成(1823—1895)，字仲復，浙江歸安人，時任兩江總督。

所以然之故，特言之尚未暢。次藝所陳儲材各條，明白曉暢，簡而易行。

超等第五名　湖北機器織布局委員、浙江鎮海縣職員、候選縣丞**車善呈**

格致書院山長天南遯叟王加評：

不揚西學以抑中學，不强中學以附西學，言之侃侃，獨具卓識。

（6）蘇松太兵備道聶仲芳觀察秋季課題〔1〕

朝鮮爲中國藩屬，應宜如何保守論。

超等第一名　郎中**朱有濂**

格致書院山長天南遯叟王加評：

保衛高麗，即所以自固藩籬，此義人人知之。惟當若何設法保衛，使俄人不敢輕於一試，則尤在備於不虞，弭患於無形，此爲上策。朝鮮輿地圖，近時以日本所刻者最爲精細詳明，一爲宫脅通赫所著，一爲陸軍文庫所考定，作者各圖即從此出，故不復贅刻。

超等第二名　奉賢縣優廩生**程廷傑**

格致書院山長天南遯叟王加評：

結英拒俄，以保朝鮮，恐英不肯顯出諸口，莫如與英立密約，藉以備他日之用。惟在我不可不預爲之備，則駐朝防邊之兵，所以斷不可撤也。此文才氣縱横，而筆有斷制。

超等第三名　松江府學廩生**朱昌鼎**

格致書院山長天南遯叟王加評：

欲保朝鮮，須先盡其在我，因人之力，俱不足恃。朝鮮之輕我中國，雖由積漸使然，亦在我中國有以啓之。若中國竟棄之不顧，一聽

---

〔1〕聶仲芳，即聶緝槼(1855—1911)，字仲芳，湖南衡山人，時任上海道臺。

其然,亦非計也。作者之所謂上策,是爲無策,中策、下策亦惟重防兵以扼要耳,然所縻非少。在今日急務,莫如練海軍,置戰艦,先立於不敗之地,而後可徐議其他。

超等第四名　安徽廬州府學優行廩膳[1]**李經邦**
格致書院山長天南遯叟王加評:
　　居今日而欲保護朝鮮,實無良策,因人之力,固不可恃。即使與泰西各國通商,亦復無濟於事。彼泰西各國視朝鮮之存亡,如秦人視越人之肥瘠。何則? 其形勢與土耳其之在歐洲迥異也。所貴中國練兵積財,痛自整頓,行之十年,然後徐議其他。

超等第五名　候選從九品**張玠**
格致書院山長天南遯叟王加評:
　　物必先腐也,而後蟲生;人必先疑也,而後讒入。朝鮮先有輕中國之心,不信中國能爲之保護。英人於朝鮮之得失,似若無關,然俄人得志於朝鮮,亦非英人之福,特慮我中國力不能與之共事。通盤籌算,究不如以自强爲先,所謂求人不如求己也。作者命意,已能見及乎此。

(7)登萊青兵備道盛杏蓀觀察冬季課題
　　問: 中國郵政應如何辦法? 其各以實義條對。

超等第一名　上元**羅毓林**
格致書院山長天南遯叟王加評:
　　郵政本宜亟行創設,乃畏難者苟安,妄疑者謂有窒礙,皆首鼠兩端之見也。前曾有開辦者,委非其人,遂至中阻,遂以此藉口謂不可行,是因噎而廢食也。此篇明白通暢,簡淺切近,使人於言下曉然,是真達才。

---

[1] 廩膳,疑後面漏一"生"字,當爲"廩膳生"。

超等第二名　　王益三
格致書院山長天南遯叟王加評：
　　所擬各條，簡潔明凈，要言不煩，是謂斫輪老手。

超等第三名　　廣東廣州府南海縣附生**李鼎頤**
格致書院山長天南遯叟王加評：
　　郵政在今日亟宜通行，此無擾於民，而有益於國。所陳八條，多可采處，即可見之施行，允爲留心時務之才。

超等第四名　　鎮江府學附生**劉邦俊**
格致書院山長天南遯叟王加評：
　　中國仿行西法，於郵政一端最爲簡捷易行，一綱十目，頗有所見。今日電報已設，鐵路將創，輪船遍達於南北洋，已於郵政事半而功倍，當軸者何不亟爲舉行哉！

6. 格致書院辛卯課藝[1]
1891年（光緒十七年）

（1）弁言[2]

　　格致書院之建於今二十餘年，余之謬擁皋比、承乏山長也自乙酉始。請於當道以文課士也自丙戌始，於兹七載，舉行無間。自己丑始，又請於南北洋大臣，別於春秋兩季創行特課，院中肄業士子，多則百餘人，少亦數十人，無不爭自濯磨，共相奮勉，以期於格致之學，漸能深造而有得，他日以家脩爲廷獻，出而宣力於國家，或使於四方，不辱君命。雍容乎壇坫，折衝乎樽俎。或練習韜鈐，克敵致果；或製器象物，各適於用。

----

　　[1] 此書扉頁上標明"光緒辛卯弢園選印"，指1891年（光緒十七年）弢園書局選印此書。王韜在此書的序言末落款日期爲"光緒十有八年歲次壬辰十月二十四日"（1892年12月12日），那麽此書出版日期應在此後不久。
　　[2] 本文還刊登於1892年12月25日（光緒十八年十一月初七日）《申報》第1版，標題爲《〈格致書院壬辰課藝〉書後》。《申報》上發表的文章末尾比本文多加了幾段文字，現附録在本文後面。

二、載於《格致書院課藝》的序言與評論

蓋西學以曆算爲基，格致爲宗，一切光學、化學、聲學、重學，皆從此出。竊謂，西學與洋務雖分兩途，而實一貫。如欲於其間融會貫通，默相消息，雖不必盡由西國之語言文字，特恐非此末由問津，故語言文字實爲熟諳洋務之嚆矢，而亦爲西學之入門。達彼此之情，參古今之秘，隨時應變，即故知新，神而明之，存乎其人。夫我曾見今之所爲語言文字之學者矣，一知半解，便已快然自足，自視太重，視人太輕，遇事粗疏，行事鹵莽，不能得西人之所長，而徒得西人之所短，此由無學問識見以濟之也。苟其學問優長，識見明遠，自能變通乎西學，自能稔悉乎洋務，觸處洞然，心領神會，肆應而不疲，有言而悉驗，於事變之來，早決於幾先，又何必有藉乎語言文字之末哉！無他，語言文字特其迹而已。西學多端，非更僕之所能盡，姑不必論。洋務則形見者也，特其中有著而共喻者，有隱而未發者。

壬辰所命課題，如李爵相之垂問，俄人築造西伯利亞鐵路，人人知其將來必爲中國患，而所以先事之圖未雨而綢繆者，果安在哉？[1] 聶觀察所詢，欲仿泰西設立銀行，有利亦有弊。今欲興利而除弊，則必以得人爲先。然言之易，而行之難，誠能得人，天下何事不可爲？知人則哲，大禹尚不敢以之自任，遑論其他？吳觀察所問，防海、防陸有難易緩急之分，說者皆重在西北，誠以俄事爲足憂，特備之，未有善策。[2] 行鈔幣，不過創設銀行之一端，誠能恒示天下以信，則治天下且不難，而何有乎區區之鈔幣哉！裴稅務司論，辦理洋務人員首當稱職，而專其責於大憲之選派。誠哉，是言也！中國大矣，人才衆矣。誠能衡鑒精而識拔公，委任專而使令當，何地無人才於辦理洋務乎？何有中外通商以來，中國之財日流於外？數十年中，講求商務者無一人。盛觀察考之貿易册，而知歲中英贏銀至六千八十餘萬之多，其勢幾不可以終日。今欲杜塞漏巵，振興商務，非於工藝加意經營，莫能挽回也。

凡此數端，皆洋務中之切要著明者，苟人人能由此致意，奮發

---

〔1〕 此句《申報》爲："人人知其將來必有所圖，而所以先事之備未雨而綢繆者，安可忽哉！"

〔2〕 此句《申報》爲："誠以俄事爲足憂也。"

有爲,安見富强之基、盛隆之業不於此始哉!是所望於學識之君子。光緒十有八年歲次壬辰十月二十四日,天南遯叟王韜識於滬北淞隱廬。

附錄:

　　蓋嘗論之,法積久而必變,例有開而必先自開,洋務一門,何一事非由創始?無舊章之可以率循,要在度勢審時,權衡至當,迎其機而利導之,順其理而推行之。事無論後先而機則一,人無論中外而理則同。人我周旋交際之間,終不能越此範圍。玉帛敦槃所以循其禮,笙簧酒醴所以盡其情。其待之也不亢不卑,其臨之也必斷必速。一事當前,可者許之,不可者拒之。毋因循,毋怠緩,毋依回,毋遲疑,毋始諾而終違,毋始逆而終順,毋始任而終諉,毋恫喝,毋畏葸,毋退避。

　　凡事之初起本易消弭,一明達之縣令辦之足矣。乃縣令必諉之於府道,府道必諉之於督撫,督撫必諉之於總理衙門,而人乃有以窺我之微矣。爲時愈久,枝節彌多,其望益深,其索愈奢,彼乃得執持我之短長,即使如其願以償,彼反不存感激之心,轉得反唇以相稽,謂此役也非出之於自然,乃出之於勉强;非得之於格外,乃得之於力爭,由是恩不爲恩矣。自有洋務以來,始終皆坐此弊,彼亦久存藐視之心,故辦理愈形棘手。然則如何而可?

　　一言以蔽之,曰"速"而已矣。事起倉卒,彼固未及預備,逆料其所以然,我即於立談之間了之,則事易措置。既不至有稽時日,且易得其歡心。彼無奢望,自不至於觖望。若必至輾轉曲折,詰難多端,而及至卒事,一切仍依其所求,斯爲下矣。所以貴乎有應變之才也。於速之外更一字以賅之,曰"信"。孔子有云,忠信篤敬,行乎蠻貊。《易》云,信及豚魚,信之爲義大矣。既信矣,又必泯人[1],我之見則曰"公"。大公者無我,誠能開誠布

---

[1] 此句疑有錯字或漏字。

公,相見以天,天下何事不可爲,何人不可感哉!持之以信,示之以公,斷之以速,又復明以濟之,禮以服之,情意以纏綿周浹之,則於辦理洋務思過半矣,夫豈有所難哉!此不繫乎兵力之強弱,疆域之廣狹,人民之衆寡,財賦之贏絀也,在我能據理以爭之而已。

泰西列邦最大者,惟英、法、德、俄、美耳,餘如意、奥已降一等,若夫西、葡、比、嗹、日爾曼諸邦,不過如滕、薛、鄶、邾、泗上十二諸侯而已。然諸大國遇事不敢施其凌躒,肆其誅求者,恃乎有萬國公法在也。據乎理,恃乎法,並和之以禮,則梟獍可化爲麟鳳,豺豹可變爲雛虞,安見行之有所窒礙哉!

至於興工作,精製造,盛商務,講農業,練兵習武,開礦理財,造戰艦,設水師,建鐵路,皆操之在我者也。總使財不流於外,利可歸之己,而其大端則在得人始,是則平日之儲材豈可緩哉!書院者,所以儲材之地也。雖始則托之空言,終必期之實效。吾爲院中肄業諸生望,并爲肄業諸生勗焉!格致書院山長天南遯叟王韜書於滬北淞隱廬。

(2) 欽差北洋大臣直隸爵閣督李春季特課題三道

一、《周髀》經與西法平弧三角相近説。
二、西法測量繪圖,即晉裴秀製圖六體解。
三、俄國西伯利亞造鐵路道里經費時日論。

超等第一名　附生朱正元
格致書院山長天南遯叟王加評:
作者於中西天算之學,俱能融會變通,既援古以證今,復即今以求古,知於此道三折肱矣,非向壁虛造者所能道隻字。次篇於俄國近日情形瞭如指掌,英之患俄較我國雖稍緩,然我於此時即欲聯英以制俄,恐未能也。須知俄爲歐洲諸國之所忌,英亦何獨不然?自失法助,英勢已孤,所幸尚知持盈保泰耳。德於東方成中立之勢,即我欲結之,亦未必可恃。篇中借人之力一語,已洞見癥結,故有國者貴乎自強。

超等第二名　福建閩縣附貢生**林季賢**
格致書院山長天南遯叟王加評：

算書以《周髀》爲最古，與西法暗合處原屬不少，特學者未能疏通證明之耳。作者諸説詮解詳明，有如掌上螺紋，非深於曆學者不辦。次藝疏明六體，貫徹古今。三論俄國情形，如燭照數計而龜卜，足見其平日留心於時務矣。

超等第三名　杭州府學附生**葉瀾**
格致書院山長天南遯叟王加評：

詮解處羅羅清疏，明辨以晢，不獨長於曆數，而於古今通變之源流，不難切實以言之，此之謂辯才。至論鐵路一節，於俄人之經營創造，俱能據實敷陳，而知其處心積慮已深，足見其平日留心於時務矣。

超等第四名　杭州府仁和縣學增廣生員**葉瀚**
格致書院山長天南遯叟王加評：

天算之學，於近時梅、戴、徐、李諸家，能參其要，探其微，而尤能深求之於西國諸名家，故能參互錯綜，該備詳明，可稱老斲輪手。至論俄事，洞垣一方，學問經濟，兼而有之，洵爲通材。

超等第五名　浙江杭州府學附生**項藻馨**
格致書院山長天南遯叟王加評：

上篇於中西算學，頗能言其源流，誠於此道三折肱矣。下篇直論中俄事勢，洞垣一方，才氣浩瀚，不可一世。

（3）蘇松太兵備道憲聶仲芳觀察春季課題二道

嵇叔夜《養生論》云："豆令人重，榆令人瞑。合歡蠲忿，萱草忘憂。熏辛害目，豚魚不養。虱處頭而黑，麝食柏而香，頸處險而癭，齒居晋而黄。"諸生研究物理，試析言其故，以補注家所未及，將覘素蘊焉。

問：各省仿泰西設立銀行，試言其利弊所在。

二、載於《格致書院課藝》的序言與評論

超等第一名　浙江湖州府學附生**錢大受**〔1〕

超等第二名　**孫維新**
格致書院山長天南遯叟王加評：
　　嵇康所論，原非源於化學，而於化學自可相通。作者博引旁徵，妙有證佐。開設銀行，以信字爲根本，亦探原之論也。

超等第三名　杭州府仁和縣學增生**葉瀚**〔2〕

超等第四名　江南太倉州寶山縣附貢生**董琪**
韜注：
設立銀行，行鈔不過一端耳。前半篇尚未能闡發題義。

超等第五名　浙江平湖縣廩貢生**柯來泰**
格致書院山長天南遯叟王加評：
　　於嵇叔夜所論頗多闡發，並能參以西學。設立銀行，指陳利弊所在，殊爲痛快。要之，天下事不患無治法，特患無治人耳。

超等第六名　浙江杭州府海寧州學優廩生**許克勤**
格致書院山長天南遯叟王加評：
　　首藝於叔夜所論闡發無遺，具有精義，實足補注家所不及。次藝直抉利弊所在，明白了當。至以公信勤儉爲辦事之根本，天下何事不可爲？豈但一銀行而已哉！

（4）寧紹台兵備道憲吳福茨觀察夏季課題二道
防海防陸難易緩急論。
問：昔有行鈔之法，多因滋弊而罷。如部局頒發銀錢各幣，必恒示天下以信。應如何變通古制，參用西法，詳酌時宜，俾可通之四海，

---

〔1〕 錢大受，王韜的外孫。他這篇文章後，只有聶仲芳原評，王韜沒有加評。
〔2〕 葉瀚文章後，只有聶仲芳原評，王韜沒有加評。

行之百年，免匱乏而保利權，便商民而濟國用策。

超等第一名　安徽廬州府學優行廩膳生**李經邦**
格致書院山長天南遯叟王加評：
　　論中謂，防海急於北洋，而緩於南洋，防陸則先築鐵路，而後屯田足食，具有卓識。嗚呼！知之匪艱，行之維艱，即鐵路一事，在今日已難措置裕如矣。至於開設銀行，仿照泰西成法，策中所言，亦有可采。惟設銀行，行鈔票，事皆無難，而首有以取信於民為難。須將歷來積習一掃而空之，然後可徐議其他。嗚呼！難矣。

超等第二名　潮州府大埔縣生員**楊毓輝**
格致書院山長天南遯叟王加評：
　　於目下海陸形勢瞭如指掌，故於難易緩急言之切要，不至於輕重倒置，其平日留心於時務者深矣，允推經濟才。行鈔貴乎取信於民，而必自上始，此探原之論也。所言充暢淋漓，學識俱臻絕頂。

超等第三名　**殷之輅**
格致書院山長天南遯叟王加評：
　　所論高瞻遠矚，自能扼要以立言。至以得人為本，天下何事不然？設立銀行，能痛抉其利弊所在。惟造鈔票其數宜於少者，則便於商賈。如逾五百以外，則用者罕矣。

超等第四名　**彭壽人**
格致書院山長天南遯叟王加評：
　　首藝議論明通，於西北情形瞭如指掌，洞若觀火。余則謂，其言不驗，乃我中國邊疆之福。次藝所擬各條，皆可見之施行，歸於實用。拈一"信"字，以立根基，尤為要著。

（5）欽差南洋大臣兩江總督劉制軍秋季特課題二道
一為：物體凝流二質論。

二、載於《格致書院課藝》的序言與評論

二爲：潮汐應月說。

超等第一名　江蘇蘇州府學廩膳生**胡永吉**
格致書院山長天南遯叟王加評：
　　性變、色變、味變、形變，特舉四大端，已足包蘊一切，而更以天地自然之理，歸之空氣，其說愈顯，此之謂辯才無礙。次藝暢達。

超等第二名　江蘇蘇州府元和縣附生**陶師韓**
格致書院山長天南遯叟王加評：
　　西人化學一門，小試其端，有若近乎游戲，其實爲礦學中斷不可少。此篇能以中學證西學，可知華人已講求有素矣。特能由之，而不能知之耳。自西人特創化學之名，乃始恍然。次藝亦具有見解。

超等第三名　上海縣文生**金元善**[1]

超等第四名　山東登州府生員**孫維新**
格致書院山長天南遯叟王加評：
　　辨析物質，詮解凝流，妙義環生中具有至理，佐之以圖，益能深入顯出矣。觀者勿視作虛談，俱從實構。須知百尺浮圖，即從平地造起。次藝證佐明確，勿沒其一片苦心。

（6）三品銜江海關稅務司裴秋季課題[2]
　　中國各大憲選派辦理洋務人員，應以何者爲稱職論。

超等第一名　**項藻馨**
格致書院山長天南遯叟王加評：
　　洋洋灑灑數千言，本本原原咸能核要，是真能留心於時務者。惟中多習見語，豈英雄所見略同耶？此篇議論雖佳，核之題義，尚多

──────────
〔1〕　金元善文章後，只有劉坤一的原評，王韜沒有加評。
〔2〕　海關稅務司裴，即裴式模（Matthew Boyd Bredon，1855—1900），英國人，1880年進中國海關，1887至1889年署江海關稅務司。

71

溢分。

超等第二名　江蘇太倉州寶山縣附生**蔣同寅**
格致書院山長天南遯叟王加評：
　　此文主腦在廣開藝學館，特設洋務一科，以儲人才，亦救時之良策。後幅慷慨激昂，殊有抵掌以談之概。此篇但泛論洋務人才，而於當事命題之意，尚未能針鋒相對，悉心闡發。

超等第三名　松江府學附生**黃潤璋**
格致書院山長天南遯叟王加評：
　　曉暢淋漓，慨乎其言之。近日洋務人員未嘗乏人，是在大憲衡鑒獨精而已。苟選派得人，又何患其不稱職哉？

超等第四名　安徽桐城縣候選縣丞**張玠**
格致書院山長天南遯叟王加評：
　　力抉不能稱職之弊，已洞見其癥結矣。後幅痛快淋漓，語語透人肺腑。辦事如此，洋人安得不折服哉！略為節刪字句，以成完璧。

（7）頭品頂戴山東登萊青兵備道憲盛杏蓀觀察冬季課題
　　問：各國至中國通商，按光緒十六年貿易冊，英贏銀至六千八十餘萬，而俄、美等國各補入中國銀八九百萬。核稽歷年，大抵英必贏，而俄、美必絀，豈西國經商亦各有工拙歟？抑物產使然歟？今欲振興商務，其策安在？

超等第一名　**彭壽人**
格致書院山長天南遯叟王加評：
　　以工藝之優劣，權商務之盈虧，工藝盛則商務裕，一語破的，洵通材也。

超等第二名　肄業格致書院江蘇蘇州府長洲縣庠生**許庭銓**

二、載於《格致書院課藝》的序言與評論

格致書院山長天南遯叟王加評：

中國物産廣，而製造不精，執守成法，不知變通。茶、絲爲固有之利，而諸弊叢興，以致銷路頓滯，自承其害。作者設八法以挽回之，亦自有見。惜乎！言之易而行之難，也是在當軸者。

超等第三名　　浙江平湖縣廩貢生柯來泰
格致書院山長天南遯叟王加評：

華商之弊，不能心齊力固，遂爲洋人所把持。作者痛抉其失，慨乎其言之所陳多可采行，特惜終無實心任事者耳。中外通商所定條約，皆由於始事之誤，中國則事事吃虧，西人則事事便宜，至今竟視爲定例，不可挽回。西商入口之稅既不可改，將來華商載物至外國，似可援照值百抽五之條，與之辨論，禮尚往來，豈彼可施之於我，而我不能行之於彼耶？不然者，一誤再誤，商務益不可問矣。

7. 格致書院壬辰課藝[1]
1892年（光緒十八年）

(1) 序

余以甫里之逋客，作歇浦之賓萌，忽忽十有三年於茲矣。端居多暇，惟於故書堆中作生活，置一切世事於不問。嘗自撰楹聯云："息轍絕交遊，屏跡此心同木石；杜門耽著述，安神無夢到軒輿。"方以爲内亂削平，外交輯睦，閭里共安耕鑿，黎氓咸樂昇平，可沒世不見兵革，不謂藐茲日東，無端蠢動。既已翦滅乎琉球，復圖吞併乎朝鮮。潛師北犯，擾我畿疆，薄海臣民，無不痛心疾首，咸思擐甲枕戈，同仇敵愾，共伸大義於天下。

憶自庚寅年秋，聶仲芳廉訪命題，曾以"朝鮮爲中國藩屬，應宜如何保守"爲問。時論者皆以爲，朝鮮之患，專在於俄，並欲中國自取朝鮮，以絕俄人之覬覦。或簡員往駐，代理其政事，不知此適以召强敵

---

〔1〕 此書扉頁上標明"光緒壬辰弢園選印"，指1892年（光緒十八年）弢園書局選印此書。王韜在此書的序言末落款日期爲"光緒二十年歲次甲午八月望日"（光緒二十年八月十五日，1894年9月14日），那麽此書出版日期應在此後不久。

尋釁之師，而予人以口實，亦恐朝鮮未必虛衷聽命，非策之善者也。或者意欲結英以拒俄，併力合謀，藉以制其橫恣，不知英之不爲我用也。且因人之力殊不足恃，設使我中國竟棄之不顧，一聽其然，要亦非計。廉訪則謂，英人果能力顧歐亞兩洲大局，與中國協力同心，則因時制宜之策莫善於此。蓋中英合而敵勢孤，俄必有所懼而不敢肆；中英分而敵勢橫，中英兩有所損，而難以圖功。故聯英以制俄之説，亦未可偏廢。不料今日朝鮮之患不在俄而在日，顧日未嘗不爲俄人之先驅也。廉訪之命此題也，具有深意，蓋已識燭乎先幾，而智存乎獨見，天下料事之明者類如是也。無論朝鮮之患日、患俄，我國要宜先爲之備，防守既固，無隙可乘，彼自不敢先發難端。即作者所論，果可坐言起行，亦莫由上告之當軸，不過聊備一説已耳。至事已決裂，乃歎其言之不用，則已晚矣。

至於此編所命諸題，有言天算者，有談經濟者，有論時事者，有辨教術者，有備詳輿圖者，有精求農事者，有維持商務者。至於開礦冶鐵，織紡製造，屯田備邊，裕利源，去積弊，述槍炮施放之巧妙，考中西醫學之源流，巨細精粗，無乎不貫。諸生所對，皆能犖犖舉其大端，集思廣益，萃衆長而備一得，咸有裨於國家大計。蓋諸生講求西學，揣摩時局，日就月將，進而益上，較之前時，已大相徑庭矣。每讀一篇，輒浮大白，至慷慨激昂、悲憤抑鬱處，不禁爲之拔劍起舞。

竊歎天下之非無人才也，特患未爲上之所用，以一試其所言耳。蓋天下之智者、明者，其料事也，有若燭照數計而龜卜，即或後日未克盡踐其言，要亦相違不遠。況乎能用西人之所長，尤貴乎能去西人之所短，則又何患之有？排印既竟，竊喜而書之如此。　光緒二十年歲次甲午八月望日，天南遯叟王韜識於滬上淞隱廬，時年六十有七。

(2) 北洋大臣直隸李爵閣督春季特課題三道

揚子雲"難蓋天八事"以通渾天説。

《管子·地數篇》解。

德奧義合縱、俄法連衡論。

二、載於《格致書院課藝》的序言與評論

超等第一名　浙江杭州府海寧州學優行廩膳生許克勤
格致書院山長天南遯叟王加評：
　　首藝於古今算術源流，咸能探其底蘊，闡發子雲難義，明白曉暢。次藝疏解各有根據，剖析詳明，幾無剩義，可與近人蕭山王紹蘭《〈管子·地員篇〉注》媲美。三藝逆億而談，深切著明，炯若觀火。明者見於未兆，智者圖於未然，事會所迫，有識類能言之。作者所論，恰如我意之所欲吐。

超等第二名　增生葉瀚
格致書院山長天南遯叟王加評：
　　博古通今，達時識變，誠近日未易才也。

超等第三名　江蘇蘇州府元和縣生員錢文霈
格致書院山長天南遯叟王加評：
　　深通古術，疏解詳明。次篇精於讎校訓故之學，具有家數。三藝熟於歐洲形勢，其視諸國強弱分合，有如掌上螺紋。作者通今以致用，可推近時巨擘。

超等第四名　項藻馨
格致書院山長天南遯叟王評：
　　熟於天下形勢，而特為中國借箸一籌，以破歐洲五大國合縱連衡之計，侃侃而言，俱臻切實，誠近日未易才也。

超等第五名　五品頂戴潮州府大埔縣生[1]楊毓輝
格致書院山長天南遯叟王評：
　　首藝引今據古，證疏詳明，非長於箋釋之學者不辦。次藝熟於泰西形勢，洞悉近情，故能抵掌陳詞，言之侃侃，幾有旁若無人之概。

---

〔1〕 生，疑此字後漏一"員"字。

75

（3）升任浙江臬司蘇松太兵備道江海關権憲聶仲芳廉訪春季課題四道

《周禮·考工記》："攻木之工七,攻金之工六,攻皮之工五,設色之工五,刮摩之工五,搏埴之工二。"各有分職,厥類惟詳。古之工作多以人力,今之工作間用機器。目今製造鋼船、鋼炮,爲防海之利器,亦格致家所宜及也。諸生討論有素,其一一參校而詳説焉。

大洋海、大西洋海、印度海、北冰海、南冰海考。

韓退之《原道篇》云："古之教者處其一,今之教者處其三。"以儒教外有二氏也。今考泰西各國,有所謂洋教、西教,名目益繁,未可枚舉。中國通商口岸,皆有各國教堂,果何道而使民教相安,無詐無虞,常敦睦誼歟？諸生留心時務,其各抒所見,著爲論説,以備采擇焉。

風性表説。

超等第一名　潮州府大埔縣生員**楊輝毓**〔1〕（翰青）
格致書院山長天南遯叟王評：
　　首藝於《考工記》所設諸工,未曾細爲詮解,而即以古法通於今法。惟所論鋼船、鋼炮,精細詳明,可裨實用。次藝畫分洋海、冰海,界域分明,朗如眉列,可作一部海外地志觀。三藝立正本清源之法,即所以防微杜漸,顧居今日,而欲行裁制駕馭,宜隱而不宜顯,宜緩而不宜急,潛移默感,此中正大有權衡。四藝考驗風性表,確有所得,不同浮泛。

超等第二名　花翎五品銜江南蘇州府長洲縣拔貢生**胡家鼎**
格致書院山長天南遯叟王評：
　　條對詳明,於古今源流瞭瞭然如掌上螺紋,胸中雪亮,腕底風聲,論教頗爲持平,説風性表亦極明晰。

超等第三名　廣方言館學生附貢生**李元鼎**

────────
〔1〕楊輝毓,當爲"楊毓輝"。

二、載於《格致書院課藝》的序言與評論

格致書院山長天南遯叟王評：

　　首篇以今證古，雖於經義未經闡發，而於西法格致之理頗有所知，所答船、炮兩項，亦係泰西近時成法，然不謂之能留心時務不可也。次篇以天時、地勢，分界洋海、冰海，確有所見。三篇論處置教民未有善法，請簡專使決不可行，恐益張其焰，專派查教委員轉滋之擾，惟絕誹言，正人心，須在平日從容感化，潛移默感，是在當軸者。四篇論風性表，能舉其大。

超等第四名　　江南蘇州府元和縣附生**陶師韓**
格致書院山長天南遯叟王評：

　　首藝由今以溯古，由古以通今，詁題精確，疏解詳明。具此學識，不特於西人製造局中別開精義，而於中國詮解羣經者，亦可別參一席。次藝於海洋界限羅羅清疏，正如馬援聚米爲山，瞭然如指諸掌。作者熟讀西洋瑪吉士、英國慕維廉地志，方克臻此。三藝論及教中流弊，欲杜其漸，先由善堂爲之整頓，而以端士習爲之維持，持論明通，足以清源正本，絕無過甚語。士子誠能盡其在我，又何慮詖辭邪說之足以惑世誣民哉！原評謂之"苦心孤詣"，洵然。四藝詮解明晰。

超等第五名　　江蘇蘇州府廩生**胡永吉**
格致書院山長天南遯叟王評：

　　疏證明確，合中西學爲一手。論教亦極持平。詮解風性表，亦諳西法。

（4）寧紹台兵備道海關権憲吳福茨觀察夏季課題二道
　　問：各省兵燹以來，軍需善後多賴釐金，以應度支。現在承平日久，未能遽停，庫款仍絀，其中盈虛損益情形，論時事者所宜參究，應如何籌節餉項，減免抽釐，以裕利源，而紓商力策。

　　請永停捐輸實官議。

超等第一名　　江南蘇州府吳縣優行廩膳生**潘敦先**

格致書院山長天南遯叟王評：
　　能權時勢以立言，灼知弊竇之所在，故能言之有物，坐而言者可起而行，迥非紙上空談，文章之具有經濟者如是。

超等第二名　　安徽廬州府學優行廩膳生**李經邦**
格致書院山長天南遯叟王評：
　　釐捐無害於商，雖取之於民，而仍不擾民，所以行之可久。惟密設嚴防，如詰盜賊，則商民俱受其病，此裁併之所以不可緩也。文能權時勢以立言，可以坐言起行，洵不愧爲通材。捐納實官，有害而無利，又能切指其弊，痛徹以言之，洵是快人快語。至代爲設法彌補處，雖屬西法，亦爲近今所宜行，不可目之爲言利之臣也。

超等第三名　　五品頂戴潮州府大埔縣生員**楊毓輝**
格致書院山長天南遯叟王評：
　　自古理財之道多端，而莫要於"百姓足，則君無不足"一語。至於釐捐是加出於稅餉之外，雖非取之於商，而實取之於民。若卡隘過多，則商亦受病，故不能即撤，亦當由漸減少。重徵煙酒，以輕釐捐，亦是當今急務。捐納實官，爲害無窮，文能痛切言之，亦屬救時要策。

超等第四名　　肄業杭州府學廩貢生**孫兆熊**
格致書院山長天南遯叟王評：
　　通達時務，熟諳商情，故所陳皆可見之施行，措之實事，誠未易才也。次倫〔1〕停捐實官，侃侃而談，深切利害。惟取之於官，示以限制，亦可積少成多，惟恐官仍取之於民，法未善也。不如若民會之，聽其自便。

超等第五名　　文生**楊毓煌**
格致書院山長天南遯叟王評：
　　首次指陳時務，切中事要，是爲近今通權達變之才，足知政治之

───────
〔1〕倫，疑爲"論"。

本原者也，非帖括家所能望其項背。

超等第六名　藍翎五品銜候選直州判華亭縣恩貢生**朱昌鼎**
格致書院山長天南遯叟王評：

　　痛論遊民之弊，皆由釐捐實官而起，深切時事，識既獨絕，筆尤夭矯，然誠欲使遊民歸籍，正非一時所能猝辦。

(5) 南洋大臣兩江督憲劉制軍秋季特課題三道

　　《隋書》婆登國有月熟之稻，《抱樸子》南海有九熟之稻。昔人又云，天竺稻四熟，交趾稻再熟。今有其種否？能行諸內地否？《齊民要術》《廣志》，南方有蟬鳴稻五月熟，青芋稻六月熟，白漢稻七月熟。《演繁露》又有紅霞米早熟且耐旱，其耐水者宜何種？殷區田、周稻人諸法久廢，水旱之備宜何施而可？

　　昔扁鵲爲兩人互易心，仲景穿胸納赤餅，華佗刳腹去積聚，在腸胃則湔洗之。今其法華人不傳，惟西醫頗用其法，而不盡得手。究竟中西醫理孰長？

　　上海海口形勢輿圖廣袤，城池道里丈尺考。

超等第一名　許克勤
格致書院山長天南遯叟王評：

　　古者農業設有專官，農務著有專書，辨土宜，別穀種，精察而試行之，必有成效。更參之以西法，定可不勞而多獲。作者講樹藝，備水旱，確有所見。其論中西醫術，剖析源流，窮極微渺。三藝考上海古今分合之異，獨見精詳，在各卷中允推巨擘。

超等第二名　增生**葉瀚**
格致書院山長天南遯叟王評：

　　論各處稻種，獨稱詳備。至考中西醫術，剖析源流，言博而賅。三藝指陳上海形勢，尤能詳人之所未詳，洵推傑作。作者推論租界，瞭然如掌上螺紋。近日已有新圖，詳較於舊。

超等第三名　　胡家鼎
格致書院山長天南遯叟王評：
　　辨析各處稻種，頗爲詳明。其備水旱之法，尤宜講習。中國近日醫學失傳，然古時不之明，醫未必西之遽長於中也。惟西國剖驗之精，爲中國所不及，顧亦惟西國能行之耳。且剖驗於死後，不無稍異，所見甚確。惟診病專恃察脈，乃始於王叔和，恐未足盡恃。三藝未免太略。

超等第四名　　胡永吉
格致書院山長天南遯叟王評：
　　作者於農學、醫術具有心得，故能備詳各處之樹藝，洞悉古今中西之源流，娓娓言之，自爾旁通曲暢。三藝前半以上海一隅爲海口之樞紐，扼重海防，尤具卓識，而文筆亦復機暢神流。

（6）直隸津海關道權憲盛杏蓀觀察秋季課題
　　問：鐵利爲自強要務，漢陽廠基爐座規模具舉，大冶礦苗厚旺，開采如何合法？鋼鐵以暢銷爲先，如何推廣銷路，利不外奪？若使官督商辦，能爲經久之計否？織紡相輔而行，今欲推廣紗利，兼顧布局，應如何妥籌盡善？洋紗不用土花，如何收種洋棉，并使華棉有用，盍臚舉所知以對？

超等第一名　　潮州府大埔縣文生**楊史彬**
格致書院山長天南遯叟王評：
　　所有條陳諸法，皆可采用於樹藝，揀選言之有要，頗能留心於實用，是即通材。

超等第三名　　候選知縣**張玠**〔1〕

────────
　　〔1〕原書在第一名楊史彬文章後沒有刊登第二名的文章，直接刊登了第三名張玠的文章。

二、載於《格致書院課藝》的序言與評論

格致書院山長天南遯叟王評：

作者之意專注於織布紡紗，而於紡紗爲尤亟。所論頗能扼要，明白曉暢，人人易知，此即佳構，蓋條陳事實，原與作文之法異也。

超等第四名　潮州府大埔縣生員**楊毓輝**

格致書院山長天南遯叟王評：

泛論礦務，尚有見解，而於大冶采苗、漢陽煉鐵，未能熟悉情形，詳爲條對。惟於講種植，善栽培，攙用華棉、洋棉，洵屬可行。作者平日留心西學，於此可見一斑。

超等第五名　廣東廣州府南海縣學附生**李鼎頤**

格致書院山長天南遯叟王評：

作者亦能於湖北鐵政局采苗、煉鐵諸端，言之有要，所陳節糜費，汰冗員，亦爲有見。紡、鐵獲利，業已形見，其規模自宜大爲擴充，不獨漢陽一處也。利之所在，衆共趨之，將見不二十年，可以遍行天下矣。

超等第六名　常州府金匱縣附生**蔣寶豐**

格致書院山長天南遯叟王評：

作者於織布紡紗之利弊，詳加闡發，深中窾要。其意欲華人改種洋棉，以奪利權，亦復有見。

(7) 登萊青兵備道海關榷憲李子木觀察冬季課題三道[1]

問：槍炮取準必用抛物綫法。今以二十四生特之炮平擊敵船，當若干里？若斜向下擊，或斜向上擊，各當若干里？究竟下擊、上擊有何區別？果用何法，乃能避其上擊，仍不礙我下擊，能精思其故得其數而詳述之歟？又以開花彈子下墜平口與平擊竪口，當用何術，使之不失纍黍，能考其用法歟？

---

[1] 李子木，即李正榮(1843—?)，字子木，安徽合肥人，時任登萊青道。

張騫、班超優劣論。
黑龍江通肯河一帶請開民屯議。

超等第一名　殷之輅
格致書院山長天南遯叟王評：
　　測炮俱從算學中出，其準自有一定。作者所言諸法，簡明賅括，具有精義，論能獨具隻眼。敘述張騫、班超二人行事，而優劣自見。通肯河屯田一議，尤足覘經濟，知其平日留心於時務者深矣。

超等第二名　李經邦
格致書院山長天南遯叟王評：
　　炮之利鈍，全係乎施放之人，演算法有一定之準則，苟能神明而變化之，足以制敵無難。作者能深思而得其故，凡爲識高於頂。論張、班優劣，有如老吏斷獄，非熟讀前後《漢書》不辦。開屯田一說，足食即以備邊，坐言起行，洵如所議。

超等第三名　楊毓輝
格致書院山長天南遯叟王評：
　　援引成法，縷析條分，其於施放之遠近，瞭然若指諸掌。平日能精心考究乎此，臨時自有定準，從容應敵而有餘，自不至於倉皇僨事。昔年曾著有《火器略說》一書，意淺言明，人人易曉，苟行陳之人熟讀深思而有得焉，又何難命中及遠哉？張、班優劣，能將兩人前後所行事實考核一番，自可立判論。參之以西法，亦屬屯田要著。

超等第四名　張鳳翥
格致書院山長天南遯叟王評：
　　能於法外抒妙思，運精意，而自無不合乎法，命中及遠，具有把握，論有斷制，議所陳十條，皆可見之施行。

二、載於《格致書院課藝》的序言與評論

超等第五名　　王輔才

格致書院山長天南遯叟王評：

西法近多藏炮於土坑，測以遠鏡，升以活架，度數既準，即能操命中之券，而即可避敵上擊，仍不礙我下擊，炸彈大抵利於擊近，所論精細入微。論別具見解，規時度勢，切當不移。屯田條議，皆可見諸施行。洵未易才也。

8. 格致書院癸巳課藝[1]
1893年（光緒十九年）

（1）序

余自乙酉之夏謬掌皋比，迄今十有一年，以文課士，來者日衆，而於西學、西法皆有心得言之，俱能溯厥淵源。觀其所言，料事明而見事審，類能識微知著，達於幾先，於近時新學，尤能探闃奧而闢端倪，未嘗不顧而喜之，以是知世固不乏有志之士也。設使爲上者，專設格致，藝術製造、象緯輿圖、兵法武備諸科，用以取士，必有奇材異能者出乎其間。

中國地大物博，山崎淵渟，磅礡鬱積，扶輿靈淑之氣必有所鍾，挺生通才必能扶世而長。民何至今聰明智奇之士寥寥罕覯也？豈以上之人未之求歟？今夫賢才達而在上，則足以有所展布；窮而在下，則終身湮沒已耳。今之效西法、嗜西學者，求之於世，世未嘗無其人，豈爲博取功名計？不過以性之所近，聊以自娛而已，以非功令所尚，故世亦未之知也。即如癸巳一年，當軸所命諸題，亦在乎精曆算，勘地理，慎邦交，辨文字，恤貧民，整學校，齊刑律，達輿情，效紡織，盛工作，興商務，十數事而已。推當軸之意，亦欲袪習尚以期振作，行倣效以挽利權，改成法以歸實用。然知之而不能爲也，言之而不能行也，則以清流多矯激，廷議多拘迂，從旁而掣其肘者衆也。

然猶曰，中國未嘗不仿西法、重西學也。炮廠船塢，槍械舟艦，鐵甲魚雷，一切皆能自造，又復延請西弁，設立學堂，訓練海軍，竭思殫

---

[1] 此書扉頁上標明"光緒癸巳弢園選印"，指1893年（光緒十九年）弢園書局選印此書，出版日期應該在此後不久。

慮,將三十年。乃自倭人犯順以來,一戰於平壤,而知陸兵之不可用矣;再戰於旅順,而知炮臺之不足恃矣;三戰於威海,而知兵輪之無所濟矣。坐令天下事敗壞決裂至於此極,而局外者反追咎於西法之不可用,幾欲盡廢海軍,是誠足爲藉口地也。

竊以爲,我軍何嘗與倭人一戰哉?將領無人,軍士烏合,從未交鋒,紛然駭走。一人先奔,萬衆隨之,敗北之徵,若出一轍。此衆猶可用歟?雖經百戰而百蹶也。每聽北來者談戰事,未嘗不眦裂髮指,痛哭流涕,而長太息者也。今和議定矣,烏容再置一喙?以後惟有亟圖整頓,奮刷精神,更革舊章,痛除積弊。顧目前所云,尚西學,行西法,以馴致乎富强,幾類老生常談。即使借材異域,變法自强,亦已言之屢矣,而卒未有毅然起而行之者也。當此創鉅痛深之際,宜切臥薪嘗膽之思,乃竟晏然若無事,猶睡者之無醒時,是可歎也。

夫事前易爲功,事後易爲智,至今日而力排和議晚矣。今當協力同心,挽回大局,勵精圖治,奮發有爲,庶幾可復中興之盛。余也老病頹唐,幾欲效祝宗之祈死,惟望英賢繼起,院中肄業諸生益加奮勉,他日朝廷遣使絶域,修睦强鄰,聯絡與國,廣結厚援,以冀一洗此恥,此草莽小民所飲食以祝之,旦夕以望之者也。天南遯叟王韜序。

(2) 北洋大臣直隸爵閣督李傅相春季特課題三道

以月離測經度解。

西域帕米爾輿地考。

整頓中國教務策。

超等第一名　浙江杭州府仁和縣增廣生員**葉瀚**

格致書院山長天南遯叟王加評:

首篇能探祘算之淵源。次考據詳明,具有證佐。三貴在正本清源,特中有過甚語,應加刪汰。

超等第二名　潮州府大埔縣生員**楊毓輝**

二、載於《格致書院課藝》的序言與評論

格致書院山長天南遯叟王加評：

長於象緯，明於輿圖，能用心於西學，而詳求博考以出之者也。

超等第三名　浙江杭州府海寧州學廩生**許克勤**

格致書院山長天南遯叟王加評：

首藝認題未確，然講論明通，亦復可取。帕米爾指地陳確鑿，援據精詳。講及教務，亦有立論持平處，而杜漸防微之意寓焉。

（3）升任浙江臬憲江蘇蘇松太兵備道憲聶仲芳廉訪春季課題二道

倉頡造字，篆隸淵源；揚子《方言》，齊楚音別。近自昆山顧亭林氏輯《音樂〔1〕五書》，辨五方之音字，考核綦詳。泰西人語多詰屈，字皆斜行，而英、法兩國之文字語言，尤爲各國通行。近譯《英字入門》《英語集全》《法字入門》《法語進階》諸書，爲西學之初桄，果能吻合無誤否？夫不譯西字，曷窺製作之精？不解洋言，難膺行人之選。其於中西及各國文字語言之異同，諸生討論有素，其各條舉以對。

周官大司徒保息六以養民，有賑窮、恤貧之條。文王發政施仁，必先煢獨。嗣是收養貧民，有普濟堂、政先堂、體仁堂、廣仁堂、養濟院、留養局，名目不一，總爲收養鰥寡孤獨、廢疾貧民而設。上海善堂林立，而蒙袂乞食之徒，時見於道路，蓋博施濟衆，仁聖所難。聞歐洲諸國亦設養濟院，教以工藝，嚴其部勒，潔居室，別勤惰，厥法若何？其詳可得聞乎？

超等第一名　中書科中書銜江南蘇州府吳縣優廩生**潘敦先**〔2〕

超等第二名　**沈尚功**

格致書院山長天南遯叟王加評：

作者長於音學，深通泰西語言文字之源，故能言之特詳。次欲參

---

〔1〕樂，應爲"學"。
〔2〕潘敦先文章後面只有聶仲芳原評，王韜沒有加評。

用西法以杜弊,亦自有見。

超等第三名　潮州府大埔縣生員**楊毓輝**(然青)
格致書院山長天南遯叟王加評:
　　作者明於西國語言文字、音韻淵源,故能言之有要,而絶不爲浮光掠影之談,可與西士艾君約瑟言音學之書齊驅並駕,洵未易才也。至於恤貧爲教養之一端,作者援據西法處,確有可采。

(4) 浙江寧紹台兵備道憲吳福茨觀察夏季課題二道
中外各國刑律輕重寬嚴異同得失考。
泰西醫術昉自何時? 傳自何人? 其治病諸法,各國有無異同? 視中東醫理,精粗優劣如何? 試詳證之。

超等第一名　安徽廬州府學優行廩膳生**李經邦**
格致書院山長天南遯叟王加評:
　　比論中西刑律,不蔓不支,簡潔詳明,語有斷制。次講醫理,於中西治法能舉其要,至追溯中國古法之善,爲西醫所不及,尤屬探原之論。

超等第二名　杭州府海寧州學廩膳生**許克勤**
格致書院山長天南遯叟王加評:
　　作者於中西刑律瞭然於心,故能比擬恰當,確切不移,竟如老吏斷獄,鐵案如山。次於中西醫理,窮流溯源,不厭討論,至其精確處,問之西醫,當亦首肯。

超等第三名　潮州府大埔縣生員**楊毓輝**
格致書院山長天南遯叟王加評:
　　詳考中西刑律,本本原原,兩兩比較,真如老吏斷獄,而於輕重寬嚴,異同得失,朗若眉列。作者明於泰西醫學源流,而於中國醫理亦屬具有心得,故能以分風劈流之筆,辨其精粗優劣之所在,不作一膚泛語、隔膜語,誠於此道三折肱矣。

(5)南洋大臣兩江總督劉制軍秋季特課題二道[1]

書院之設,即古黨庠術序之遺意。宋時鵝湖、鹿洞講學著聞,胡安定先生以經學治事,分齋設課,得人爲盛。中國一鄉一邑皆有書院,大率工文章,以求科舉,而泰西藝學亦各有書院。自京師有同文館,以肄算學;天津、江南有水師學堂,以習海軍;上海設立格致書院,專論時務,踵事日增。中西書院不同,其爲育才一也。或謂綱常政教,中國自有常經,惟兵、商二途,宜集思而廣益,第中西之載籍極繁,一人之才力有限,果何道而使兼綜條貫,各盡所長歟?試互證而詳論之。

《風俗通》稱皋陶造律,至漢蕭何因秦法作律九章,律之名所由始。其曰例者,《王制》之所謂比是也。古者獄辭之成,必察大小之比,律有一定,例則隨時變通。讀律者有八字、十六字之分,剖析毫釐,不得畸輕畸重,無非明慎欽恤,以仁施法之意。《史記》言,匈奴獄久者不過十月,一國之囚不過數人,何其速而簡也。宋鄧肅對高宗言,外國文書簡簡故速,中國文書繁繁故遲。其説信否?西國用律師判斷兩造,權與官垺,此中國所無也。中西律例異同得失安在?能詳悉言之歟?

暹羅疆域政俗考。

超等第一名　中書科中書銜江南蘇州府吳縣優廩生**潘敦先**
格致書院山長天南遯叟王加評:
　　崇論閎議,鋒發韻流,其識見洵超越人一等。考核詳明,具瞻實學。次比、例切當。三引據精確。

超等第二名　肄業方略館謄錄錢塘縣貢生**孫兆熊**
格致書院山長天南遯叟王加評:
　　文詞淹雅,考據精詳,望而知爲積學之士。

―――――――

〔1〕二道,實際是三道。

超等第三名　肄業格致書院浙江杭州府學附生**項藻馨**
格致書院山長天南遯叟王加評：

　　首藝參考古今，貫徹中外，變通盡利，積弊爲之廓清。次、三均能按時勢以立言，核實詳明，絕無一浮泛語。作者生長杭郡，年少才美，而獨能揣摩西學，不囿於習俗，爲舉世所不爲，宏通博雅，慨然有用世之心，斯可謂有志之士矣。

（6）欽加三品銜江南製造局翻譯傅蘭雅西士秋季課題
中國仿行西法紡紗織布，應如何籌辦，以俾國家商民均沾利益論。

超等第一名　肄業生**殷之輅**
格致書院山長天南遯叟王加評：

　　敷陳一切，確有見地，作者貫通之學於此蓋三折肱矣。

超等第二名　江蘇鎮江府丹徒縣廩生**吳佐清**
格致書院山長天南遯叟王加評：

　　痛抉利病之所在，慷慨激昂以言之，誠世之有心人也。今日積弊多矣，安得一一指陳，使之翻然一變？讀竟不禁爲浮一大白。

超等第三名　揚州府泰州學優附生**儲桂生**〔1〕

超等第四名　舉人**張駿聲**〔2〕

（7）招商局總辦候補道鄭陶齋觀察冬季課題三道〔3〕
**　　考泰西於近百十年間，各國皆設立上下議院，藉以通君民之情，其風幾同於皇古。《書》有之曰："民惟邦本，本固邦寧。"又曰："衆**

---

〔1〕儲桂生文章後面只有傅蘭雅原評，王韜沒有加評。
〔2〕張駿聲文章後面只有傅蘭雅原評，王韜沒有加評。
〔3〕鄭陶齋，即鄭觀應（1842—1922），號陶齋，廣東香山（今中山）人，17歲來上海，以後長期生活在上海，爲著名思想家、企業家，時任輪船招商局總辦。

心成城。"設使堂廉高遠,則下情或不能上達。故説者謂,中國亦宜設議院,以達輿情,采清議,有若古者鄉校之遺意。苟或行之,其果有利益歟？或有謂,行之既久,不無流弊,究未悉其間利害若何。能一一敷陳之歟？

外國之富在講求技藝日新月異,所以製造多,商務盛,藉養窮民無算。未悉泰西技藝書院分幾門,學幾年,藝乃可成？我中土何以尚未設技藝書院？各省所設西學館、製造局多且久矣,未識有精通技藝機器之華人,能獨出心裁,自造一新奇之物否？必如何振興其事,斯不借材異域？請剖晰論之。

泰西善舉甚多,除育嬰施醫,禁酒自新,恤孤勸和,訓啞教聾等會外,又有恤貧院,凡丐食街市及無業遊民,收入院中,教以淺近手藝,至期藝成,得以自養。諸院有設自國家者,有捐自官紳者,每歲所集經費,自十萬、數十萬不等。竊思古者發政施仁,凡有鰥寡孤獨窮民之無告者,皆在所矜恤。然則恤貧院亦當今急務,不悉當道與富紳能立此功德否？應若何籌款,其章程如何,始能悉臻美善？請切實指陳,以備采擇。

超等第一名　肄業格致書院江蘇蘇州府長洲縣廩貢生**許象樞**(原名庭銓)
格致書院山長天南遯叟王加評：
　　三藝悉能持議名通、按切時勢以立言,明徹四際,洞垣一方,非由平日留心世務,蒿目時艱,安得臻此？竊謂,今日欲收自強之效,固在變舊法,融成見,除積弊,仿西學,而苟非破隔閡,關畛域,上下一心,君臣共主,亦未易言之也。

超等第二名　生員**楊史彬**
格致書院山長天南遯叟王加評：
　　倣效西法,講求西學,宜有實濟,設十所以教之,則有專責矣。西國善堂立法最善,中國正宜酌取,庶幾行之有實效。

超等第三名　　福建侯官縣癸巳恩科舉人**陳翼爲**

格致書院山長天南遯叟王加評：

　　首藝通篇立意以重民爲主，自是探本破的之論。泰西議院之設，亦與中國皇古之道暗相吻合，故中國而行此，足立富强之本。次藝稍懈，亦有可采處。至欲招徠海外之貧民，非行開墾之法不可。

三、載於晚清經世文編的文章[1]

1. 釐捐弊論[2]

釐金之弊，罄竹難書。

按釐捐之設，原爲不得已之舉。當夫粵捻倡亂，需款孔殷，國家用以濟餉，能使削平大憝、重奠河山者，未始不藉商民之力也。原議軍事敉平即行停止，不謂承平已三十年，而局卡林立，未見撤裁，加以各省辦理不善，倚勢肆法，任意抽收，以致窮鄉僻壤，搜括無遺，負販肩挑，苛索不免，物價日昂，民生日匱，其實資軍餉者十之二三，飽私囊者十之七八。是以候補人員百計鑽營，視爲利藪，而大憲亦藉以此項差使調劑屬員，幾若有其舉之，莫敢廢焉矣。況多設一局，即有一局之開銷；多立一卡，即有一卡之費用。上至總辦委員，下至司事巡丁，一切薪水工食，其果取諸釐乎，抑不取諸釐乎？此中耗費，不問可知。邇來迭奉諭旨，將局卡刪並，在封疆大吏，豈不欲仰體皇仁，恤商

---

〔1〕《皇朝經世文編》，清代編輯刊行的類編性散文總集，所選文章皆爲"存乎實用"的經世致用之文，1826年（道光六年）賀長齡編輯了第一部，後來有人編輯續編、三編、四編、新編、續新編等。晚清多部經世文編收錄王韜文章，其中，王韜弟子、格致書院高材生儲桂山編輯1902年（光緒二十八年）出版的《皇朝經世文續新編》收錄的最多。這些文章，除了王韜原先在《弢園文錄外編》等書裏已刊登過的以外，餘均收錄於本章。

〔2〕 原載陳忠倚編：《皇朝經世文三編》卷三六《户政十五·権酤上》，上海寳文書局石印本，光緒二十四年（1898年）。

艱而紓物力，無如軍餉所出，若將局卡悉行裁撤，則各省善後經費何從措置？亦有萬不得已之苦衷也。

惟是釐捐一日不撤，商困一日不蘇。欲救此弊，莫如以釐金併入關稅，一次抽收。查通商定例，洋貨進口，土貨出口，每值百兩皆抽銀五兩，爲進出口正稅；土貨轉運別口，每百兩抽銀二兩五錢，爲復進口半稅。洋貨轉運別口，在三十六個月內給發免單，逾期照完正稅；洋商運洋貨，及入內地購土貨，皆每百兩抽銀二兩五錢，爲內地半稅。乃查泰西各國稅額，大抵以值百抽二十、四十爲多，亦有值百抽百者，更有兩國有釁，多至值百抽二百者，皆視其事之損益，以定稅之輕重，從未有值百抽五者。

今設一例，華商、洋商一律以值百抽二十爲斷。凡洋貨進口，納稅於海濱之通商正口，土貨出口，納稅於第一子口，悉照新章完納。一徵之後，任其所之，不復重徵，而遂將釐卡概行裁撤。是舉從前積弊一掃而清之也。在國家可省無窮之耗，在商民可免到處之徵，實於公私兩便。所慮者，洋商或從中阻撓耳。然洋貨納稅後轉運出口，在三十六個月外必復完正稅。洋商運洋貨，及入內地購土貨，又有內地半稅。今以一次完納，雖若稍重，而仍可加諸售價內，以取償於華民。且關稅交納後運入內地，無守候驗貨之勞，無逐卡停留之苦，行運既速，成本亦輕，各國洋商亦未必不從也。

2. 論關津鐵路[1]

英報，中國接修鐵路一事，東方之人言之鑿鑿。

余乘火車，遍閱關津鐵路，幷因由津至北塘河地方，只歷七點半鐘左右。若由山海關至北塘河，僅閱一點餘鐘，故亦迂道往遊。查運貨搭客之車，自津至山海關，日行一次，每晨八點鐘開車，一鐘半抵塘沽北河口，停車一刻鐘，火車折回。約過二十分鐘，轉向東北行，過車站八處，而至唐山。途中經過鐵路工匠廠、煤礦及石灰各廠，堆積如

---

〔1〕 原載求是齋校輯：《皇朝經世文編五集》卷一七《鐵路》，香港宜今室石印本，光緒二十四年（1898年）。

三、載於晚清經世文編的文章

山。惟所過之白塔河,僅見一橋橫臥,驟觀之,工程雖似粗率,傾頹可危,而根基工料卻亦堅固。十二鐘二十二分抵天山,適在山麓,滿蒙交界由此起。此處共有洋人三十名,皆係英產,均在鐵路當差。午後一鐘開車,四鐘至北塘河。停片刻,五鐘至山海關。此間地勢,視所過嶺嶠高逾數倍。然人煙稀少,田皆荒蕪,不若昔經道里風景之佳耳。

逮抵車站覓住宿,索洋兩元。信步前行,萬里長城,界分滿漢。海邊礮臺高聳雲霄。鐵路由長城至滿洲地方,約二十俄里(每里當中國二里)至晚八鐘,回寓止宿。

次晨七鐘起行,九鐘至北塘河。惠風吹拂,和暢宜人。小住一日。河無礁石,岸有紅沙,風景較煙臺尤佳。將來津蘆鐵路造成,此處人煙更形稠密。兩岸各地,均已購買。最美之地,俄商悉購。越日回津。

竊思關津鐵路橋梁雖固,而辦理終須完善,如土道上實以碎石,根基自固。聞開辦之初,并非包辦,填實之處,甚爲堅硬,故道木置於石上,毫不沈陷。道既堅固,何虞傾倒?惟安設鐵軌不甚得法,車行二三俄里,時有攲側。幸火車速率甚小(一鐘不過三十俄里),不至失事。車頭購從歐美,客車均係自造(向歸唐山工匠廠所造),鐵軌及聯車之鐵環等項則購自泰西,而英居大半。惟頭、二等客車甚屬污穢,無異俄國三等之車。時有搭客癖嗜鴉粟,車長弗禁。至包辦材料,均非俄人。即包辦海參崴道木者,亦爲法國酒商費理伯君。在海參崴經理購木者,乃德人布理乃爾也。

3. 論英通中國商務路程[1]

英國總商務公所,欲在中國造一鐵路,以興商務,擬請國家津貼,或徑由官造,或由商造,而國家保其造路後之盈虧。於西六月十二號,派人覲見外部大臣沙列斯不雷,與郵務大臣喬諸海覓爾登,敷陳

---

[1] 原載求是齋校輯:《皇朝經世文編五集》卷一八《商務》,作者署名"王韜"。本文又刊登在1902年(光緒二十八年)夏麥仲華編輯的《皇朝經世文新編》(大同譯書局刊印)卷十五中《交涉》,但作者署名爲"英人闕名附",孰是待考。

此意。

總董議員斯福得惱可得，率同諸人進言曰："本公所以爲，欲將英國商務興於英新疆之湄江一帶，非在緬甸海口與中國西南之時木地方，用鐵路接通不可。欲英國製造之業，在中國西南及北暹邏，與法國製造人爭利，亦非接通此路不可。本公所欲英廷及印度政府，知此事爲不可緩，或從暮爾名經過暹邏，或從冷貢入英屬地，經過堪倫尼。此路須由國家辦理，或保護其盈虧，且欲請中國准此鐵路穿過時木，入中國之境。其章程須與法人通鐵路至中國一律相待。前次本公所會議，大衆皆以此議爲然，故以奉聞云云。"

裏茨公所董事威靈士，與勃蘭克剖公所董事海力參申言曰："法、俄政府近頗有舉動於中國，則我英之不可坐視明矣。"

沙列斯不雷答曰："君等皆閱歷甚深，故用心如此周密。然辦此繁難之事，非徹始徹終詳思辦法不可。至裏茨公所之言，我三十年前初至印度時，已慮及此，嘗費盡心力，探此消息。昔馬嘉理因探路爲人謀害，此事至今猶在人耳目。我等志願欲將商務通至黃河一帶，已非朝夕。天下諸國，多有以阻別國至本國商務爲要著，我等則當以能在人國內開絕大市面爲要著。然我英辦法，與他國亦自不同。他國通商，實爲得地起見，英國惟求振興商務而已。蓋十年以來，我英增地已多，故其所重當在彼，而不在此。由此觀之，自以設法在中國新添市面爲最要。

"現中國之商務，固以我英爲冠首，然苟欲多采中國內地物產，而使工人製造成物，多得銷路，實非開通此路不可。惟欲辦此等事，其中又多周折。我英向例，凡不在本國境內之鐵路，政府每不肯相助。常有境外之路，既與律法相合，商人又有利可圖，於彼國人亦有益處，並有益於天下各國者，然下議院猶往往不允津貼。若此次之議，下議院能慨然允許，真出意料之外矣。要知君等若能自立一公司，力辦此事，則凡在英境內之鐵路，國家必可極力相助。至此路將通至別國境界時，我國力量必能使人不阻撓也。我未見外國有見鐵路將入己國之界，而不准其接造者。君等其勉之。

"前者哈來忒嘗言，今欲將此鐵路，從上湄南之雷堪地方達至中國境內,於天下甚爲有益。此論最當。暹邏近漸開化,必能實力整頓國政。我極望彼國能竭力幫助各鐵路之能達上暹邏者。前英與法約,不得在湄南地方壓制暹邏,此約彼此同其利害。今欲令暹人允造鐵路,至保護各地,則可;若路既成,欲以政府權力管轄此路,則不可。君等不得以暹邏有受人保護之屬地,遂謂非自主之國,故凡經過彼境之鐵路,必當歸暹管理。此等情形,皆宜熟思。

"據里茨公所之言,謂英、法在湄江議新疆約,法索取屬地而英未索,實與在暹開鐵路事甚有關礙云云。我以爲此非印度政府之意,然實已誤矣。我意此區區屬地未與法爭,亦於造鐵路無害。若於鐵路有害,則我國必不肯聽之也。君等云,時木地方要緊,此論極是。其地離公郎之擺渡不遠,可搭橋通之。

"又聞,或謂我等造鐵路,但至公郎而止。此説不確。印度政府極欲令此路告成。若其路將通至雲南邊界,可令英公使請中國思自己利益及關稅好處,則彼必許辦矣。至我國與法所訂之約,則并未阻我國辦此事之權利也。

"又有謂,我國若與法起釁,恐法將我此路所有利益奪去。此真恇怯無識之論。我英舉辦一切,常能勝別國一籌也。

"又或慮,俄人在暹羅北地與英爭商務。此尤不必慮。我英有歷來之國權,又有如許商務之機器,又有如許貨本,又有如許閱歷,若尚不能與俄在市面爭一日之長,則英真愈趨愈下矣。要之,我國與民須合力將天生之阻力除去,則商務一途,當無一國能著我先鞭者矣,云云。"

總董乃稱謝曰:"蒙大臣如此接待,又承垂教,實深嘉荷。"於是稱謝而退。

4. 製造局開鑄制錢論[1]

在昔承平之時,各直省俱設有寶泉、寶源等局,專事鼓鑄制錢,厥因內地所產之銅不敷鑄造,逐漸裁撤。至道光、咸豐之際,惟京

---

[1] 原載求是齋校輯:《皇朝經世文編五集》卷一九《圜法、銀行、國債》。

師之寶泉局及蘇省之寶泉局二處尚未停爐。當是時，天下精華皆薈萃於江蘇一省，富商大賈聚處於吳中，財賦之雄甲於他郡，故所造制錢皆取給於蘇局，而銅質則借資於日本。設立銅局兩處，一爲永慶局，係官督而商辦者，號官局；一爲嘉惠局，係民間集資自辦者，號民局，皆雇有帆船數艘，專往來日本各口，采運銅斤。初時獲利頗厚，自粵匪擾蘇後，兩局遂被毀無□寶，蘇局亦不復開設，而蘇省鑄錢之事亦廢。

間有新出之錢，皆京師寶源局所鑄者，銅質較遜，而出數亦稀。定例新天子登極紀元，必頒發制錢於各直省，歷咸豐、同治、光緒三朝，四十餘年間，朝野多故，時局艱難，錢幣之鑄不能充裕，而舊時所鑄之錢，自乾嘉以上，銅質精好無倫。内地銅產既絀，銅值驟昂，姦商巧於漁利，私毀制錢以爲器皿。甚且謂，滇銅所鑄之錢，銅質中含有白鐵〔1〕，以西法化學煉之，每錢可得銀數釐，相率販運出口，内地泉源暴竭，至近數年而益不能支。

推其致竭之由，厥有數端。一則因鼓鑄久停，新錢絕少增添。一則因采銅不易，銅賈專事毀改。一則因舊制太精，姦商取以鎔煉。一則因錢價陡增，市儈壟斷居奇。

今誠欲剔除四弊，自以鼓鑄爲第一要義。然開其源者，仍當節其流。況當經費支絀之時，所出諒亦無多。倘鑄者自鑄，而毀者自毀，則漏巵終無可塞之時。此關道憲所以一面請開鑄，一面即諭屬嚴禁私毀。誠哉！其思慮周匝，關心民瘼矣。

然以意度之，本埠爲通商總匯之地，市面較他處特盛，錢糧當亦較他處爲松，乃自去年至今，錢串兌換反短於他處者，其故何也？良以各業中成本素裕之家，輒將逐日所收之現錢屯積不出，以待善價。如南北貨店、官醬園等類，不都開有地窖，多者十餘萬貫，少者數萬貫、數千貫，合之便成大宗。市面愈緊，則物稀爲貴，最少者並數十貫而藏以待價，宜錢串之終不能長也。且浦江中船隻往來如梭，多於過江之鯽，每客夾帶十餘貫，船之小者，可分帶數百貫而不露

〔1〕 鐵，疑爲"銀"。

痕跡，大者即數萬貫亦可深藏。雖嚴申厲禁，而每日出口者仍不可以數計，如此，則錢荒安可救乎？

又聞浦左荒僻之處，每夜設有爐竈，專鑄私錢，及消毀制錢等類。附近居民每於深夜，輒見田中火光燭天，迨夫明則杳無形跡。是欲救本埠錢荒者，除開爐鼓鑄、查禁私毁之外，尚當設法，使姦商不敢屯積，不敢販運出口，而鄉僻處之爐竈，尤須密飭汛捕，協力訪拿，務使該匪等無地可容而後已。

聞蘇省因錢根緊急，官中鑄鈔，以濟其窮，而市肆狡獪之徒，將鈔揞匿不放，錢緊仍不見松。聶方伯諭各當鋪趕製錢籌，以奪其利，各商始懼而加長，此實裒益之深，算能挽回積弊於無形者。劉觀察既存補救之心，將為滬上居民廣利源而鬯生機，則之數事者皆足以助仁政之施措，且為闔邑士民所同聲禱祝者也。

至以製造局為鼓鑄之所，則既省工程，又資便捷，機匠既皆熟手，爐廠又皆現成。但能廣籌經費，□采五金，則既鑄制錢，以濟目前之急，將來大小銀圓皆可因此擴充，由銀而金，即先零亦可試造，蒸蒸日上之機，胥於是發軔焉。觀察誠今之偉人哉！

5. 郵　　政〔1〕

中國自開海禁，與各邦通商互市，攘往熙來，已數十年於茲矣。凡事取其所長，補我所短，於國計民生有裨者，皆次第舉行。惟書信館尚屬缺如，似當推廣及之者也。

夫朝廷之詔曰，臣工之章奏，文武之照會諮稟，寮寀之案件關移，凡有涉於政事者，無不形諸公牘。要件則用馬遞，常事仍由驛站，如慮時稽道阻，又復專弁飛賫。故古者既設行人之官，復置郵傳之驛，皆所以布德音、集眾議、達下情焉。至商旅工役人等，出謀衣食，欲報平安，或飛信以達價值，或具函以匯款項，雖出各信局分別寄交，每有浮沉，無從追究。近來通商各口信局附由輪船，已較往時便捷，然僅能施於輪船所到之處，若關河阻隔，則驛使難逢。且華人寄跡外洋，

---

〔1〕原載求是齋校輯：《皇朝經世文編五集》卷二二《驛傳、郵政、電報》。

97

如新舊金山、星架波、東南洋各島，中外隔絕，病苦難知。使中國亦仿照西法，遍設書信館，雖萬里如在一堂，何致受外人欺凌，情難自達哉！

按泰西各國，其前亦如中華設站，專送公文，不寄私信。迨乾隆年間，上下院會議謂，此法止便於國未便於民，因於國中城埠鎮鄉，凡商民聚集之區，遍設書信館，統以大臣派員經理。凡公文、私信莫不通傳，罔有歧視。近日上海復設工部局總理其事，日本亦仿而行之。其經費所從，即出自商民之信資，而公文往來，資以津貼。每年除支繳外，所餘鉅款悉歸國用。而商民私信，無論遠近，隨時往返，從無失誤，取資極廉。其利國便民也如此。

或謂，明季嘗因裁撤驛站，致滋盜賊，貽禍無窮，若復更章，前車可鑒。不知其時盜賊蜂起，饑饉洊臻，而所裁驛夫，又不善爲安集，流亡莫撫，賑恤無聞，故迫而從賊耳。今雖仿照西法，而傳遞需人，此輩仍可受役公家，以資熟手。惟必須與泰西諸國聯合一氣，乃爲緊要關係，總其利民益國，經始得人。若徒存中外之見，作畛域之分，值今之勢，爲今之人，必有所不能者矣。

6. 論變法宜詳審弊源[1]

今天下競言變矣，曰船宜堅也，炮宜利也，鐵路宜舉行也，商務宜振興也，礦務宜講求也。五者，富強之本，悉心行之，不獨仇可復地可還，而欲耀武歐洲，吞噬兩球，亦在指顧間矣。無何行之未久，合股者告虧本矣，製造者告無成矣，昔之有利者，轉瞬間百弊叢生矣。此何故也，不詳審本源故也。

中國屢遜於歐洲者，非人不巧、金不多，而事事因循，事事舞弊，積習成風，牢不可破，必欲變之爲富爲強者，無他，亦詳審我之弊病本源如何耳。吾則粗心而行，非徒無益，而又害之。

而今其急行者有二，其急變者有三。歐洲各國君主者有之，民主者有之，君民共主者有之，要皆上下相通，貫絡一氣，博采羣議，以審

---

[1] 原載求是齋校輯：《皇朝經世文編五集》卷三二《變法》。

三、載於晚清經世文編的文章

精微,於都會州郡均立議院,廣設學堂。學堂者,造士也;議院者,滌弊也。欲政之無弊,必先開議院;欲官之得人,必廣設學堂。

今沿海雖增學堂,得與肄業者,非大員子弟,即世家之親戚。彼錦衣玉食,嬌惰習慣,不獨不究微旨,索底蘊,而望其無怠無荒安其故常者,幾幾乎難矣,則士何由精?士不精,則人材無出;人材無出,縱欲變之爲富爲强,烏可得也?此學校不可不廣也。

今號曰通變,變人之長、變人之偉是也。而京都各省,率由舊章,畏官虎狼,所謂博采芻蕘、貫串聲氣者,未聞開一院一局也。甚至偶語者指爲誹謗,明晰者斥曰妄言,一網打盡,任我賣缺,任我受贓,務使郭金盈笥、吳錢滿篋而後已,如此不想其無弊,而望其寡弊也難矣。此議院不可不開者也。

世主章皇帝入主中夏,民心不一,伏莽良多,故從龍將士分爲三族,設爲八旗,贍其家室,以鎮撫天下,可謂仁至厚、法至密也。不知一生二,二生四,二百餘年十代已千人矣。昔之贍數兩,今之贍者數千兩,博施濟衆,堯舜病諸,然不贍則失祖宗之仁愛,贍之則耗舉國之鉅款,鉅款耗則海防諸費無所出,諸費無出,依然積弱也。此八旗不可不通變者也。

泰西各國,任官擇賢,惟才是與。苟無當,雖王子下之;苟有當,雖皁隸上之。其立俸也,務使裕如;其致仕也,必有半俸。顧內顧無憂,則外事克當。而我國任官者尚且薄俸,致仕者安望半贍?必欲實其廉,責其清也,勢有必難者。如御史,君之耳目也,不外五百兩耳;縣令,民之師表也,不外一千兩[1]耳。爲養家室乎,抑雇奴僕乎?雇奴僕,則家室無養;養家室,則奴僕無雇。此際之虧空錢糧,通同舞弊,滔滔者天下皆是矣。就令或則陋規,或有美缺,優劣不等,亦未必互相贍顧者。此官俸不可不通變者也。

泰西各國,選民入營,壯爲戰兵,剛則守兵,强則回籍,以教鄉團,俾步伐止齊,測算槍炮,務期精通嫻熟而後已。故戰則有勇知方,守則固謀謐静,回則優游林下,無呼飢寒。而我國有事則招之,無事則

---

〔1〕 一千兩,疑有誤,可能爲"一百兩"。

汰之,汰之散兵四劫,招之乞丐成羣。四旬關餉,四兩月廩,猶復扣其衣挂,短其紋兩,食尚不飽,責以死戰。將欺兵者千次百次,兵欺將者一次二次,關東諸役可爲明鑒也。此兵制不可不通變者也。

夫弊竇多端,固難洗刷,而就此大端而論之,欲興大利而行之,藉曰富强,誠恐翻爲貽害,何也？治國如治病也。元氣羸弱,本屬無恙,及寒邪偶感,而醫者不審,誤投參苓,則風寒入裏,而其病岌岌可危矣。曉之者曰,參苓誤也。惟今之際,莫若去寒邪,用柴辛,則裏邪清;表復投參苓,佐以魚肉,斯病平復,碩大無朋矣。我國太平日久,積習成風,猶羸弱受寒邪也;仿泰西之大利,猶劑以參苓也。而議者不去弊端,誤投參苓,特恐風寒補裏,病入膏肓,此其時雖盧扁難與爲力矣吁!

7. 歷代國本得失利弊論[1]

國家之本,以得民心爲主。

唐虞揖讓無論矣。夏商而降,桀紂無道,有害民生,社稷不祀。周以稼穡開基,散財發粟,遂有天下。幽王時,民不聊生,幾傷其國。宣王中興,樂事勸工,重修國政。及春秋戰國,而小民生計日窮,故周末天下大亂。及秦得以暴,故亦不久。漢高祖初入關,與民約法三章,天下皆樂其寬。惠帝詔以長林空地,任民入田。文帝親田務,重農桑。齊景之朝,孝弟力田,頒爲明詔。後漢之末,宦豎用事,賄賂公行,民皆不能自存。晋及六朝,皆浮靡不務實政,故享亦不久。隋文之世,天下益貧,洛陽民食糠粃。煬帝更暴斂苛徵,耕織盡廢。唐初置州縣,均田租,天下大稔。太宗求化民之政,故歲大稔。至德宗括錢於富商,貸粟於農民,怨聲載道。五代之季,民無所依。趙宋得國,進愛民養身之説,太宗書於屛風。至徽欽以還,敵患日深。雖有性理諸儒,無裨實效。元主中原,尚武不崇文,亦無養民之道。明主以馬上得天下,而立學校,定賦役,免田租,物阜民康,秩於前代。

―――
〔1〕 原載儲桂山編輯:《皇朝經世文續新編》卷一《大局》,上海義記書局石印本,光緒二十八年(1902年)。

可見,自古以來,有治之法,尤必有治人。現泰西之治,庶幾近焉。

8. 論各國強弱相因之道[1]

天道十年而一變,蓋陰陽消長迴圈之機互相倚伏也。天時如此,人事亦如此。從古帝王立國,莫不有強弱相因之道,或始弱而終強,或始強而終弱,莫強於秦始皇併吞六國,混一寰區。然傳至二世,野人發難,宗社即移。謹厚若光武,似無甚奇材雄略,而昆陽一戰,遂開帝王之基。

方今五大洲形勢,如周時列國,所稱大而強者,則曰英、德、法、俄。

考英在漢時,臣服於意大利。六朝時意衰,英乃更屬北狄。陳後主元年,厄德伯始據英倫立國,迎教師爲制法度,由是漸強。唐時屢爲丹國所攻,後王子亞腓烈嗣位,嘗從意國教師游,練兵擊破丹、法諸國,而國遂大治。後復衰弱,爲丹國所滅。宋時有英人威廉者,勇毅有謀,擊走丹國戍兵,國勢復振。明時女主以利撒畢助荷蘭擊退西班牙,而國益日強。傳至查理第一、查理第二,國勢復不振。再傳至威廉第二、若耳治第一,皆能勵精圖治,講求富強,而國又稱治。若耳治第二立,伐西班牙勝之,又伐法朗西,割其藩屬。若耳治第三立,併五印度地,擒法王拿破侖,流之荒島,歐洲推鉅擘焉。自是敗俄羅斯於黑海,拔首都於亞非理駕,拓阿克喇、麻剌甲、息力諸埠頭,開阿薩密諸部,得奧大利亞,搦曰倫敦諸島,一振之後,遂不復蹶。近則保世滋大,務爲安戢,蓋幅員之廣,已有鞭長莫及之勢矣。

若德則古屬北狄。宋時爲日爾曼人所侵,立爲別部,後爲波蘭所併。明萬歷間復爲日爾曼所取。至我朝康熙時,德始能自王其國。其王有名啡哩特第二者,頗負大志,闢地甚廣。侄嗣位,酗酒荒淫,國勢驟衰。啡哩特威廉第三初嗣位,法王拿破侖以兵攻之,力不能敵,割半地,國遂削弱。後王與諸國合縱,大破法軍,盡反故地,國威大

―――
[1] 原載儲桂山編輯:《皇朝經世文續新編》卷一《大局》。

振。布倫斯立，神武英邁，與宰相俾斯麥、軍師毛奇攻丁抹，攻之取屙斯丁及斯勒瑞克之地。又助意國破奧軍於易北河，圍其都城，取兵費四千萬，達列爾北、日爾曼暨諸小國，均屬於德。後又伐西班牙，逐其女主之故，與法國構難，虜其王，遷之加須兒，益發兵圍京城。法乃改國爲民主，與德行成，割亞撒西全部及羅來內半部與之，又償兵費五千兆佛朗。由是德國之强盛，遂稱雄於五大洲。

法之興也，實始於中國齊高帝時。其酋長哥羅味驅除北狄，建國立號，其間振而復蹶，蹶而復振。後傳至法王路易，寬慈愛衆，國號中興。至元順帝時，爲英人所滅，賴幼女收合餘燼，擊退英軍，恢復舊地。傳至路易第十四、十六，國復衰，乃戴拿破侖爲王，有勇治兵，滅荷蘭，廢西班牙，取葡萄牙，併意大利、瑞士、日爾曼諸小國，割德意志之半，奪奧地利亞屬藩，侵嘩國，伐俄羅斯，俄人燒之而走，各國復乘其敝，合而力攻之，得地盡失。後爲英所擒，法遂屢弱。後釵魯斯路易英敏有才，意欲自强其國，首起發難，與英、土、撒、奧合兵攻俄勝之，盟於巴黎斯，約四事以便商賈。後又助撒破奧，未幾又爲德所敗。釵魯出降，被放於加須兒。法自經此大創，元氣凋傷，國益不振。近雖圖謀自强不遺餘力，然未能克復舊規，不免外强中乾焉。

俄則據歐、亞兩土之北境，復跨海據亞墨利加之西北隅，古稱薩爾馬西亞。唐以前受役於匈奴，唐時酋長禄利哥招引族類，肇造邦土，規模始具。周世宗時，其國分爲十二部，互相攻伐，故傳至波利斯益衰弱。國人乃立彼得羅爲王，政令更新，國俗一變。數傳至亞力山德第二，英、法、土共攻之，俄師敗績。連兵一年，定盟於巴黎斯，而俄勢稍殺。然俄人意存經略，堅忍性成，收堪察加波斯之地，服浩罕機窪國之衆，頻年以來，拓地日廣，幾幾乎有不可遏抑之勢矣。

9. 歷代馭夷得失説[1]

天地間有華有裔。不能使有華而無裔者，天也；其能使內華而外裔者，人也。三代而上，聲教暨訖，神靈壓制，一切化外，奴隸之、臣妾

---

[1] 原載儲桂山編輯：《皇朝經世文續新編》卷一《大局》。

之而已。奈何乾綱不振，議出和親，周、秦以後，已不復振。至於稱兄稱父、尾重首輕、絕倫敗紀之事，千古所痛哭流涕者也。後世和戎之策，多托始於魏絳，殊不知絳之和戎，實有以制戎之命，必執絳以爲口實，此大非也。

漢初厭兵，平城圍後，徇婁敬之説，和親匈奴，遂爲中國示弱之漸。然蘇武出使，充國屯田，傅、鄭、甘、陳之立功，猶樹漢威也。晉不徙戎，遂至亂華，馭夷尤不足道。隋、唐以降，得失參半，度不過餌以金帛而已，未有割地以請和者。石敬塘以燕雲十六州賂契丹，後世外侮從益甚。神武如太祖，以力徵有四海，卒不能以割燕雲之片壤。當真宗時，無寇準力主親徵，則契丹且先金人而入汴。是桑維翰不獨誤晉，實萬世之罪人。自是而後，或輕開邊隙，或橫挑強虜，始終仍以和字誤之，未有如宋人失計之甚者也。元以武功振耀海外，國祚未久，邊事不少，概見其用兵西南夷，與徵安南、日本，同爲窮兵黷武之舉。幸當全盛之時，不致大挫耳。有明中葉，外交之不善，半誤於中官，半誤於庸臣，土木之變，尤爲炯鑒。而日人之擾，與明代相終始，不獨馬市之開，爲一大弊政也。明社之亡，人皆謂由於張、李二寇，而實則邊事不靖，疲於奔命，民窮財盡，坐視陸沈。雖明之失計較勝於宋，然當外國之不振，則從而侮虐之，及其強大，又從而畏懼之。自宋以後，如出一轍，此馭夷所以無一善策也。

總而言之，正統若漢若唐若宋若明，閏運若晉若五代，此皆馭夷之最著者也。要其戎狄無厭，土地有盡，以和戎爲長策，則必不設守以籌戰，而一意偷安。戎狄且將以戰脅我，以和誘我，玩中國於股掌之上。昔六國之衆可以制秦，彼遠於秦者，忘蠶食之害，昧唇齒之義，坐視韓魏割地，漸次併於秦人。以中國與中國，且不可以土地讓人，況戎狄之屬，毒如鷹鷙，飢則依人求食，飽則桀如犬羊，以威制之，搖尾帖服，一懈於防，勢將反噬。是故割地請和，戰而失地一也。與其割地求和，一失不可復得，不如力戰自持，猶未必盡至於失地。

今者海外萬國，不止一秦；中原孤立，不如六國。昔以一秦之衡，而散六國之縱；今且以數秦之合縱，而注意於一不能連橫之中國。馭夷之難，莫難於今日，然馭夷之道，不可以勢爭者，未始不可以理喻。

今之以和議了事者,大抵皆見事不明,畏禍太深耳。即如甲申越南之役,先勝後和,坐損中朝之威望。若日本得金三百兆,復割全臺而去,則鄰國效尤,邊事至不可問。試使在廷諸臣有富弼其人者,先曉其不肯割地之議,杜其貪心,而後許以歲幣之償,滿其奢願,國狗雖瘦,得食而止,豈有吠影而狂噬者乎？惟海禁大開,中西互市,莠民交訌,西鄰責言,粵氛不靖,川匪難平,不獨膠州灣爲德人藉端占踞矣。

時事艱危,盜賊蜂起,勢不能執奸民而盡刈之,則天下難保一日無事,此尤杞憂之所不能解也。

10. 救時芻議[1]

法積久而大備,道與時爲變通,天下大局,七千年於茲矣。橫覽古今,一視中西,不禁爲今之國家籌四策焉,曰改科舉,曰禁鴉片,曰務海戰,曰理財用。聖人在上,詎罪我言。

我國家以八股、弓馬取士,二百四十年,得士不可爲不盛,而泰西以西學取士,抗衡中國。數十年來,中國稍用西學,冀有以敵之,或欲以西學增入正科,而卒不敢言。但如今科舉欲天下眞才迭出,富強中國而靖外洋,勢必不可得。故治今日之天下,必首改科舉。改科舉,則莫如合五經四書爲六經,而增入西學以試士。西學者,西國之幾何學、化學、重學、熱學、光學、天文地理學、電學、兵學、動植學、公法學等皆是。中學以《易經》爲首,西學以幾[2]爲首,中西皆通者,爲全才也。不能,則一人通中學兩經、通西學兩學爲限。通中兩學者,必通《易》,餘任習一經;通西兩學者,必通幾何,餘任習一學。然大意皆要知之,否則不取。武科舉亦改兼用槍炮,且必明中西兵法,否則不取。且別有通六經而不通西學者,通西學而不通六經者。有通六經而不善八股,通西學而筆不能文者,皆正科之外,別行保舉。蓋西學淺用之,皆日用尋常之事;擴精之,即身心性命之原。不然者,西學即開別科,縉紳家誤爲外洋之奇巧,又安望其振作哉！

---

〔1〕原載儲桂山編輯:《皇朝經世文續新編》卷二《時勢》。1892年8月、9月出版的《萬國公報》第43期、44期分兩次刊載本文。

〔2〕幾,此字後疑漏一"何"字。

三、載於晚清經世文編的文章

改科舉爲天下樹才,禁鴉片爲天下積財。自道光以來,鴉片日盛,由外洋入口者,歲不下四千餘萬兩之貨,而各省所種者,歲亦值銀數千萬兩,稅銀亦近千萬兩。嗚呼!奇矣。海禁既開,以洋貨易華貨,除鴉片值相當,自道光至今五十年,流入外洋者,約十五萬萬兩,皆民之脂膏也,而中國之種者,前晉、豫奇荒,赤地千里,人皆相食,其明徵也。竊擬禁法,凡食者越限仍食,則殺無赦;貪利販賣者,亦殺無赦。或曰,鴉片,英之印度產也。英爲強國,禁之則必尋釁。且鴉片一禁,則國家少數百萬稅銀,而不知非也。設中國使使至英曰,鴉片肥印度而瘠中國,英其安乎?且印度亦有食之者,英不之禁,必日盛一日,庸獨利乎中國?願與英兩無猜嫌,同日出令,約一年或二年期鴉片禁盡,不准種,亦不准食,并布告各國,一齊禁止。如有不禁者,天下共誅之,英歐洲各國必從是言。鴉片停稅,百姓亦必首肯。倘一時不禁,禍及後世,伊胡底乎?禁之三十年,中國之元氣可復,有國家者其斷而行之哉!

禁鴉片以紓內,尤必務海戰以禦外。中國三代上有陸戰無水戰,三代下有水戰無海戰。西人長於海戰,英尤西人中之長於海戰者也。中國不與西國交則已,交則當習英之海戰。或謂,中國各海口炮臺嚴列,水雷密布,敵船駛近,則炮彈上擊,水雷下擊,何必彼來我迎,鏖戰於海?不知用兵之道,先發則制人,後則制於人。海戰者,先發制人者也。中國環海萬餘里,使一旦西兵大至,我兵僅守炮臺,則南北洋萬里,道必不通,此受制於人者也。惟與之戰於海,彼有堅輪,而我有利炮;彼有魚雷,而我有衝船;彼西兵道遠且勞,我截於中道而擊之,不使進中國洋面一步,所謂先發制人也。雖然戰危事也,海戰尤危事,其要在有利器,而其要尤在於得人。倘於科舉選拔其才,事物皆不假手於西人,而又令一人爲南北洋水師大臣,以總其成。北自黑龍江,南至廣東,皆歸一人統轄,則一處有警,可合三萬之衆以禦之,西雖強,其奈我何?行之約三十年,則退可以衛中國,進亦可以抗西國,而使天下定於一矣。

務海戰則中國強,理財用則中國富。中國地大物博,甲於四海,非理財之難,得一理財之人爲難也。今者中西立約,事多創舉,理財者多爭言西法，然何必不用西法？何必僅恃西法？以機器深耕，盡地力也；以機器濬河，興水利也。二者西北方之所宜亟也。局設招商，礦開煤鐵，得人則利，失人不利，無足疑者。鐵路、電報便矣，然鐵路費鉅難舉，不若機器織布爲先。大致以西北之農政，東南之商務，爲理財之急務。

科舉既改，則士盡知農商，何患鴉片之地不沃，不宜五穀；北地苦寒，不宜桑哉？至於西商來中國，而中國之商不聞往西國，安得謂之通商？西人釐捐大於中國，而民不怨者，其故可思也。今宜使招商局直達外洋，方奪得西人之利，否則仍於中華逐利，非生財之道也。理財三十年，則中國之氣大振矣。

11. 高麗考〔1〕

考之《東國通鑑》，彼國初無君長，有神人降於檀木上，立以爲君，是爲檀君，名王儉，國號朝鮮，事在唐堯時庚子歲。至周武王踐祚，封殷箕子於朝鮮，而不以爲臣，箕子乃教其民以禮義鹽織。至謂之曰韓者，《後漢書》韓有三種，曰馬韓，曰辰韓，曰弁韓。衛滿破準後，將其餘眾數千人走入海，攻馬韓破之，自立爲韓王。其後分建至二十一國，高句麗等名即始於此時。洎乎明洪武二十五年，裴克廉等推戴李旦爲王，一姓相傳，迄今將五百載，素稱秉禮之邦焉。

其國東南三面濱海，南北袤延三千一百八十里，起北緯綫四十三度，止三十四度；起偏東經綫八度，止十四度，東西廣一千三百餘里。北與琿春、吉林、奉天等處毗連，東有圖們西有鴨綠兩江之水，實足爲中國東三省之蔽屏。國土分爲八道，一咸鏡道，二江原道，三慶尚道，四全羅道，五忠清道，六京畿道，七黃海道，八平安道。每逢嗣君繼統例須請中國敕封，其待中國使臣有下馬宴等禮。取士文試以經書、策論、表箋、箴頌、制詔、詩賦，武試以木箭、鐵箭、騎射、擊球、鳥銃。其輿圖及規制蓋如此。

---

〔1〕 原載儲桂山編輯：《皇朝經世文續新編》卷四《輿地》。據此書目錄，卷四《輿地》中還有王韜的另一篇文章《滇緬邊界商務記略》，但書中沒有刊載此文。

自咸、同之際，西人絡繹東來，脅以兵威，堅求互市。日本首先議約，凡事率從西法，政曰維新。由是暹、緬、安南以次開闢，而高麗一國，亦爲西人車轍馬足之所經。及中東一役，而中國數百年不侵不叛之屏藩，遂爲他人所壓制矣。幸與各國通商，互相牽制，日人不敢翦滅，而勒令自主，雖曰弱小，猶幸存焉。

12. 與客論日本地震海嘯事[1]

漢高帝生日。梅雨初過，炎威逼人，兀坐小樓，懶親筆硯。

有不速客躡梯而上，問於執筆人曰："貴報歷記日本地震及海嘯爲災，初爲陽曆六月十六號之夜，至十七號之晨，巖手、宮城、青森三縣沿海一帶，水泛爲災。內務省接宮城縣知事稟報，縣下本吉郡死亡一千九百餘人。巖手縣稟報，除金石町悉化烏有外，仙氣郡盛町死傷二千餘人，其他沼町等村災象不一。既而內務省派參事官久米氏往查，旋電稱，宮城縣實死三千一百零三人，傷五百五十五人，巖手縣約死一萬四千餘人，青森縣未詳。閱一日又紀，巖手縣屬失去房屋五千零三十戶，死亡者共二萬二千一百八十六人，負傷者一千二百四十四人；青森縣死亡者三百零八人，負傷者一百四十三人，失去房屋四百八十戶。是日午後五下鐘時起，至翌日午前，中府宮城縣福島、石卷各處地震至一百五十次。合觀前後所紀情形，不甚符合。大約遇災之後，倉皇查核，言人人殊，當事者即據所見聞稟報，政府必俟詳稽戶口，始能眞實無訛也。特是地震之災，史書屢見，即海嘯一事，居海濱者亦幾如見慣司空。究竟係天之以變異警人耶，抑別有致此之緣故耶？我子固洽見殫聞者，尚幸明以教我。"

執筆人避席不遑曰："僕烏敢稱殫洽？然嘗聞之精於地學之西儒矣。其言曰，地震爲地下所函硫磺及各種石料燃燒，避之不得，亦不知其因何猝發。然其發於硫磺及石料，則確有實據可憑。昔泰西有格致士勒美里氏者，欲明地震之由，因將鐵末與硫磺及水三者和勻，計重華權三十有八斤，穴土埋之。越數日，地面忽震動墳起，且有火

---

[1] 原載儲桂山編輯：《皇朝經世文續新編》卷四《輿地》。

焰發出。又，布路亞國都，從古罕見地震。一日忽地裂成縫，黑灰飛揚，少焉有水翻滾而上，硫磺氣刺人鼻。觀夫然後知，地中之函有溫泉及硫磺質者，必頻遭地震。蓋緣硫磺與各種石料，質性有相合者，有不相合者。倘不相合者而合在一處，則勢必驟發，以致震動地維。如地竅寬舒，得以透出所發之力，則其氣已泄，不致爲災，否則性鬱而不宣，愈鬱而力愈猛，久之必大聲猝起，全地撼搖，房屋、人民盡遭慘劫也。且地中一處遇震，則臨近之處亦必以次牽連，如火藥然，以一綫引火燃之，則各處皆延燒轟毀。故凡地震，相離數十里或數百里之處，無有不轉瞬遭殃，理或然歟。

"顧地震亦先有預兆。或天邊有黑雲，彌漫空際；或未暑，而忽有酷熱之氣上騰；或遇暑天，萬物煩躁，微風不起，而樹木動搖；或江河之水，忽渾濁異常；或風雨針忽上忽下無定軌。凡此皆災變將至，而人當急於趨吉避凶者也。"

"然則地震時，何以忽又海嘯？"

則應之曰："此固非因潮汐之橫行，亦不關乎颶颺之忽起。原夫潮爲月力所攝引而至，其必隨月而至者，因月輪與地球最近，其勢亦最大，故月出則潮漲，月落則潮低。若風則地氣受太陽熱氣之蒸，輕而上騰，隨有他處之氣流動，以補其缺，而風以生。尋常一時行三十里，疾風則一時行六十里。至於萬竅怒號，河海澎湃，一時而行至四五百里，則爲颶颺之災矣。茲者禍由地震而成，則是地當震撼之時，河底爲之翻騰，致使海水不克順流，漫溢而至平地，非必有颶颺之爲害，非必有潮汐之狂衝，而民生已歎其魚幾致，孑遺靡有。是地震與海嘯，原一而二、二而一者也。既明其理，而尚何所懷疑乎？"

客曰："去年日本之虐我華民甚矣，兩軍相見，肉薄血飛。由平壤成歡，而遼東，而威海，而臺灣，數千里中，蒸民塗炭。今者天殆惡其殘暴，故特降奇災，以示之罰歟？"

執筆人乃正容以對曰："否，不然，子之爲此說也，其將有幸災樂禍之心乎？無論馬關訂約早已和好重敦，尊俎周旋，猜嫌盡釋，即使兵戈之釁，至今尚未敉平，而宮城、巖手、青森三縣之人民，豈皆磨刃礪矛與我爲敵者？矧其中婦女幼稚，烏知賦板屋而談兵？奈何殃及其身，同歸於盡。今既罹此慘禍，即無力以移民移粟，代爲借箸而籌，亦當惻怛爲懷，憫此蒼黎之無告，而烏可任情譏訕，鄰於輕薄子之所爲哉！"

客無言而退，執筆人乃將一席話詮次而著爲篇。

13. 海 防 芻 議 [1]

自古但有水師而無海軍，但有江防而無海防，海防之興，由開海禁始。當今時務之急所以防海者，莫如海軍。海軍既設，乃可戰於大洋之中。首當劃清洋面，以專責成；次當控扼要隘，預爲籌布。惟在當軸諸公總其大成，先機以應敵，先事以籌備，俾南、北兩洋聲氣相通，以鐵甲兵輪互相聯絡，如身使臂、臂使指焉，夫豈有敵國外患哉？

按南、北兩洋當區爲四。一曰遼東之旅順、牛莊；二曰直隸之天津，山東之煙臺；三曰江蘇之吳淞，浙江之寧波；四曰廣東之廣州，福建之福州。今請分而言之。

北洋之有關於戰守者，則有遼東之旅順，山東之煙臺，皆當海口之要衝。煙臺突出海面，正與旅順對峙，當彼此相爲犄角。天津有李相鎮守，或戰或守，自必綽然有餘裕。

南洋吳淞一口最爲緊要，爲南北之咽喉，江浙之門户，泰西通商之重地。自當預備兵輪，散布於吳淞要口，有事出戰，無事守界，並可協助浙鄰，以資接濟，爲北洋之聲援，而杜皋之覬覦。寧波海口難稱有險可守，然有事之秋，亦當密布兵輪於山坳，以備內外夾攻。

閩、粵水師原爲最要，沿海口岸三千餘里，地與南越毗連，一旦有事，恐他族必取道於粵、閩，法當迎頭截擊，無使片帆飛渡。惟近日附香港、澳門兩處，有英、葡租界侵入，粵東恐他族借租地以趨避，則較之他省更爲掣肘。將來重訂和約之時，必當致意。按以萬國公法，兩國有事，不得偏助假道一節，似可與之辨論。若陸路之例，兩國兵士官弁臨戰之時，有退入他國境內者，槍炮器械須盡交出，方始可入。現應先籌派撥鐵甲二號，由粵籌捐製造兵輪六號，粵省現有根鉢快船

---

〔1〕 原載儲桂山編輯：《皇朝經世文續新編》卷六《防務》。

顧不敷用，宜添撥以足十二號之數。粵、閩洋面所關尤重，固泰西諸國往來之要道也。是宜專派大員統辦事宜，許其單銜奏事，以專閩、粵洋海口岸之責成。平日嚴督操練，加意駛放，俾得熟悉沙綫風雲，波濤經緯。每月操演槍炮，庶可縱橫洋面，與敵國收一戰之效也。

夫有備始可無患，粵、閩戰守之資既有把握，倘遇海要害互有關涉，與他族以兵事相見，則粵、閩戰艦即可駛毗連之所，巡禦堵截，俾南來之敵船不敢徑越而過。如滇、粵通商，境內一旦或有他變，他族必由海防一帶口岸，添運兵糧軍械，則我之鐵甲戰艦向前截阻，當如常山之蛇，擊其首尾，所謂據險以乘敵，先發以制人，得機得勢，而勝券已可操其半也。

14. 論國初戡亂之速[1]

天不能有雨露而無霜雪，地不能有饒沃而無磽瘠，氣候不能有溫煦而無肅殺，力田之子不能有稼穡而無莨稗，善牧之人不能有騏驥而無駑駘，此誠缺陷事也。聖人之於天下也亦然，教養生息，孜孜焉惟曰不足。宵旰焦勞於上，臣工宣化於下，一夫不獲，引為己辜。凡有血氣者，宜共懍萬親之義，相望耕鑿之天矣，而尚有不率教者，何也？蓋以堯為君，而不能禁鯀之汩陳；以舜為君，而不能禁弟之不傲；周公為相，而不能禁管、蔡之不叛。此又數之不可測者也。然聖人在位，日月出而爝火自息，簫韶奏而筍笣絕響，誠有不期然而然者。

我朝武功之盛，彪炳寰區，凌轢往古。康熙初年，三藩次第謀叛，其時定鼎未久，勝國遺臣，未盡淪亡。由是雲合響應，羣欲奪螳，以當車輪，時則鼙鼓晨驚，烽煙夕報，地方被其蹂躪，生靈受其荼毒，幾及天下之半。聖祖沖齡踐阼，天縱神武，運籌決策，命將遣師，卒能擒渠擣穴，出斯民於水火，河山再阼，日月重光，猗歟偉哉！厥後徵金川，平回部。川、楚有教匪之亂，畿輔有林清之變，皆能指揮戡定，告厥成功。

至咸豐年間，赭寇倡亂於粵西，裹脅愚民，獸奔烏合之衆，日多一日。踞名都以為巢穴，執利械以抗大兵。此擊則彼竄，東響則西應。其

[1] 原載儲桂山編輯：《皇朝經世文續新編》卷七《兵學》。

三、載於晚清經世文編的文章

時承平日久，民不知兵，將不知戰，遂任其飄忽，幾遍行省。文宗知人善任，簡拔儒臣，任戡亂之役。穆宗初登大寶，遠紹貽謀，近承慈訓，賞罰分明，將士用命，卒將十餘年之巨憝，數十萬之逋寇，次第削平，其豐功偉烈，雖高宗之伐鬼方，文王之伐崇，宣王之平淮，莫之過也。

當今皇上，無日不以愛民爲心，拯災救患，浹髓淪肌，而不謂光天化日之下，尚有披毛帶角之儔，受恩而不知感，走險而不知懼，致有朝陽、熱河之變。朝廷迅飭定安、裕祿兩軍，暨李傅相遴派聶軍門士成，各率精兵，以搗方張之寇。而葉軍門志超，又拜專折奏事之命，居中策應，先後不出兩月而亂遂平。況此次賊勢甚衆，有馬賊，有土匪，有教匪，同時並作，而竟戰無不克，豈非聖主之洪福乎？現又賑撫災區，以安殘民云。

15. 論練兵宜仿西法寓兵於商農工[1]

兵凶戰危，聖王所弗尚。然兵可百年而不用，不可一日而無備。承平之際，草偃風行，天下皆歸王化，豈知姦人匪類，窺伺生心，禍起蕭牆，變生肘腋，一朝之警，危社稷而據城垣，戮人民而爭土地。至尊宵旰於上，羣臣竭蹶於下，或有防不勝防，而出無可如何之舉，皆武備不修之故也。故古人於投戈講藝之餘，雖兵氣全銷，不費獮狩蒐苗之典，知方有勇寓兵於農。充國屯田，而邊疆以靖；武侯圖蜀，而稽事兼營。誠以兵者貴有以養之，而供億之煩，實爲國計民生之所繫。苟度支匱乏，而廣行招募，則必苛於民無疑。

近數十年，中國整軍經武，思患預防，已是不遺餘力。蓋通國地廣人稠，二十一省，設官置戍，其經費難支。況向者綠營兵丁幾二百萬，分地駐防，比髮逆倡狂，此兵幾歸無用。湘鄉相國創辦團練，遂有練勇之說，號曰湘軍；合肥相國繼之而起，號曰淮軍；張朗帥所統，號曰嵩武軍；鮑爵帥所統，曰霆軍，皆糾集四方之精銳，以戰鬥於數千里之間。

現在除各兵之外，又駐防之兵，內有神機營兵四十萬，以衛皇都，

---

[1] 原載儲桂山編輯：《皇朝經世文續新編》卷七《兵學》。

外則有各直省督標、撫標、提標、鎮標，各有五營，每營額兵五百。協兵則又在標兵之外，多者五營，少者三營，而每營亦五百兵，合計各省額兵其數已廣。其餘各府州縣，汛卡驛遞，其數亦多。至於水師提督，設於長江、福建、浙江、廣東。今南北洋又練海軍，添設武員，廣制戰艦。江西内河、蘇州太湖，皆有水師。漕院、鹽院、河院咸設兵衛。總計各數將近百萬，合當曰轉戰之兵，幾不可核計。歲輸養兵之費，爲國家最大款項，日耗元氣。雖今當軸者，亦欲講求西法以練兵勇，而歲餉頗形支絀。竊思最善之策，莫如減兵額，加餉糈，而各省、各邑、各鄉仍行團練之法，務使人盡知兵。

泰西藏兵之法，平時額數有限，皆寓於商、農、工三款之中。男子十八歲至二十一歲，皆須當兵，以十二年爲限，前七年爲營中戰兵，後五年爲守兵。所謂守兵者，各復本業，或際國家有事，仍可徵之，使登陣守禦，亦名藏兵。十二年後願當者，以九年爲限。藏兵每歲亦赴營操演。

藏兵亦分三等。德國以二十一歲爲始，初三年爲營兵，後三年爲頭等藏兵。二十八歲至三十八歲者，爲二等藏兵。三十九歲至四十五歲，爲三等藏兵。三等藏兵，須敵人在境，方可抽調，亦不遠調他處。爭戰時，每戰兵一營之後，繼以頭等藏兵一營。戰兵有傷，以頭等藏兵暫補，而次等藏兵拔補頭等藏兵。

法國當兵，自二十一歲始，先爲戰兵三年，後爲頭等藏兵六年，次等六年，三等十年。

美國兵政大略與英相同，但當承平之際，爲數無多。美國平常兵額只二萬五千名，而南北花旗之戰，招兵至百萬。

英國合水陸之師統計之，亦只十六萬有餘。法國平常陸兵之額約五十五萬，一遇戰事，可增至二百五十萬。德意志、澳地里、俄羅斯，平時額兵皆六七十萬，倉猝變起，可增至二百六七十萬，皆勇於從戎，樂於戰鬥。

我中國各省若設武備學堂，使民之男丁自二十一歲以下，皆須當兵三年，滿期退復歸業。每年春秋賦閑之時，仍須隨營演練，俾知兵事，一旦有警，何至若女子之縮頸而股栗哉！

三、載於晚清經世文編的文章

16. 論兵禍之慘[1]

兵可百年而不用，不可一日而不備，名言也。夫惟備兵乃能保國，多備兵則不特保己國，且足以伐人之國。況自邇年來，視通商爲急務，合中外如一家，無兵則行旅難安，無兵則國威弗振。由是朝增一械，夕建一營，彼號練軍，此云勁卒久矣。

富國咸以強兵爲要著矣，不知兵凶器也，戰危事也。故善戰者服上刑，不嗜殺者爲能一。閒嘗曠觀時局，環顧列邦，睹其備兵之多與養兵之久，殊覺慄慄然，若厝火於積薪之上，而恐枯木之將燃也。

夫俄、英、法、德，五州雄國也，一動一靜，天下之安危繫焉。試以兵言。考俄原曰額兵四十餘萬，俄土之役，增至一百四十餘萬。自立民年二十一至二十七充額兵後，復充預備兵，九年之例，兵額七十五萬，有事可集二百餘萬。又有馬兵名可殺克者十四萬，素稱善戰，名播寰中。今統其副備城守各兵計之，共有四百五十餘萬，陸軍大小將弁三萬餘員。昔時戰艦炮船，僅得一百二十艘，近已增至二百二十艘。其最著名者，一曰音卑尼罩呢高叻士，二曰霸滅鴉遭麻，三曰勿勞裏馬毛老，四曰逸馬律那指模，五曰逸馬老高乃落，六曰憐勝。凡此六艘，軍中推爲上等堅固之船，可戰可守者。查其炮艦，現泊太平洋北方海面者，共有八千四百墩，其中戰艦二，炮船一。帶甲巡邊炮船二，其一六千墩，一則七千七百墩。又一艘五千墩，並有一千五百墩之炮船兩艘，一千二百墩快炮船四艘。其餘細小者，厥數未詳。閱彼國《水師日報》云，西本年俄艦之在外國洋海者，擬分兩軍，一爲太平洋海軍，一爲地中海海軍。太平洋海軍計有鐵甲船一，頭等快船六，二等快船二，頭等炮船五，魚雷快船二，共十六艘。此皆時新戰艦，船上炮位共三百五十尊。巡邊炮船的葰地利端士楷，載重一萬五千八百墩，馬力七千匹，載炮三十二門，奉命駛往太平洋，駐防東海。其駐防波羅的海芬蘭灣、黎戞灣二處，鐵艦二十六，木質兵輪六十九，分泊各口，以備運兵者二十九艘，此外各艦不計其數目。泊裏海者亦多。此則俄

---

[1] 原載儲桂山編輯：《皇朝經世文續新編》卷七《兵學》。

國水陸兵弁船艦之大概情形也。

考英原曰額兵十九萬一千八百餘名，阿富汗之役增至四十七萬八千名。至西本年正月一號，查英陸兵實額共約二十九萬一千五百三十七名，招募及義勇三十四萬九千零八十八名，合共六十四萬零六百二十五名。自咸豐八年，隸印度入版圖，得成兵十八萬七千名，另印酋各部兵三十一萬五千名。大小戰艦前已有三百二十五艘，後增至四百餘艘，今則多至八百餘艘，能載水師十二萬名。此則英國水陸軍兵船艦之大概情形也。

至乎法國則原曰額兵四十七萬一千餘名，德、法相猜，增至九十七萬七千名。西本年查法陸兵實有一百萬，有事可集至二百五十萬。大小戰艦前只二百二十二艘，今有二百五十餘艘。

德國原曰額兵四十餘萬，德、法相猜，增至二百餘萬，今則有事可集至三百餘萬。大小戰船前只二百四十艘，今有二百五十餘艘。

合觀四國備兵如是之衆，建艦如是之雄，且歲耗重費養兵而不惜者，無非彼欲開疆，此圖啓宇，因而互相雄長，互整戎行耳。不知船械以歷久而愈精，士卒則過時而已老。苟以久練之師，復挾最精之械，乃使之悠悠匆匆，年復一年，無論餉項長糜，且恐光陰不再。其在承平之世，尚且躍躍欲動，以小試其端，而況之四國者，各有嫌疑，各懷仇忌，苟有可乘之隙，便起爭端，果使戰事一開，其禍當較昔時而更慘。

竊查同治十三年，德人攻法，每分鐘時槍十餘響。光緒二十年，俄人攻土，每分鐘時三十餘響。迨至乙未之處，俄人挑戰，竟多至六十餘響。槍機愈速，傷殘愈多。年來泰亞所紀，民死於兵者二百餘萬。生民何辜，遭此荼毒？推原禍始，實在構兵。安得弭兵之約行於五州，使地球中五十國之數，四十萬萬之芸生，老死不見干戈，長在舜日堯天之內哉！

17. 槍炮宜一律説[1]

春秋以前用車戰，每一車甲士三人，步卒七十二人。行則以車爲

---

[1] 原載儲桂山編輯：《皇朝經世文續新編》卷八《火器》。

三、載於晚清經世文編的文章

衛,居則以車爲營,前後左右又有倅車、倅卒以爲環護。似此整暇有法,當號無敵,然究不若戎狄之雲合鳥散,善於用徒,能使此車之雍容,不足當彼徒行之栗疾。此車戰所由廢也。

秦漢以後,疆宇各闢,控制者且踰荒繳[1]數千里,而悉置之版圖,故水則樓艫艨艟,陸則材官騎士,伸天討而張國威,而兵事遂與國是相終始。兵強國強,兵弱國弱,此景祚所以興隆也;徵調無常,委靡不振,此山河之所傾覆也。

目前泰西專以槍炮爲利器,中國師之,喜新厭故,未能一律,所以不振也。畢君,西人也,言槍炮一律之利有七:(一)兵勇通知無窒礙。(二)彈有一定制度,可互用。(三)碼數高下易熟習。(四)準頭速率,一望瞭然。(五)偶爾攜與,錯領錯發,皆不誤事。(六)機器製造,到處合用,無缺乏之虞。(七)槍尤宜一律,以期互濟其急。現在日本概用一種快槍,本英之馬梯呢槍,短其筒而稍增損之,善哉!

18. 雷艇及海底輪船記[2]

官書局彙報《紀巧製雷艇》云,英國有人造小雷一幫,庶可興用,異常速率,能使該船每點鐘可行四十海里。據云,此船素用電氣趲行,船中燈光一切亦燃電氣。船下所安螺輪,亦非當式之置於船尾,乃於船之橫腰後面,距腰最近之處安雙螺輪。此船或能全體浸入水中,或浸半體入水。除船殼外,幾無他物纏累,殼外亦無裝飾。其所以創此新式者,蓋因水師名家久已欲於極小船身之内,求得異常之速率,能獻出奇之戰力,以與體質極大之甲艦等抗衡爭勝,故特造此試耳。

又,英國博紫馬伍斯港,試放水中炮彈,洵爲海軍未有之利益,用以防守炮臺船塢,其功實在水雷之上。試用之法,俟潮退時,將阿母斯敦龍古炮安置海灘,前面遠置二十一寸原堅木板,木板後再置三寸厚鐵板,鐵板後再置朽窳軍艦一艘,俟潮漲時,海水越過炮上六尺之際,用電氣向水中點放,轟然一聲,除穿過木、鐵兩板外,將軍艦之下

---

[1] 繳,疑爲"徼"。
[2] 原載儲桂山編輯:《皇朝經世文續新編》卷八《火器》。

115

部兩側擊穿兩孔。

又，西國公報《記海底行船之法》云，美國鮑爾鐵漢船廠新造一船，可在水中行駛，云此船在水中深六十尺，每點鐘能駛八海里或九海里。在水面時運動之力，用燒煤油之鍋爐發熱氣至三倍漲力機器，其器可有馬力一千八百匹。船上並配有儲電之具及電池等器。船進水中，煙筒縮小緊封，至不漏氣，遂運動使用動力。船上所需養氣，另有氣櫃供給。櫃中之氣用氣盤更換。氣盤與浮在水面之樹膠管相接。製造之法，可謂極精美矣。前此藉水火之力者，今皆借電以爲用，誠愈速而愈便矣。

19. 歐洲兵輪考實[1]

香港《循環日報》云，居今日而盱衡時局，五洲之内，富強之國，悉在歐洲，故軍兵之盛，鐵艦之多，亦以歐洲諸邦爲巨擘。然亦各有不同，如睦[2]兵之精，則推德、法爲首；屈指船艘之雄，則惟英國獨冠當時。

即以西曆一千八百九十四年春季言之，計英國戰船、兵船之當差者，共有三百零二艘，其裝造尚未竣工及未奉差委者，尚不在此數。其水手、人役、學童，則共有五萬七千零二十六人，海防士卒四千二百人，水師軍兵一萬五千三百六十五人，若連水師義兵等項合計，則有八萬三千四百人。至於陸路軍兵，連駐印度防兵計之，有七十萬三千一百二十五人，合共得七十一萬七千七百人，中有六十六萬五千五百零六人，堪稱勁旅。

澳國軍兵，去年核計，於太平時共得常兵三十三萬七千四百七十三人，官弁一萬四千零二十四人；於有戰務時合計，則有兵弁一百七十九萬四千一百二十五人。戰陣大炮二千一百九十二尊，水師戰船一百四十艘，中有十四艘係鐵甲船，十二艘係大水雷船，六十二艘係小水雷船。保剌一城，爲澳國水師軍裝局之最大者。

---

〔1〕原載儲桂山編輯：《皇朝經世文續新編》卷九《兵制》。
〔2〕睦，疑爲"陸"。

三、載於晚清經世文編的文章

卑利士國於太平時，共得軍兵四萬三千三百二十三人。按册核計，於有戰務時，可得兵一十五萬五千五百六十六人。至於水師，雖有戰船隊，惟無水師口岸，故爲歐西弱小之邦。

查其地南界法國，東連德境，北鄰荷國，西接洋海，與英國遙遙相對。法國於一千八百九十一年，太平時總計常兵有五十五萬五千三百三十人，而於干戈擾亂時，可得兵二百萬名。戰馬一十三萬八千三百零一匹，大炮三千尊。至於戰船，於九十二年時，共得二百二十八艘。水師員弁一千九百五十三人，水手兵役三萬八千三百四十五人。

德國於太平時，防兵共四十七萬九千二百二十九人，當差武弁二萬二千五百三十四人，未當差武弁七萬七千八百八十三人，軍醫二千零六十九人，糧臺官一千一百零二人，畜醫五百七十八人，戰馬九萬六千八百四十四匹，大炮一千九百一十四尊。於有軍務時，可得常兵一百四十五萬六千六百七十七人，武員三萬五千四百二十七人，戰馬三十一萬二千七百三十一匹，大炮二千八百零八尊。然此不過以常兵而論，若統額外各兵，合計其堪執干戈以充戎行而衛社稷者，可得三百三十五萬人。西曆九十二年十月份，德議政院尚恐兵力或有未足，議定條款，再行練民爲兵。計至一千九百一十六年，則德國可得兵士四百四十萬人，以充戎行。似此軍馬精良，無怪其稱雄各國。至於國中水師戰船，於去年核計，則有八十八艘，中有鐵甲三十三艘，共置炮五百一十一尊。水師兵役，共有二萬二千三百九十八人。

希臘國於去年核計，共得軍兵及武弁二萬二千九百三十六人。水師戰船，頭等鐵甲三艘，練船兩隻，水雷巡船兩隻，小炮輪三隻，小雷船二十隻。水師官兵則有三千三百零二人。

意國於一千八百九十一年，太平時共得兵士二十七萬七千九百八十二人，於有干戈時可得二百四十四萬八千三百零八人。而其水師戰船，於九十一年時共得二百六十九隻。其裝造未完者，亦在此數內。中有十八艘係鐵甲，且有極大者。另有水雷大船十二艘，水雷小船一百二十七隻。水師人役一萬九千二百二十四人。士卑沙城爲通國水陸軍兵最多之處。

荷國水師船，去年共得一百二十一隻，內有鐵甲二十一隻。至於陸軍，有事之秋可得武弁二千六百八十八人，軍兵五萬零九百六十六人。若有事團防，則可得四萬三千七百一十六人。

葡國於一千八百九十二年核計軍兵，於太平時可得四萬名，於有事時可得十二萬五千零五十七人。大炮二百六十四尊，水師火船三十九隻，帆船十六艘，其中多有不堪出海者。出師兵則有四千一百二十四人。

俄國軍兵，自與土耳其交戰後，大加整頓，於太平時共得兵八十萬人，大炮三千四百尊。擾攘之秋，可得兵二百五十三萬二千四百九十六人，大炮三千四百尊，水師戰船二百六十八艘，內有大小鐵甲三十二艘，合共置炮一千三百四十八尊。

西班牙國太平時得兵一十二萬人，有事時得兵四十八萬人，大炮五百一十尊。各屬口岸團防兵士，共得二十三萬六千人。戰船共得一百二十六艘，內有鐵甲七隻。水師兵役約得二萬二千人。

瑞典國兵官共得三萬九千五百五十三人，大炮二百四十尊，馬六千八百五十二匹，水師火船六十九艘，置炮九十七尊，內有大小鐵甲十七隻，其中有十四隻係用以守護海防者。又有帆船六隻。水師兵弁共六千五百人。

臘威國僅得軍兵一萬八千人。

士威士國軍兵，有事共得二十一萬九千六百零三人，另有勇二十七萬六千一百六十一人。

土耳機平時十八萬人，有事一百萬人。水師火船一百零二隻，有內〔1〕鐵甲十八隻。水兵一萬五千人。

此歐洲兵輪大略也。

20. 論民團宜依西法〔2〕

嘗聞古者寓兵於農。即比閭族黨，而爲伍兩卒旅之師；即蒐苗獮

〔1〕 有內，疑爲"內有"。
〔2〕 原載儲桂山編輯：《皇朝經世文續新編》卷九《兵制》。

118

狩,而爲徵伐擊刺之法。故其時,六鄉之內,六軍寓焉;六遂之地,軍又倍焉。內既足以爲强幹之謀,外又足以爲制亂之具。初何待刻畫兵號,明示以毒天下之端哉!降及後世,兵端日啓,兵釁日開,爲農者不解干戈,爲兵者不知耒耜,兵與農幾若風馬牛不相及焉,而寓兵於農之良法,湮没無存矣。惟今之民團一法,庶幾近焉。然非練之於平時,而徒於多事之秋,爲援照舊例之舉,非特無補於國計,且又不能保護閭閻。

聞泰西各國盛行此法,宜乎其國富民强,雄據海外。嘗考英國軍制,官兵而外有民兵。凡城鄉店肆住户,願充兵役者報名注册,每處千數百人或二三千人不等。以通國計之,約得民兵十六萬八千餘人。以紳士之殷實者領之,每兵給以火槍,逢禮拜日操演,立的命中,自數十步至二三里之遥。操演不懈者,給以三十先令,爲其一年號衣之費。其有疏曠者,則責令交還火槍,終身不用。每年西曆七月比較其藝,凡十有四日,勝者商人捐銀酒瓶爲賞,而貢數名於官。國主召聚各鄉親校之,擇其尤者六人,竪的於三里之外,使持槍擊之,命中者賞以功牌。復命與官兵合操,賞亦如之。

其他如俄、德、法、美等國,雖制各不同,而要皆寓兵於士、農、工、商之中。故一有警報,則人皆可將,士盡知兵,猝爾徵調,可集數十萬。其平日既不縻兵餉,臨時又兵額充足。法良意善,孰有過於斯哉!

今我中國兵制,合各省而計之,不下數百萬,而兵額不足,統兵者浮冒軍餉,殆將過半。故一旦有事,往往以職守甚重、不得擅離爲辭。即不能辭,而勉應徵調,虛憍之氣,中於其心,不及臨陣,已先嘩潰。尤甚者,招募不諳紀律之人,以與敵從事,不啻持飛蛾而投之火,又何能殺敵致果以報國哉!今雖和議已成,而中國苟欲整頓武備,發憤爲雄,則莫如令各直省力辦民團之舉。然欲力辦民團,其法當以武生爲之。蓋我國家設立武科,每州縣所取之士爲數甚多,而自身立庠序以後,往往無所事事,名雖爲武,而實無用武之地。

若一體舉行民團,選縣中武生之可爲什長者十人,設局訓練,教以槍炮行陣之法,學成之後,各教其所轄之十人,每日限定日期,操演幾次。除操演之外，各安生業。如恐其桀驁不馴，何妨按名造册，繳之官府，使得稽察，而官府尤宜按時簡閱，以觀其槍炮之中的何如，行陣之步法何如。倘能發而皆中，則賞以功牌。如有技藝兼長、深知武略者，則保以官銜。或懈怠無能、難資造就者，則立斥之，使該什長另招一人，以承其乏。尤必諄諄焉告誡以禦侮、立身、行己諸大端，以激發其忠義之心。夫而後民習端而民氣奮，每縣之中得訓練之士百人，合中國之州縣計之，當不下百數十萬敢戰之兵，敵國知之，有不聞風而生畏哉！

而或有爲之說者曰，我國家今而後修明政事，陳紀飭綱，他國自不敢生窺伺之心。若必處處練團兵，日日修武備，不獨遠人相視而竊笑，即民情亦擾攘而不安，無戎而城，不幾流於士蔿之所爲乎？噫！若人而者，既不知安不忘危、有備無患之道，而徒以粉飾承平，爲掩耳盜鈴之語，又何足與譚國事哉！

21. 德國水陸軍政考[1]

德國舊名普魯士，後與各國會盟，名曰日爾曼聯邦。自戰勝法國，國勢益張，乃改名德意志。今各書譯爲布魯斯，爲普愛孫，爲普羅西，爲日爾瑪尼亞，日本人謂之獨乙，蓋音同而字異也。

客有以其國兵制問者，乃爲之遍考德君在位所著《航海述奇》，李丹崖星使所著《使德日記》，無名氏所著《出洋瑣記》，錢琴齋觀察所著《歐游隨筆》，及徐仲虎觀察之《德國紀事本末》《歐游雜錄》，沈仲禮司馬之《德意志國志略》，林君樂知譯成之英儒麥丁富得力所撰《列國歲計政要》，旁搜博采，著爲是篇以答之。

考德國兵政，於西曆一千八百十四年頒行章程，凡民間子弟，能勝兵即編入隊伍，先學攻守之法，遇有兵事，不得托詞規避。年二十始籍於軍，充戰兵者三年，充守兵者四年，充團練兵者五年。至既充團練兵時，如遇戰兵不敷，仍可酌量調遣。至五十歲始駐守本國，不復宣力戎行。

―――――――

〔1〕 原載儲桂山編輯：《皇朝經世文續新編》卷九《兵制》。

三、載於晚清經世文編的文章

兵之名有四。一曰白得能,平時每隊只五百八十名,出戰時增入留守兵,可多至一千二百名。一曰監本納,每隊二百五十名。合三白得能曰勒其門,合二勒其門曰索苟得,合二索苟得曰特佛城,約其數二萬二千有奇。每特佛城一將軍主之。出師時增馬兵四隊,大炮二十四尊,以白得能或來福槍兵爲先鋒,合步兵二特佛城,馬兵一特佛城,駕馬之大炮十二尊,曰夸大敏,用二勒其門馬兵殿其後。兵有大炮,別有白得能爲鄉導。又以白得能爲後衛,供運送軍火之役。計夸大敏除守國外,更有十三枝,分屯十三處。總而計之,國中有官弁一萬三千八百零四員,兵三十一萬九千八百二十四名,馬七萬三千三百零七匹。如臨時檄調,則十日內可增至兵七十萬名。厥後戰勝攻取,大張軍威,既勝法之拿破侖第三。

至同治十年,合大小二十五邦,聯成一氣,軍聲益壯,章程亦大,改從前悉籍國中丁壯爲兵。自二十一歲至二十八歲,其中三年爲行兵,三年爲守兵,一年爲教練兵,二十八歲後又須爲團練兵五年。承平無事時,在營者僅百分之一,每名計餉二百五十大拉,合英國三十三磅十先令。通國有武員一萬八千零九十七員,兵四十一萬二千七百六十六名,馬九萬三千七百七十九匹,炮一千二百二十四尊。遇有戰事,則武官增至三萬一千一百九十五員,兵添調二十七萬三千三百四十六名,馬增至二十八萬一千五百四十二匹,炮增至二千五百零二尊。平日屯兵之處有七,每屯一羣,每羣二萬五千名,守國兵尚不在其內。大炮臺三十七處。此陸軍之大較也。

普法之戰,法國連遭挫衄,償德國兵費英金磅二百兆磅。德國遂以之增練水師,置大鐵甲船二十六號,巡海快船三十四號,炮船七號,魚雷船四十五號,又增修雷艇一百零五號。各船中由官弁以迄炮手、水手,都二千五百員名,統以武職大員如中國提督者三員,正船主共二十八人,副者二百二十四人,槍兵、炮兵都二千七百六十名。先是國中鮮嫺習水師事務者,乃以重金募之。未及數年,而能掌炮兵船者多至八萬人,中有四萬四千人得諸本國商船,六千人募自他國商船,餘皆各海口捕魚之民。此水軍之大較也。

耳食之流第云,德國陸軍爲泰西各國所無敵,而不知其水師亦實有大過人者。苟一旦血飛肉薄，爭持於洪濤巨浪之中，誠未必出人下也。

至於軍械，人但知伏爾鏗爲著名之廠，殊不知通國皆取資於克虜伯。是廠設在愛生鎮，爲地球九萬里中第一著名之大廠，日役工人一萬二千名，所制純鋼後膛來福炮、後膛毛瑟槍，軍中咸推爲利器。魚雷創自英人懷得海，德國拂力毛廠仿之，而制益精。凡此利器，不特本國各營所通用，即我中朝亦不惜巨款以購之，分撥南北洋各軍，用以習練。

噫！德聯盟各國僅二十餘年耳，而君若臣，宵旰勤勞，勵精圖治，已若是之蒸蒸日上，國富民強。我國於此，其可不惕他人之先我，加意講求，以冀與之齊驅並駕哉！於是乎作《德國水陸軍政考》。

22. 整頓海軍芻議一[1]

泰西各國所以稱强於海外者，恃其海戰也。創制鋼甲兵輪，鐵脊快艦，裝載巨炮，操演水兵，以縱橫馳驅於驚濤駭浪之中，而無所畏阻，遂挾其所長，以與中國往來，中國莫之禦也。中國於是乎捨己從人，製炮造船，爰設海軍衙門，以醇賢親王主其事，李傅相與張勤果、曾惠敏諸公綜其權，丁禹廷軍門操其柄而司其令，南洋、北洋分其區，閩海、粵海別其地，堂哉皇哉，荼如火如，就外觀之，駸駸乎可與泰西各國相頡頏矣。然自醇賢親王薨逝，慶邸代之，蕭規曹隨，較若畫一，而日久生玩，亦中國之通病，故及於今，而整頓海軍尤爲急務。

窺俄人之志，此時雖不可逆料，而其必欲自圖出頭，則地無論中外，人無論賢愚，莫不知而信之。而揆度其勢，阻於西必達於東，逆於北必遂於南，其勢然也。東三省練兵極爲認眞，原即此意，但防之於陸，不足恃也。俄人一動，高麗必爲戰場，而其地勢正扼其要，敵人必恃其水師之利，以與中國抗衡。中國欲與之爭，當必全賴乎海戰，可如各國來華通商傳教，近年以來，時有轇轕，一或不慎，則化玉帛爲干戈。如去歲教案未結之時，即有兵船來華，大有恫喝劫制之意。中國

---

[1] 原載儲桂山編輯：《皇朝經世文續新編》卷一○《海軍》。

但有海軍之名,而無海軍之實,即難免敵人之不輕視。

蒙以爲此時中國整頓海軍,講求武備,實爲最要之策。夫講求之道,在得天、得地、得人三大綱而已。

23. 整頓海軍芻議二[1]

前議言三大綱,今細論之。

一曰得天。非聽天由命之謂,亦非孤虛王相之謂。夫以天定者勝人,即以人定者勝天。天爲我所勝,則亦孰不可勝哉？勝天奈何？海軍所恃者,船取其堅,炮取其利,然而敵人亦有船炮,堅與堅遇,利與利逢,若彼此兩不相下,相與爭逐於乎萬頃之洪濤,千尋之濁浪,安知鹿死誰手？此其中有天焉。得天者昌,失天者亡。以人探天,而能得乎天之理,全乎天之道,會乎天之數。天心有所在,而強敵不足慮矣。以測日景,勿耀其光;以占風色,勿逆其行;以別雨晴,勿背其勢。此天之機也,隨機而應之,惟得天者知之也。

一[2]曰得地。陸戰腳踏實地,不難布置,海戰則毫無著實,一或不慎,則全船盡覆,士氣爲之不揚,兵威爲之頓挫,故其要尤在得地。敵人之氣方張,我則得隘以守之,何處可以藏船,何處可以伏兵,平時隨地留心,則臨時自有妙用。何處有礁,我能避之,且可以誘敵人;何處有沙,或出或沒,我能知之,或可以陷敵人。某處外寬平而內多港河,則藏兵於中,敵不能見,可令蒼頭突然起也。某處可埋地雷,某處可通地道,一一熟爛於胸中,而後進退周旋,無不如志。前此馬尾之戰,敵人雖勝,而不敢久留。雖乘勢駛出,而金牌長門之炮已中敵艦。若稍逗遛,且隻船不返,蓋敵人雖探知地理,而究不若本地人之熟諳,而以主待客也。

三曰得人。海戰全恃乎船、炮,而運船燃炮必恃乎人。夫炮船之管駕,所關非輕也,管駕得人,則水手、火夫無不得人矣。人在船中,如魚在水,遇緩急,則必如身使臂、臂使指焉。本下風也,一轉瞬而已占上風;本上水也,一轉瞬而忽爲下水。一炮不虛發,一毫不鈍滯,此

---

[1] 原載儲桂山編輯:《皇朝經世文續新編》卷一〇《海軍》。
[2] 一,疑爲"二"。

全在乎平日之間用心習練。奈近來水師執事諸人,往往問以沙綫而不知,詢以風色而不解,天時固深粵[1]而不識,地理亦廣遠而難明,徒知餉項,以自肥私橐,虛報名糧,是豈朝廷創設海軍之初意哉?吾則以爲凡海軍管駕,必須認真甄別。官不必備,惟其人。

得人斯得地,得地斯得天。有斯三者,而謂中國海軍不足與泰西抗衡,吾不信也。

24. 海軍芻議條目[2]

一、在於嚴其號令也。海軍爲中國初創,其規制每有未備,而所患者在呼吸不靈。海軍兵輪鐵艦,分隸於南洋北洋,閩海粵海,如星羅,如棋布,正如常山之蛇,擊首則尾應,擊中則首尾皆應,其法爲最善也。夫中國口岸極多,如必處處備船,則餉糈將不勝其繁,務擇其尤要隘之區而設之備。分而見少,合而見多,海氛在一處,則集各處之水軍以禦之。奈前此援臺之師,基隆已失,而援兵尚遲遲吾行,檄催雖急,需次不前,既而反被敵船追逐,以致有石浦之沈。其鎮海之得以幸中敵船,居然策勳,此皆由於號令不遵於一也。南、北洋歸南、北二總督,閩、粵海歸閩、粵二總督,雖統於王大臣,亦僅虛名。此中各省督撫,或分畛域,或不令遠出,以防己之屬地。或糗糧有缺,船無所資;或虛額太多,兵不足數。此等積弊,相沿已久。今請將海軍各處專歸一人督理,其人必久歷戎行,深知海道,精於機務,深明大局,而且聲威名望皆無可遜於人,然後界之重任。觀長江水師,始派彭剛直公巡閱上下游一帶,厥後水師之氣爲之一振,此其驗也,曷弗仿而效之?

一、在於核其考成也。無事之時,統帶各有專司,往往詢以風候而不知,問以沙綫而莫對,所務者惟在裁減若干名,虛報若干名,一月之中可得幾何。至於船中之事,則似非其所司者,不過有時迎送大憲,則承迎恐後而已。下而至幫帶、哨官,則煙館妓寮,大肆揮霍。今

---

[1] 粵,疑爲"奧"。
[2] 原載儲桂山編輯:《皇朝經世文續新編》卷一〇《海軍》。

三、載於晚清經世文編的文章

當明定章程,各處兵輪,幾日自操,幾日會操,不准借迎送爲名,以誤操期。至於統帶、幫帶、哨官,必由各督撫隨時傳考,不必皆以文字也。傳詢數語,或問以演陣,或問以打炮,或問防禦之方,或問運用之法,或指地圖而詢其河礁之記,或詢天文而究其風角之精。倘問而不能答,則示之以罰,毋徇情,毋姑息,一二年間,中國海軍自有日蒸之勢矣。

一、兵輪宜用華人也。我中國當製兵輪之初,匠人俱用西人,及告成時,而管駕、船主、大副等職皆用西人,但現今宜一概俱用華人,而西人勿使與焉。非有疑於西人也。夫船主者,一船之主,性命之所關也。設或海疆有事,各兵輪管駕,即使盡心竭力,而旁人見之,究不免有疑忌。設或正與外國開釁之時,而見中國兵船上有西人,則必萬衆譁然,羣焉鼓噪,甚有不問情由強行劫殺者矣。況萬國公法,本有各守局外之例,一經有事,敵國之人自應辭去,即別國之人,亦當作壁上觀,不復能爲中國設一謀,助一臂力。平時厚糈重祿以養之,臨時反不得其用,又何爲哉?夫中國兵船之創,屈指不下二十年,又設水師學堂、武備學堂,豈竟無數十聰明之士,可以選充船主、大副之職者?苟精於選材,而奏功當不難矣。

一、停泊不宜久遠也。外洋兵船,忽焉而東,忽焉而西,行止不定,舟中諸人,無一日不戒備,以待一聲號令,立刻即發。蓋船之爲物,常行則靈,久停則窳。古人云"流水不腐,戶樞不蠹",維其動也。輪船而停泊日久,不特船上諸人不免有髀肉復生之歎,即行駛之時,亦必運掉不靈。且恐鐵則漸鏽,木則漸腐,故輪船勿令久停,兵輪尤要焉。故必定其何日出洋,何日會操。或借以游歷外洋,可以窮究夫地勢形勝,沙綫礁石之類,一一皆默識於心。即不必爲觀兵耀武之說,而中國軍容,外洋亦必稍有所顧忌,庶不至官兵停花問柳也,勤則不淫矣。

一、宜游歷外洋也。夫泰西之兵輪,時至中國海邊各口岸停泊,一以示彼國之威,一以保護商人。中國之兵輪,絕不聞往泰西,豈公法有禁歟?非也,蓋中國之兵輪只保口岸,不爲華商之在外洋者計耳。數年前,中國有兵輪駐日本,受其民侮,李傅相遂下令,以後兵輪無事不准入日本駐泊。日皇聞之，頗覺不安，後特請中國兵輪往日游歷，待之甚厚。然比之五洲，何地不可去？如前此美人之虐華人，倘兵輪往美之海口停駐數日，亦足以壯聲威。況洋面常游，風沙諳練，亦分内事。去歲教堂之鬧，各口岸皆來外國兵輪，事息而遂去，非其證歟？當軸者宜仿而效之，毋視華商爲路人也。

25. 泰西郵局考[1]

郵局之設，泰西各國列爲政典，於部中專設郵政大臣，歲食俸糈，至少亦英金一千五六百磅。其下有文案記錄官，有專司收發員弁，極爲鄭重。

中國自廣行西法以來，於兵輪、海軍、兵法、軍制、電報、鐵路、製造、曆算、商船、開礦，無不次第講求。上年又創設中國匯理銀行，以香港爲總，上海、倫敦爲分處。惟郵局則久議未成。前者登萊青道盛方伯曾有是議，終不果行。總稅務司赫君，曾於海關創爲郵局，其寄送各處一例洋碼五分，僅寄本處概取二分，是亦同於試辦，非國家主政也。

按英國郵局章程，寄費咸有定制。密封要信，謂之密封，每重一兩取洋一分五釐。書籍、日報等信，謂之散封，每重一兩約洋五、六釐。每信最大者，只許長十寸，寬九寸，厚六寸。新聞紙最重者十四磅，書籍最重者五磅，不得逾限，否則置之罰鍰之列。凡製造物件寄式樣者，重不逾八兩，長不逾十二寸，寬不逾八寸，厚不逾四寸。以上所言，皆須預購信牌，如貨一分者，則粘一分信牌，寄到之時，不須再索寄費。如欲取向受信之人，則當加倍。如粘牌不足，則當受罰。凡寄新聞之信，不得逾八日。凡寄書籍、日報，准於外書姓名、地宅，内不得書一字，内若有信，即照密封例開給。如有要件、匯單、銀票，務要向郵局挂號，受回執照，謂之報險。報險之價，自五磅至十磅爲止。凡郵局之内務設大櫃，分格如蜂房，編以號目，或每鋪在每號，可將信

---

[1] 原載儲桂山編輯：《皇朝經世文續新編》卷一一《西政》，此書目錄中本文題目爲《泰西郵政考》。

存之於內,任其自取。倘每七日可到信五十封者,局中可以代送。遷居之人,務先到局報明。此泰西郵局之大略也。

中國倘立郵局,不妨斟酌損益,量爲變通,以求盡善,使民向[1]信局必由國家經理。奔走之役,仍使若輩爲之,而由局給以工食,但宜防其侵蝕,以杜弊端。總辦務要得人,自不慮習俗相沿,積重難返也。

26. 中西藏書考[2]

從來人才之興,關乎學校;學校之興,由於書籍。

我朝文教聿興,藏書之富,超軼前代。不獨聚之於京師,亦遍設於各處,如揚州之文匯閣,杭州西湖之文瀾閣,鎮江金山之文宗閣是也。其外有家儲者,如鄞縣範氏之天一閣,吳門黃氏之滂喜園,錢塘吳氏之瓶花齋,昆山徐氏之傳是樓,石家嚴氏之芳茮堂,南潯劉氏之眠琴山館,杭州汪氏之振綺堂,烏鎮鮑氏之知不足齋,昭文張氏之愛日精廬是也。惟赭寇之亂,幾盡散佚。近今崛起者,爲吳興陸氏之皕宋樓,儲藏之多,罕與之垺。凡若此者,皆不私爲己有,儲之於公,籍[3]供一郡人士之覽,其大公無我,可謂至矣。

西國學校藏書之例亦重。奧地里國有大書樓五百七十七所,計藏書籍五百四十七萬六千册。法蘭西國有書樓五百所,藏書四百五十九萬八千册。意大利國書樓四百九十三所,藏書四百三十五萬册。普魯六[4]國書樓三百九十八所,藏書二百二十四萬册。英吉利國書樓二百所,藏書二百八十七萬二千册。俄羅斯國書樓一百四十五所,藏書九十五萬三千册。法國巴黎京城有一書樓,宏敞異常,藏書二百七萬九千册。普國伯靈都城有一樓,亦藏至七十萬册。若夫羅馬大院,別有手抄書籍三萬五千册,細若蠅頭,珍如鴻寶,各國所未及也。

今英國倫敦博物院,法國巴黎翰林苑,多藏中國書籍。英國書院

---

〔1〕 向,疑爲"間"。
〔2〕 原載儲桂山編輯:《皇朝經世文續新編》卷一二《西學》。
〔3〕 籍,疑爲"藉"。
〔4〕 六,疑爲"士"。

亦教中國之語文字。中西一貫，非文運蒸蒸日上哉！

27. 論中國科舉之學爲人心之大害[1]

科舉之學之爲人心害也久矣。自有宋子、朱子以迄國朝顧炎武輩，論之綦詳。顧前代之害人心也猶微，而今世之害人心也更鉅。譬之人身，當少壯時，氣體强盛，雖受外感之疾，隨感隨發，正氣尚足以卻之。逮年老氣衰，邪之外來者，積歲累月，蟠結於中，非大補其氣血、峻攻其外邪不可治，所謂若"藥不瞑眩，厥疾不瘳"是也。中國至今日，世變既亟，人材愈寡，一老年氣衰時也。乃際此痛深創鉅之餘，宵旰勤勞，殷憂啓聖，而內外臣工之能實心實力，繼嘗膽臥薪之軌者，不過數人。此外或苟且補苴，或粉飾文告，泄泄然，沓沓然，則以今世人心受害至深，如疾之積，歲累月蟠，結於中而不易治也。其害大要有三，曰無良，曰無恥，曰無識。

曷謂無良？臣下之於君上，猶子之於父也；以臣下而欺君上，是以子欺父也。子而敢欺於父，孰敢不欺也？長吏之於庶民，猶父之於子也；以長吏而虐庶民，是以父虐子也。父而忍於虐子，孰不忍虐也？若夫詞臣以文章華國，謂上不負君，亦下不負民，抑知舍實效而尚浮華，其溺職更甚；貲郎以捐納進身，謂上以足國，即下以足民，抑知入宦途而挾市道，其居心有難言。清夜以思，天良何在？

曷謂無恥？乞嗟來之食者，丐也，賤之至也，乃登壟斷而鑽刺營謀者，其賤更甚於丐；博買笑之金者，妓也，醜之至也，乃傍要津而貢諛獻媚者，其醜尤過於妓。清議之所不恤，而況於輿論，猶謬托於大度之包容；妻孥之所難對，而況於衾影，猶自詡爲識時之俊傑。孟子曰："不恥不若人，何若人有？"此之謂也。

何謂無識？不知人，先不知己。挾持無具，居然自命之不凡，昧於古，更昧於今。予智自雄，安見措施之有當，旌別何來衡鑒？憑是非於巷議，自謂博采芻蕘，台詞詎有經綸？任窺測於遠人，幾致倒持

---

[1] 原載儲桂山編輯：《皇朝經世文續新編》卷一五《文學》。據此書目錄記載，卷一五《文學》中還有王韜的另一篇文章《請設中西學堂書》，但書中沒有刊載此文。

三、載於晚清經世文編的文章

魁柄,各不相下者,意氣也;分朋植黨,不憚以私而廢公,習為固然者,風氣也。簡煉揣摩,疇能違衆而獨立,舉世混濁,有識者嗤之。人心之受害,至於斯極。

推其原,蓋不學故也。雖學而無異於不學,且不如不學故也。彼不學者無論矣,若夫正途起家之士大夫,其於聖賢之遺書,童而習之,固不得謂之不學矣。究之爲科舉之學者,不以學爲修己之方,而以學爲徇人之具。父詔其子,師勉其弟,淵源不異,衣鉢相傳。舉古昔聖賢牖民覺世之遺文,視同俳優,等諸兒戲,空文已非實用,又割裂組織以爲工。應試本是梯榮,更錯矩緬規以僥幸,合天下士人之心思才力,以逐逐於名利,而不復知有身心性命之精,禮樂政刑之大者,科舉誤之也。

近代世風一變,功名之士,咸欲以幹濟鳴於時,乃交口而訾八股爲無用。蒙則謂八股之弊,非直無用而已,實舉中國數百年來士大夫之心術而隱蝕之,體之不存,用於何有?值此西强中弱,通變宜先。顧中國人人務虛文,西國事事尚實意,以中法西,恐人心受害既深,驟難改易。即如取士,誠廢八股而試策論,要之策論猶八股也。即進而試以格致,以藝學,亦猶八股也。何則?今之薄八股者,固不得志於八股,而變一說以自異者也。取士之制雖變,科舉之心常存。倘能使中國士人之心一變而志於道,雖八股何不可兼策論,何不可兼格致、藝學?否則,試策論、格致、藝學者,即試八股之人也,其心庸可恃耶?

總之,八股者,科舉之資也。廢八股而尚格致、藝學,猶之科舉也。科舉之制存,即人心之大害不可得而去必也。師周官之選舉,法漢代之徵辟,而後人才可以反於樸,世運可以進於醇。

28. 論學術不可偏廢[1]

河汾、昌黎,隋唐之大儒也。河汾守先待後,其弟子多佐太宗興唐,儒者之道,因時用世,雖孔孟之徒,未有此遇。昌黎崇正學,闢異端,大聲疾呼,俾當世之人心迷而復悟,即身遭竄逐,有所不恤。其言

---

[1] 原載儲桂山編輯:《皇朝經世文續新編》卷一五《文學》。

謂,孟子之功不在禹下。蒙則謂,昌黎之功亦不在孟子下。自漢以後,能行孔孟之道者惟河汾,能明孔孟之道者惟昌黎,非所謂豪傑之士歟？厥後宋五子出,自謂上接孔孟,乃舉昌黎、河汾,以及漢世諸儒而胥屏之,若皆不得與於孔孟之道也者。噫！過矣。然宋儒雖過,未嘗不俎豆孔孟也。

乃今世之號爲宋學者,幾欲並孔孟而祧之,抑亦宋儒所不及料也。今世之宋學,何以幾祧孔孟也？蓋或有薄制藝而若欲廢之者故也。今之諳時務、重西學者,無不薄制藝,何獨於宋學而責之？良由其言近理而未盡當,固不得不於今世之賢者責之備也。無論制藝代聖賢立言,爲本朝祖宗取士之定制,決不可以言廢。且亦思今之士人,猶能誦習經訓者,非由於作文應試之故乎？十三經不能全誦,必誦五經四書,即或五經亦有未及全誦者,而四書則人人所熟習。士子於鄉、會試之外,多恃書院考課及生徒改筆以爲生計,時時作文,不啻時時溫習四書,能於此中服膺一二語,即於立身敦品,所裨非淺。今若舉制藝而廢之,恐誦習四書者更少。四書不誦,孔孟之道即祧,尚足以爲讀書人乎,抑豈僅誦《西銘》《正蒙》等書,而遂可置四書於高閣乎？

猶憶山陽黃天河先生《金壺墨》中有性理一則略云,咸豐初兩江督臣陸建瀛疏,請學臣考試宜增性理論,以示明心重道、闡發聖學之意,章下直省學政著爲令。及粵匪抵九江,建瀛兵敗回省時,諸生待試者,方琅琅然高誦性理未休也。此雖諧詞刻論,亦足以風也。今之士人,孰不由制藝進身？溯其少時,孰不因作文應試之故,得以誦讀經書,通達文理？由通達文理,始能談時務,談西學,顧乃揣摩時尚。人云亦云,可謂忘本。若夫宋學家言,固與揣摩時尚者不同,特未思其言有流弊耳。

且夫德行,本也；文藝,末也。苟爲無本之言,即性理安知非剽竊？言誠有本,豈特制藝不可廢？推之試帖律賦,如昌黎所謂"沈浸醲鬱,含英咀華"者,亦無不可以見道。《詩》傳曰："登高能賦,可以爲大夫。"班固曰："賦者,古詩之流也。"今制鄉、會試,雖不用賦,而翰林院之館課,以及散館大考,無不用賦。是以直省學臣歲科試,必先試生童以詩賦雜作，謂之古學。士子雖不必人人能工古學，而在有志於翰苑及高才生之欲登優、拔兩途者，必於制藝之外，兼工律賦。此固各省各屬之所同，非獨松郡然也。

邇有友人自雲間來者，述及郡城府、華、婁三小課，向爲專課詩賦雜作而設。府小課，每年六次。凡雲間、求忠、景賢三書院與課有名者，皆得與課。三院分列等第，雲間、求忠爲舉貢生監，景賢則童生所肄業也。華亭小課，每年四次，亦分生、童。婁小課每年十次，則只課生而無童。以上三課，花紅多少不等，皆由歷任官長籌款備發，以期有舉無廢。

近因陳蓉曙太守創建融齋書院，以此三項小課經費移作望課膏火，由是郡城遂無小課。而融齋書院規例，係課經學、性理、算學三項，並無詞章詩賦。嗣後我郡士人於作賦一道，遂無以示切劘而評月旦，而都人士亦無有以此爲言者。豈謂後生子弟可不必作賦耶？抑自知文風不振，科第寥寥，無復作翔步木天、和聲鳴盛之想耶？松友之言如此。

執筆人按，如陳太守之勵精圖治，爲近世官場中所罕見。凡隸絣幪，同深仰慕。茲者融齋書院之創建，因崇正學而設，實與上海龍門書院後先濟美，特龍門當日有前道憲先後撥款銀二萬兩，是以措置裕如。如今融齋書院捐款所集，未及龍門四分之一，不得已而暫移此項，安知他日經費充足，不仍撥還？否則太守固翰苑中人，豈以律賦爲不必可耶？

總之，士子爲學，自宜專營，而教學多術，則固不可偏廢。性理誠爲正學，若時文詩賦，亦孰不可以覘學識，而況爲我朝試士之定制哉！縱筆及此，曷禁慨然。倘令曲投時尚，論出違心，蒙竊有所不敢。

29. 變通取士之制議[1]

甚矣哉！變法之難也。明太祖設制藝以取士，其愚黔首之心，較之燔書坑儒毒且百倍，而天下甘受其愚者何也？亦曰，雲路之梯階，

---

[1] 原載儲桂山編輯：《皇朝經世文續新編》卷一五《文學》。

惟此爲捷耳。而有明一代，卒隱隱然自受其禍，至於宗社覆没而後已。故老相傳，闖賊蹂躪京師時，於某殿得一緋紅束，束有文曰："謹具大明江山一座奉敬，文八股拜云云。"嗚呼！痛心疾首之詞，以詼詭出之，雖曰惡謔，亦至言也。然習染既深，猝難更改，故我朝定鼎之初，俯順士情，仍其故制，相沿至今。其爲無用之具，時人論之詳盡，姑勿贅矣。

間有念及變計者，一則曰另設藝科也，再則曰廣開學堂也。意良深哉！然獨言之非艱，行之維艱耳。夫張大其詞，而曰另設學堂，曰廣開使館，果能上達天聽，交部議行？大部亦果議准，而一籌及經費，必將搇舌不能道隻字，欲求其行也得乎？既絀於經費，又迫於變通，無已，其惟改書院章程一法耳。

制藝不能驟革，即書院不能盡更，權其重輕，約須改去十之七八，仍存十之二三，以爲攻制藝者獵取膏火、養其寒酸之用。而改定之院，即以考試天文、算學、格致、電學、重學、礦學等，而以考時事利弊興革爲首務，中國人材薈萃，必有高見卓識者出夫其間。惟宜明降諭旨，責成各省督撫，期在必行。寒酸呫嗶之流，有出而阻撓者，以違旨論，更宜曉諭諸生，有能翻譯西國有用之書，或自行著述有裨實學者，准其呈諸有司，予以刊行專利之權，禁坊間不得翻刻，則有志之士自相切磋，不勝於籌經費開學堂哉！學使按臨，准其以所學報考，一體入庠。

至於鄉、會兩科，更宜急予變通。愚意謂，當以三場策問移至頭場，專問時事利弊興革之宜。二場經藝，即改考天文、算學、格致、電學、重學、礦學等藝，各命一題，與考者不必全作，即素所學者，盡其詳以獻，則人得盡所欲言。有能全作者，亦在不禁。專門名家者，即一藝亦不違例，但能深探微奧、獨創新見者中此功令之宜量予變通者也。然後三場以史學、經解、制藝各一題，以考其文理。一轉瞬間，而真才以見，不愈於另設藝科哉！

然而聞者不能無疑也，曰是呫嗶之流卒難進身矣。昔者朝廷教之使之學，今一旦棄之不顧，若有所不忍焉，一也。今之精於天文以次等學者，寥寥無幾人。書院改章之後，山長難乎其選，二也。考試

三、載於晚清經世文編的文章

無主司,三也。

則又有説焉。當明降諭旨,飭令書院改章時即明白曉諭,伸言制藝之無用,故力行新法,以求實學,以濟時用。舉凡天下士子,亦當幡然變計,以圖上進,使其終於不返也。是爲自棄之流,無足惜者矣。至於山長之選,尤當破格,出洋學生其一也。通商各口岸,風氣已開,學此者當不乏人,降格求之,必有英俊之士乘時興起。倘再能飭令實學之人,有願入内地傳授所學者,獎以功牌,并由該管有司給諮送去,復由地方官,或酌給資斧,或指撥官舍,俾作學塾。行之有效,准予保舉,果能教至百人以外均成實學者,越級超升。不徇情面,不事請托,實力舉行,飽學之流有不奔走而至者哉!大比之年,則選品學兼優者入闈,勷助校閲,亦不虞無人也。

初行之際辦理如是,十年之後,隨地有人矣。何足慮哉!何足慮哉!

30. 論宜去學校積弊以興人材[1]

國之强弱何由哉?爲土地有大小歟,爲士卒有多寡歟,抑爲器械有利鈍歟,蓄積有虚實歟?余以爲皆非也。然則何由?人材之盛衰爲之也。

今夫工師之爲宫室,伐木於山,相其大小短長,度材而用之。及其功之成,崇臺廣榭,萬户千門,輪焉奂焉,莫不備極工巧。國之於人材亦然,量能而授事,度材而任職,百事由以舉,衆務由以成。自古治化之隆,莫若堯舜之世。堯舜之聖,豈其一人獨勞於上哉?亦在乎得人而任之而已。故使禹湮洪水,稷播百谷,伯夷典禮,夔典樂,契掌教,皋陶掌刑,而後教化成。周有十亂,而國以興;漢有三傑,而基業以立。下至後世,盛衰强弱,未有不由此者。然則人主欲治天下,其

---

〔1〕 原載儲桂山編輯:《皇朝經世文續新編》卷一五《文學》。本文還刊於1898年(光緒二十四年)陳忠倚編輯的《皇朝經世文三編》(以下簡稱《三編》)卷四三《禮政八(學校下)》,1902年(光緒二十八年)何良棟《皇朝經世文四編》(以下簡稱《四編》)卷二七《禮政(禮政、大典、學校)》,後兩個版本文章題目都是《去學校積弊以興人材論》。三個版本文章的文字略有出入。現在把本文與刊載在《三編》《四編》的文章作了校對比較,對有差別的地方在注釋中作了説明。

133

有急於斯者乎？地之於草木，何地不生？國之於人材，何國蔑有？然而盛衰有不同者，無他，由乎養與不養焉耳。

欲養人材，必興學校。古者三代之時，自王畿至於諸侯之國，莫不有學，其制甚備，其設甚廣。人心既正，而風俗自醇；教化既洽，而材俊自出，是後世所以不及也。今之議者非不知此，多設博士，增置生徒，學校之盛，百倍曩時，然士務虛文而薄實行，其能通當世之務者，百不一二焉。是何也？豈人材之不如古哉？蓋今之教學者，皆乖其方也。

周官大司徒以鄉三物教萬民，而賓興之。一曰六德，知、仁、聖、義、忠、和。二曰六行，孝、友、睦、姻、任、恤。三曰六藝，禮、樂、射、御、書、數。以是爲銓選之法，則當時之所謂學者可知。曰六德，曰六行，則豈今之習章句、誦傳注之謂乎？曰六藝，則豈今之騖空文、逞浮辭之謂乎？是以當世之士，德行足以爲人之師，才能足以應當世之務，教其所用，而用其所教，於是學校之興廢，爲人材之盛衰，而治化之所以致隆者，實基於此矣。今也學校雖設，而風俗不醇；生徒雖多，而材俊不出。若此則學校將何所用哉？徒視爲粉飾太平之具而已。竊以爲其弊有五，請得而備論之。

古之教學，不惟其書惟其行，不惟其理惟其事。孔子曰："吾欲無言。"又曰："我無行而不與二三子者。"又曰："行有餘力，則以學文。"蓋其教人以德行爲先，而不專以讀書爲事也。公明宣學於曾子，三年不讀書，曰："宣見夫子之居廷應賓客，居朝廷，説之，學而未能也。"則當時之所謂學者，豈專在於書乎？小學教人以灑掃應對之節，禮樂射御書數之文，莫非事也，蓋使人從事於日用實務，而至於其理，則不必縷析以告之也。故孔子罕言利與命與仁，而子貢曰："夫子之文章，可得而聞也；夫子之言性與天道，不可得而聞也。"夫教之以實事，程之以實功，於是乎實材出矣，可以通當世之務，可以供國家之用。今之所謂學者，牽制章句，剖析文義，弊弊焉用力於末節，而不復顧其行誼如何。其不爲帖括所拘者，又復高談性命，衍説仁義，細析毫芒，而至於錢穀財賦之事，茫然罔曉也，曰彼非無[1]事也，亦不恥其不知。故

---

[1] 無，《四編》文章中爲"吾"。

三、載於晚清經世文編的文章

今之學者不惟其行惟其書，不惟其事惟其理，若是，則望實材之出不亦難乎？是其爲弊一。

古者治、教出於一。上自人主，下至比長閭胥，莫非師也，而無所謂掌教之官者，蓋吏乃師也。非有德行道藝者不能爲吏，其爲吏者，必其足爲人師者。及至後世治教分而儒吏，判掌錢穀刑獄之事，名之曰吏；掌學校教授之任者，名之曰儒。吏自爲吏，儒自謂儒，二者不相謀而互相訾警。爲吏者，不知先王之治道，而專以法令從事；爲儒者，不知經世之務，而專以浮文是尚。故學校之盛衰，不關於治化之隆替。是其爲弊二。

古者仕、學爲一。子夏曰："仕而優則學，學而優則仕。"子産曰："吾聞學而後入政，未聞以政學者也。"古者學校所教者莫非實事，故士之入學者，大而禮樂刑法，細而錢穀算數，莫不曉暢而諳歷。故雖未入仕，而其所以可仕之故，固已瞭然。他日服官，施而行之耳，舉而措之耳。學其所仕，而行其所學，欲治效勿成得乎？今也，所學者章句，所業者文詞，所志者科名焉耳。其於當世之利害，錢穀兵刑之實務，漠然置之度外。如是爲〔1〕學爲博士則得矣，爲童子師則得矣。及仕〔2〕而爲仕，則棄呫嗶咕嗶之習，而從事於簿書案牘，是猶不習操舟而泛於海，其不爲猾吏狡胥所姗笑者幾希。所用非所學，所學非所用，歧而爲二〔3〕，遂使吏詆儒爲迂闊。夫如是，雖使天下之人盡讀書尚虛文，而飾太平則可矣，望其治化之隆則未也。是其爲弊三。

古者文武出爲一途，有文事者必有武備。文以治國，武以捍難，猶之水火之性異而相爲用。故古者射、御並於六藝，而教之於學，所以使其嫻於武事，一有徵戰，人皆知兵，可以據鞍而從戎。今之武人率不知禮讓爲何物，儒者亦藐視武事，以爲非我所宜知，於是文武分爲二途，而士氣之頹靡愈不可救。是其爲弊四。

古者人專學一事，學成而仕，終身不易其任。故皋陶作士，益作虞，夔典樂，伯夷典禮，終始一官，不遷他職。是故其爲事專，而功莫

---

〔1〕爲，《四編》文章中爲"欲"。
〔2〕仕，《三編》文章中爲"出"，《四編》文章中爲"士"。
〔3〕歧而爲二，《三編》《四編》文章中均爲"仕、學歧而爲二"。

不成。漢儒治專門之學，伏生於《書》，申公於《詩》，二戴於《禮》，皆以畢生之力專治一經，故其爲説深微，非後世所及。今也不然。方其學也，兼習諸經，涉獵雜書，散漫無紀，或搜抉異聞，徒供談柄，故雖以十數年之學，而識見議論不加進。及其服官，今日治吏曹，明日移刑曹，未及熟其職事，則又轉而之他。夫今日典禮，而明日典刑，雖伯夷、皋陶胡能底其績？今日治《詩》，而明日治《書》，雖伏生、申公不能通其義。今者人材之壞正坐此。是其爲弊五。

今在上者，苟能留意於此，取士以德行道藝，則弊去其一。使儒通時務，吏知治道，則弊去其二。學其所仕，而行其所學，使悉其用〔1〕，則弊去其三。文武歸爲一途，儒知戰陣，將知仁義，則弊去其四。使士專治一經，專學一事，隨其材之成，官之終身，則弊去其五。五弊去而實材出，實材出而國勢不振者，未之有也。不然，學校之興廢，不關乎人材之盛衰，則其設徒爲具文，不深可惜哉！

31. 論試士以不搜檢爲得體〔2〕

今夫竊物者之入人家也，見而執之，必遍搜其身畔，察其究竟竊物與否。如已竊物，則即以所竊之物作爲贓，送諸有司而懲處焉。或且擅自敲打，私用非刑，其得邀寬縱者，蓋鮮矣。苟不得物，則雖見官，猶可以圖竊未成，曲求末減，官亦可以查無贓證，爲之從寬。若是乎同一物也，在彼固有則爲己物，在我竊來則爲贓物，明甚。夫如是，則執而搜之，使無所逃遯於其間，又孰曰不宜哉？然則凡係竊人之物以爲己物者，執而搜之可也，況有不特爲强求衣食計，並將爲弋取功名計。如考試場中之懷挾夾帶，相習成風，究其流弊，將使作僞者競趨於安閑，率真者徒務於勞苦。此種伎倆，較諸胠篋探囊者相去幾何矣。此而不嚴爲之防，惡乎可？故朝廷於試士一端極形慎重，以夾帶之弊未能盡除，不得已而行搜撿之舉。

此舉雖歲科鄉會均已視爲具文，而院試童場則猶甚爲嚴緊，豈

---

〔1〕 使悉其用，《三編》《四編》文章中均爲"使悉當其用"。
〔2〕 原載儲桂山編輯：《皇朝經世文續新編》卷一五《文學》。

不以童也者,他日由秀而舉,由舉而進士,而翰林,未可知也。即散而爲曹郎,爲守令,凡屬正途胥於此乎發軔,故必得真才實學而錄取之。惟魚目可以混珠,砥砆可以亂玉,欲得真才實學而錄取之,則意者非從嚴搜檢不可乎?夫然。推其用意,原亦無可厚非,而不知士以品爲貴,以行爲重,故有可殺不可辱之稱,而一切禮儀俱示優異。凡此皆所以養其廉恥,使爲表率於齊民也。蓋羞惡之心,固民之所同有。士實居四民之首,而童尤士之初基焉,則亦何可於爲國求賢、闢門籲俊時,令輿臺賤役探胸摸肚,裂冠毀裳,以盡情侮辱之乎?

且孔子不云乎:"道之以政,齊之以刑,民免而無恥;道之以德,齊之以禮,有恥且格。"孟子曰:"恥之於人大矣,爲機變之巧者,無所用恥焉。"今考童之於懷挾夾帶,百出其智而不窮,甚至有藏於袴間鞋底者,褻瀆聖賢之遺文,於斯爲極。幸而混過,以至幸而鈔着,則竊以爲得計。不幸敗露,輕則撻逐,重則枷示,悔之何及。此非所謂"機變之巧,無所用恥"者耶?然其所以致此者,則皆由畏避搜檢之一念來也。如不搜檢,則無所謂懷挾夾帶;無所謂懷挾夾帶,則此也坦坦,彼也閑閑。如秋闈之捆載相負而入,試觀所錄取者,其文初何嘗從抄襲來乎?闈場若彼之寬,而未始不可以得佳士,豈童場必應若是之嚴,始可以得佳士乎?恐亦徒趨之於無恥而已矣,抑無恥之事猶不止是已焉?

彼夫輿臺賤役,既奉學憲之指麾,鮮有不舞爪張牙、擅作威福者,於是考童中之黠者,則以利啖之,謂之買搜檢。此輩一經得賄,則任其渾身夾帶,蹣跚蹀躞,溜入號舍,不復加以拉扯。故在稍有資財者,多不惜此小費,然其如寒酸者何?夫使一人不夾帶,而人人亦不夾帶,則白戰不持寸鐵,自足以分優劣而別短長。乃有力者則暗許其夾帶,無力者則明焚其夾帶,將使真才實學,反因此而不能立見,偏私滋甚,上下相蒙,各屬皆然,恬不爲恥。此搜檢之一舉,不亦有名無實,而徒沮士氣,徒壞士習也哉?

觀夫我龍大宗師之於此舉,特垂寬典也。按前日報載蘇州試事,內有一則云,初七日,長、元、吳三縣童正場,有某童身藏鉛版書數十本，壅腫前行，正欲歸號，即被差役拖住，多方阻撓。該童既不能見機行事，又不肯聽其搜查，遂至扭稟宗師。宗師謂承差曰："鈔文者必不能做，能做者必不鈔文。此中棄取，本部院自有權衡，爾何必多事？"承差無可如何，只得揮之使去。噫！觀於此，而彌歎宗師之待士爲得體焉。蓋考試乃掄才大典，非同公庭對簿追比賊贓也。若必執而搜之，是以赴考之士子視同竊賊，而以聖賢之經籍視同贓物也。此宗師所以毅然決然破除其弊也。且"善鈔必不善做，善做必不屑鈔"，此二語尤爲洞燭無遺，然則宗師之卓識，迥乎其不可及矣，宜士論之翕然稱頌於弗諼哉！

32. 增設船政學堂論[1]

中國舟楫之利，或言肇自虞姁、工倕，或言起於貨狄、共鼓，要之，前聖人刳木爲舟，剡木爲楫，由來久矣。自三代、秦、漢以來，不能踰中國之外，勢使然也。若夫戈船樓櫓，雖經恢擴，其制度亦不過極乎閩廣而止，後世海船所涉獵，亦不過遠販至南洋各島而已。

自泰西人精通氣機之學，利建輪舟，而後乃能乘長風，破巨浪，遍行地球五大部洲。雖然輪舟不能自行，必求駕駛之人，而駕駛之道，非設船政學堂不爲功。泰西各國於書院之外，無不專設船政學堂，廣爲造就。其章程須先通數國語言文字，並嫺天文、地理、幾何、算學。其所教者，爲專講行船各法，自測量繪圖、防颶量星之外，更有數端。一爲遠涉洋海，渺茫爲涯岸之際，隨在可知經緯綫若干分數。一爲識各處海口、海道之淺深廣狹，及有無礁石之處。一爲在海陡遇大風，作何駕駛。一爲平時機器應若何操置得宜。此泰西船政學堂中之課程也。取拔後先爲副舵，升爲正舵，再升爲船主，全船之權操之。

通商以來，由李傅相奏明設立招商局，以往來各海口、長江。當三十年前，唐景星觀察曾建議，於各口設立船政學堂，後議未成而罷，是可慨也。目前商輪所用船主俱係洋人，倘一用華人，則西商即遏阻，因華人之不精熟也。方今國家鄭重海防，創海軍，兵輪鐵艦而僅

───────
〔1〕原載儲桂山編輯：《皇朝經世文續新編》卷一六《工藝》。

恃福建一處。船政學堂，以爲養育人才之地，實有不敷調遣之慮。今兵艦華人出身，皆本於此。誠能擇地增設船政學堂，詳譯西國章程，則將來人才既出，可以徐議更易，而不至求材異國矣。

33. 論日本工藝之精[1]

日本自維新以來，藝造之物價廉而料精，較西洋銷路尤爲廣遠。試約舉數端言之。

一如開礦。西人於金、鐵、煤等礦，莫不獲利。中國創辦，不得其人，往往虛縻鉅費。日人於開礦之學確有心得，故日本之鐵、煤運銷於中國者，爲數甚鉅。此擅利之一也。

一如煤氣燈。自泰西創行地火，於是曲室洞房皆可接管貫注，光明焜耀，如入不夜之城，惟價較昂。近日本有新法，每百盞每月僅收洋四元，將來行至各埠，西人之利必爲其所奪，而地火公司必得利也。此擅利之二也。

一如煤油。西人之油，華人雖樂用之，而每易肇禍。近日本以化學之法，提去煤油中猛烈之質，分別爲煤精。其已經提過之油性質平善，可保無從前之失，光明與未提者無殊。所提之精，又別有要用。此擅利之三也。

一如洋綿。洋紗質韌而縷長，中國每年進口價值一二千萬兩左右。日本則非惟不借資於西國，且廣種洋綿，取材宏富，其售入中國者亦不少。此擅利之四也。

一如輪船。中國兵輪、商輪多購之於外洋，日本則自行製造。或有向外洋定造者，則皆素所熟諳，其材料之精工與否，皆不能逃彼洞鑒之中。凡船主以逮火夫、水手，皆日人自爲之，不假手於外人。此擅利之五也。

一如鐵路公司。中國僅於山海關小試其端，良以煉鐵、造軌、築橋等事，皆須取資於外洋，又需洋人爲之領袖，費大而工鉅故也。日人自工師、工匠皆優爲之，而木料、鐵料亦取資於本國，凡應造鐵路之

---

[1] 原載儲桂山編輯：《皇朝經世文續新編》卷一六《工藝》。

處，皆已一律告竣。此擅利之六也。

34. 輪船速率考[1]

歐洲於十年前所行魚雷船，每點鐘只行二十海里，今已漸增至三十海里矣。鐵甲大船，憶從前僅行十四海里，今已增二十五海里矣。考其致此之故，全由精選極精之機器，加極大之火力。從前魚雷船船殼純用軟鋼，今則多改用半硬之鋼，以此較爲輕靈堅結。船殼既薄，分兩稍輕。船中雜件，從前亦皆用鋼，今則摻雜以鉛[2]，蓋鉛與鋼較計，每一立方生的之鉛，只重二格拉姆九十二，而每一立方生的之鋼，直至七格拉姆八也。船質既輕，駛行自捷。

欲講求漲力之大，考西人漢塞爾所著書謂，需用二法，始能加煤火之力及生發之熱氣。

一爲福斯屈蘭夫之法，以鍋房用相宜之門關閉，使天氣不得由其門而入，鍋爐所需天氣，由能轉動之風扇，將天氣從船面煽入鍋房。既入之後，鍋房内之天氣壓力，自比在船面之天氣壓力更大。所入之天氣欲從鍋房騰出，非經過爐墊不可，經過爐墊時，壓力較重，使爐内天氣頓加，爐内之煤遂發火，愈極發熱氣，水氣亦遂愈多也。

一爲應調斯屈蘭夫之法，則開鍋房放入天氣，將風扇放在煙筒根内，因風扇轉動不息，近煙筒之根，有幾分遂成無天氣之空處，轉動風扇，將爐内熱氣向上經過煙筒，與天氣一併驅出。如此一驅，使鍋房之氣經過爐墊，拉進煙筒，通至外面，一路騰出，較爲捷速也。

是則機器之質料不堅，難任運動之力；鍋房之熱氣不大，不能使漲力之頓增也明矣。

35. 印度茶產考[3]

鴉片一物始於印度，木棉亦始於印度。中國所爲大宗者，茶葉耳。現印度茶價廉而味美，華茶之利，盡爲印度所奪。

---

[1] 原載儲桂山編輯：《皇朝經世文續新編》卷一七《製造》。
[2] 鉛，疑爲"鋁"。
[3] 原載儲桂山編輯：《皇朝經世文續新編》卷一八《商務》。

印度之地，東有名阿珊者，北界西藏，南界印度，西界布丹，東界緬甸，向爲自主小國，今爲種茶之地。二年之前，有英畝九十五萬五千四百九十九畝，較三年前多五百三十英畝，較五年前多三萬三千畝，此未全種茶者也。其已種茶之地，有二十一萬六千六百七十六英畝，其中十八萬八千畝爲已熟之地，二萬八千三百四十七畝爲未熟之地。每畝出茶，以中數計之，約有三百八十六磅。一千八百九十二年，共出茶一萬二千七百六十七萬七千九百八十磅。

俄國向買華茶，現因運火油於印而回裝印度茶，而華茶遂阻其銷場。振興茶務者其勉之。

36. 整頓茶商議[1]

中國茶葉質味本佳，外國需用甚多，實爲出口土貨一大宗。近來茶市蕭條，茶商疲困，推原其故，皆由業茶者摘采不時，種制未善，攙雜不净，以致洋商看出，大則退盤，小則割價。今特議各條如左：

一、種茶宜培植也。紅茶之利，天時、地利、人功，不可缺一。種茶之土，冬宜將土鋤松，春宜掘開積潦，俾得發榮滋長，以憑采摘。

一、采茶宜趁早也。紅茶以葉小而嫩爲佳，上有白毛者尤佳。采時必趁穀雨以前，仍要天時晴和，太陽烘曬，色始光潤。

一、揀茶宜精細也。粗枝老葉，最宜揀盡。至於陳茶，尤不可摻和。洋商退盤，多由於此。

一、制茶關緊要也。宜用木桶團葉，使原汁仍歸茶身，必能味厚色濃，不得在地上揉蹈。如遇天陰，切不可用柴火烘，必須過性之炭烘後方無炭氣。

一、莊夥宜選老成也。開莊之鉅款，設用人不擇，必至誤事。焙師監視火候，尤爲要緊。

一、茶樣不宜假做也。白毫烏龍，茶師雖能制辦，而洋商獨具隻眼，宜從大堆取看，方貽公允。

一、茶箱不宜混雜也。江右產茶之區不一，義寧、鉛山等處爲

---

[1] 原載儲桂山編輯：《皇朝經世文續新編》卷一八《商務》。

最，販運者不得以魚目混珠，自取虧折。

一、茶箱宜用厚板也。板薄則易碎，况洋商過磅，以輕者爲憑，宜一概用厚板，則無少秤之説。每箱約五十斤，或四十八斤，務要劃一。

一、出箱宜防水濕也。裝運茶箱，沿途須慎。倘有水迹，則西人必傾箱出看，即使無妨，則價必受煞。至鉛箱裹面宜加厚紙，否則鉛質化入茶中，至傷人命。

一、匯款不宜輕借也。從前茶莊均係廣建客幫，迨漢皋開市之後，茶棧加放匯款，故每有赤手空拳亦借票開莊，非末路害人，即自行吃虧，彼此無益，不擇殷實者之〔1〕可借放。

以上十條，如果依法擇製精美，色味可以忻動洋商，何至有滯銷虧本之患也哉！

37. 人民繁則貿易盛説〔2〕

由來聖賢之論治道也，以富、庶二字爲兢兢。蓋富則必庶，庶則必富，富與庶實有相因之理焉。故貿易之場，皆聚繁盛之處，斷不於人煙寥落、三五成村之所，大開市肆於其間，所謂窮鄉僻壤者是也。然則欲圖富，當先圖庶。其所以求庶之法，中土不聞籌及，以無人見及乎此故也。

泰西則不然，不但本屬城鄉市集之所，無不歲增户口，日積月累，逐漸繁庶。如英吉利之倫敦一城，竟有居民四百餘萬口之多。法蘭西巴黎斯一城，亦有三百餘萬口之多。其他各國，亦皆有百餘萬、數十萬不等，鄉鎮之間，率皆如是。即在沿海所開之馬頭，其居民户口無不日漸繁多。即向無人迹之區，亦能使人擔簦負笈，繈負而來。緣其所歷之處，始則平治道途，廣開馬路，繼則建造屋宇，以庇客商。開鐵路，設邸舍，以便於陸；通輪船，設馬頭，以便於水。立自來水、自來火，皆爲人民所必需；立工部局、巡捕房，又爲地方之切要；闢園囿，種

---

〔1〕之，疑爲"不"。
〔2〕原載儲桂山編輯：《皇朝經世文續新編》卷一八《商務》。

三、載於晚清經世文編的文章

花木,立學堂,教子弟,務使人人視爲樂土之適。自然而然,人民皆願居於其土。人民既願居於其土,商賈自願出於其途;商賈既願出於其途,貿易自然日見其盛,此自是一定之理也。

中土專聽地運爲轉移,而不以人力闢地利,因循玩忽,千百餘年來非一日矣。乃目前既已窺見西國之盛,亦復欣慕西國之盛,而仍不能破除積弊,力挽頹風,此則謀國者之咎也。人但知近來某處地方之盛,關稅有加,釐金有益,萬商霧集,百貨雲屯,而不知皆由西商開成馬頭,通商互市,廣闢廛肆,招致遠人之所致。不觀凡不通商之口岸,其貿易皆遠不逮通商之口岸乎?而猶斤斤焉謂,某處不合開馬頭,某處不宜招互市。倘能自開自辦擴充貿易之途,原可不必借助他山,以利權讓諸外國。無如積習不能振興,在政府中人高談孔孟,其未堪以仁義之說啓發商賈一途,自亦無足深怪。然而聖門亦有貨殖之子貢,春秋亦有府海之夷吾,其人非不卓越千古。至於陶朱、猗頓之徒,皆後世所艷稱,而亦極深仰慕者也。無如不奉其教,不師其法,視貿易爲不關緊要之一途,鄙貿易爲無足重輕之一業。

今見泰西各國,國富兵强,亟思取法,以固吾圉,而不知强兵當先務富國,富國當[1]務通商。蓋彼深知讀書不足以生財,誦詩不能以徵稅,惟此貿易一道,可使庫藏豐盈,倉箱饒足。出其所積,以製器械,而器械日精矣;傾其所有,以養士卒,而士卒日勇矣。以此制敵,何敵不摧?以此攻城,何城不克?始也侵及鄰國,繼則侵及他洲,再繼則及於五大洲,甚且有遍及五大洲之外者,開疆拓土,爭地爭民,誠爲千古未開之局面。緣有土地乃可居民人,有民人乃可資貿易。

一國如是,諸國效之,我亞洲之日本亦效之。惟我中土不能效法,及他人之已入我疆圉,廣開馬頭,始悟利權爲人所奪,於此時而欲收回利權,夫亦談何容易?雖設有招商之局,火輪之船,以及織布紡紗、製造軍械等各局廠,然亦僅收及萬分之一耳。利既甚微,權更何有?徒貽他人之笑,曰中土生齒最繁,人民最多,而偏不能致貿易之盛。賴有彼國之輪船,而貿易始通;賴有彼國互市之馬頭,而貿易始

---

[1] 當,此字後疑漏一"先"字。

盛。其輪船不准至之處，及輪船雖經而無馬頭之處，則貿易依然寥落。

彼國能使無人民之處有人民，以馴至於貿易之盛，中土即有人民本繁之處，而貿易並不興隆，不亦異乎？然而人民繁多，貿易自然必盛，其理固確切無疑也。迨貿易盛而國用足，國用足而富强基之矣。

38.論整頓鹽法[1]

鹽爲天地自然之利。昔太公治齊，官山府海，齊遂以富。迨管敬仲相齊，因成規而擴充之，魚鹽之利由是而益溥。顧利之所在，即弊之所叢。苟無良法以維持之，則利之歸於國家者十之二三，利之歸於中飽者十之八七。國家有計利之名，而無計利之實，而中飽者轉得優游自在，坐致成千纍萬之富，蓋自鹽法壞而鹽利不可問矣。夫法制不能歷久而不敝，因時制宜者，所當斟酌變通，底於盡善而後已。若謂成法未可自我而改，新法未可自我而創，因循玩愒，坐視其遷流而不一爲補救，豈識時務者之所爲哉？

竊謂當今鹽法之所壞者，一由於官、私之界太明。富商大賈，承繳國課，認銷鹽引，捐輸有費，衙門有費，以及歲時饋送禮物，攤派雜項，莫不有費，如是者始謂之官鹽。且同一官鹽，而某省之鹽銷於某地，又有此疆彼界之分。此外小民私帶，無論多寡，概目之爲私鹽，悉數充公，甚至加倍科罰。民也何辜，受此塗毒？此則官、私之界太明所致也。

一由於官、私之界不明。商人承辦官鹽約分二類，其承銷引地者爲引商，其承辦場鹽者爲場商。然場竈所產之鹽，既不能悉數歸官，即不免旁溢側出而爲私鹽。官府雖保護鹽商，於銷引口岸則派大員爲之，督銷於往來關津，則撥師船爲之巡緝。辦理不可謂不密，查拿不可謂不嚴，然而私鹽悉未能絕跡，販鹽梟匪往往連檣結隊，乘風破浪，闖越關卡，如入無人之境。鹽捕巡丁，於小民攜帶則指爲偷漏，而

───────
〔1〕原載儲桂山編輯：《皇朝經世文續新編》卷一九《理財》。

三、載於晚清經世文編的文章

於大幫梟匪則不敢正眼相覷。即或鹵莽從事，槍炮齊施，刀矛互舉，血肉飛薄，兩有損傷，市肆因之震驚，商旅且爲裹足，究非地方之福。推其弊之所由來，在乎不能將私鹽化爲官鹽。待既爲私鹽，乃從而巡邏之，不探其本而齊其末，終無當於治理也。此則官、私之界不明所致也。

西國理財之法甚多，課鹽亦其一端也。其鹽有由他國運來者，有在海濱曬成者，有在鹽池及鹽嶺挖取者。其權課之法，或在經過關卡抽取課銀，視鹽斤之多少，分稅則之輕重；或在產鹽之處設立官局，當曬鹽時，由官頒給諭帖，俟其曬成精鹽，送交官局。印度馬大拉斯城官局定價，每鹽六十一斤半，發價銀四分五釐，復繳官局經費一錢五釐。至官局售於民間，則取價銀一兩一錢，除去原價及局費，餘銀悉歸國課。按印度課鹽法，從前亦甚敗壞，至近十年來，始漸行整頓，歸於完善。中國鹽法疲敝已極，若不及早整頓，竊恐上無以裕國課，下無以惠民生，徒使商人擁膏腴之產，盜賊有充斥之虞，此有心人所由深思熟慮，急欲爲當軸者借箸而籌也。

整頓之法有二。一則盡去官鹽、私鹽名目，但於經過關卡抽取稅釐。夫官、私之名目不除，則官憲之督銷，師船之巡緝，皆不能廢，其中耗費正復不少。且任緝私之職，未必盡得其人，難保不藉端生事，擾累民生，甚至怨聲載道，積忿難平，釀成爭鬥仇殺之案，往往而有。上之所利者有限，下之貽害者無窮。若改抽釐稅，除去官、私名目，既可免種種耗費，又可免種種擾累，於國課無損，而於民生有益，誠何憚而不爲乎？且鹽、米爲民生不可少之物，商人裝載米石，所過關卡，但抽釐金，無所謂官、私也。運鹽自宜一律辦理，庶有以昭公允而歸畫一。

一[1]則變商辦爲官辦，於產鹽之區設立官局。當場竈煮鹽時，令其先赴官局，請領諭帖，每家認出鹽若干，迨成鹽之後，悉數交至官局，由官局定價收取，不得私售於人。如有違者，一經察出，從重科罰，此後永不准煮鹽。官局收鹽之後，運赴各地，售於民間，除收價運

---

〔1〕一，原書無此字，疑漏，現在加上。

費外，悉充國庫。如此則上可以獲厚利，下可以免貽害，但不利於中飽之商耳。

由前之説，除去官、私名目，省卻無數浮費，一轉移間，上下已交受其益，行之亦甚易易。由後之説，悉數化私爲官，既無旁溢側出之虞，自不須巡邏稽查之力。惟改商辦爲官辦，要必預籌成本，此則尚待躊躇耳。歷來除大弊、興大利，非有大智慧、大力量者不能。苟有其人，豈非薄海蒼生之福哉！敢罄香祝之。

39. 書許河帥奏摺後[1]

黃河之患，自漢迄今，蔓延未已。國家歲費帑金巨萬，而從事河工者，卒未聞出一至計，建一良策，爲一勞永逸之謀。其所爲循分供職者，無非粉飾補苴耳。夫論治河至今日蓋亦難矣。

昔神禹治河，水由地中行。今則河身之高於地者日益甚，繼長增高，未有覆杯水於堂坳之上而不旁溢也。禹之治河，順水之性。今則河流屢經遷徙，既不能規復當日之故道，又不能使在地中行，將以何術以弭之？自古迄今，聖君賢相，關心河患，擘畫良規，見於奏牘載於國史者，不知幾千百萬言。即西域來遊者，亦嘗屢陳其説。或謂，宜於黃河之濱相擇隙地，挖數十方池，引河水灌其中，以旁達於支流小港。或謂宜挖河道，自西北至東南，以迄於海，所挖之道，務要深而且闊。或謂，河堤宜用四門町培築，蓋此物遇水益堅，久而不壞。凡上所云非不近理，而經費則難籌焉。

昨讀河帥奏摺，而不禁喟然曰，善哉！摺中所陳可幸者三端，而復懍之以懼，持之以恒，不以諉之天事，而以責之人事。旨哉言乎！世之以天事藉口者，皆不能盡人事者也。仙帥自擢任總河後，即能破除情面，力掃積習，不避謗怨，實事求是，設立河防局，激勵屬員，廣儲石料，險工未出，防範已周。惟於無事時多一綢繆，斯能於有事時少一叢挫。由此以觀，河患亦何嘗不可弭哉！要在實事求是耳，而治國平天下，又何獨不然。

---

[1] 原載儲桂山編輯：《皇朝經世文續新編》卷二〇《河工》。

40. 河工近論〔1〕

治河自古無善法。自神禹決排疏瀹而後,大都非避即障。避者,如商室之五遷,示之弱也;障者,如漢武之築宣房,塞瓠〔2〕子,示之強也。示之弱者,不能與河爭;示之強者,亦不能與河爭。蓋防川之說,伊古有之。所謂小決使導,不至爲害;大決所犯,其傷實多。嘗言自古迄今治水之良法止得一語,孟子所謂"水由地中行"是也,乃漢武以後,凡治河者,無不以漢武爲法。

至於今日,而黃河之水愈趨愈北。北方地近神京,直延畿輔,不幾幾乎貽患於君父也乎?然而此次永定河工,皇上不惜鉅款,博采羣言,將爲未雨綢繆之計。因飭沿河興工而可,特召許仙屏河帥晋京,委以重任,諭令與李傅相會同辦理,相度要工。仙帥遵旨勘量,因思積弊不可不除,人事不可不盡,謂培堤添埽,分水濬川,此皆從來修防之故轍,亦初無舍是而他求者,果能實力奉行,未必遂無寸效。李傅相既籌思補救不遺餘力,有時授以機宜,復責各路之保固河防局中司道各員,亦皆分任其職,各爲其勞,奮力經營,不辭辛苦,則將來大汛屆期,修守之方差有可恃,或不至如向來之財力均有不足。

至於盧溝建築石壩,此事工本最爲繁重,必求其能分水之勢,而不使奪溜,乃爲至要之策。是役也,則責成周玉山廉訪,以及候補道寶觀察,聞操勞者已有數月,終日親自監工,不時巡視,限以四月告成。大約即遇風雨,或稍有濡滯之處,而其竣工亦總可不出五月中旬。此壩一成,則上游殊有憑藉矣。

若夫兩岸之工程,則固不僅南上北下著名大險而已焉,近經大順廣道吳觀察,永定河道萬觀察,逐處查勘,其可危可慮者不下數十處,並有純沙無土之堤。目下要求保守,不得不概行培補。此事則辦理最爲不易,計增添秸料,必另購千數百垛之多,方足以敷添

---

〔1〕 原載儲桂山編輯:《皇朝經世文續新編》卷二〇《河工》。
〔2〕 瓠,疑爲"瓠"。

147

掃防險之用。向之料價，每垜不過銀三四十兩者，今則其價頓增一倍。委員四出，采買維艱，然又必趁大汛以前一概辦足，遲則恐不免貽誤要工。且又苦純沙無土之地，則堤岸一無可恃，必須掃外加掃，多壓膠土，乃可以濟事。而取用膠土，又遠在一二十里之外，車價夫工，所費不貲。

余前者屢言，河工進占，宜多用土而使之沈。蓋早聞北地河工用土甚少，其所進之占輕而易浮，土少則更易衝去，雖有如無，以致連年險工迭出，震及畿疆，時勞宵旰，殊爲非計。而況費帑如許之鉅，而到工者殊亦無幾。雖言官屢次言及，而此中積弊日積月累，非伊朝夕一旦而欲盡去其根株，誰則能之？河工之員，所冀者有大工，所患者在無事。有大工則可以染指，無所事則清俸無多。此等情形，此中弊竇，有不可以楮墨盡者。現在撙節占計，不肯浪擲金貲，凡應培補之工料，實需應添鉅款，又兼以工代撫，李傅相擬於籌款内支發，而保險尤爲急務，恐稍緩須臾，未免有誤要工。以故先事防維，隨時取用，實用實銷，一無支飾，此又辦理之實心任事也，而吳、萬二觀察，則尤爲先其所難。

至河之下游急應疏治，則亦逐段估計，刻日興工，用濬船多艘，使之裁灣取土。總其事者爲張觀察蓮方，正在試用之際，以何等之船合宜，即迅速製造何等之船。凡此工作，苟能各任所難，各趨所急，力圖保固，當可以無虞潰決矣。顧竊以爲，保固者固於一時，非一勞永逸之計也。許仙帥奉特旨勘估此工，而仙帥於永定河路實非向所熟悉，則亦惟就事論事，暫顧目前而已。

欲使河不北流，則必求洩其尾閭之法。說者以爲，北河之尾閭必在南洩之，則南方將爲澤國，而不知河本自有道，江淮河漢，皆河之道也。而九河故道，則大都在近津一帶地方，徒駭高津，猶存其名。倘能詳細察看，搜得故道，從而濬之，其有爲民間占爲田園廬舍者，則給以他地而使之遷。如山東辦理小清河之法，小清河之工既成，有來自齊魯者問之，皆云事實大妙，惟惜所開之河尚小，所容尚未宏，所洩尚未能大耳。若禹所疏之九河故道尋出而疏瀹之，以納水於軌，則不愧爲纘禹之緒，而北方之治河有更易於齊豫者矣。

148

三、載於晚清經世文編的文章

41. 治河探源說[1]

有先憂草堂主人造廬見訪曰："黃河之為害於中國，如此其鉅且久也，亦知所以治之者，固有一勞永逸之法否乎？"

余曰："言之者衆矣，而卒未得要也。"

主人曰："夫治河之法，至今日亦既窮矣。謂堤防為末務，其中實有勢不得不堤防者；謂疏瀹為本圖，其中又有勢不得專恃疏瀹者。譬之於醫，病緩治本，病急治標，治人然，治河何獨不然？不然，禹之決排疏瀹，皆治本之良法，步而武之，宜乎萬無一失，何用故為更張？如漢之王尊，晉之趙國樂，唐之蕭仿，後周之韓通，宋之李尊勗、陳堯佐、李若谷、宋道、張君平、陳執中、程昉，金之馬祺，元之賈魯，明之徐有功、白昂、劉大夏、潘希曾、朱衡、潘季馴，本朝之張鵬翮、裘日修、顧采、栗毓美、康基由諸公也哉！歷代河臣，更僕難數之數人者，皆當時名賢，懲前毖後，斟酌損益，或瀹或防，或分或聚，或徙或仍，畢力經營，切中當時利弊，所以元圭告成，載在當時簡册，於堤防既無缺憾，於疏瀹尤為盡心，允宜河患日漸消除，生民日漸富庶，何以至今決溢頻仍，生計蕭條？此其故可深長思矣。

"夫古今人不必不相及。今人機器之用，不過工程捷便，較勝古人一籌。至於堤防，宋李若谷用石版，陳堯佐用木龍，元太不華用鐵掃，甚至前法不能行，用種柳以使之堅固耐久，古人何嘗不竭其思慮？今日聞有議純用鐵石版之說，無論費之鉅否，地之宜否，要之與機器瀹河，皆不出古人範圍，欲求其久遠無患，不覆前轍，難矣。

"僕今人也，頗識古人用心之周密，故雖深知機器之便，終不敢以此薄古人。特念時勢至此，斷無任其山窮水盡之理。古人治法，既已盡善，茲有探原之法，河患庶乎有瘳。否則如醫之治病，但按病以配方，而未窮其病源，雖奏手而效，未必能保其愈於此者，不發於彼也。

"河之病源何在？在沙土而已。天下之水，惟黃河沙土最多，亦最輕，是以滾滾不息，名之曰黃水。水則何嘗黃哉？沙土為之也。沙

---

[1] 原載儲桂山編輯：《皇朝經世文續新編》卷二○《河工》。

土一日不澄清,則河患終古不得除。堤防之而沙土積,疏濬之而沙土仍積,分導之而沙土彌積,積久則溢,溢甚則決,此河患之病源實不外此。古人亦皆知之,而未曾道破者也。

"僕少賤不敏,凡事至前,必欲窮其所以然,且慮及其未然,預防其或不然,以期乎永無不然。間嘗於治河一事,留心講求。少隨先人入都,曾經其處,遍詢父老,又益考證前型,默繹有年,悟得其理。始知堤防之而積,患在宣泄無所也;疏濬之而積,患在人力不敵也;分導之而彌積,患在洗刷無力也。今欲除此數患,則必以清流澄沙爲要策。流清沙澄,則水常在地中行,河身無墊高之日,此後不必再勞堤防,亦不必再事疏濬,更宜於分導水利。水利遍於西北,水患免於齊、豫,何快如之!然清流澄沙,談何容易!非深明水性之强弱,河身之曲直淺深,地勢之土石高卑,沙土之動靜行止,又須詳明工程之緩急輕重,算極精微,思精象外,然後可以作而行,不僅坐而言也。

"僕數年前,曾擬有治河清流澄沙之法,用神在乎治病,而不僅在治病體。曾經呈之寶竹坡少宗伯,頗爲許可,即以商之京内鉅公。有先交二百里渾河試辦之議,只以事關重大,僕又位微名卑,禀命則難行,專命則不稱,以是卒不果用。今竹坡先生已歸道山,知己淪亡,鍾期安遇?因知吾子留心時務,用以奉告,子亦以爲可行否耶?"

余聞之,撫掌稱快不置。

42. 論法人擬攬河工事[1]

黄河載之《禹貢》"東過洛汭,至於大伾;北過降水,至於大陸;又北播爲九河,同爲逆河,入於海"者,其故道也。至周定王五年,河決宿胥,東徙漯川,此爲黄河大徙之始。自是以後,失禹故道,漸移而東,又折而東北,於是兖、豫各州有水患矣。

考黄河自星宿海踰昆侖,經積石,過臨洮,出龍門,抵潼關,而注於孟津,皆屬安瀾。迨過虎牢而奔豫、徐之境,乃不安故道,屢徙爲害者,其故有四。北土高燥而堅,南土卑濕而疏,一也。在北之時容納

---

[1] 原載儲桂山編輯:《皇朝經世文續新編》卷二〇《河工》。

猶少，至南則名川三百，支川三千，皆會於河，勢益宏大，下流不能容，二也。北有崇山疊嶂以爲之限，南則千里夷曠無一堤防，三也。水濁而多，泥沙易於停頓，積之又久，勢必旁嚙，四也。

禹以四載之勞，先疏其下流，使有所歸，後濬其上流，使有所殺，順以自然，而不與水爭，用能地平天成，告厥成功，終夏之世無水患。後世治河者，不能繼禹之績，專以堵塞爲能，不以疏鑿爲功，於是頻年修治，頻年衝決，以馴致今日之害，夫豈一朝一夕之故哉！

方今順、直等處十歲九災，總屬河流爲患。李傅相關心民瘼，以永定河水流飄忽，波濤浩瀚，既爲民生之大害，亦爲帑項之漏卮，年年蠲賑不下千百萬金，而被水災民，仍不免流離失所。苟非集成鉅資，籌一勞永逸之法，終不能登斯民於衽席。於是先後委吳贊成觀察，曾隨出使大臣充當參贊之陳君，及法人吉利豐等，查勘此河受病情形，以便修治。各員繪就河圖，擬議修守章程，稟復傅相。而法人吉利豐現擬包修此河，將河形繪圖貼說呈於傅相，並於去年臘月驅車入京，請法國駐京欽使轉告中國當道，俾獲無窮之益，而成百世之勳。其事雖尚待尉酌妥議，而傅相一念之仁，澤及蒼生，利被萬世，更能使外人效力，相與有成，蓋未嘗不爲直北生民額手慶也。

查燕京左環滄海，前帶河濟，諸水縈繞，天府之國。全省大川有六，而清濁二漳不與焉，曰滹沱，曰桑乾，曰灤河，曰白河，曰易水，曰衛水。滹沱、易水，並見《周禮》，所謂"其川滹沱，其浸淶、易"是也。而滹沱，一作惡池，又見載記。易水又見《國策》。桑乾，古之治水，見《漢書》。灤河，古之濡水。白河，即潞河，古之鮑邱水，並見《水經注》。衛水，見《禹貢》，所謂"恒、衛既從"，正冀州境也。諸水之中，桑乾最爲難治，上流曰桑乾，下流即永定河也。源出山西之天池，伏流至馬邑，溢出爲七泉，由宣府、雁門、雲中、應州，穿西山，自盧溝橋而注於西沽，其源最遠，其流獨渾，其性又復激蕩善從，故《元史》有"小黃河"之稱。自石景山而下，兩岸既無高山以束之，泥沙壅積，每有泛濫之虞。且全省之水，皆由淀以入海。滹沱之下游口子牙河，即《水經注》所云"右出爲滶，北爲漷口"者，實合正、順、廣、大四府之水，與永定併入於淀。欲治諸水，必先治永定之淤，使不入淀。淀淤，則子牙之挾畿南諸水，以入淀者無所容，而浸溢及於南運河。永定淤，則挾塞門諸水以入淀者亦無所容，而漫溢及於北運河。稍值陰霖，而京南州邑以溢潦告矣。由是而言，直省水利，豈非以治永定河爲當務之急哉？蓋三代以後，治水無善策，不過繕完故堤，增卑易薄，而司水之官，大抵乘其決以爲利，故河務益壞，而河患愈亟。

方今泰西大小各邦犬牙相錯，其中不少濱海、濱河之國，不聞有河決之患，豈其獨得治水之道耶？亦惟以疏鑿、堤防二者更相爲用，實事求是，不若中國專以堵塞爲功，且侵蝕款項，無俾實濟耳。況泰西挖泥則用機器，築堤則用鐵石，便捷堅固，遠勝中國。

今法人吉利豐承攬河工，將擬包修，當亦不出乎疏鑿、堤防二端，惟其設施功用，必有高出乎中國上者。國家集思廣益，凡泰西利國便民之事，若鐵路、電報、輪船、製造，莫不次第仿行，獨於治水之道，尚未參用西法，未始非美猶有憾之一端。今得傅相爲之籌畫，倡議興修，將見天下無不可爲之事，無不可成之功，一勞久佚，暫費永寧，失之東隅，收之桑榆，舉千百年以來不能革之害，旦夕而去之，使生民得永慶安瀾，溥樂利於無窮，則傅相之功，豈不偉哉！蓋不禁拭目以觀其成矣。

43. 西人治河節略[1]

昔年西國有數大河，浩瀚奔騰，未得濬治之法。西人之論者謂，五洲之中共有數大河，中國黃河亦居其一。西人治河之法，大率以澄水源、暢尾閭爲要議。又有在河旁多築堅堤數重，亙以橫堤，無水時常空其中，有水時則引水匯入，如方罝然，以時宣泄，水不能害，而農田乃大收其利。黃河發源崑崙，乃古史所載。聖祖仁皇帝曾遣侍衛遠赴西域，考察河源，其流忽伏忽見，忽盤旋，忽奔注，無一定之源可稽云。

44. 西國鐵路述略[2]

嘗考各國方興紀，其車路之制，凡有數種可略述也。

---

[1] 原載儲桂山編輯：《皇朝經世文續新編》卷二〇《河工》。
[2] 原載儲桂山編輯：《皇朝經世文續新編》卷二三《鐵路》。

三、載於晚清經世文編的文章

一爲地面路。創造之法，先審地面方位，方位既定，填治平坦，務須高低一律，不得稍有忝差。然後鋪設石子，橫置木梁，安鐵軌於上。其路宜直不宜曲，廬舍必須拆讓，墳墓必令遷移。山嶺橫亘於前，宜鑿洞；河港或阻於道，宜造橋。故築地面之路，第一要在勘道。若擇山河少處興工，雖有開鑿，費用定省。

一爲地中路。城市間人煙稠密，地價既貴，造路爲難。欲使往來，則須於地底十數丈深，開通隧道。英倫敦即用此法，於地底作路三，內一小圓，外一大圓，外又一大圓，而客貨往來，仍不敷用。又議廣開隧道，加築鐵軌八條，或縱或橫，四通八達，藉補圓徑之不足。

一爲海底路。海浪不平之處，造海底之路爲宜。法以大木梁連以鐵條而成大管，管之兩端，依傍兩岸，置於海中。水之中別作方船形之大木箱，箱中有大鐵鏈，浮設水面，牽挂鐵管。下又有大空箱，托住管底，管內鋪置鐵路，駛汽車異常安穩。英、法交界之海，相距約七十里，即用此法。

一爲橫空路。闤闠充盈，路途狹窄，欲造鐵路，苦無隙地，則以橫空之路爲宜。美國紐約城中已造之路，每越數十尺，設立大鐵柱一行，鐵梁、鐵條俱安置柱頂，高於地面十五尺至二十尺，令輪車在柱頂來往。汽車動八千磅，動輪徑三十寸，客車重一萬一千磅。停車之所，備螺絲綫形之大梯架，上下自如，可謂妙想天開矣。

一爲騰雲路。美國有一帶山名白山，中有一峯名華盛頓，山面甚險，難於上行。經人稟準公會，准開鐵路至山頂，由下而上，履險如夷。不過三年，工程已畢。今香港亦仿造此路於山中，專便遊人往來，可見西商心計之工無微不至。

一爲挂絲路。大凡開礦之處，則挂絲之路最宜。其法距數十尺立一鐵柱，用大鐵紐連絡柱頂。其車輪邊爲凹形，恰與鐵繩相配，車輪反在車之頂，而車於繩下行動，快捷逾恒，不但於開礦爲宜，即各口碼頭建此以達棧房，則貨物之上落便易良多。尤奇者，日本橫濱之海面燈塔，建此路通至岸中，無論風浪如何，安然無阻，是其利便可知矣。

凡此高下之路，式既各別，由路之式，考軌之式，則寬窄尤宜詳辨。其最寬者，爲倫敦至威耳士大四鐵軌，兩軌相距，計英度一七尺零四分寸之三，爲寬路之巨擘。最窄者，爲倫敦至北克羅，兩軌相距僅一尺六寸，未有小乎其度者矣。至各國常用之軌，總以英四尺八寸半爲衡，大此者有四尺九寸、四尺一寸半[1]之式，小此者有四尺二寸、三尺九寸之式，尚皆可用。若再過寬則縻費過鉅，過窄則傾覆堪虞，皆非所宜。今揆中華情勢，似以英度四尺八寸半爲宜。此式合英、法、義、比、荷、德、奧、丹、瑞、那美、普魯、埃及、卡那、大中亞、美利堅、好望角、威耳土[2]、麻力斯、加拉巴，皆用之。此外最窄者，惟阿洲之路三尺五寸，或二尺五寸，且有一路窄及二尺，但彼處貨物無多。中國地大物博，不能用也。

45. 辟以止辟論[3]

執筆人觀於昨報所紀，上海光棍張桂卿伏誅一事，而不禁深服呂鏡宇觀察之辟以止辟，爲得寬猛互濟之宜焉。

夫張桂卿誠惡棍也，迹其擄掠婦女，持刃詐財，結黨拜盟，橫行市肆，種種罪狀，皆在萬無可恕之例。顧歷任官吏，從無有聲其罪而置之重刑者，獨呂觀察蒞任未及月餘，即賞格高懸，嚴拿務獲，不辭勞怨，反復推求。迨已訊實口供，則抱牘而赴省垣，親自白諸大憲，幸大憲亦以除惡爲念，始得就地正法，懲一以儆其餘。是固觀察鋤暴安良之苦心，而亦足見惡人必底滅亡，暴戾恣睢，斷難持久，天道不爽，夫固確有明徵矣。

或疑張棍惟在鄉曲橫行耳，既未嘗越貨殺人，亦未見劫財縱火，於此而竟使其身首異處，則彼綠林暴客，肝人之肉，劫人之財，嘯聚江湖，接納亡命者，將以何等刑法處之？則正告之曰，子豈未讀《大清律例》乎？

謹案《大清律例》，凡恐嚇取人財者，計贓准竊盜論加一等。綽號

---

[1] 四尺一寸半，疑爲"四尺九寸半"，或"五尺一寸半"。
[2] 威耳土，疑爲"威耳士"。
[3] 原載儲桂山編輯：《皇朝經世文續新編》卷二五《刑律》。此文亦載《申報》1897年1月18日第1版。

154

棍徒，如係屢次行凶滋事者，即照棍徒擾害例，發邊遠足四千里安置。威力制縛人，及於私家拷打者，杖八十。凡異姓人聚衆至四十人以上，序齒結拜兄弟，無歃血焚表事情者，爲首者絞監候。

今張棍之强指鄔阿桂誘拐婦女兩次，詐去洋銀，即恐嚇取人財也，其罪一。去年七月因分遺産，與趙雲林口角，糾令多人將趙凶毆。與鄰里一言不合，即聲言欲挖去雙睛。高坐茶肆中，羽黨兩旁站立，喝令行刑，即綽號棍徒，屢次行凶滋事也，其罪二。徐炳咸之子，被張棍羽黨陳子山弔於柿樹，恣意凶毆，即威力制縛人，及於私家拷打也，其罪三。糾合八十個黨，及七十個黨，以藍辮綫爲記號，借屋開筵，拜盟結義，即異姓結爲兄弟，聚衆至四十人以上也，其罪四。既已犯此四罪，即使盡法懲治，在張棍當亦俯首無詞。

然所犯者，惟杖責軍流，極而至於絞決而已，照此辦理，似猶未足以蔽張棍之辜。其所以至於斬立決，而不稍寬容者，實由强搶蔣銀大一案。按之《律例》，聚衆夥謀，搶奪路行婦女，或賣，或自爲妻妾奴婢，及被姦污者，審實爲首者斬立決。情罪重大，實在光棍，亦斬立決。今者張之行事實與光棍無殊。而蔣銀大即顧蔣氏，固已嫁與顧松泉矣，及由絲廠放工而出，突被張棍硬行拉入，搣住强姦，非已被姦污乎？洎乎本年二月，銀大方在場上揀花，驀被張棍强搶而去，藏諸密室，迫令同宿，非自爲妻妾乎？當强搶時，糾合二三十人同往，非聚衆夥謀搶奪乎？按之例，而疑義全無；核其情，而甚於强盜。然則立時正法，固屬罪所應得，無一毫冤枉於其間。況又私藏軍火洋槍，犯近年奏定新章立決梟示之罪乎？

我因慨上海之匪棍日多，而治之萬不可稍存姑息也。回憶咸豐時，潘小禁子之禍，始亦惟聯盟結黨，爲暴市廛，既而羽翼漸成，反萌微露，官斯土者，已禽而治之矣。只以一念之仁，僅折其脛，而未制其命，遂致既出囹圄，即揭竿斬木，戕官據城，幾費經營，始克底定。今兹張棍，僅一鄉曲無賴子，而恃强不法，竟能糾黨至百餘人，爲患於楊樹浦一帶地方，致令婦女不敢出門行走。若不及早殲滅，我恐黨徒漸衆，其害將有不忍言者。

然則呂觀察之果斷精明，爲民除害，誠滔滔宦海中所謂寡二少雙之彥哉！《書》曰"辟以止辟"，不禁斷章取義，爲觀察頌之。至於餘黨賣糖阿大、陳見山等人若何懲辦，諒劉康侯觀察既縮道篆，亦必能折中至當，無枉無私。惟是目前尚未讞成，日報中例不得先參議論。所望張棍既正其罪之後，凡類於張棍者咸懾於刑法，自知革面洗心，庶幾棘地荊天悉化而爲康莊坦道。呂觀察聞之，殆亦爲之喜而不寐歟？

46. 中西教養得失論[1]

竊嘗默計中國教養之道，不及泰西者蓋有數端，試爲臚舉而詳陳之。

泰西各國於民間讀書之事，皆國家代爲經理，教法之次序，程課之淺深，皆國家所定。即民間自立學塾，其課程、教法亦不能外此。所設公學，不分貧富，一律入學。富者按歲酌捐經費，貧者免取脩脯，富不矜，貧不恥，爲師者亦無分畛域，一律教授，故貧者得以自奮，而廢學者寡。中國於民間讀書之事，國家初不與聞，黌宮學院，蒿萊滿庭，教諭訓導，幾同虛設。雖然義塾之名，以加惠寒畯，然通都大邑或有一二，遐陬僻壤則並此而無之。且規模狹隘，教法淺陋，貧人子弟發跡於義塾者，千萬而不得一二，徒具虛名，毫無實濟。故中國廢學者多，而貧人子弟，其賢者，以不才終，老死無聞，以梗楠而等諸樗櫟。不肖者，放逸怠惰，蕩檢踰閑，循而至於作姦犯科者，指不勝屈，皆由無以端其始基，善其蒙養故也。此中國不及泰西者一也。

泰西於初學之際，即教以國史地志，及一切有用之書，由淺而深，由略而詳，由本國而外國，故於國家政事，大沿革，大典章，率人人知之，以其童而習之，素取誦習者然也。此外凡算學、化學、格致學，及一切學問，皆因材施教，不一其格。上以類爲招，下以類爲應，故多博雅淹通之士，而專門名家者亦復不少。中國不然，所以取士者，止有科舉一途；所以爲科舉者，止有時文一途。雖豪傑之士，具不世出之才，非是則無以自致於青雲之上。讀書子弟，句讀稍明，文理稍通，父若兄即使從事於帖括之學，與天文、地理、格致、曆算一切有用之學，

---

[1] 原載儲桂山編輯：《皇朝經世文續新編》卷二六《育才》。

三、載於晚清經世文編的文章

皆屏之使不得見,秘之使不得聞,務以一其趨而專心其心志,於時文、試帖、小楷外,絕無他長足取。既非博古,又昧通今。夫一物不知,儒者之恥。聖門高弟,皆身通六藝,士之爲士,未有若今之空疏無補者也。此中國不及泰西者二也。

泰西各國皆有藏書館,異帙奇編,搜羅富有,琅函秘笈,比於天祿石渠之富。人民之讀書者,皆得入館披覽,晨聚暮散,各有定時。若德都藏書館,印本九十萬册,鈔本一萬五千册。奧國藏書館,印本三萬册,鈔本五千册。比利時藏書館,刻本十三萬三千四百册,鈔本一千二百册。英國敖斯佛大書院,藏書四十萬部。此皆一鄉一邑言之,其通都大邑設館以庋者,所在多有,書籍之繁富,汗牛充棟,不能殫述。蓋知讀書之家,必不能兼備衆籍,而在貧士,力有未逮,尤不能廣爲購置,故設館聚書,公之大衆,欲其兼收博覽,增長學問,法良意美,無逾於此,所以加惠士子者,其效無窮。中國儒生,自日所誦習之外,每多未見之書。貧士之無力購置者,詢以稍僻之書,非惟目所未睹,抑或耳所未聞。富者書多,束之高閣,徒飽蠹魚之侵蝕,而子弟未必能從事於斯。故富者苦於有書而不能讀,貧者苦於欲讀而不得書。此中國不及泰西者三也。

泰西各國皆有博物院,每多數千年以前、數萬里以外之物,舉天地間所有羽毛鱗介,草木蔬果,山川之菁英,淵叢之怪異,博物志所不及載,博古圖所不及辨,無不類列羣分,星羅棋布,各呈其本然體質。此外,新奇製造,中外書籍圖畫,無不廣爲搜羅,包含萬象,囊括古今。西國之所以創此院者,非以游目逞懷,供玩好而已也,蓋於游觀之中,而寓學問之意焉。世人限於方域,阻於時代,足迹不[1]遍歷五洲,見聞不能追及千古。儒者雖讀書稽古,往往知有是名,而不知有是物,故皆備於一堂,以供其賞識。中國絕無此等制度,雖《山海》名經,《爾雅》釋詁,然或涉虛無,或沿謬誤,無人爲之溯厥淵源,辨其真贗,明其是非。故鳥獸草木之多識,華人不若西人之精博,職是故也。此中國不及泰西者四也。

---

[1] 不,此字後面疑漏一"能"字。

然此亦僅言其大略而已矣。

47. 自強策一[1]

中國之所以不能自強者，以習氣中之成見拘之，故雖日日言自強，而終不見自強之實效。昔曾劼剛襲侯嘗作《中國先睡後醒論》，爲中國解嘲，忠君愛國，固應如是。自法越事定，未嘗不爲懲前毖後計，增炮壘，購兵艦，造新械，冀自立於不敗之地，然不改因循粉飾之習，問其名則燦然畢具，考其實則一無足恃。我方昏然尚在夢中，而他人之覘覦其旁者，早已疾起而驚之使覺。嗚呼！使襲侯尚在，亦豈料爲禍之烈竟至此哉！方今議戰議和尚無定局，然爲中國長久計，不得不致意於自強，試略言之。

一曰撤釐卡，以杜中飽也。

設卡抽釐，原爲粵寇擾亂，軍餉無出，不得已而爲此權宜之計。當開辦時，本約俟軍務敉平，即行裁撤。迨軍務既平，當軸者以經費所出因巡不撤。近年以來，屢經內外臣工上章請撤，大都始有酌量裁併之議，飭各省遵行。部文頒後，各省只裁併一二處，餘則以察看情形，實在未能裁併爲詞，奏報紛然，局卡則仍煌然也。

聽鼓者每以局卡爲優差，下至司事、巡丁，無不一鼻孔出氣，朋比分肥，大率歸公帑者十之二三，入私囊者十之七八。釐卡之設，本以籌餉，軍務既平，則兼供他項經費，於名爲不正。夫抽釐以裕國用，果使涓滴歸公，在商人出此釐律，以食毛踐土之義，誰敢有怨言？乃各處釐卡，每遇商船捆載貨物，得錢賣放，而於鄉民之攜斗布[2]疋布者，則指爲漏私，任意扣留。商船之未洋[3]陋規者，或且以少報多，故意挑剔，截留船隻，使不得行。迨商人設法彌縫，將船貨領回，則已擔誤數日矣。

故釐卡之設，不利於國，不利於商，但利於中飽之蠹。欲爲掃除積弊計，莫若歸海關辦理稅釐，併徵從前洋藥進口稅釐，□徵而偷漏

---

[1] 原載儲桂山編輯：《皇朝經世文續新編》卷三〇《變法》。
[2] 布，疑爲"米"。
[3] 洋，疑爲"詳"。

三、載於晚清經世文編的文章

者多，後改併徵收數，遂有起色。若裁撤釐卡，而歸各海關辦理，核實徵收，一掃向日釐卡之弊，則國與商自交受其益矣。

一曰精製造，以資禦侮也。

製造一門，以格致為樞紐，而格致又以算學為始基。西國製船造械，名廠林立。往時學工藝者擇師而從之，然弟子之本領終不能及師。非師之有靳而不盡傳授也，亦非徒之聰穎不及師而每況愈下也，所以然者，未嘗探源於算學，研精於格致，故未能獨闢靈機，自標新制也。迨設工藝學堂，選聰穎子弟肄業其中，務為探本窮源之學，於是心思愈用而愈明，製造愈變而愈精。近年以來，西國各廠船雷槍炮之製，日異月新，大非往時可比，蓋其致力於工藝者深也。

中國未嘗不致意於船雷槍炮，然購諸外洋者，經辦之人得以上下其手，甚至出重價而購窳物。各省所設製造船政等局，爐火通明，機聲震耳，每歲費用金貲不可以數計，然製造槍炮兵船，皆不及外洋各廠之迅速，製成之物，又不及外洋各廠之新而且精當。承平無事時，局廠工作未嘗暫停，一旦邊烽告警，召募紛紜，則輒以軍械不敷分派為慮，或有槍炮而無子藥，或以多年朽窳之物搪塞充數，最易僨事。夫自二十年來，經營締造，費財無算，宜若可以有備無患矣。及戰事既興，仍抱憾於軍械之不足，雖百喙亦何以自解！推其致此之由，蓋因總辦局務者，未能洞明製造之法。即有一二粗窺門徑，既未嘗用真實工夫，亦終無由得其要領。

欲為整頓局廠計，必先設立工藝學堂，選各省聰穎子弟，延西人之精於格致、算學者，為之教授。俟其研究有得，然後派至各局廠，仍由西人為之督率，以資歷練。歷練既久，然後量能器使，次第升遷，不特可為工人領袖，即總辦局務亦宜取材於此。其人既深得此中奧突，則於製造之合法與否，工作之勤惰與否，若何而別創新法，若何而可改舊式，自能燭照數計，瞭然於心。

似此辦理，庶幾上下一心，規模日闢。以目前之每局僅延數西人督率工匠，遇有建白格於總辦，未獲見諸施行，其得失豈可以道里計哉！況西人之受聘於我者，未必皆出類拔萃之人，遂致出械遲而糜費鉅。每製一槍一炮，其制不及西國之新，而其價目較西國為貴，殊不合算。故欲爲自强計，非設工藝學堂不可，然必俟十年之後，始有成效可睹。若欲爲目前救急計，則宜多延熟精製造之西人，在局督理，勿以掣肘而遏真才，勿以濫竽而糜廩禄，則於製造一事，自漸有起色矣。

48. 自强策二〔1〕

一曰練新兵，以資禦侮也。

國之所藉以立者在兵，兵不足恃，將何以禦外侮？中國古時文武並重，漢唐以後一變而爲重文輕武，遂致邊患頻興，疆隅不固。我朝以武功取天下，遠過前代。承平既久，不事兵革，遂亦有重文輕武之風。夫轉移風氣，權操自上，上不重武，則凡隷名軍籍者，誰肯出死力以報國耶？誠以重武爲之，倡優給口糧，予以進身之路，使奇才異能之士得以脱穎而出，則人且皆以當兵爲榮。

以中國二十三行省之廣，大省須有兵七八萬，小省五六萬、三四萬不等。平時倩西員精心指授，教以放槍施炮、布陣應敵之法。西人之論，每謂中國之兵，身材雄壯，質性馴良，苟得韜略素嫺、恩威並濟之將領以統之，不難所向有功。顧與日本開戰以來，喪師失地，覆轍相尋，此非兵之不可用，其弊在於倉卒招募，兵非素練，爲將者又畏葸無能，遂致未警先逃，望風已潰。即平日常備之兵，雖已豢養數十年，然晏安日久，沈溺於煙酒賭博中，不復以操練爲事。偶爾應操，亦不過奉行故事，槍炮之中的與否，陣法之合式與否，不暇計也。爲將者於空額之外，復任意克扣餉糈，以供揮霍之用，各兵雖飲恨於心，然無如何也。幸而烽燧不驚，得以苟安無事，一旦調之遠出，則皆有離心而無鬥志。軍令既有所不行，國法亦有所不顧，奔潰之餘，甚且肆行擄掠，貽害良民。嗚呼！有兵如此，不特無益，而且有害矣。

故欲期兵之可用，非倩熟諳兵法之西員訓練於平時不可。西員之建功於中國者，如華爾，如戈登，掃蕩髮逆，功勛爛焉。水師西員如琅威理，才識明敏，任事忠誠，卒爲他人所忌嫉，中以讒言，拂衣而去，

---

〔1〕原載儲桂山編輯：《皇朝經世文續新編》卷三〇《變法》。

三、載於晚清經世文編的文章

此有志之士所由扼腕興嗟也。將欲整頓水、陸兩軍，必先多聘西員，分起教練，勿以文法掣其肘，勿以中輟隳其功，數年之後，必有成效可睹。再築鐵路，以利運載，則數十萬之師不崇朝而可集。

若欲爲儲備將才計，則宜於各省增設水師武備學堂，延西國名人悉心教授，俟其學業有成，復派至外洋遊歷，以資參考，而廣聞見。洎回國以後，派至各軍，量材器使，果能勤奮有爲，則由末弁次第超擢，將來可爲一軍之統領。復能卓著奇勳，日進不已，將來更可爲各軍之統領。有智勇之將，而後用兵如神；有精練之兵，而後干城可恃。以此圖功，何功不成？夫何外侮之足畏？

一曰重商、工，以裕利源也。

苟無工以製造，則萬寶何由而成器？苟無商以營運，則百貨奚自而流通？有商，而工之所製，乃可暢行無滯；有工，而商之所取，自能運用不窮。故致富之術，必以商、工二者爲樞紐。西國之所以富者，由於重視商、工。

國家既藉商力以裕度支，則其待商不得不厚，保商不得不周。商之貿易他國，設領事以護之，駐兵船以衛之。如遇交涉事件，必爲之竭力維持，悉心調護，而後商之氣得伸，商之利可保。國中如遇開礦築路，濬河墾荒，設銀行，置郵船，既合眾商之力而爲一，無論或入官股，或不入官股，國家必盡力保護，以助其成。若有戰事，則商皆急公奉上，爭出貲財，以貸於國，藉佐軍需。是以商富而國無不強。

至於工則尤多以曲藝名其家者，各處廣開藝學院，招聰穎子弟肄業其中，探其源於算學、格致，自能別啟新機，獨創奇制，造成後上之政府，泐以工名。如政府驗明，果有實用，即給文憑，准其專利若干年。故名師巧匠，無不潛心研究，冀興美利，而享盛名。工藝既精，然後地無棄寶，物無棄材。工藝精，而商務益盛，此二者固有相爲表裏之勢也。

中國古時，重農而賤商，近來雖稍稍重商，然於商人之盈虧利鈍，漠不關心。國家如有要需，向商人勸捐，商人必多方推諉，鮮有踴躍報效者。此由於視商務不重，故商之於國，若有膜視之心也。欲重商務，必設商務大臣，總挈綱領。每歲綜核情形，某貨暢銷，某貨減色，某貨宜舍舊而圖新，某貨宜移東而就西，指示各商，使知趨避，乃能發無不中，坐握奇贏之券。中國不乏富商，然其力渙而不聚，故未能大有作爲。宜仿西國公司之法，每創一業，招人集股，合羣力以成，長袖善舞，多財善賈，何患美利之不能操券哉！國家尤必曲爲愛護，竭力維持，庶商力紓而商路闢矣。

欲興工藝，不外乎多設學塾，倩西國名手教授生徒，選子弟之聰穎者，就其性之所近，使之各專一藝。他時學業有成，有能創造新物可裨實用者，給以執照，榮以頭銜，名利兩得，有志之士，孰不聞風興起？以中國物產之多，苟致力於工藝，則所以利用便民者，獲益自必不少，何致坐視洋貨之進口日益增多，而徒鰓鰓然憂漏巵之莫塞哉！

49. 自强策三[1]

一曰廣游歷，以開智識也。

中國與泰西諸國立約通商五十餘年，時局既變，風氣不得不因之而變。然朝野上下之間，墨守成見，牢不可破，以洋務爲不足道者，比比皆是。即有一二傑出者，知成法之不可泥，故步之不可封，將欲幡然變計，以收捨短從長、棄舊圖新之效，而一士之諤諤，終不敵盈廷之諾諾。雖有良法美意，終於扞格而難行。

溯自通商以來辦理交涉，西人事事獲益，中國事事吃虧，此非西人之蔑視我而狎侮我也，蓋由於我之辦理不善，有以授人之口實，彼遂因而挾持其短長。就外省而論，南、北兩洋，既以總督兼通商大臣，遇有交涉，得以就近籌商。總督職分較尊，則設洋務局，選熟悉洋務之員充之。各省海關道，尤以能識洋情，老成練達，方能勝任，而關道亦必以熟悉洋務之員爲耳目。如遇重大交涉，則由關道上之總督，由總督上之樞廷，文牘往還，非積以時日不能遽了。蓋中國之辦事，每以"擔遲不擔錯"一語橫梗於胸中，即使極易了結之事，而一出以盈廷聚訟，則道旁築室，三年不成，欲期事之速了難矣。

---

[1] 原載儲桂山編輯：《皇朝經世文續新編》卷三〇《變法》。

三、載於晚清經世文編的文章

西人之辦事直捷了當。我苟識彼性情，洞中肯綮，不難以一二語了之，乃彼方期於速了，而我偏故意遲延，純以搪塞延約為事。西人至此，忍無可忍，待無可待，不得已而怵以危詞，甚至以兵威相恫嚇，於是當事者張惶失措，向之所靳而弗予者，至此有所忌憚，雖加利奉償而不惜。西人知其然，故與中國辦理交涉，不復拘於常格，而中國遂着着落後，事事受虧。推原致此之由，豈不以報政諸臣，高談皇古，以西法為不足污我齒頰。即偶有一二卓傑之才，心知其非，然齊傅楚咻，勢必不敵，亦終不能有所建白，坐使交涉之事，人享其利，我受其害。此有識之士所以扼腕咨嗟，而不能自已也。

夫風氣轉移，操之自上，將欲洞悉外情，宜選王公子弟之聰穎者，赴外洋遊歷，與彼國名公鉅卿，往還贈答，察其政治，考其得失，而強兵富國之事，凡可以資借鏡者，無不詳閱而博考之。期以數年，遊歷既遍，然後束裝回國，入秉鈞衡，出膺疆寄，必能本平日之所考驗，播為經猷，從此上行下效。凡承流宣化者，自無不力掃舊習，動合機宜，辦理交涉，綽有餘裕，何致為外人所蔑視哉！

一曰嚴考察，以儆官邪也。

夫國之所與立者惟民，苟無民，何有國？堂廉高遠，雖有德音，未能家喻而戶曉，則設官以治之。漢宣帝嘗曰："與我共治天下者，其惟良二千石乎？"近世親民之官，莫如牧令。臨其上者，雖有府、道、藩、臬、督、撫，不過總其成而已。國家既以牧令為親民之官，而委之以一邑之事，則凡身為牧令者，應如何顧名思義，孜孜以培植民生為事。民不能自養，則導以蠶桑之術，樹藝之方，紡織之工，畜牧之法，務使小民終歲勤叩，不徒自食其力，且可養贍其家。倉廩實而知禮義，衣食足而知廉恥，此道得焉耳。民不能自教，則廣設學塾，訓以立身之義，處世之型，務使勉為良善，不流於僻邪之一途。其有犯法者，則設遷善改過所以禁之，教以工藝，嚴以課程，以所製之物售諸市肆，所得價值，以大半充作公費，其餘俟期滿釋放給予本人，俾作營生資本。彼既知營生之術，自有餬口之資，則莠民亦變而為良民，又何致乞丐流離於廛市，盜賊充斥於通衢哉！如是以為牧令，庶不愧司牧之職。

今之爲牧令者,吾知之矣。平日隨班聽鼓,盼望得一差,署一缺,幾若登天之難,於是百計鑽營,多方謀幹。幸而得之,則揚揚自得,以爲大丈夫得意之秋也。民有脂膏盡吸之,民有財產盡取之,向之因鑽營而傾其貲者,至此竟取償於一旦,且更增倍蓰什百之利,但使國賦無虧,盜案不出。轉瞬三年任滿,同僚爲之延譽,上游重其才能,居然列上上考,而不知一官之囊橐已充,萬姓之生計盡絕。無怪乎騶從尚未出境,而男啼女哭之聲已接跡於四郊,幾令輿中人掩耳疾走,去之惟恐不速也。牧令如此,不知與民有何深仇夙怨,不遂其生,而反戕其生也？若不設法嚴懲,何以儆官邪而奠民生？

　　宜設觀風整俗,使一員微服巡行,每至一處,即與鄉父老共話桑麻,訪問疾苦,民生之休戚若何,官府之政令若何,一一默識而薄錄之,密上封章,分別黜陟,旨由中出,疆吏不及阻,請托不及施。如是貪官污吏咸怵然,於雷霆之威未可觸犯,相與斂氣屏息,而循良之吏實心爲民,亦得乘時自效。

　　吏治純則民生奠,民生奠則國本固,衆志成城,可以禦外侮,可以靖內變,豈非一舉而數善備哉！

50. 自強策四[1]

　　一曰興學校,以儲人才也。

　　雖有美玉,不琢無以成器；雖有美質,不教奚以成才？在下者不能自爲教,則必賴在上之人爲之發蒙而振聵。華人之心思才力,本不亞於西人,而任事之才每不如西人者,良由教育人才之不得其道也。

　　各州縣雖有學舍,考取博士弟子員,執贄廣文先生之門,然有其名而無其實,師之與弟,如秦、越人之相視,漠不相關。書院之設,亦無非奉行故事,徒以膏獎歆動諸生童,蓋教術之不講也久矣。況所習非所用,所用非所習,合一國之智愚賢否,而終身沈溺於其中,此人才之所以不出也。時至今日,五洲萬國,通道往來,視重瀛若庭戶,他國皆講求新學,惟日孜孜,得成富強之業,而我猶墨守成法,以洋務爲不

―――――

[1] 原載儲桂山編輯：《皇朝經世文續新編》卷三〇《變法》。

三、載於晚清經世文編的文章

足談,新學爲不足法,因循坐誤,簡陋自安,無怪乎外侮迭乘,國威不振也。

將欲教育人才,以備異日任事之用,不得不盡改舊習,采用西法。省會設大學院,郡邑設小學院,延西國名師以教之。下令民間,生男七歲,必令入院讀書。其質之稚魯者,略解書數,可爲一生衣食之計,則失業者必少;質之聰穎者,教以天算、輿地、光學、電學、重學、汽學、礦學、兵學、農學、商學,由小書院入升大書院,月有課,歲有程,視其用力之勤惰,造詣之淺深,以定去取。列上考者,資以廩祿,榮以官秩,俾得展所長,以爲國家任事,精一業者,終身任職,次第推升,不復役以他事。如習天算者,不強以輿地之事;任陸將者,不強以水師之事也。責任既專,事功乃著。

中國教育人才既無專門,任用人才不拘一格,任吏部者,可調兵部、刑部、禮部、工部、戶部。人之才力有限,豈能事事精通?惟有虛與委蛇,任胥吏之舞弊而已。要之,造就人才,貴有專門,專則所造必精;簡任羣僚,貴有專責,專則克盡其長。苟能如是整頓,而人才有不蒸蒸日上者,吾不信也。

書院之外,更宜廣興學會,萃名流碩彥,往復討論。凡於利國利民之事,務闢新機,恥封固步。此亦庸人之寶筏,覺世之金針也。西國名儒之居於滬上者,如艾約瑟、林樂知、慕維廉、李提摩太諸君,深有慨於中國風氣未開,遂有廣學會之舉,敷陳剴切,具見救世婆心。彼以西國名儒,而爲我中國代謀如此其周,然則當事者,可不自爲之謀,奮然以興,躍然以起,而急以教育人才爲先務耶?

一曰闢地利,以資挹注也。

中國礦產之多,甲於他處,惜不盡開采,遂致棄利於地,良堪惋惜。間有開采而收成效者,僅開平煤礦,然所出之煤,以運道艱滯,未能暢銷各處。湖北大冶等處,開采煤鐵已立始基,此後當以精心注之,以大力持之,庶使自然之美利,不致終棄於地。近年製造局所需造船鑄炮之鐵,及所用之煤,又兵、商各輪所用之煤,仍有購之他國者。夫我本有自然之利,徒以不盡開采之故,致需用煤鐵仍購之他國,豈非因陋就簡之所致耶?英國所以能擅富強之業,半恃煤鐵之

165

多。中國礦產不少,而甘任其終於廢棄,此誠不可解者也。十年前礦局林立,大抵官督商辦,然爲總辦者,無一不侵吞商股,任意嫖賭。甚有身未嘗一履山地,而詭言已見礦苗幾處,某處礦質甚佳,實則僅於山中拾蓋蓬廠一二處。至於礦苗之有否,礦質之佳否,固未嘗詳勘而細驗之也。久之,則礦局扃門,總辦匿迹,衆商所出股盡付東流。此則設局以騙財耳,非設局以開礦也。此時中國若欲開礦,商股斷不能集,計惟有由官開辦,延著名礦師,先擇一二處試辦,俟有成效,然後次第擴充,則地利盡闢,而財不外溢矣。

至於建造鐵路利國利民之事,尤非一端所能盡,而其最有裨益者,則爲開闢商路,轉輸兵餉。中國内地土產不少,其運至通商口岸銷售者,裝運不易,耗費良多。有鐵路則轉運既速,運便[1]亦廉,内地商販,孰不聞風而起? 土貨必可暢銷。中倭交兵以來,各省調兵,羽檄星馳,而所調之兵,跋涉長途,非累月經旬不能遽集,貽誤戎機,所關匪細。有鐵路,則千百里之程途,不崇朝而已達,何致道路隔絶呼應不靈耶? 現所設者,僅開平等處,不過小試其端。以中國幅員之廣,正宜遍處築造,先造幹路,後造支路,遍於二十三行省。譬之人身,筋絡血脈,無不流通,自然運掉自如,無壅遏拘攣之病矣。泰西各國無不廣行鐵路,故能變荒涼之土爲繁盛之鄉,國受其益,而民亦享其利。中國誠能次第興辦,不獨有裨於通商運兵,且於民間生計,亦大有裨益,誠何憚而不爲哉!

以上八條,皆就最關切要者言之,然任事尤貴得人。果能朝野上下,人人有惕勵憂勤之志,毋苟且,毋粉飾,毋畏難而中止,毋營私而僨事,恃以精心,注以全力,一二十年後,必有成效可觀。自強之術,豈外是哉!

51. 變通治法爲善後議上[2]

從來治國之道在乎立法,而立法之道因乎時勢。時勢無百年而

---

[1] 便,疑爲"價"。
[2] 原載儲桂山編輯:《皇朝經世文續新編》卷三〇《變法》。

三、載於晚清經世文編的文章

不遷,則立法無百年而不變。孔子曰:"殷因於夏禮,所損益可知;周因於殷禮,所損益可知。"所謂損益者,即變通之道也。是知聖人處此亦斷不能墨守成法,常沿此舊習者也。

我朝自定鼎以來,聖聖相承,勵精圖治,超越漢唐,媲隆三代。然當時風氣未開,政惟内修,財不外溢,民康物阜,國庫充盈。在上者僅知黼黻休明,歌詠盛世;在下者僅知耕田鑿井,未見兵荒。不知安而思危,遂致逸則生息。空言補救者出,而泄沓之風開矣;巧爲彌縫者多,而蒙蔽之習成矣。

迄乎泰西各國叩關貿易,合五大洲冠裳相接,貨物相通。租界則愈充愈廣,輪舶則愈來愈多;交涉之事既煩,高下之情立見;處處不能争先,在在相形見絀。然雖暗受其侵欺,猶可相安於無事。不意倭人藉端起釁,擾及邊圉,似不難率我雄師,力除小寇。況二十年來,講求武事,費資數千百萬,使倭人片甲不回,尚不足爲驚奇駭異之事,而乃將遇之輒遯,兵遇之輒潰,堅船利炮,名城要隘,拱手而讓之。甚至遣使和戎,賫書往返,不特明損國威,抑亦大傷國本。是豈倭之非我敵哉,亦我氣之不能振耳?

氣之不振,習之使然也。武將怠玩於外,文臣泄沓於内,坐使聖明孤立,左顧右慮,真如賈生所言,"可爲痛哭流涕長太息"也。爲今之計,既不能與倭人争一日之雄,而挽回積習,振作頹靡,無不可與天下争百年之利,則當變通成法,爲善後之計,庶幾民心日固,民氣日振,國本立,則國威自張矣。爰抒管見,以備土壤細流之擇也。

一曰科目之宜變也。

國家培養人才,原爲經世之用。今之科目,進身者問其經世之學何在?大抵皆爲帖括所誤。即有一二自詡通才,經經緯史,然亦不過作紙上之空談,而究無裨於實用。在朝廷亦知時文試帖之無用,而不能不以此取士者,成格限之也;士子亦知時文試帖之無所用,而舍此别無進身之具。遂不能不朝摩名稿,夕誦時文,以有用之精神,耗於無用之地。不幸而青氈坐守,並農工商賈之不如;幸而黄榜名標,問錢穀兵刑而不悉。泊没人才之具莫此若矣。

今試復鄉舉里選之法,勢必有所不能,則莫如改八股爲論説,則有才者得以盡其才，無才者自不能以掉弄空文，雜湊字面，以圖塞責。四子五經仍不可廢，邑試、府試、院試，以及省試、部試、廷試，亦不能驟行變通。擬邑試正場題，或四子，或五經，論説一篇，時務策一道。二場則試以天文、輿地、格致諸學，各就其所專，以別優劣。如此已足覘文理之優絀，才識之淺深，專門之詣力，不必多所考核，致士人增旅費之愁，閲者滋比較之惑。邑試取中若干送府試，府試取中若干送院試，未取者不得與送院試。取中入學之後，即分別諮送各局爲司事。仍送省試，省試取中之後，分別諮送各學堂爲教習，各衙門爲幕友。仍送部試，俟取中之後，乃授以官。

如此可以免尸位濫竽之誚，可以絶貪緣奔競之風，可以免士子仰屋之歎，可以鼓人才奮興之志。取一人，得一人之效，庶幾才藝各具，利弊盡知，又安有身臨南面如木偶者哉！

52. 變通治法爲善後議中〔1〕

若武科，則更宜改革。

方今火器迭興，弓刀石均歸無用。且海禁宏開，尤宜水陸並習，演放槍炮，最爲緊要。擬分内外二場，外場則打靶、上竿、縱跳諸技，内場則令寫演槍演炮，臨陣攻敵，防禦諸法。武生多不識字，向來默寫武經均請槍替，閲者亦視爲具文，置不深究。不知習武者亦當粗通文義，可以誦讀兵書，且可稍知自愛，即後日身膺專閫，亦不致目不識丁，任僚友吏胥之弄文舞弊。大抵今之視武不如文，以鄉人、愚人目之，故不能收武經之效；習武者亦以鄉人、愚人自待，自視不如文員，故不能盡武事之長。甚至甘爲不肖，忘廉鮮恥，聚賭窩娼，武斷鄉曲，地方目爲痞棍，官府視爲贅疣。此皆考察之未周，位置之未當也。

擬邑試、府試、院試皆如文例，取中入學之後，即編入營伍，分別授以口糧。仍送省試，取中之後，授以外委千把之職。仍送部試，取中之後，即升營守之職。如歸水軍者，亦如陸營之例。久久行之，則天下之兵皆從考察而得，上下一氣，易於訓練，人數整齊，營規自肅，

---

〔1〕原載儲桂山編輯：《皇朝經世文續新編》卷三〇《變法》。

168

三、載於晚清經世文編的文章

不特國家無廢材之患,而地方亦無搔擾之徒。當有事之秋,亦無庸招募,以妨農力。經武之效,其在此歟?

一曰學額之宜減也。

人謂取才宜寬,用才宜嚴,不知取才亦宜嚴也。大抵天下不才者多而才者少,若寬以取之,則勢必不才與才者並進,而足以淆用才之識。一不愼,而不才者在位矣;一不才在位,則衆不才皆有幸進之心。若取而不用,則與不取等,反生觖望之心,致啓夤緣之習。欲遏其流,何如清其源之爲得耶?

況今日之政多失之於寬,不得不以嚴濟之,俾知進身之不易,自當發奮攻苦,而不敢少逸其身心。人知發奮攻苦,則不患真才之不出也。亦有取之果才,而用之未必皆才者,然既嚴於棄取之途,自易別於用捨之際。蓋所謂嚴者,嚴於取才之額,非嚴於勵才之途也。

各直省一千數百州縣,統計學額不下二萬餘人。歲科兩試,三年所取,不下四萬餘人。每科省試,統計不過一千餘人。取中者亦不能遂有所爲,而未取之數萬人,更若聽其自沈自浮,而無可位置。取才如此之寬,寬則視才必輕,又安望有真才之出哉!試以減半取之,則三年中尚有二萬餘人。苟寬其取才之途,嚴其取才之額,精其用才之識,天下之才其可勝用耶!

一曰學校宜整頓也。

育才與取才相爲表裏。學官之設,原以教一邑之人才,而今則幾如虛設。即月課一文,亦勉符成例而已。學中之人,多有終學官之任而未經識面者,又遑問其有所教耶? 即有所教,亦不過時文而已矣。

方今時務迭興,需才孔急,國家既設立各學堂以培天下人才,然僅能於通都大邑之區設立一二,且額有限止,不特窮鄉僻壤不能皆以廣廈庇之,即各直省亦不能處處仿行。擬令各州縣各設義塾,延請教習,就其性之所近,因材而教。不願入者聽,不必給膏火經費。輕則易於創辦,不能拘成格,門類多則易於奮興。俟成材入學之後,即許出塾。如此無壅塞之患,久久行之,所謂天文、輿地、格致諸學,及各國語言文字,不難家喻而戶曉。至家喻戶曉之後,不必入義塾,而家塾自多授受者矣。至能家塾授受,則不必添設義塾,而人才日見其奮興,不必

169

過籌經費,而立法可期諸久遠。國家根本之計,捨此別無良圖矣。

一曰風俗之宜正也。

國家節財之流,開財之源,莫如崇尚節儉。世俗浮靡之風,至今日而已極,服食起居之費,無不倍徙於昔。而最害者,莫如鴉片一種,竭民之財,耗民之力。國家亦深知利害,申明禁令,無如積弊日深,屢禁屢弛,幾於無法之可施。不得已重加釐稅,欲困民以蘇民,爲不禁而禁之法。而吸者不悟,飢寒凍餒所不惜,傾家蕩產所不辭。若再不嚴加禁止,恐染之愈廣,吸之愈衆,將盡一國之財而盡溢於外洋,盡一國之人而均歸於無用。

擬先飭各省禁栽罌粟,違者科以重罰,然後與各國重訂條約之際,議將鴉片永禁進口。聞日本於此禁甚嚴,民間竟無一吸食者,故兵少於我,而氣倍於我,未始不係乎此也。雖洋藥稅一項,爲國家進款一大宗,驟然去此,或恐不足於用,然有此一款,而國用未必賴以舒展,所謂百姓不足,君孰與足也?寧使各項稅下加徵,以補此缺,毋使國收其利,民耗其本,僅爲目前之計也。況民本耗而國本不更傷乎?此不待解人而知者矣。

53. 變通治法爲善後議下[1]

一曰冗員之宜汰也。

古盛時設官分職,各有專司,所以國無曠官,官無曠職。自漢、唐迄明,雖官制迭更,大抵官簡則權一,倚畀重而勤慎自生;官煩則事紛,推委多而因循日甚。從古以來,如出一轍,乃官之數至今日而愈多,官之弊亦至今日而愈甚。

就京官而論,各衙門各設司員,皆有定額,其餘則爲額外。夫額外之設,所以備缺額也。然但如額數已足敷補調,而今之額外有數倍於額,有十數倍於額,有二三十倍於額,以致數月不得一差,終身不得一缺。即勤慎者日日趨衙,而一無所事;而怠惰者閉戶不出,理亂無聞。國多一無職之曠官,猶家多一無業之子弟,非有損而無益者哉!

---

[1] 原載儲桂山編輯:《皇朝經世文續新編》卷三〇《變法》。

三、載於晚清經世文編的文章

若外省則更有甚於此者,軍旅之事,疆吏任之,而又設軍需局;府庫之事,藩司任之,而又設籌餉、牙釐等局;刑名之事,臬司任之,而又設清訟局;鹽筴之事,運司任之,而又設綱鹽局。若云局之所以設,原以佐各衙門之不及,則一總辦足矣,而會辦焉,幫辦焉,提調焉,且會辦、幫辦之不止一人也。總理者如此,分任者可知矣。試問,爲國家辦事計乎,抑爲安插曠官計乎?

其弊由於繁文之爲重,以致責任之不專。試減一分繁文,則省數員曠官,自不難漸漸删汰,併官省職,而凡事皆求實濟矣。

一曰捐例之宜停也。

欲汰冗員,須停捐例。國家經費支絀,開捐例以濟目前,本一時權宜之計,非長治久安之策也。

夫人之納粟求名者,豈真有懷才欲試之心,報效朝廷之念?其初富紳大賈僅爲顯榮之計,尚無大害,久之求名之念迫而爲謀利之心,卒之名利兩得,滿載而歸。於是求官之人愈多,求利之心愈固,不特懷資者冀得什百千萬之利,即貧無所賴者,亦且羅雀掘鼠,以爲孤注之一擲。國方捐官之例以濟民,官即攘民之財以蠹國,是不啻收其本而償以息也。且償以什百倍蓰而靡有底止,償以十年、數十年而若無窮期。中飽之局,固結日深,國計之促,若不係乎此,而未始不係乎此也。

現在各省人員日形擁擠,大吏乏疏通之術,屬僚多觖望之心。如將捐例永久停止,則仕途可以清,流品可以正。且無此終南捷徑之途,則人皆各奮其才,各安其業,亦何致以捐官爲謀生之退步,以做官爲起家之利藪哉?雖捐班之中,非無出色之員,然捐之時以資爲憑,斷不能以人爲憑者也。不以人爲憑,而欲於捐班中求人才,不亦夐夐乎難哉!

一曰廉俸之宜厚也。

漢宣帝詔曰:"吏不廉平,則治道衰。"今小吏皆勤事而俸禄薄,欲其毋侵漁百姓難矣。宋太祖曰:"吏員冗多,難以求其治;俸禄鮮薄,未可責以廉。與其冗員而重費,不若省官而益俸。"旨哉斯言!欲懲吏之貪,而去貪之道,不外是矣。今之廉俸,自大吏以迄佐貳,或萬金,或數百金、數千金、數十金不等,以官制之懸殊,誠不能不分高下,然高下太甚,遂不能無不均之慮。

夫人孰不欲富貴?即一微末之員,豈無父母妻子之養,冠婚喪祭之用,慶恤饋餉之施?而區區廉俸所入,其能足於用乎?既牽於私室之憂,安能專公家之慮?而欲求勤於公事、廉於地方者,自百不得一矣。

國家任事,親民之官,州縣爲最。州縣廉俸,數百金至千金爲率,而酬應之繁,衙門之費,奚止數倍於廉俸?而爲州縣者,或數千,或數萬,或數十萬,必滿載而歸。試問,此數千數萬之資,其爲廉俸所得乎,抑非廉俸所得乎?固不待智者而知之矣。

當今之時,處今之勢,若專恃廉俸,不特奢侈貪墨者萬不敷用,即勤儉清廉之員,亦必左支右絀者矣。且大吏之用未必優於州縣,州縣之用未必省於大吏,故擬大吏之廉俸不能再減,而州縣以下之廉俸不能不增,必使足於日用,而後裁其陋規,平其耗羨。

凡地方出息,皆實徵實解,國家多費數百萬廉俸,即爲小民留數千萬脂膏。一轉移間,吏治清而國脈培矣,國脈培而國庫充矣。穀祿平而天下猶不治者,未之有也。

四、刊於《申報》的詩詞文章[1]

1. 詩　　詞

（1）萬玉田先生，近日之岐黄名家也，擅活人之術，存濟世之心，品詣純粹，容貌和藹，一望而知爲長者。今歲四月爲先生七秩壽辰，敬獻小詩祝嘏，藉進一觴，以爲先生壽[2]

當今醫術紛如毛，未工製錦先操刀。誰其能者匹和緩，吳門萬叟人中豪。

素靈真奧少已得，洞垣特識析芒毫。昔年避地至申浦，懸壺市北傾凡曹。

心存濟世活人衆，良醫良相功同高。仁人自具壽者相，宅衷和藹神逍遥。

年臻古稀殊矍鑠，好學又復工風騷。我居粤中廿一載，昨始返里浮輕舠。

謁來相見獨恨晚，開筵招我飫醇醪。升堂洗爵爲君壽，小詩聊代

---

〔1〕《申報》，近代中國發行時間最長的中文報紙，1872年4月30日（同治十一年三月二十三日）在上海創辦，1949年5月27日停刊。1884年（光緒十年），王韜從香港回到上海以後，一度擔任《申報》主筆，發表了許多詩詞文章。本章所收内容均據《申報》電子版進行整理。對於電子版上字跡模糊不清之處，整理者均據上海圖書館所藏原版報紙進行了校對。對於一些明顯錯誤之處雖一仍其舊，但在注釋中作了説明。

〔2〕原刊1882年5月22日（光緒八年四月初六日）第3版。

綏山桃。

弢園居士王韜未定稿

(2) 題許壬瓠小像[1]

高陽酒徒不飲酒,談兵説劍無不有。有時白眼觀人天,戴笠箕坐稱詩叟。

我昔與君共讀書,妄欲傳名期不朽。迄今一別二十年,面目各自驚老醜。

從前浩劫感滄桑,獻策歸來歲辛酉。同仇妄擬揮天戈,志切澄清掃腥垢。

誰知一蹶困謡諑,適罹厄運遘陽九。眼看羣公袞袞多,斗大金印懸肘後。

君獨蕭然耽詠吟,湛盧不試空袖手。我亦魯連蹈海行,抗歌金石出甕牖。

皋夔巢許自分途,鐘鏞已棄鳴瓦缶。英雄失路本尋常,吾舌猶存笑指口。

莊周任人呼馬牛,仲容斯世何雞狗。朅來乘舶又西還,痛飲平原十日久。

隔水菰蒲可結廬,比鄰杞菊疇爲偶。詢名已訝半死生,訪舊驚呼失誰某。

高陽酒徒真吾友,勸我十觴情獨厚。平生意氣盡消磨,別後衷腸待細剖。

出圖徵詩我敢辭,再拜陳詞貢下走。君詩自足壽千秋,我所題詩請覆瓿。

光緒八年壬午夏四月下旬,自吳門還甫里,不歸故鄉者,已二十有一年矣。許君壬瓠招飲草堂,酒酣出圖屬題。時將去滬上,倚裝作此,聊寫吾臆,不計工拙也。　長洲弢園老民王韜識

─────

[1] 原刊1882年6月12日(光緒八年四月二十七日)第3版。

174

四、刊於《申報》的詩詞文章

(3) 題黃君春甫《垂釣圖》[1]

泰西醫術能者誰？黃君所造當今稀。率循古法由實測，剖析藏象殊精微。

三十年來活人衆，其學愈工心彌慈。刀圭既與時流異，徵名何愧稱醫師。

我識君時年正少，壹志岐黃矢久要。飛騰君喜已成名，飄零吾歎寡同調。

一朝禍患忽相乘，蹈海而南走嶺嶠。久別廿年返故鄉，長行萬里看斜照。

竭來相見豈尋常？君已鬚髯我老蒼。訪君出示《垂釣圖》，持竿戴笠何徜徉。

君何有暇得此樂？聊寓志耳他年償。九峯三泖好山水，(何不早尋退步？) 與我偕隱毋相忘。

吴郡弢園老民王韜待定草

(4) 題祝聽桐《撫琴圖》，時余將束裝回粵矣[2]

鈞天不奏麼弦絕，夔曠無聽廣陵歇。平生袖手但看天，一任箏琵繁響疾。

祝生矯矯稱琴師，十指精勤能琢鐵。嶔崎歷落可笑人，呼之作畫意弗屑。

看君傲骨自崚嶒，讀書於此見風節。廿年我自粵江歸，叩門來見但一揖。

入座把杯意氣豪，云讀我詩早心折。祝生貧也原非病，百事徒工謀食拙。

幸解琴中有真趣，絳帷弟子裙釵列。但知按拍教紅顏，誰復高歌和白雲？

───

[1] 原刊1882年6月24日(光緒八年五月初九日)第3版。黃春甫(1833—1911)，即黃錞，字春甫，江西景德鎮人，生長於江蘇松江，1850年入上海仁濟醫館習醫，爲著名華人西醫，與王韜稔熟。

[2] 原刊1882年7月2日(光緒八年五月十七日)第3版。

我亦東西南北人，飄零四海無人識。文字無靈詩亦窮，淪落天涯同慰恤。

展卷題詩意惘然，還鄉不久又將出。請君翻作陽關調，一曲天風送我別。

天南遯叟王韜

（5）奉題高昌寒食生《劫火紀焚卷》後，即請指正[1]

妖星墮地天狗鳴，蚩尤當空紛揚旌。紅巾雲擾蒼生沸，東南半壁同時傾。

君時尤與賊氛近，奉親避難離空城。麻衣泣盡眼中血，乃從萬死得一生。

我方獻策思殺賊，提戈欲使風塵清。身遭奇禍遯南服，徒於荒域瞻神京。

世平事過等逝水，有若大夢回飆驚。君今追紀有餘痛，筆底猶聞鬼哭聲。

嶺嶠歸來幸相識，一卷冰雪諧磬笙。讀書早知根忠孝，吟詩亦足見性情。

六十六篇字字淚，想見當日懷堅貞。教授東海久弗出，長材造就蜚英名。

勸君有才勿自棄，早以清議持權衡。方今樓蘭尚跋扈，寒盟屢弄潢池兵。

內憂已寧外患熾，駕馭之術惟一誠。讀罷君詩三歎息，仰視寥廓悲長征。（時予又將束裝之香港。）

天南遯叟王韜待定草

―――

〔1〕原刊1882年7月19日（光緒八年六月初五日）第3版。高昌寒食生，即何桂笙(1841—1894)，名鏞，字桂笙，別署高昌寒食生，浙江紹興人，1876年入《申報》，任編輯。

176

四、刊於《申報》的詩詞文章

(6)《陳節母詩》爲徐古春先生作。節母,平湖之乍浦人,蓋古春外姑也,無子,僅一女,依婿而居,守節二十有七年。古春爲之請旌於朝,徵詩海內,意良厚也。爰爲古風一篇[1]

節母夏姓家赤貧,幼失怙恃惟一身。寒無衣兮飢無食,哀號呼天感路人。

爰有比鄰汪氏母,招之來舍如所親。自少撫育長教導,生年念七歸於陳。

陳亦寒微業梓匠,齏鹽朝夕茹酸辛。祝融一炬居無屋,隨夫謀食徙海濱。

天公欲使以節著,離鸞寡鵠悲聲新。昧心有叔逼之嫁,負女急走幾迷津。

可依惟有汪氏母,兩次寄食何其頻。錙銖苦從十指積,經營版屋堅松筠。

一旦逆氛來海外,焚廬劫舍同沈淪。一火再火若磨礪,其節彌苦心彌純。

女年及笄慎擇婿,徐君年少才絕倫。相攸皆慶得嘉偶,從此母氏眉頭伸。

母女相依娛晚節,請旌溫語自天申。節母一生事畢矣,死年猶未盈六旬。

徐君乞詩遍海內,泐諸金石傳貞珉。我詩不足彰苦節,陳辭再拜期不泯。

天南遯叟王韜待定草

(7) 壬瓠招飲,席上賦詩贈別,即步原韻奉酬[2]

萬里長行隔故鄉,廿年海上獨徬徨。一生能作幾回別?小坐方知此夕長。

自幸餘生壽巖壑,由來賈禍是文章。十觴相勸何辭醉?酒國猶

---

[1] 原刊1882年7月23日(光緒八年六月初九日)第3版。
[2] 原刊1882年7月24日(光緒八年六月初十日)第3版。

能意氣揚。

弢園老民王韜待定草

附：許壬瓠原詩

紫詮先生久客粵東，昨還里門，文斾枉過，賦此誌喜，即以餞行。

夢裏常逢返故鄉，今朝得見轉彷徨。五千里路寧嫌遠，廿一年睽不覺長。

丁令歸來空感慨，子山身世賴詞章。殷勤杯酒重言別，又悵蒲帆海上揚。

甫里玉筥生許起待定草

(8) 蒙苕溪花月吟廬主人贈詩，敬酬一律[1]

千里神交在文字，廿年遠別隔家鄉。明珠忽枉新詩句，寶劍空思舊戰場。

自古蛾眉困謠諑，而今猿臂等尋常。苕溪花月應如昔，再拜盟心托瓣香。

長洲愚弟天南遯叟王韜待定稿

(9) 梁溪瘦鶴詞人見贈二律，賦此奉酬，即步原韻[2]

三千年後數人才，誰識於今變局開。豪氣已從憂裏盡，新詩多是劫邊來。

未聞巨棟生巖壑，豈有徵車到草萊？身世飄零無可說，與君相見且銜杯。

騷壇久已主齊盟，讀罷君詩百喟生。拔劍未能消壯志，聞琴偏是識秋聲。

---

[1] 原刊1882年7月24日（光緒八年六月初十日）第3版。
[2] 原刊1882年8月18日（光緒八年七月初五日）第3版。梁溪，無錫別稱。瘦鶴詞人，即鄒弢（1850—1931），字翰飛，號瘦鶴詞人、瀟湘館侍者，江蘇無錫人，長期居住上海，曾任《蘇報》主筆，著有小說《海上塵天影》等。

四、刊於《申報》的詩詞文章

餘生尚作金戈感,宏論時看玉塵橫。廿載蓴鱸歸思積,卜居還欲問君平。

吳郡弢園老民王韜待定草

(10) 藜床舊主賦詩見贈,步韻奉答,即乞指政[1]

惆悵叢蘭萎舊枝,荀郎腸斷賦哀辭。待他月滿花香候,已是天荒地老時。

夫婦虛傳同命語,文章自有寸心知。繩床經案無聊日,死別生離各自馳。

藜床舊主賦悼亡已三年矣,而哀不能忘,徵詩乞文,力欲傳之不朽,其情可謂深矣,故思有以廣之。吳郡天南遯叟王韜待定草

(11) 海上逢許仲韜觀察,賦長歌贈之,即以言別[2]

天風送我粵海來,濤奔浪立心胸開。寂居滬瀆不快意,眼中袞袞皆凡材。

淮陰已廢賈生死,坐令天下無人才。昨入圜闠覓一醉,滿城鴉雀聲如雷。

市上忽逢許叔重,一洗世俗千塵埃。我識君名已廿載,姓氏早泐黃金臺。

國士無雙夙擅譽,肯與俗物相推排。白眼看天意弗屑,議論所至無不賅。

豐順丁公尤心折,拂拭光采生瓊瑰。當軸側席詢時務,薦牘屢從幕府裁。

歐洲形勢若指掌,談天鑿空輕鄒枚。方期經濟可自見,誰知文字能為災。

―――――――

[1] 原刊1882年8月18日(光緒八年七月初五日)第3版。藜床舊主,即管斯駿(1849—1906),名秋初,號藜床舊主、藜床臥讀生,江蘇吳江人。在上海開設管可壽齋書坊,編有《上海彝場景致》《黑旗劉大將軍事實》《五大洲述異錄》《泰西風土事物考》,撰有《悼紅吟》《揉雲詩鈔》等。

[2] 原刊1882年8月19日(光緒八年七月初六日)第4版。許仲韜,即許鈐身(1840?—1890),生年一說1843年,字仲韜,浙江錢塘(今杭州)人,曾任福建按察使。

黄鐘毀棄瓦釜響,鴻鵠遠舉燕雀猜。君才不用坐抑塞,蒼蠅大笑蒼生哀。

邇來應官住燕薊,腳韉手版相追陪。磨礱圭角期入世,豈復意態猶崔嵬?

今日逢君亦偶耳,會須一飲三百杯。平生豪氣消已盡,肝膈猶在毛羽摧。

我本甫里之狂客,遭讒遯跡天南限。鷦棲蠖屈幸苟活,餘生自分理蒿萊。

心事向君莫可説,欲叩閶闔排三台。歸耕有志不得遂,莫釐咫尺空溯洄。

揮手筵前從此別,有酒不飲胡爲哉!我自南還君北去,相思幸寄江頭梅。

吴郡弢園老民王韜待定草

(12) 贈黄瘦竹,即題其《揖竹圖》[1]

揖竹詞人黄瘦竹,論才不復計斗斛。風清節苦心自虚,讀書萬卷空撑腹。

生平材藝殊足豪,腕底鐵筆銛於刀。刀耶筆耶君兩絶,馳騁天下輕凡曹。

吾歸自粤始相識,十指精能面鐵色。最難貧士不言錢,自古才人多失職。

雕蟲小技所不辭,金石刻畫君能爲。琅玕萬個當户牖,君其以竹爲之師。

看君揖竹竹無語,琢句玲瓏諧律吕。無用詞章世莫知,徒工文字愁同煮。

飄零我亦與君同,年來蹤跡如飛蓬。安得偕君成竹隱?殺青著述留寰中。

天南遯叟王韜

---

〔1〕 原刊1883年7月19日(光緒九年六月十六日)第3版。

四、刊於《申報》的詩詞文章

（13）馬湘伯自朝鮮回，贈予髮紙，賦此誌謝[1]

玉版金光名夙著，揮灑煙雲若神助。昔聞削竹成赫蹏，今見翦髮爲箋素。

體精質厚製特工，馬君攜自渤海東。饋余十樣拜君賜，陸離五色迷雙瞳。

晴窗無事坐禪榻，偶試新螺塗滿幅。染翰助予修鳳樓，策勳看汝標麟閣。

馬君矯矯人中豪，塞胸經濟凌時髦。前年神山作仙吏，割鮮小試庖丁刀。

難弟難兄並心許，君家昆季雲霄侶。三年兩次見粵中，奇功乃復遭蜚語。

中朝威力宣藩封，浹旬戡亂擒元凶。年來此事差快意，彼忌刻者真凡庸。

羨君偏衣海外錦，崇銜特賜亞一品。王官忽爾爲陪臣，今日還鄉且共飲。

平生好友兼好奇，得君佳紙贈君詩。願將我詩寫萬紙，君憑傳入高句麗。

天南遯叟王韜未定草

（14）題李小池《環遊地球圖》[2]

鄒衍談天隘九州，釋迦論地著四洲。四夷學從震旦出，周髀古法今無傳。

地球說創自明末，誰其環之行一周？我友李生天下士，生平學術賅九流。

讀書有識務遠大，欲叩閶闔陳奇謀。不願請纓繫戎虜，不羨投筆

---

[1] 原刊1883年7月21日（光緒九年六月十八日）第3版。馬湘伯，即馬相伯（1840—1939），近代著名教育家、社會活動家。

[2] 原刊1883年7月22日（光緒九年六月十九日）第3版。李小池，即李圭（1842—1903），字小池，江蘇江寧（今南京）人，1876年曾受總稅務司赫德委派前往美國費城參加美國建國100周年博覽會，著有《環遊地球新錄》。

181

封公侯。

只想乘風破巨浪,手斫鯨鱷驅蛟虯。萬里濤奔快濯足,九霄月出須開眸。

東西可通南北阻,厥程九萬縱橫侔。美洲一隅乃新闢,李生杖策向此遊。

太平洋中極浩渺,豈無島嶼堪搜求?渡海十日即英土,全歐人物指掌收。

此行豈僅賽珍異?遠揚威德寧懷柔。修和講睦在忠信,溫犀禹鼎窮隱幽。

李生所作詎遊記(曾著《環遊地球新錄》,風行海內),洞燭時務懷殷憂。海外歸帆經粵港,及門懷刺偏先投。

嗟我年來不得意,畏人遯跡天南陬。世間蠻觸置弗問,亟思歸隱安鋤耰。

李生意氣多慷慨,灑然成議輕枚鄒。此才自合置幕府,俾參幃幄坐運籌。

今寫此圖聊寄意,素懷遠志何時酬?索我題詩已五載,幾疑鴻雁多沈浮。

養疴北旋踐宿諾,藉將文字消離愁。李生倘來期一醉,長揖同上酒家樓(約至滬上相見)。

天南遯叟王韜呈本

(15)題萬玉田儒醫小像,即踐卜鄰之約[1]

萬叟矍鑠勝於昔,術擅刀圭肱九折。骨重神清壽者相,曾記君年七十一。

去年我歸君招飲,庭宇花香開菡萏。憶獻小詩代祝嘏,酒酣忽起還鄉感。

今年我歸君又來,訝我枯瘦心驚猜。養疴杜門久不出,柴扉剥啄因君開。

---

[1] 原刊1883年8月8日(光緒九年七月初六日)第3版。

四、刊於《申報》的詩詞文章

君家舊日住金閶,身閱兵火經滄桑。爲話邇來不得意,暮年哭子真堪傷。

手持杖藜圖一幅,已看顧影鬚眉獨。當門歎汝菱芝蘭,結廬約我鄰杞菊。(君仍欲移居吳門,與余有卜鄰之約。)

我客天南廿年久,齒衰亟思正邱首。夢裏時復見吳山,眼中今乃得萬叟。

萬叟還鄉期仲秋,邀余偕行尋釣遊。元龍床無上下別,士明屋住東西頭。

息壤之盟其在斯,鷦棲聊復借一枝。尋常勿視題圖作,珍重以爲移居詩。

天南遯叟王韜未定稿

(16) 姚葆卿司馬嘗來云,將寄朱提二十笏,以償十年前書值。余即擬移賑山東水災,賦此誌謝〔1〕

姚君古之端木儔,豪氣直與元龍侔。十年前在粵中見,綺筵跌宕多風流。

爲余招來雙黛娥,彈筍勸酒且高歌。蠻花自□香海異,明月爭比珠江多。

一別十年不復面,東飛伯勞西飛燕。意氣自憐非昔強,形容忽訝於今變。

聞君蹤跡亦落拓,世事飄零如轉燭。黃金無復擲虛牝,白雪誰知聽高曲。

鴻魚南北多浮沈,尺素難通兩地心。昨者琅函至自浙,謂有廿笏朱提金。

藉償書值十年前,此舉殊歎今人賢。再拜君賜不敢受,況有美酒斗十千(函外佐以名酒兩甕)。

燕齊頻年遘水厄,河決不再辨阡陌。擬移厚惠賑災黎,十萬鴻嗷慰中澤。

────────

〔1〕 原刊1883年8月8日(光緒九年七月初六日)第3版。

自從遠隔常相憶，只是欲來來不得。知君縮地乏奇方，（皆君書中語。）愧我還鄉能守黑。

弢園老民王韜呈本

（17）甲申春暮自粵歸吳，誌感四首[1]

三年三度返鄉關（余於己卯、壬午、癸未，俱以養疴旋滬，小住數月），燕去鴻來兩往還。嵇阮窮愁歸著述，原寧蹤跡滯夷蠻。

鷦鷯尚□營新壘，猿鶴惟知戀故山。寄語閨中小兒女，阿儂今日唱刀環。

三徑早無松菊在，一廛諱少雨風驚。全家骨肉惟妻女，萬里波濤托死生。

文字終難逃劫火（辛巳冬印局鄰右失火，余所排印著述半爲祖龍攫去），詞章安用動名卿。歸來生計渾閑事，蒔竹栽花寄物情。

不爲海外長徵客，暫息淞濱小隱身。陽羨置田虛有願，莫釐結屋苦無鄰。

從茲丐骨依先壟，此後冥心絕世塵。五十七年纔一瞥，他生休種再來因。

欲歸甫里是吾家，皮陸高風尚足誇。思結比鄰聯杞菊，喜從野老話桑麻。

買田貲少羞彈鋏，避世心深學種瓜。便卜一邱築茅屋，柴門□植萬梅花。

天南遯叟王韜未定稿

（18）昨登青蓮閣酒樓，隔座有哦詩作廋語者，有觸於懷，口占五十六字[2]

阿儂蹤跡有誰知？憔悴今看鬢有絲。明月不隨流水逝，東風又

───────

[1] 原刊1884年4月3日（光緒十年三月初八日）第3版。
[2] 原刊1884年4月29日（光緒十年四月初五日）第4版。

放柳花癡。

深閨人遠歌三疊,高閣魂銷篆一枝。差喜樓頭消息近,勸君卮酒莫相辭。

天南遯叟王韜戲呈本,以博高昌寒食生、霧裏看花客一笑

(19) 題小樓主人《吟飲圖》,即步原韻,敬呈松堂司馬尊兄宗大人正可[1]

海上成連不可尋,與君相見快披襟。羞爲小户拚狂飲,厭聽巴渝作越吟。

醇酒婦人消壯志,詩篇畫筆寄雄心。何辭一日百回醉,萬卷書中有賞音。

天南遯叟王韜待定稿

(20) 贈小樓主人,仍用其題《吟飲圖》原韻,即呈松堂司馬宗大人正可[2]

文字神交兩地尋,相逢滬曲共題襟。羞同北海開樽飲,且效東山從吟鼻[3]。

酒國詩壇稱宿將,花間月底見仙心。遠歸偏得陪遊屐,醉倚樓頭聽笛音。

弢園老民未定草

(21) 小樓主人以《吟飲圖》索題,囑和原韻[4]

前作七律二章意猶未盡。余詩喜於長槍大戟中求生活,不能作細針密縷也。爰再作長歌一篇奉贈,即呈松堂司馬宗大人正可,並録呈高昌寒食生,詞壇見之,以爲何如也?

眼中突兀見兹樓,樓中主人豪邁無其儔。不願食千鍾粟,不願封

---

[1] 原刊1884年5月20日(光緒十年四月二十六日)第3版。
[2] 原刊1884年5月20日(光緒十年四月二十六日)第3版。
[3] 吟鼻,疑爲"鼻吟"。
[4] 原刊1884年5月28日(光緒十年五月初四日)第4版。

萬户侯,但願坐擁書城十萬卷,高築百尺之糟邱。一吟一飲畢吾事,要使姓氏亘古常存留。酒杯自寬天地小,詩篇自榮乾坤愁。君不見,李白一斗哦百首,陶潛一醉忘千憂。此皆史册之所載,小樓主人毋乃彼一流。主人掉首曰否否,吾其敢與二子侔?吟耶飲耶適我意,有如醯雞舞甕,草蟲鳴秋。酒酣拔劍忽斫地,歌成還把丹毫抽。謂自十七至滬瀆,麒麟獨角氣食牛。二十飲酒能酣戰,三十作詩知窮搜。詩壇不屬弟子列,酒國自建將軍斾。十年一變變愈上,尚欲學書學劍學射張弧彍。有時談兵學景略,禪中捫虱多遠謀。有時憤世學處仲,席上擊壺當運籌。有時徵歌召諸妓,明妝窈窕傾瓊甌。有時作賦集羣彦,意氣嘯傲凌滄洲。習豪俠快恩仇初,不識九州之外有九州。滄溘橫流人事改,雲萍蹤跡海上同沈浮。嗚呼!方今朝廷重西學,語言文字煩徵求。惟君讀書能綜要,胸羅形勢瞭全歐。賈誼獻策弗能用,江統著論不見收。惟以羈縻爲至計,和戎五利昭懷柔。飛揚跋扈日益甚,幾易玉帛爲戈矛。丈夫在世不得意,只與詩酒相倡酬。詩成酒罷一笑脱吳鈎,請看誰是樓蘭頭?

天南遯叟王韜待定稿

(22)題倪耘劬司馬《湖樓茶話圖》,時司馬將北上,即送其行[1]

金陵自古帝王州,胡乃陷賊一十有三秋。湖山百戰幸無恙,六朝金粉洗盡古今愁。

桂林才子倪耘老,翩然忽作江南遊。頭銜久已輕七品,眼界何止臨十洲。

萬人海中作寓公,題詩乞畫多風流。瓜皮艇子尋煙語,渡湖直上中山樓。

樓中清話上下三千載,明湖一吸痛飲茗百甌。兒女多情化黄土,英雄失意空白頭。

一指禪成三字隱(趙州和尚"吃茶去"三字,此禪家隱語也),語言

---

[1] 原刊1884年6月22日(光緒十年五月二十九日)第4版。

文字難推求。竭來南還客滬瀆,與我相見堂南陬(初見於唐景星觀察席上)。

神交廿年今始面,行篋尚有尺書留(余曾有書致君,以君改官闈省未達)。君才倜儻素傾倒,愧我蹤跡時沈浮。

雲萍海上得相聚,袖出圖畫驚雙眸。我詩豈足污君聽?如以瓦礫儕琳璆。

溯我前遊在丙午,荻花楓葉艤輕舟。雕梁風月娛棲燕,遠浦煙波穩□鷗。

曾幾滄桑增感慨,湖樓誰復聞清謳?倪迂好遊兼好事,補圖索詠煩窮搜。

此才不屑詩人列,文章卓犖媲枚鄒。幕府徵辟掉首不肯就,崚贈傲骨意氣凌諸侯。

邇年足跡半天下,今將北行燕趙參前籌。屠沽中或有奇士,君其物色休輕投。

詩成即以送君行,還期君來互倡酬。約往莫愁湖畔住,景物都從百尺樓頭收。

天南遯叟王韜未定草

(23) 同人公餞唐君芝田北上,謹呈一律送行[1]

送君北去意無聊,擊築狂歌氣自豪。久棄□官慚苜蓿,好傾美酒醉蒲萄。

齊煙俯視入襟袖,燕月生涼涌海濤。底事樓蘭多跋扈,腰間自有必隆刀。

天南遯叟王韜仲弢未定稿

(24) 題徐古春先生《貽硯圖》[2]

賢哉徐叟,以純孝稱。尚憶髫歲,讀書柴荊。

---

[1] 原刊1884年7月7日(光緒十年閏五月十五日)第3版。
[2] 原刊1884年7月14日(光緒十年閏五月二十二日)第3版。

大母教育，勖以潔清。出授祖研，石田可耕。
毋忘先澤，思貽令名。范喬授學，李密陳情。
君能媲古，於業有成。世寶勿失，其值連城。

天南遯叟王韜未定稿

（25）閑居感事，即用《春暮自粵歸吳》原韻四首[1]

養病歸來學閉關，投林倦鳥久知還。自憐主簿才俱短，莫笑參軍語帶蠻。

誰挽狂瀾回宦海？羣趨捷徑借名山。餘生一掬憂時淚，翹首天風想珮環。

西域梯航太意遠，南荒烽火客心驚。徙戎漫欲師江統，著論徒聞托賈生。

知有謀猷開貨殖，祝無災難到公卿。英雄退步惟書卷，此事由來不世情。

立功自信千秋業，報國猶存百戰身。先事徵兵煩北顧，乘機割地聞西鄰。

論參水火懲前轍，慧竊齒牙步後塵。一笑繞朝休贈策，吾謀不用豈無因。

此生許國敢言家，誓掃鯨鯢亦足誇。四海空聞傳露布，九重已見特宣麻。

近畿載約方書草，遠徼師期未及瓜。蒼狗白衣多變幻，如來入定笑拈花。

天南遯叟王韜仲弢甫未定稿

---

[1] 原刊1884年7月15日（光緒十年閏五月二十三日）第4版。

四、刊於《申報》的詩詞文章

（26）讀懺情侍者《海上羣芳譜》書後［1］

滬曲鶯花近卅年，霓裳曾見集羣仙。南方茉莉宵争豔，西域燕脂遠鬥妍。

欲還娥眉歸蕊榜，好憑象管譜瑤編。旗亭畫壁留詩句，慚愧搜羅繼衆賢（集中所錄淞北玉魷生《贈芳寶雛鬟》一絶句，即余作也）。

百豔圖中呼豔友，羣芳譜裏識芳卿。（集中孫文玉、朱素貞兩詞史皆余舊識，曾有楹聯云："文字誦教樊素口，玉容豔奪女貞花。"）文壇夙愧無雙譽（余曾著《海陬冶遊錄》，頗蒙海内名流許可），玉磬初聞第一聲（近來北里志中當推爲巨擘）。

青女素娥俱耐冷，慧蘭貞菊並知名。董狐花史原無忝，月旦從今有定評。

淞北玉魷生王韜無晦甫待定草

（27）題江東小劍《海天長嘯圖》［2］

江東老劍我好友，詩名高踞詞壇久。江東小劍亦能文，須贈一斧斫其手。

老劍平生意氣豪，天寒猶著單布袍。一顆頭顱欲贈人，出門仰視風蕭騷。

小劍輕狂亦可笑，思在海天作長嘯。山蒼蒼兮水茫茫，一聲清越驚萬竅。

吾聞古者有嘯翁，一篇嘯旨傳圜中。嘯翁不作嗣響絶，誰其繼者今江東。

小劍之劍亦復利，攬轡每有澄清志。要令寸鐵能殺人，幾使毛錐避無地。

嘯聲忽起山月高，潛蛟聳背虎伸腰。此音原非出金石，豈同盛世

---

〔1〕原刊1884年7月15日(光緒十年閏五月二十三日)第4版。1886年5月15日(光緒十二年四月十二日)第3版也刊登了此詩，題目爲《讀〈海上羣芳譜〉書後》，王韜原注釋略有不同。

〔2〕原刊1884年8月21日(光緒十年七月初一日)第10版。

鳴虞韶。

懷抱鬱鬱多憂思，中有傷時萬斛淚。挂壁吳鈎忽作聲，欲與長嘯時一試。

劃然長嘯天地愁，發爲浩氣成清秋。吾衰已甚不復用，明當從子海天游。

淞北逸民王韜子潛甫未是草

(28) 題藜床舊主《寫詩圖》[1]

藜床舊主深於情，懷人詩句多輕清。漁洋悼亡三十首，傳誦海内知其名。

披圖忽爾見真面，拈毫構思貴百煉。鄭家詩婢比清娛，侍側研螺能捧硯。

幼安丰度本翩翩，皂帽青衫作客年。絳帳日高課經史，烏絲闌就寫詩篇。

平日傷離兼感舊，清淚浪浪濕襟袖。並命西天哭彩禽，相思南國悲紅豆。

經案繩床歷幾秋，徵詩南北多名流。猶爲待闕鴛鴦社，久識懷才鸚鵡洲。

有時過我淞南屋，焚香共展楞嚴讀。無端乞傳記前因（君乞余作《潘孺人傳》已三年矣，昨始搦管成之），棖觸老懷同一哭（余亦二十三歲早賦悼亡）。

天南遯叟王韜無晦甫初稿

(29) 寺田望南從東來，偕其國詩人岡鹿門，邀諸名士集飲酒樓。時在座者李芋仙刺史、易實甫部郎、曾重伯孝廉、黃式權茂才、黃瘦竹處士及余也。望南即席呈詩，因和其韻[2]

高軒海外快相過，回首歡場感逝波（予在日東所眷角松聞已埋

---

[1] 原刊1884年8月21日（光緒十年七月初一日）第10版。
[2] 原刊1884年12月29日（光緒十年十一月十三日）第9版。

玉）。客裏夢隨人影遠，杯中酒遜淚痕多。

河山百戰悲陳劫，風月頻年付短歌。老懶衰殘消壯志，華鬘且伴病維摩。

水末西風一雁過，傳來消息駭鯨波。放懷今古雄才少，喜事乾坤亂日多。

獨客憂時聊痛哭，今宵對酒且高歌。試看長劍天邊倚，幾度停杯手自摩。

良朋異地喜重過（實甫從杭州回，重伯從吳淞回），海上雲萍托素波。文字傳薪流派遠，詩篇束筍紀遊多（實甫有遊杭詩數十首）。

把杯漫作看天語，拔劍聊為斫地歌。高蹈胡未且向火，斧柯莫假手頻摩。

附：寺田望南《將發東京，留別同人》

木落山河秋已過，長風又破萬重波。草堂舊雨酒邊散，古驛新愁雁外多。

南泛湘潭弔忠憤，北遊燕市聽悲歌。且行鬼谷縱橫士，欲向天涯學揣摩。

日東寺田宏士弧待定草

（30）謂芋仙[1]

兩國橋邊記昔過，同登畫舸泛輕波。（日東新橋、柳橋，歌姬所萃處也。） 離愁刻骨團欒少，恨事回腸感慨多。

重著征衫覓鴻爪，不辭遠道唱驪歌。相逢喜汝還初服，聊把頭顱一撫摩（望南曾棄官為僧）。

天南遯叟王韜未定稿

---

[1] 原刊1884年12月29日（光緒十年十一月十三日）第9版。

（31）岡君鹿門、寺田君望南，以屆其國除夕，招飲酒樓，即席分韻賦詩，得"燈、寒、眠"三字[1]

興味蕭然冷似僧，庾樓今夕快同登。異方排悶聊呼酒，孤館無眠獨對燈。

擊鉢催吾鏖七字，舉杯與子沃三升。欲攜長劍屠鯨鱷，海國波寒徹夜騰。

昨夕西風今日寒，客中催得鬢毛殘。殊方已見頒新曆，異地相逢拾舊歡。

去國憐君尚僧籍，還鄉老我誤儒冠。樽前不盡千秋感，一字吟成句末安。

歌聲忽地發鄰筵，酒綠燈紅別一天。除夕猶憐君作客，紀遊尚待我重編。（岡君著有《北遊草》，尚未脫稿。）

酒懷跌宕思前事，異域歡娛送舊年。料得旅窗清興永，兩人歸去整無眠。

天南遯叟王韜紫詮甫待定草

（32）招鹿門山人小飲酒樓，即送其往遊粵東，和望南韻[2]

莽莽乾坤不送愁，殘年急景眼前收。梅花故國孤燈夢，風雨寒江獨客舟。

潦草杯盤聊餞別，飄零湖海懶從遊。明春有約江干去，同挂征帆過石頭。

天南遯叟王韜未定草

附：寺田望南《餞鹿門山人遊南海》

江樓置酒洗離愁，嶺外風塵尚未收。貫斗光芒霜布劍，照天燈火夜登舟。

萍蓬愧我為孤客，冰雪憐君賦遠遊。從此圖南千萬里，伏波

――――――――――

[1] 原刊1885年1月11日（光緒十年十一月二十六日）第9版。
[2] 原刊1885年1月19日（光緒十年十二月初四日）第9版。

銅柱應回頭。

　　日本寺田望南未定稿

（33）望南招飲，席上口占，和小園居士韻〔1〕

破浪乘風作遠遊，天涯王粲共登樓。雲萍已見心期合，鴻雪欣看爪印留。

六載睽違添別緒（余自己卯遊日東小住江戶，距今已六年矣），一樽跌宕洗離愁。異鄉幸得逢知己（謂望南固與馮君耕三舊相識），短鬢頻搔歎白頭。

　　天南遯叟王韜求是草

附：小園居士《寺田君望南招飲酒樓，即席賦呈，時予將赴粵》

特地乘槎海上遊，相逢傾蓋酒家樓。我行鼓棹從茲去，君暫停驂向此留。

從古詩人皆善飲，自來豪士不知愁。一輪皓魄天涯共，判袂當時月滿頭。

　　滬上小園居士未定草

（34）五月十三日，鮑君叔衡、管君秋初招飲酒樓，賓朋畢集。兩君效戴宏正故事，互易蘭譜，雅慕昔時齊國管、鮑交，自謂兩人姓氏適合，毋使古人專美也。袁大令翔甫先生即席有詩，因亦繼聲，謹步元韻〔2〕

交遊仗義推宏正，貨殖通財重計然。氣誼何須同姓合？文章早識遠方傳（謂翔甫先生）。

一堂蘭芷都無愧，異地苔岑結有緣。且罄百觥欣盛舉，豈徒氏族繼前賢？

---

〔1〕 原刊1885年1月24日（光緒十年十二月初九日）第3版。

〔2〕 原刊1885年6月28日（光緒十一年五月十八日）第9版。鮑叔衡，即鮑廷爵，生卒年不詳，字叔衡，祖籍安徽歙縣，成長於江蘇常熟，在常熟開有書店抱芳閣，在上海開有抱芳閣分店。管秋初，即管斯駿。

天南遯叟王韜紫詮甫未定稿

（35）讀《海上羣芳譜》書後〔1〕

滬曲鶯花近卅年，霓裳曾見集羣仙。南方茉莉宵争豔，西域胭脂遠鬥妍。

欲選蛾眉歸蕊榜，好憑象管譜瑶編。旗亭畫壁留詩句，慚愧搜羅繼衆賢（集中采及余作）。

百豔圖中呼豔友，羣芳譜裹識芳卿（文玉、素貞皆余舊識）。文壇夙愧無雙譽，玉磬初聞第一聲（北里志當推此爲第一）。

青女素娥俱入選，蕙蘭貞菊並知名。董狐花史原無忝，月旦從今有定評。

天南遯叟王韜紫詮氏稿

（36）去月杪，陡患肺疾，偃臥床褥者六日，抱病以來，未有如是之劇者，殆將怛化乎？伏枕呻吟，口占一律，聊寫遺音〔2〕

撒手懸崖尚未遲，男兒事豈有窮時？生平功業輸人遠，身後文章任世知。

苦戀妻孥終有別，只除花月了無思。少微天畔光騰上，莫笑吳儂求死癡。

丙戌九月四日，天南遯叟王韜病中草

（37）意琴室主招集滬上衆名士於紉秋館，爲王佩蘭眉史作生日，即席分韻賦詩。余以病齒未赴，特詠一詩爲眉史壽〔3〕

空谷幽姿出甬東，生來不與衆芳同。雙峯秀影羞遥黛，兩頰圓渦

---

〔1〕 原刊1886年5月15日（光緒十二年四月十二日）第3版。1884年7月15日（光緒十年閏五月二十三日）第4版也刊登了此詩，題目爲《讀懺情侍者〈海上羣芳譜〉書後》，王韜原注釋略有不同。

〔2〕 原刊1886年10月2日（光緒十二年九月初五日）第3版。

〔3〕 原刊1886年12月12日（光緒十二年十一月十七日）第11版。

四、刊於《申報》的詩詞文章

暈小紅。

自具纏綿微醉後,則添旖旎不言中。須知九畹非凡種,合住瑤池第一宮。

(38) 贈佩蘭詩後忽有所感,復得一律[1]

記否前年同乞巧,海天閑話寄相思。花嬌月媚稱三絶,酒渴詩狂又一時。

痛哭玉樓真見召,深悲金屋已無期。(乙酉七夕先一夕,余與芋仙小集於海天酒樓。佩蘭素為芋仙所賞識,余則招蓮舫、月舫侑觴,當時稱爲三絶。俄而芋仙化去,蓮舫已有所屬,追維往事,曷禁悵惘!)由來世事都如此,曷禁當筵淚滿巵。

天南遯叟王韜未定草

(39) 聽秋聲館主,甬江名下士也。以赴任皖江道經滬瀆,招余小飲於吟蘭室。王雅卿眉史素著香名,久標豔幟,貌端麗而寡於言,有問則答,或涉以詼諧,則嫣然一笑而已,真所謂"豔如桃李,而冷若冰霜"者也。當筵捧觴為壽,因索新詩,余口占兩絶句□之[2]

乍涼天氣未寒時,端整看花酒一巵。誰主誰賓拼共醉,捧觴循例索新詩。

花作精神玉作姿,果然風貌冠當時。冷芳偏自邀真賞,獨抱秋心怕衆知。

(40) 贈北條鷗所[3]

鷗所,自號海上浮槎客,年只二十有一,而詩才倜儻不羣,誠東國之雋也。

素心從此與鷗盟,高踞詞壇夙有名。怪底詩才清似水,片帆飛渡

──────────
[1] 原刊1886年12月12日(光緒十二年十一月十七日)第11版。
[2] 原刊1886年12月13日(光緒十二年十一月十八日)第3版。
[3] 原刊1886年12月13日(光緒十二年十一月十八日)第3版。

195

自東瀛。

天南遯叟王韜未定草

（41）北條鷗所將歸其國，賦詩二章送行，即步原韻〔1〕

聚散無常豈自由，那堪風雨送離舟？惟將文字留鴻爪，已覺聲名軼虎頭。

遠涉山川歸著述，平分仕隱傲王侯。從知新有彈冠慶，爲子開顔一掃愁。

引恨消憂亦有由，遽聞驪唱發輕舟。中朝仁德開三面，東國詩篇出一頭。

潦倒任嗤憨老漢，飛揚半拜富民侯。君歸我更無聊甚，怕説重遊觸舊愁。

天南遯叟王韜紫詮甫待定草

（42）張蓉臺先生今年六秩有一，五月二日爲稱觴之辰，同人代爲徵詩，敬撰長歌一篇，爲先生壽〔2〕

蓉臺先生人中龍，才思上與風雲通。立言立德俱不朽，功在蒼生銘鼎鐘。

藹然久現壽者相，似此聲名躋無上。經術早已詡專門，文章到處稱宗匠。

邑中水利恒講求，築堤捍海功無侔。保障萬家誇樂土，疏通七澤成安流。

善氣迎人喜緣集，仁聲義聞由周急。既欽風雅同扶輪，又編志乘勤搜輯。

年周花甲華筵張，賓朋遝邐咸登堂。祝嘏預時呈彩縷，稱觥當日先蒲觴。

―――――――――
〔1〕 原刊1887年7月3日（光緒十三年五月十三日）第4版。
〔2〕 原刊1887年7月4日（光緒十三年五月十四日）第4版。

四、刊於《申報》的詩詞文章

五月薰風來應律,一室共欣喜氣溢。先生碩望重鄉閭,陳詞愧乏如椽筆。

天南遯叟王韜紫詮甫待定草

(43) 題程步庭太守《知足圖》[1]

曩遊西泠同泛湖,太守示我《知足圖》。前者乘馬後推車,中間太守獨騎驢。

乘馬不如騎驢穩,騎驢那識推車苦？即此便生知足心,要於家國多所補。

知足亦須知不足,功名學問分兩途。進取就宜思退步,隨遇而安聊自娛。

振策前行轉轂後走[2],我虱其間亦惟偶。安危不攖世外身,指點偏有道旁手。

太守矯矯酒中豪,一杯到口百憂消。叱馭王尊矢報稱,覓詩李賀鳴逍遙。

隱顯不同心跡異,易地皆然可見志。盤旋不作捷徑趨,馳騁時虞峻坂墜。

太守吏治冠浙中,安陽輿頌遍南東。罷官反覺顏色好,酒酣吐氣如長虹。

年來亦宗老聃旨,知白守黑還閭里。榮辱安足關胸懷,要與太守證此理。

天南遯叟王韜紫詮求刪稿

(44) 徐古春先生之哲嗣庚香茂才,隨其師嚴芝僧太史赴粵,賦詩留別,即和元韻送行,並述舊懷[3]

嶺嶠歸來作近遊(今春曾往西泠),微名何敢冀千秋？登樓風月

---

[1] 原刊1887年7月4日(光緒十三年五月十四日)第4版。程步庭,生卒年不詳,江蘇溧陽人,曾任浙江里安知縣。

[2] 此句疑多一字。

[3] 原刊1887年7月20日(光緒十三年五月三十日)第4版。

悲王粲，一棹煙波訪子猷。

入世功名同刻鵠，頻年蹤跡似浮鷗。周南顧北居偏近，聲氣相通協應求（余與古春同住滬北）。

昔年浮海作南行，久識南州舊姓名（余識古春已三十年）。身世回飆驚短劫，江湖歸棹息長征。

最憐令子承家學，難得羣公不世情。幕府師門同契重，佇看萬里卜飛聲。

名師今日快從遊，文字揣摩歷幾秋。突兀鳳樓勞締構（謂芝僧太史），崢嶸麟閣仰勳猷。（謂香濤制軍。）

寰中誰惜囚鸑鶴，世外何人□鷺鷗？縹緲海天存二老（余與胡公壽及古春，曾繪《海天三友圖》），蕭然六十復何求？（余今年花甲一周。）

聊賦新詩當送行，南天愧我舊留名。鶯花香海懷前夢，鴻雪珠江憶遠征。

廿載羈棲名士淚，一書珍重故人情（爲作書呈方照軒軍門）。吳雲粵樹從茲隔，翹首飛鴻好寄聲。

天南遯叟王韜未定草

（45）陳哲甫參贊自東瀛使署頒到《寄懷》詩四律，依韻奉和，並請遙正[1]

讀罷新詩意惘然，感君情思致纏綿。關心秘笈搜三篋，屈指前遊近十年。

盛世勳名欣有屬，私家著述愧難傳。仙源萬丈紅塵隔，怕向蓬萊問夙緣。

迂疏秉性傲非真，詩筆拈來已若神。誰信寥天困鸑鳳？從知行地有麒麟。

賈生涕淚才難盡，同甫文章識自均。壇坫東南留一席，要令海外

[1] 原刊1887年7月23日（光緒十三年六月初三日）第4版。

見傳人。

酒膽輪囷作有芒,亦知天壤有王郎。徒傷閱世風雲變,不解跳空日月忙。
半世心雄緣傲骨,一生才盡到迴腸。憂時感事何能已?懶問神山説短長。

黃歇城邊海月臙,披函新見色絲文。同龕仙佛稱先覺,並世英雄讓使君。
當户蕙蘭羞幸草,早衰蒲柳等秋蕡。待遲花事春江夜,樽酒高樓話夕雲。

天南遯叟弟王韜紫詮甫待定草

(46) 意琴室主將有八閩之遊,賦詩言別,讀之黯然言愁,我始欲愁矣。聊作四律送行,謹步原韻,即請哂政[1]

拔劍無端起百憂,天涯風雨獨登樓。驪歌人聽輕離別,鴻爪隨緣感逝留。
文字答岑關□性,海天花月總如秋。與君別有臨歧約,明歲梅開話遠遊。

新詩贈我動離憂,突兀驚看五鳳樓。空谷蘭芳成獨賞,高山琴韻為誰留?
江淹詞句難言恨,宋玉愁心易感秋。一切綺情都懺盡,從兹橐筆賦清遊。

一從識字始多憂,每到相思獨倚樓。詩酒客邊供跌宕,雲萍天末任勾留。

---

[1] 原刊1887年9月20日(光緒十三年八月初四日)第4版。意琴室主,即潘嶽森(1858—1889),字月舫、梅士,號意琴室主,廣西都陽人,1882年中舉,任都陽上巡檢,1887年至1888年初遊上海,與王韜等交往頗多。

熱情誰識填胸滿，冷信空驚點鬢秋。及早閉門歸著述，好將妙筆記前遊。

不解離愁不識憂，元龍豪氣一憑樓。鳳鸞何事常飄泊？鴻燕原知有去留。

交到忘形憐久別，人因多病怕逢秋。相期歇浦重來日，尚欲從君秉燭遊。

天南遯叟王韜拜草

（47）用元韻題《餘春豔迹詩輯》後，並慰問梅瘦鶴〔1〕

綺思瑤情一例灰，愁城圍借禿毫開。餘春豔跡皆空色，那有離魂入夢來？

濁世難逢劍俠仙，春來春去自年年。裁紅刻翠成何事？有用才華各自憐。

立志身離風月場，背人忽地嫁浮梁。明璫翠袖甘心棄，荆布終然閨閣粧。

天南遯叟王韜未定稿

（48）題陳喆甫參贊大行人《東海泛槎圖》〔2〕

杲杲日出東海東，扶桑萬里浮鴻濛。中有仙境人不識，自古早已乘槎通。

三神山固在咫尺，願破巨浪凌長風。我國懷柔講修睦，三遣使節禮崇隆。

陳侯胸中富文史，行人職重宜酬庸。參贊謨猷佐帷幕，遠從海徼揚宏功。

播宣威德盡心服，意氣相浹文字同。五載賢勞無曠守，他年勳業銘鐘爐。

---

〔1〕 原刊1888年6月28日（光緒十四年五月十九日）第4版。
〔2〕 原刊1888年7月4日（光緒十四年五月廿五日）第4版。

四、刊於《申報》的詩詞文章

此日省親初返棹,高軒枉過憐吳蒙。頭顱老矣久疏懶,怕聞時事填心胸。

我泛蓬萊在卯歲,君締絅紵當申冬。追陪遊屐叨緒論,相思遠寄煩吟筒。

贈我新詩發逸響,一震三日耳爲聾。古時畫本璆琳重,珍藏什襲傳無窮(去年十月,余年六十,君寄日人古畫三幅爲壽)。

日東文士多舊識,登臨山水懷前蹤。詩人老去(藤野海南聞已化去。)佳人死(所春角松聞已埋玉。),一樣飄零類轉蓬。

芳谷尚憐風月媚,忍岡猶憶櫻花濃。墨堤暮樹香浦雲,我所思兮未得逢。

惟君結交盡名彥,刻畫金石鳴時雍。文章經濟素無敵,騏驥一出凡馬空。

君才如此今人傑,何須射策明光宮？人材豈盡由科第,壯夫久已嗤雕蟲。

秋月香風嗣桂子,一紙傳來萬目叢。佇看金門翔鸞鷟,再持玉節騰花驄。

天南遯叟王韜待定稿

(49) 蒙贈新詩,殊不敢當,敬依元韻和呈,即請教正[1]

海曲鶯花別有春,結廬小隱住淞濱。好從遠浦開三徑,何恨逢山舊幾塵。

萬里自憐歸逐客,千秋早見有傳人。姓名定達天衢聽,榜首驚看墨向新。

長洲弟天南遯叟王韜待定稿

附：皖中願學子原詩

　　天南遯叟,吳中名宿也。余曩在金陵久欽山斗,及侍任申江,得親丰彩,殷勤杯酒,相得甚歡。以將應京兆試,頃賦驪歌,益增別緒。謹賦七律

――――――

[1] 原刊1888年7月21日(光緒十四年六月十三日)第4版。

一章，以誌景仰，即請吟壇斧正。

　　一九欒月海天春，分外精神照滬濱。狐鬼靈山邀月旦，鶯花豔跡遜風塵。

　　天南自昔曾逃世，江左而今尚有人。欲覓星槎問消息，槐花黃裏別離新。

　　皖中願學子待定稿

（50）席上贈吳佩香詞史[1]

　　霧裏看花分外明，吳娘容貌可傾城。洛妃解佩欣初遇，韓掾留香感夙情。

　　玉骨自憐梅並瘦，冰心好與月同盟。年來懶向花叢顧，今日低頭總爲鄉。

（51）嚴芝僧太史特招陳喆甫參贊小宴，即席有詩。余雖不得預見而遙和之，藉進一觴，爲太史壽[2]

　　尹邢嬌旦快並同，下蔡陽城一笑傾。白鳳定知才士吐，紅鸞偏傍客星明（是日席上六美，皆歸太史一人）。

　　梁間生妒雙飛燕（楚南某解元贈陸月舫詞史云："雕梁妒煞呢喃燕，白日分飛夜並棲。"），花底初聞百囀鶯（是日席上惟左紅玉眉史唱粵謳一曲）。欲仿枚乘陳七發，慚無彩筆述豪情。

　　天南遯叟王韜未定草

（52）六月二十九日，陳悔門太史特招吳子蔚太史、高詠之大令、朱稚村茂才、任伯年畫師及余，小集於補離騷館，王雅卿詞史亦在座。倩任老繪圖，諸君各賦詩一章，藉留海上鴻爪[3]

　　潁川太史今人豪，胸中所有非時髦。明經快奪侍中席，割鮮未試

[1] 原刊1888年8月14日（光緒十四年七月初七日）第4版。
[2] 原刊1888年8月14日（光緒十四年七月初七日）第4版。
[3] 原刊1888年8月16日（光緒十四年七月初九日）第4版。

四、刊於《申報》的詩詞文章

庖丁刀。

　　文章早看壓費董，詞賦久已輕枚皋。謁來滬上幸相識，折簡近局時招邀。

　　當筵跌宕多風月，琅琊才貌羣中超。補離騷館開雅集，索詩欲我先題糕。

　　集者六筓中一筓，美人名士同消搖。天下健者讓公等，拔幟各樹詞壇高。

　　詩書畫並誇技絕，絲竹肉亦需才消。愧我無能亦濫廁，醉倒但解傾醇醪。

　　美質翩翩最年少，縱橫才氣摩雲霄。利斧慣斫月中桂，新詞漫倚琴中操。

　　詠老作書稱聖手，神妙直欲凌秋毫。前有陳留後北海，同名今昔分揚鑣。

　　朱君才調固無匹，不屑篆刻嗤蟲雕。當秋驥足試一騁，姓名定向龍頭標。

　　任家羣學工六法，伯也白眉推楚翹。志靜神凝氣自足，寫生人物多白描。

　　煩君下筆開生面，繪圖傳之千秋遙。我是尋常行路者，行將乞食吹吳簫。（不日余有山左之行。）

　　長洲天南遯叟王韜未定稿

（53）題吳子和學博玉照，調寄《賀新凉》，即步原韻[1]

　　三載留君照。態翩然，清風道貌，脫離塵窖。萬樹梅花幽谷裏，悟得靈修特早。想此境，□身應到。蕉扇芒鞋隨處去，學神仙，托跡山。林表巖壑壽，何曾老？　是仙是佛都傾倒。盡流連，看花載酒，藉抒襟抱。花底笙歌筵畔月，不惜千金買笑。大夢醒，憑誰叫，亦冷亦癡來證道。外形骸，孰與我相肖？無我相，緣初了。

　　天南遯叟王韜未定稿

────────

〔1〕 原刊1889年8月11日（光緒十五年七月十五日）第4版。

203

(54)送秋山儉爲歸日本，即次其留別原韻[1]

憶昔東游已十年，敢云老將軾幽燕。詩壇何必分唐宋？酒國還能辨聖賢。

有愧篇章留汗漫，自憐鬢髮已華顛。海雲江樹參差裏，悵望蓬山隔一天。

記識詩人在去年，於時樂毅始游燕。文詞早已欽當代，縞紵偏能繼昔賢。

豪氣盟心如月朗，才名震耳若雷顛。江都舊好如相問，慚愧行蹤滯海天。

天南遯叟王韜待定稿

2. 文　　章

(1)港督燕制軍東遊記并序[2]

余去年作東瀛之遊，港督燕制軍亦在江戶，曾往謁焉。燕制軍詢以中朝星使在此間否？予爲敷陳，我國正副二星使何、張兩公，善於睦鄰固交，克任皇華之選，且以詩文提唱風雅，日邦文士，無不從風而靡。燕制軍聞言，躍然樂往見之，命余達意。越二日，燕制軍往見，而甚美子峨侍讀之周旋揖讓有加禮焉。燕制軍駐節於江都者幾兩閱月，中間有日光山之行。其地林巒聳秀，邱壑尤美，予遊屐亦先後至焉。日人以燕制軍位尊而下人，度廣而容衆，無不交口頌之。一日，諸同人會於清華吟館，以此命題，遂作是篇。

香港，海中一孤島，而最近於粵。近爲英國外府設官戍兵，視爲重鎮。其統率之長，以華官之制稱之曰總督，言總督港中一切事宜，而統領大小各官焉，是則其權亦綦重矣。英廷簡畀是任，必以素著名望者，誠重之也。

今總督燕公臬斯，位崇於朝，而譽孚於世。國中學士大夫，皆仰

─────

〔1〕原刊1890年2月18日(光緒十六年正月二十九日)第4版。
〔2〕原刊1880年3月7日(光緒六年正月二十七日)第4版。

四、刊於《申報》的詩詞文章

其言論風采,得一語以爲榮,屢任兼圻,所至皆有政解。其爲治也,以愛民爲本,其視中外之民,無畸重輕,不區畛域。藩港十有八月,而治績卓然,民譽翕然,事簡而刑清,乃以政治之暇,挈其眷屬來遊東國,以大藏大輔松方正義爲東道主人。蓋松方銜命出使,自法言旋,道經港中,固與燕制軍相識。燕制軍待之有加禮,此足以見東西之交密,而睦鄰修好,即寓於是焉。

燕制軍既至,居大藏别署,一切供給使令無不周備。東京附近名勝之地,率皆馳車往遊,想其見民物之殷阜,子女之倢娟,山川之秀淑,林木之葱蒨,必有暢然怡然而惆然若失者。燕制軍雅度和衷,謙光外著,待人接物,恂恂如也。日之士君子,皆以此多之。吾謂,此未足以盡燕公也。

燕制軍於與國交際之道能見其大,嘗謂,方今俄人雄長於北方,駸駸爲歐亞兩洲之患,中日兩國境地毗連,而俄又日窺英之印度,狡焉思逞,未見其止。爲今計者,莫如中、日、英三國相親,合力以備俄。嗚呼!非燕公無此識,亦不能爲是言也。則聯三國而爲一,余將於此行也望之矣,是豈徒泛作東遊而已哉!

天南遯叟撰

(2) 書曾廣鈞《即席和寺田君望南韻》詩後〔1〕

天南遯叟云:重伯此作亦詩中之創格别調也。雖卑枝接葉,古人詩中不乏雙聲疊韻,然未有通體如是者。重伯以廣大神通特作,狡獪伎倆意蓋欲壓倒日東詩伯也。年少才奇,安得不退避三舍?幸勿謂其鈎輈格磔,操南國土音也。一笑。

附:曾廣鈞《即席和寺田君望南韻》

　　高縠勾根桂館過,悲蓬斑鬢伴奔波。艫離綠浪龍麟亂,殿抵丹堤竦第多。

---

〔1〕 原刊1885年1月2日(光緒十年十一月十七日)第9版。此題目是本書整理者代擬的。曾廣鈞(1866—1929),字重伯,湖南湘鄉人,曾國藩孫,1889年中進士,授翰林院編修。曾任廣西知府。

205

幻話芳盤分撫賦，剛鈎竿閣更賡歌。駕雲遠院如圓月，杳夢綿蠻寐莫摩。

湘水詩人曾廣鈞重伯未定稿

（3）書周逸卿《菊夢》詩後〔1〕

天南遯叟曰：昨飲黃爐，待客未至。偶濡墨書舊作，有在旁竊視者，若有所會。問知書識字乎？則以能詩對，出示所作，斐然可誦。詢姓氏，則周姓，字逸卿，殆近代周青士、朱可石之流亞也。吳獨遊固縫工，陳愚亭固薤髮匠，俱能詩。昔司馬相如著犢鼻褌，雜酒家傭保中操作，而《大人》《子虛》諸賦流傳禁中，致武皇恨不同時。然則業中無才哉？彼甫得一知半解者，輒輕視流輩，其量不亦隘與！

附：周逸卿《寄社第十八會詩題　菊夢》（不拘體韻）

睡魔不覺到東籬，刺眼黃花景色奇。非慕羅浮寒夜月，爲尋彭澤晚香枝。

行經冷落知霜飽，歷盡繁華悵路歧。滿地金錢鋪欲得，忽驚庭漏報遲遲。

松隱居士周逸卿初稿

（4）《出使須知》跋〔2〕

蔡太守和甫，十餘年前舊交也。始見之於鄒夢南觀察席上，眉宇間覺有精悍氣，一睹而知其爲不凡才。繼而陳竹香太史至香海，和甫偕之來，由此始往來通縞紵。梁少亭主政，與和甫創設醫局，謬推余贊襄。其間貲不集，則典質以足之，和甫之勇於爲善如此。宦於粵中，大吏知其能，屢試以盤錯捧檄辦中外交涉事，皆不至於掣肘，如竹迎刃，如絲就緒，其才蓋有足多者。

猥以予能通西學，略稔洋務，時殷然下詢，余以是知和甫之能虛

〔1〕原刊1885年1月11日（光緒十年十一月二十六日）第9版。此題目是本書整理者代擬的。

〔2〕原刊1885年11月12日（光緒十一年十月初六日）第9版。

以受益也。適鄭玉軒星使奉命爲駐札美日秘大臣，有以和甫薦者，遂隨星軺西邁，旋爲日斯巴尼亞參贊，居兩年餘，以疾乞假言旋。

五月間，由粵至滬，訪余於淞北寄廬，談次袖出其所著見示。一曰《出洋瑣記》，則追述耳目之所見聞，舟車之所遊歷，凡道里之遠近，山川之詭異，土風俗尚，國政民情，無不備載焉。俾未至海外者，可作宗少文臥游觀。一曰《出使須知》，則凡隨使節以渡重洋，備皇華而專應對，折衝乎樽俎，焜耀於敦槃，周旋晋接，夫宴享朝會之間，以克副此使才之選，而無虞乎隕越者，必以是書爲先路之導，識途之馬焉。有心哉！和甫之爲是書也，固當人置一編者也。

余嘗謂，泰西使臣之苾止我邦，與我國使臣之出使泰西，其難易繁簡迥有不同者。泰西列國以通商爲專務，賴商力以佐其兵力，商之所至，兵亦至焉。無事之日，兵輪戰艦駐泊人之境中隱然，若敵國一旦釁起，玉帛兵戎，幾於聽其所擇。又其來者，皆富商鉅賈，力能興大役，舉大事。曩時通道東南洋争城略地，皆啓自東方貿易公司，此其明證也。若我中土，商旅之足跡，絶不遠臨異域，至於耀兵於海外，更無論矣。使臣至彼，自呈遞國書之外，幾無一事，真可以臥治成之。

若南北美洲與東南洋各島國，我國之民趨之者如鶩，幾不下百數十萬，然皆孑然一身，赤貧無賴，傭工負販，仰其鼻息。或入其教，或隸其籍，悉歸其所管轄，犯禁干例，由彼定罪。我使臣苟治之不善，適足以啓中國羞。然則孰難孰易，孰簡孰繁，固自曉然矣。

和甫深知乎此，故於使臣之出駐人國，以聯絡爲先，蓋既隔閡之以語言文字，又復拘泥之以禮貌儀文，不過各因公事得見一面而已，斯則情意何由而申哉！夫兩國交際，宴享雍容，原古者之不廢，泰西列國之風，猶近乎古會盟聘問，皆以酒禮笙簧爲歡聚好合之具，情至而文自生焉。然則貌合神離，情不足而文有餘者，爲彼邦人士之所不喜可知也已。

余覽是書，而深服和甫之能盡言毋隱也。隨使外洋者，苟能三復是書，思過半矣。和甫既至京師，獻書闕下，頗爲當軸所許可，前後所上條陳，剴切曉暢，皆可見之施行，是真可謂能明時務者矣。他日者，或持節遠邦，或出守要郡，當必能大展其抱負，而見之於措施，以自行其所言，豈第作紙上空談而已哉？披閱既竟，樂爲之跋其後。

天南遯叟王韜，時光緒乙酉九月下澣六日也

（5）書《出洋瑣記》後〔1〕

蔡和甫〔2〕太守歸自美洲，著有《出洋瑣記》《出洋須知》兩書，出以示天南遯叟。遯叟讀之擊節曰：此藥品中之益智子也。當今談洋務者多矣，非扣槃捫燭，即唾餘牙慧，孰能洪纖畢具，使不出戶庭者，一如身涉重瀛，厠皇華之選，雍容於珠盤玉敦間哉！亟授剞劂氏，以廣流傳，庶幾以後各使臣皆得奉爲圭臬，其裨益實非淺鮮。刻下書已刊成，昨承惠以一帙，披閱既竟，傾佩莫名。太守誠有心人哉！吾知是書一出，定必紙貴洛陽，爭欲擴域外之奇觀，作枕中之秘本矣。至書中所列各條陳，尤徵卓識，此才真不可以斗計。兹先擇其要者登諸報首，以供識時務者窺豹一斑。

（6）課卷出案〔3〕

格致書院春季課卷，前由邵小村廉訪命題，收齊課卷後，中西董事公議，即請廉訪鑒閱，評定甲乙。現經出案，共取超等十有二名，特等二十名，一等四十五名。今將名次具列如左：

超等：

許玉瀛　王志中　彭瑞熙　王維楨　徐乃柟　周企澄　屈念祖　趙詒穀　楊延緒　許　廛　金炳釗　汪　鼐

特等：

周廷華　朱世樾　王天保　王佐才　嚴祥彬　嚴家駿　鮑德麟　許玉庭　汪及光　許廷銓　王兆泰　鄭鶴清　黃世榮　吳昌綬　胡九皋　范迪簡　周翊祥　張　凌　蔡鍾駿　倪明峴

一等：

---

〔1〕原刊1885年11月13日（光緒十一年十月初七日）第4版。

〔2〕蔡和甫，即蔡鈞，生卒年不詳，浙江仁和（今杭州）人，字和甫，1881年奉命隨使美國、西班牙、秘魯等國，著有《出洋瑣記》等，後任上海道臺。

〔3〕原刊1886年8月27日（光緒十二年七月二十八日）第3版。

四、刊於《申報》的詩詞文章

名氏不具。

録書院定例，首名奬銀十兩，二名七兩，三名五兩，定額以每十卷中取一卷，例得奬賞。今特推廣奬額四人，計第四名奬銀二兩，五名一兩五錢，六名一兩，七名五錢，此書院正奬也。

邵廉訪樂育人材，無微不至，説士若甘，愛才如渴，宏奬風流，扶輪大雅，於正奬之外復有加奬，特捐廉俸，加惠士林。計首名加奬銀五兩，次名三兩五錢，三名二兩五錢，四名一兩，五名七錢五分，六名五錢，七名二錢五分。所有奬銀以八月初一日爲始，可持前日收卷號票，書明地址、姓名，到書院帳房領取。

首名、二名、三名三篇文字，擬請《申報》館主人刊録報章，傳示遐邇。二三年間積卷已多，即擬將前列佳文選登若干，付之剞劂，以垂久遠。

現格致書院肄業學童已有二十二人，早經盈額，倘一二年後，於西國語言文字已有進境，即當教以化學、電學，並格致諸端，以期日加興起。課文之外，並可至院講論西學、西務，相與賞奇晢疑，斯則學業日進，而格致工夫，中國人士亦可窺其閫奧，獲益非淺矣。

格致書院掌院天南遯叟來稿

(7) 日本岡千仞《祭李芋仙文》附注［1］

自李辛老殁後，余少一游友矣。至於詩文亦復獨倡無和，花天酒地中意興索然。芋老死，余無一詩以哭之，其餘友人亦未睹其篇章。嗚呼！何挽之者不及壽之者多耶！鹿門岡君寄此文來，少足爲芋老吐氣。今又屆八月矣，距芋老之没已一周，展閲此篇淚爲之涔涔下。

天南遯叟附注

附：岡千仞《祭李芋仙文》

年月日，日域晚學岡千仞，謹以清酌庶羞之奠，祭於芋仙李翁之靈。

―――――――

［1］原刊1886年9月23日（光緒十二年八月二十六日）第3版，附錄在岡千仞《祭李芋仙文》後。此題目是本書整理者代擬的。

嗚呼！余初見翁，上海客舍。翁不良足，就床偃臥。余見其傲，不敢不下。乃贊雜著，進請示罅。翁亂抽卷，蹶然起坐。曰殆失人，吾過吾過。余出近作，問詩何奈。言語不通，筆資話欄。翁擊按吟，一頓一挫。每會其意，再四歎咤。執手許余，作者流亞。其明未餐，翁步蹣跚。手扶兩客，來敲余門。余問當今，誰宗斯文？翁睢盱曰，有一芋仙。餘子碌碌，今得鹿門。余不當曰，莫乃戲言。翁掉其頭，瞋雙目云：文章一事，未戲許人。指芋老集，曰此幸傳。鹿門所作，豈讓是篇？與翁徵逐，實創是筳。上海形勝，爲東南正。四方名士，東送西迎。昕伯桂笙，實主文柄。王君紫詮，客居養病。翁來自蜀，交友爲命。無意當世，專耽諷詠。酒亭茶館，折柬延請。醉酣興遇，連篇相競。停杯揮毫，珠璣輝映。一投《申報》，□刊以□。萬目駭愕，稱一時盛。翁負英資，少名能詩，曾文正公，一見爲奇。老生鴻儒，逡巡交推。時方兵亂，廓清自□。中年失意，謝絕塵鞿。塞門撰著，與世相遺。漢注唐疏，推究是非。道家釋門，出入藩籬。浩博其學，富贍其辭。瀟灑其懷，衆論所歸。嗟余小子，何呶呶爲？余遊南越，握手話別。會罹瘴毒，異症交發。遊半航歸，遼絶溟渤。往歡一逝，夢寐徒切。翁惠新著，附言問疾。未草答書，訃報忽達。申浦一握，傷哉永訣。顧余生東，學無所宗。語言被服，異俗殊風。交目東鬼，如狄與戎。翁何所取？待以禮容。翁何所契？許以深衷。不特今世，不易多逢。未聞邃古，得一相同。天劃地限，瀛海萬重。幽明冥漠，魂神不通。此陳哀誠，一慟塞胸。神若有靈，庶其來饗。

(8) 王松堂司馬小樓記[1]

樓以小名，謙辭也，抑志實也。

吾友松堂司馬，越產而僑於吳，居久之，即以其治事之所，特闢曠地，創建一樓。樓之廣縱橫不盈十笏，而又區爲內外二室，圖籍鼎彝，

---

[1] 原刊1886年12月25日（光緒十二年十二月初一日）第3版。

書畫金石,畢庋於是,酬賓宴客亦在焉。無事則蕭然獨酌,抱膝長吟,藉以優游自適。某天因作《小樓吟飲圖》,首唱一詩,遍徵大江南北諸名士題詠,而自稱曰小樓主人,松堂之風雅自喜於此可見。

余於己卯薄遊東瀛,取道滬瀆,曾與滬上諸寓公修士相見禮。壬午又以倦遊北歸,始識松堂,與之買醉旗亭,顧曲徵歌,聯詩鬥酒,極一時之樂,訂文字交自此始。松堂屢以小樓記爲請,諾之而未有以應,迄今冉冉五年矣,從未一登其所謂小樓者,偶聽松堂自述,輒神往焉。夫小樓何足重?因主人而小樓始傳耳。由今日觀之,似乎小樓常在,而主人不過寄跡焉而已,安知他日者小樓不專屬之主人哉!小樓往□,而主人之名常留天地間,則惟斯主人乃得有斯小樓也,蓋主人自有不朽,斯小樓者在也。

間嘗從其鄉王菀生孝廉、葉秋笙大令,問以小樓之勝,則曰,樓在北郊外十許里,與相櫛比者俱洋房西舍,面歇浦有市廛,登樓遥望,寥廓無際。時而煙晚露初,時而雲舒月霽,一日夕之間,晴雨晦明,變滅萬狀。浦中帆檣遠近出没隱見,更見夫火琯風輪,衝波沓浪,震駭心目,此皆小樓之所有也。主人或憚出酬應,則寂坐樓中,以書卷自娛,日與古人相對,上下千載,馳騁八荒,否則摩挲古器,聊寄閑情。

然則此小樓也,亦可忘世而遺慮矣。樓雖小,而胸中所懷者大也。即曰小樓庸何傷?況乎松堂年方壯志在四方,必不久滯於斯樓,他日出其生平所蘊蓄,方將宣力於國家,近則歷燕齊楚豫,遠則奉命出使數萬里外,此小樓特其暫駐焉爾。昔陸放翁作客臨安,小樓聽雨,初未嘗一刻無用世志,時思出師北伐,以自奮於功名之會,是則放翁身在小樓,而心在中原,有可知也。松堂其勉乎哉!

方今疆場多虞,邊防未撤,滬瀆一隅爲南吳盡境,中外通商,闤闠之所萃,甚囂塵上,非有畸流逸客棲息其間,驅車過之,徒見夫崇閎峻宇突兀當前。其有以孤峙一小樓,藉□鳴高而立異者,蓋亦幾希矣。松堂於此小樓中吟且飲焉,或亦憂世之志所托而逃焉者乎?即比於信陵之醇酒,諸葛之《梁父吟》,初無不可也。松堂於是乎不凡矣!

松堂有此一小樓,已足傲於衆人而有餘矣。然則以小名樓,猶之以陋名室,誇也,非謙也。舉以問松堂,當必有逌然以笑者。即以此意作小樓記。

光緒丙戌仲冬之抄,天南遯叟王韜

(9)王松堂司馬《〈小樓吟飲圖〉題詠彙刻》序[1]

余既作《小樓記》,越三日,松堂司馬招飲於海天酒樓。

酒半,松堂前席而請曰,不佞曾作《小樓吟飲圖》,倡之以詩,一時不期而屬和者三百數十餘人。今將彙録而付之剞劂氏,傳示海内,冀垂永久,敢乞先生一言序其緣起。余詩不足重,而諸君子皆一代偉人也。先生所謂小樓之藉以不朽者,將在於斯乎?

余曰,有高昌寒食生前序在,何必再贅一詞哉!況古今來以所居著名者,類皆以人傳,初不必賴乎題詠也。古如南陽之草廬,西蜀之元亭尚已,他如摩詰輞川,黄岡竹樓,悉數之而不能終焉。然其人雖往,其居雖無,蹤跡可仿佛,而其名常留乎文人學士之口,流風餘韻,獨有千古。近則如雪岑宫保之彭庵,蔭甫太史之俞樓,慰農太守之薛廬,亦在必傳。江山如故,花月常新,而此突兀在望者,亦將與之俱永。他日即或傾圮,賢有司必將從而修舉之,以供後人之遊覽焉,尋訪焉。浣花草堂,太白酒樓,非至今尚無恙乎!後之人因其遺址,憑弔流連,攄懷舊之蓄念,發思古之幽情,又曷嘗一日絕跡哉!所望松堂他日者,著功業於兩間,足與諸名人並爭不朽,不尤勝於題詠也哉!

雖然,松堂之意亦未可非也。使題詠諸人各有專集,將來授之手民,以傳於後,則人人集中皆有松堂小樓之詩。讀其詩者,輒想像而慨慕焉,於是人人意中皆有松堂之一樓在焉,豈不益足以不朽哉!郭頻伽嘗云,吾黨一人傳人人足傳矣。非松堂刻詩之初恉乎哉!且文字之交根於性命,苔岑之契具有因緣。松堂因此一小樓而得以遍乞人詩,盡交四方之賢彦,即不相識面者,亦得以此識其姓名。

今日彙録一編,一展卷間怳如晤對,即作千里神交觀可也。文章有神交有道,松堂其可進於是矣。然則《小樓吟飲圖》題詠之刻,即名

[1]原刊1887年1月12日(光緒十二年十二月十九日)第3版。

之曰《文字苔岑録》亦無不可。余即就高昌寒食生未及之意而引伸之,爲之序如此。

光緒丙戌季冬中澣,天南遯叟王韜撰

(10) 書日本岡千仞《觀光紀遊》後[1]

岡君名千仞,字振衣,一字天爵,自號鹿門山人,宮城縣士族出,爲奧羽陪臣。時值幕府末造,政事多所變更,奧羽藩王將連盟抗王師,君力諫,反覆陳大義,以死争之,當路嫉焉,下獄瀕死。君卒持大節,無所屈撓,當是時君義聲震天下。維新開啓,辟爲大學教官。君辭不就,老屋三椽,授徒自給,歌聲出金石,於世一無所干,人以是高之。

君秉性質直迂疏,不能俯仰隨流俗,視世之所謂富貴利達者泊然也。生平好遊,於其國中足跡殆遍,於是慨然興域外之觀。己卯年與余約遊中土,閲五載而後克踐。甲申五月,來滬小住旬餘,即作蘇杭之遊。時法事方亟,倉皇返棹,勾留一月有半,又復束裝出遊,北窮幽燕,南極粵嶠,可謂壯矣。所至得見其地之名公巨卿,高人逸士,與之上下其議論,辯說是非得失,悉筆之書。以腹瀉東歸,未得上溯長江,探洞庭、鄱陽之勝,斯闕興也,然是遊君亦可以無憾矣。

其論時事曰,方今光氣大開,萬國交通,此五洲一大變局,而拘迂儒生輒引經史,主張陋見,不知宇内大勢所以至此,其猶巢幕之燕歟?事至今日,非一掃洋煙毒與經生毒,則不可下手。洋煙縮人命,耗國力,竭中土之精英,歲千萬計,此漏不塞,雖萬物爲金,陰陽爲炭,不能供尾閭之壑。六經爲聖人垂世立言,惟經生拘泥末義,墨守陳言,牢不可破。孟子不云乎,盡信書不如無書。六經有可信者,有不可信者,若不信其可信者,而信其不可信者,則六經之遺弊,何異老莊之流毒晋宋乎?

黄公度在東好論洋事,嘗曰,形而上孔孟之論至矣,形而下歐米之學盡矣。洞觀當今形勢,不可無此見解也。其論泰西曰,洋人製機

[1] 原刊1887年5月22日(光緒十三年四月三十日)第1版。

器，駛舟車，資紡織，盡力農桑，凡百工業靡不究心，其日致富饒趨强盛，雄視宇內，實機器之由。中土之取法乎泰西者，將收彼長爲我用也。此眞殫精竭慮以培國本者也。

或謂其去質實而趨機巧，此大不然。試觀上古，唐虞之璿璣玉衡，周公之指南車，諸葛武侯之木牛流馬，祖沖之之千里船，無一非機器也。聖人製耒耜墾田畝，製機杼織布帛，製鋸斧營宮室，其開物成務，皆由機器而來。洋人殆因襲中土聖人之製作，而集其大成者乎？其論中土當今之急務曰，宜變風俗，興學校，仿歐米諸國，建大小學舍，使子弟修孝悌，旁講格致有用之學，海軍陸兵，另設專塾，火器航海，延師教導，壹志講求，絕大關係則在一變國是，廢科舉，改革文武制度，洗刷千年陋習，振起天下之元氣。

時法人方橫於海上，馬江之役，基隆之戰，其勢實逼向高麗。又有中日兵鬨之舉。岡君之論，中日始終在棄嫌崇好。李明經鍾珏撰《興亞五策》謂，不如付琉球於日本，與之協力以當歐米。岡君亦言，中土堂奧也，日本門戶也。堂奧、門戶相須而成一家，琉球末界微事耳。今中土受强敵而復生事，朝鮮非特敝邦之失，抑亦非中土之計也。中土將興富强之治，與歐米角逐於瀛海之外，而安南將爲法據，朝鮮惴惴，僅免危亡，四鄰同文之國稍有氣力者，惟一敝邦而已。敝邦於中土，隋唐以來傳文學，通貿易，一千年於此，其爲唇齒輔車之勢，不待智者而知也。若中土積區區之微嫌，目敝邦爲異國，責以匪衷之語，則東洋之□事源於此。《傳》不云乎，鋌而走險，不可不戒焉。其言當出於誠。

特竊窺近來日本政府之意，大有不然者。日本方崇西術，棄漢學，舉國若狂，媚泰西而輕中土，已成習尚。大抵民間公論，尚期中日之相聯，政府非特無此意也，實將朘削我以爲快耳。彼將謂中之厚、日之薄也，故其平日所爲，實不足愜中人之望，此不能因岡君一言而寬之也。

昔人論日本之所長曰，陸戰悍，守岸嚴，刑罰斷，號令專，能禁邪教，斷煙害，使不得輕犯，此中土之所不及也。然彼之所自誇者，近亦少餒焉。岡君書中所短者，尤在語犯忌諱，意存藐視，每見達官貴人

四、刊於《申報》的詩詞文章

退後必多微詞,又有隱昧之事,虛實未可知,斷不宜形之筆墨者,而亦牽率以書之,殊失君子慎言之道矣。竊不爲岡君取也。

嗚呼!以一介儒生而妄論國事,未有不隔十重簾幕者。蓋在位君子,既秉國鈞,物來畢照,敵無遁情,我之所知所見,彼早已料及,所以不出此者,必有故在,夫豈局外人所能測哉,而況鄰國之人歟!

岡君少時讀書昌平黌舍,早有文名,生平尤留心於國事,曾築野史亭於鹿門山下,守殘抱闕,刺取見聞,以成一家言。所著《尊攘紀事》,法、米二志,具有史才,名重一時,遊記特其載筆所偶及,非其至者也。

天南遯叟王韜拜手撰

(11) 朱逸卿《金縷曲》後按語〔1〕

天南遯叟按:所云海上紅棠館主,即朱逸卿詞史也。逸卿態濃意遠,明豔罕儔,照眼花枝,噪於北里,花影詞人於諸所歡中尤爲屬愛。近日書來謂,聞其東風有主,惆悵之懷形於言外,真可謂深於情者矣。讀此詞,不禁爲之憫然臨風者久之。代録副本,即呈諸大吟壇拍正。

附:朱逸卿《金縷曲》

蕭齋對酒,頓觸羈愁,萍絮漫漫,誰爲息壤?譜此寄海上紅棠館主。

笑指垂楊柳。甚日日,飛花作絮,被春纏縠。我已魂銷無可語,空對關河搔首。怕心事沾泥還有。漫惜微瑕陶令賦,莽乾坤,閑殺屠龍手。禁不住,豔懷陡。(近有議僕好吟側豔者,故云。) 分明酒上愁來候。算除卻,雙鬟嬌慧,更誰猜透。夢繞朱樓天一角,樓上沈沈蓮漏。想依舊背燈人瘦,説劍吹簫真倦矣。問何時,結個劉樊偶。捐世網,鎮相守。

---

〔1〕原刊1887年6月13日(光緒十三年閏四月二十二日)第4版。此段文字原附在朱逸卿《金縷曲》詩後,題目爲本書整理者代擬的。

丁亥三月,花影詞人書於高涼寓齋

(12) 一得芻言[1]

嗚呼！天下事至今日,豈可輕言治理哉！深識遠慮之士,指陳形勢,規恢時局,知自強之術,首在防海,尤在練兵,此二者不可偏廢而實相資。竊以爲,今日天下大勢在治中與馭外而已,蓋必先安內,乃可以制外,亦惟外寧乃可以消內憂。然二者亦有所偏重,不偏於內則偏於外。

今日者,於外似有偏重之憂。國家之強弱安危,在能治外而已。外治,則內憂亦可不作。中外通商四十餘年,而所以馭外者,其局已屢變。英、法合則強,分則弱。自道光以來,英始跋扈。咸、同之間,因土以敵俄,於是英、法合矣,合則愈強。自普伐法,而英不能救,於是英、法始離。

今通商中土,其關於全局者,英、法、德、美、俄五大國而已。貿易之多,英爲上,德、美次之,法則販之歐洲而已足,初不藉乎是也。俄之貿易多在北方,然其心不止在貨財,而在土地,真肘腋之陰虞,心腹之巨患也。其間英則持盈保泰,似少懦矣,然守信知禮,志在助我中土,而陰冀中國之能自強,特不能明言之耳。今我莫若結英以防俄。德則外似守禮之邦,而內實懷叵測之念,其意欲圖割取一地爲東道之逆旅,特無間可乘,憚於發難,未能顯遂其所願耳。美固民主之邦,僅務自守,不勤外略,姑置勿論。

要之,今日之泰西,猶春秋時之列國也。和則爲鄰,變則爲寇仇；和則爲冠裳,變則爲甲兵。幾於玉帛干戈待於二境,視我有以制之,而制之之道,莫如自強。此非徒托之空言也,必實能振作有爲,勵精圖治,而後彼自靡矣。蓋我之虛實,彼已盡知；我之舉動,彼日窺伺。其旁隱測而逆探之,我苟能實事來[2]是,無因循,無苟且,無虛矯,無粉飾,無蒙蔽,忠信篤敬,內以持之己,開誠布公,外以待之人,則彼豈

[1] 原刊1887年7月2日(光緒十三年五月十二日)第1版。
[2] 來,疑爲"求"。

四、刊於《申報》的詩詞文章

有不顧慮而服從,幡然一改其故轍也哉!

今我所以治内而馭外者,其要有八。

一曰通商口岸督撫司牧宜得人也。泰西諸邦通商所至之地,設立埠頭,簡遣領事,駐札兵舶,隱然若待。敵國有事則文移住還,强以必從。若得深明洋務之督撫,任用得人,執和約以與之周旋,何嘗不可挫其氣焰?惜乎!柔懦者畏事,剛愎者債事,持之未得其平,而彼益肆其欺凌。苟任事者公正廉明,折之以理,諭之以情,又何患之有?

一曰專設海軍以固海防也。自來有水戰而無海戰,長江水師之設,已爲整頓於格外。粵、閩、滬、津四處,均有輪船,只可巡緝海道,而不能與歐洲各國縱橫馳騁於洪洋巨浸之中,故海軍尤不可緩也。海軍既設,必先廣造戰具,鐵甲戰艦,火輪兵舶,水雷魚雷,大炮排槍,皆是也。既有戰之具,尤必有戰之人。船舶則重在駕駛,槍炮則重在施放,而尤必熟識風雲沙綫,經緯測量。雖經風濤顛簸,煙霧溟濛,而仍能操乎命中及遠之術,藉以制勝,是則藝術一科斷不可少也。當於沿海各直省,設立兵政衙門,水師學堂,以爲平日儲材之地。

一曰宜改營制而重武科也。海軍既有所專重,陸營亦宜尚槍炮。軍中但需兩隊,一曰炮隊,一曰槍隊,炮以擊遠,槍以擊近。武科考試之法別立數門,廢弓刀石而不用。天算輿圖,製造建築,機器格致,皆行軍之所不廢也。武科諸生要宜肄習則爲有用之學,又何至所習非所用,所用非所長,臨陣漫無所把握哉!

一曰宜造鐵路而爲内運地也。泰西鐵路之設,意美法良,可以通有無,濟緩急,調兵平亂,賑荒遞信,取效於頃刻。今河運萬不能復,海運一有變故即不能行,故築輪車鐵路者,以備他日不時之需。其事可衆力共舉,而其權則操之自上,何憚而不爲也哉!

一[1]宜設洋文日報,以挽回歐洲之人心也。邇來西人在中土通商口岸,創設日報館,其貲皆出自西人。其爲主筆者,類皆久居中土,稔悉内地情形。其所立論,往往抑中而揚外,甚至黑白混淆,是非倒置。泰西之人只識洋文,信其所言爲確實,遇中外交涉之事,則有先

───────

[1] 一,此字後疑漏"曰"字。

入之言爲主，而中國自難與之爭矣。今我自爲政，備述其顛末，而曲直自見，彼又何從再逞其簧鼓哉！

一曰延西國律師爲折衷也。每年中外交涉之事，均有案牘可稽。要當以中西文字刊刻成書，頒示中外，他日即可援以爲例。我國既於交涉之事延請律師，則鞫問西人，即可參以西法。他日西人犯事，可以歸我辦理，彼自無所援爲口實矣。

一曰宜遣材幹之員遊歷各國，以探消息而通聲氣也。泰西各國通商中土，所有翻譯人員，無不通悉中土之語言文字。此外如牧師神父，俱識方言，遍至內地，土風俗尚，城邑山川，悉皆瞭然於胸臆。衙署中所有文移案牘，有外未及知而彼先得耗，或則徑刊諸日報，察其從何而來，皆由中國莠民爲之耳目，良可歎也。我國所遣之人至其國中，要當與之聯絡，務得其情，則辦交涉事宜者，亦有所把握矣。

一曰宜厚待所用西人，使盡心力於我也。楚材晉用，自古有之。今自稅務司，以至教習、翻譯、工匠，率皆任用西人，有至二十餘年之久者。是宜推心置腹，待之優厚，俾其知無不言，言無不盡。以西人測度西事，當必明於華人數倍，平日誘之，使盡言無隱，善則采用之，以供一得之用。諺云："兼聽則明，偏聽則暗。"如是並收博采，廣諏遍訪，當必效可睹，而彼亦必樂於殫心竭力矣。

此外宜保護朝鮮爲屛蔽，聯絡日本爲唇齒，俄則陽親而陰備之，英則隱相結納，以爲我用。要之，和不可恃，亦不可久。語曰："毋恃其不來，恃我有以待之。"能堅持於未和之先，斯能固好於既和之後，然後可久安長治而不變也。至於在我者，儲人才，招賢士，材能者不次擢用，毋拘資格，毋徇私情。重操守之士，以尙氣節；表品學之儒，以敦風俗。取士務期有用，用人不拘乎一長。端重士習，澄肅官方，開礦取材，設局鑄錢，謹身節用，以開源而節流，則庶乎其盡之矣。

此余八九年前上方照軒軍門書也。今海軍已創，鐵路將行，遊歷人員已發其端，所呈八事已見其三，安見他日不一一舉行之哉！余老矣,久無用世之志,或有以徒用其言爲余惜者,是欲犧難余也。今而後雖有蘇張其舌,不復出雷池一步矣。

天南遯叟王韜附識

(13) 程步庭太守安陽德政紀〔1〕

浙江安陽一邑,僻處陬澨,地瘠而俗悍,號稱難治。程步庭太守前來宰是邑也,治之綽然有餘裕,既去,民猶思之不置。嗚呼!是果操何道,以得此於民哉!

太守先權景寧縣篆,勤政而愛民,循聲四達。是邑與安境毗連,士民備聞其德政,望風喁喁,皆曰鄰邑得賢父母矣。癸未秋,太守適有苆治安邑之命,士民咸額手交慶,商賈相與歌於市,農夫相與忭於野,蓋其先聲之感人有如此也。

下車伊始,即已博諮者老,遍察輿情,登之庭而告之曰,一邑中興利除弊,此有司之責也。其詳陳勿隱,凡我所能爲者,敢不竭一毫心力,爲我民籌永遠計?顧必先悉弊之所由除,然後能知利之所由興。爰條舉其目,揭之座右,曰造士,曰育嬰,曰置義冢,曰設義渡,曰創醫局。

邑中之有書院,所以造就人材也。院中膏火之貲,士藉以養,苟或不敷,名實不相副,士即不能專於其業。太守爲籌別款,以助其所不足,而後教養皆有實用。太守之所以嘉惠士林者,豈淺鮮哉!

邑中本有嬰堂,具文而已,每歲田租悉爲頑農所把持,侵蝕其所入,以飽私橐,而置公費於不顧。堂中董事懦而勿問,已成積習,太守聞之曰,是風烏可長也!嚴懲頑農,而重倡義捐,貲以是集,事以是舉,邑中棄嬰咸慶更生,太守之德也,慈君仁母之稱當無愧已。

安邑向來敝俗相仍,多停棺而不葬者,太守知其然,榜示通衢,曉以入土爲安之義,諭以水火不測之虞,誠惻之語,感動行路。又自捐置義冢,設局延董事,經理貧乏不能葬者,代其瘞埋。不數月,興櫬而往者,絡繹不絕於道,仁人之言,其利溥哉!更復施捨棺木,以恤窮而

〔1〕 原刊1887年9月8日(光緒十三年七月二十一日)第1版。

219

無告之編氓,惠逮貧黎,澤及枯骨。太守愛民之心,即此一端已可徵矣。

邑之雲江向設義渡,渡夫漁利重載,不顧傾覆。太守於是別設規條,嚴申禁令,俾渡者得免風濤之險,而永無沈溺之害。

邑中向無醫局,貧病無所求治,多致昏痁夭札之患。太守惻然傷之,恕然憂之,乃自捐清俸,捨藥施醫,以拯疾苦,顛連者俾有所歸。

其他善政不勝枚舉,如表道樹,建凉亭,以憩行旅;修橋梁,平道路,以便行人。凡有益於地方之事,知無不爲,爲無不盡其力。三年以來,所揭於庭者咸次第行之,幾於無利不興,無弊不除。邑中士民咸動色而相告曰:"吾儕何幸而得此賢父母哉!"口碑載道,萬衆如一詞,太守恩德之及人,可不謂深且廣哉!乃太守猶歉然於心,以爲未足,曰:"使我得久於其任,再盡一分心力,則所措施當不僅止於是也。"而不謂忽有調省之檄下矣。

士民聞之,惶然以駭,色然以驚,抑然求其故而弗得,皆相顧而欷曰:"何奪我賢父母之速也!"去任之日,無計攀留,而依戀之情,有如嬰兒之失慈母。邑中士民或撰詩文聯額,或製牌傘,以送太守,行者相屬於塗,祖帳之盛,爲同時所未有,歌頌之聲,洋洋乎載於衢路。太守於此時,反不以去官爲意,而深以得此於邑中士民爲喜也。

嗚呼!近時邑令罷官離任,士民所餽送者,率皆奉行故事耳,不然先期授意,其私人爲之獻諛而貢媚也,亦知祝之一,不敵詛之百,譽詞頌語,欲以掩觀者之耳目,而適爲邑民所從旁而竊笑也。今太守之得此於民,出於心悅誠服,再三辭之而不獲,與求而得之者,蓋有間矣。

余之交太守也淺,而側聞交口稱太守者,皆當世之賢士大夫也,必不作無端之虛譽有可知也。太守與人交誠慤懇,至不爲挽近昵比之習,其能得之於賢士大夫,固有由也。余有相識者從安陽來,酒間偶述太守德政,娓娓不倦。余據其前後所聞,援筆書之,備紀實事,毋敢飾詞,即作太守安陽德政紀觀可也,或作邑民去思碑亦無不可。

光緒丁亥中秋後三日,天南遯叟王韜記於滬北淞隱廬

四、刊於《申報》的詩詞文章

(14)《安陽輿頌》序〔1〕

今天子在位之九年,溧陽程步庭太守捧上官檄,蒞任安陽,政修民和,百事具舉,浙東西稱吏治者,首推安陽,咸爲安陽得人慶。未及三年,忽又以上官檄去任,士民籲留弗能得,相與歌詩以送其行。

今年春,太守罷官來滬上,余得從太守後,從容盡杯酒之歡。太守善飲,罄百爵無醉容。席間爲言,安陽之所以治,臨行猶戀戀於其士民弗置,謂自愧三年中,未嘗竭一分心力,爲黎庶盡教養之責,爲朝廷盡牧令之司,是則深有負於斯民耳,而絶不及所以去官之故,無幾微不豫形於顔色。

余曰:"安陽非所稱爲難治之邑哉!地土磽瘠,民俗强悍,宰是邑者去之惟恐不速,君何爲既去而猶無一日不繫於懷來也?"

太守曰:"胡然治無難易,顧在治之者何如耳。民無馴悍,俗無醇漓,感之以誠,則無不化。吾不爲矯激之行,和平樸實,與之相見以天。吾之所以待民者,曰不欺;所以持躬者,曰毋貪。以一邑之所入,供一邑之用,吾無私焉。吾惟知盡我分而已,豈以邀譽於民哉!"

余聞太守言,曰:"謹受教。曩觀太守貌篤厚而言懇至,以爲長者之流耳,固不宜於今日之官也。今而知太守固一時之循吏也,徒以長者目太守,殊不足以盡太守,抑亦淺已。"

踰月,余有西泠之遊,與太守相見於湖壖,寓齋棹,總宜船載茶爐酒盞以自隨,同泛乎六橋三竺之間,每遇名勝輒浮一大白。太守乃出示《知足圖》並《安陽輿頌》,安陽士民之詩文悉在於是。每閲一篇,爲盡一巨觥。中間如彭雪琴宮保、許星臺方伯、俞蔭甫太史,或以文,或以書札,所以慰勉者倍至,讀其語,如聞太息之聲。又如孫蘧田侍御、琴西方伯,以齒德尊於鄉黨,固□稱安陽二大老也,亦惜太守之不能久於其任,輒三致意焉之數公者,皆負海内重望,所謂黄河泰岱,景星慶雲,天下方以其一字之褒貶爲榮辱,數公從不輕許可人,顧皆推重太守無異詞,則太守在安陽之治績必有可觀,而其所以去官之故,亦

---

〔1〕 原刊1887年9月9日(光緒十三年七月二十二日)第3版。

可大白於天下。

嗚呼！太守之得於安陽士民也既如彼，而得於當世之賢士大夫者又如此，雖已去官，實榮於爲安陽邑令多矣。余聞太守有令子能先意養志，故年踰六十而精神矍鑠，顔如渥丹，日優遊於西湖山水之地，其樂何如？豈若治安陽邑，簿書倥偬，無片刻暇哉！余請於太守，《安陽輿頌》必思有以永之，曷弗以活字版排印，以廣其傳？太守其許之哉！余當代爲之付手民，而即以兩次與太守所言序其緣起。

光緒十三年歲次丁亥秋七月中澣，天南遯叟王韜書於滬北淞隱廬

(15)《紉蘭齋印譜》序[1]

摹印始於秦漢，官印識爵，私印識名，皆撥蠟所鑄。迄元會稽王氏，始用花蕊石製印，兼篆古人詩文句語。嗣後文何繼起，摹勒益精，體制斯備。至婁江張白於先生，廣搜天下名家所製，有《學山堂印譜》傳世。自是以還，述作隆富，如寶硯齋、墨華禪、秋水園，汪氏之《漢銅印叢卷》，顧氏之《印範》，蘇氏之《印略》，皆其矯矯特出者。近世印譜彌繁，嗜奇好異，佳者殊鮮。

上海方君星甫，自號蘭庭逸史，工於鐵筆，與雲間張君子明、同邑王君小鐵，爲文字詩酒交，並博學多聞，馳聲譽於文林藝苑間。三君俱有石篆癖，席數代之贏餘，彝鼎尊罍之外，守笥韞匵者藏弆殊富，因謀薈萃成册，名曰《紉蘭齋印譜》，冀以傳之不朽。

夫人有一技之長，即足以壽千秋，名一世。櫟園《印人傳》中諸人，詎不能垂久遠也哉，豈得以蟲雕篆刻而輕之歟？

斯譜無美不具，有妙斯臻，璀璨陸離，璘璘玢玢，固足以淹衆長而備諸善。況物常聚於所好，以三君之用志不紛，以凝於神，所詣必有造乎其極者。

三君中余固與子明相識。子明，自號疏影詞人，曾以詩文相倡酬，觀其氣宇俊逸，實有異乎人者。其所交二君矯然不凡，定可知已。

────────
[1] 原刊1888年8月15日(光緒十四年七月初八日)第3版。

四、刊於《申報》的詩詞文章

將來三君必並有著述,以歌詠昌雍,刻畫金石,鳴國家之盛,空前而絕後,然則區區之印譜,特其鱗爪焉爾。

光緒十有四年歲次戊子七月七日,長洲天南遯叟王韜書於淞隱廬

(16)《西學大成》序〔1〕

西學至今日亦盛矣哉！談西學者,人人自以爲握靈蛇之珠,蘊荆山之璞,而作終南山捷徑焉。不知西學皆實學也,非可以空言了事也。坐而言者,可起而行。自象緯輿圖,秝算測量,光學、化學、電學、醫學,兵法礦務,製器煉金,類皆有用之學,有裨於人,有益於世,富國強兵,即基於此學者。明其理必兼習其法,上之可以特創規模,匠心獨運;下之可以指授工師,造物成器。苟徒襲其皮毛,而漫無一得,則試之於用,虛僞立見。

説者謂,泰西之學開於印度,印度或得之於中土,自東徂西,其理顯然可見。泰西古名國,如埃及、巴比倫、希百來、希臘,皆所謂文明製作之邦,而今無聞焉。印度雖爲佛教之所自始,今其人亦復蠢然如麀豕,而泰西各國聰明日出,反爲吾人先路之導。歎盛衰之靡常,知學問之無盡,蹶然以興歟,自奮於西學,曷可緩哉！近時所譯西國各書,紛然錯出,亦甚夥矣。門徑既多,頭緒又繁,閲者如適寶山,茫然不知所取材,何則？以無貫串之者也。

鄞縣王君西清,探討西學有年,於西書罔所不窺,含英咀華,去冗削繁,區爲十有二門而總其大成,蓋西學咸備於是矣。書成將付石印,而出以示余。余閲未終篇作而歎曰,有心哉,君之爲是書也！可謂能扼其要矣。夫一人之心思有限,人苟能就此一編,致志殫力於一二端,以成專門名家,將來可出而供國家之用,以上副朝廷樂育人材之至意,而爲訾議西學者一雪純盜虛聲之謗,安知非即以君之此書爲碻〔2〕矢哉！此固吾所深望者也,抑我更有所感者。

---

〔1〕 原刊1888年8月16日(光緒十四年七月初九日)第3版。
〔2〕 碻,疑爲"嚆"。

223

方今崇尚西學亦徒有名而無實耳。功令所重，仍以時文取士，經策且視爲具文，遑論乎西學哉！一切有涉於西務者，不惜重值以延西人出使，選材奉循故事，未聞有矯然特出者。惟上無特典，斯下無真才，無怪乎徒挾西學之一知半解，自欺而欺人也。今欲西學之盛行，而歸於實用，必由朝廷特開西學之科始。

嗚呼！中國豈無人才哉！上行下效，捷於桴鼓，將來西學駕西人而上之，且不難此一說也。吾知君必聞之而欣然愉快者也。聊貢所知，以序君書。若作弁言，則吾豈敢！

光緒十有四年龍在戊子七夕前一日，天南遯叟王韜拜手謹序

(17) 蔣子蕃《薛叔耘廉訪去思碑》附識[1]

（蔣子蕃《薛叔耘廉訪去思碑》略）

薛叔耘廉訪，以經濟奇才入佐戎幕出苞，方面所至，政聲洋溢，名譽翕然。又以洞悉洋務，奉命爲皇華之使，得以經歷泰西，聞見盈擴，於其援朝鮮也定亂，俄頃使反側子默靖於無形，謂非應變之才而能之乎？方其持牙節，衣繡衣，以備兵於浙也，時事孔艱，海氛甚惡，廉訪從容肆應，不動聲色，內安外攘，措置裕如，民至於今猶稱頌弗衰。廉訪造就人才，樂育多士，如恐弗及。書院中所培植者，多有用之材，大裘廣廈，沾被遍於海壖。

余素仰慕盛名廿年於兹。曩者承乏上海格致書院，與廉訪素乏一面之雅，冒昧通尺一以命課題請，欣然應之，於簿書凌雜之餘，親自校閱課藝，第其甲乙，所拔列前茅者，皆一時知名之士。特分廉泉，優加獎勵，肄業之士多爲之聞風興起。知余平生著述多未付梓，並饋兼金，以助剞劂費。蓋廉訪之說士若甘，愛才如渴，其素性然也。廉訪著作等身，風行海內，余皆受而讀之，學博而識精，思深而慮遠，俱卓卓可見之施行。賈生三策，無此精詳；同甫萬言，遜兹粹實。立功既

---

[1] 原刊1889年3月24日（光緒十五年二月二十三日）第1版。此段文字原附在蔣子蕃《薛叔耘廉訪去思碑》後，題目爲本書整理者代擬的。以下王韜文章題目爲《□□□□□附識》的，都是他附在別人文章後面的評論文字，題目都是本書整理者代擬的，以下不再作重復說明了。

224

四、刊於《申報》的詩詞文章

如彼,立言又如此,文章政事,夫豈區爲兩途哉!蔣君《去思碑》言皆攄實事,亦共知無溢詞,無諛語,余故樂得而書其後。

天南遯叟王韜附識

(18) 紀陳宇山軍門德政,即送之淮揚鎮新任[1]

古有非常之人,必建非常之功,名列青史,德在蒼生尚已,亦有得時,則駕居其位,獲行其志,大用之則大效,小試之則小效,澤及一方,譽流衆口,亦其次也。

吾友陳宇山軍門,生長楚南,固三湘七澤中之傑出者也。少時即以膽略自雄,重然諾,慷慨好義。以天下方多事,投筆從戎,攬轡登車,慨然有澄清天下之志,轉鬥數省,身經百餘戰,所向克捷,積前後功,歷保至提督軍門者四次。壬午、癸未間,以法人有事於越南,海疆設備,君統防兵,駐紮滬南,計"仁""義""忠""信"四營,自日暉港以至製造局,皆君所管轄地也。

方是時風鶴頻驚,瀕海衆民多不安於厥居,君持之以從容鎮静,曉以大義,居民賴以安堵而無恐。君立法嚴而馭下寬,結之以恩,而尤能示之以威,寬嚴互用,恩威並濟。平日號令明,賞罰信,能與士卒同甘苦,所以能感士心而得士力也。君營規甚肅,約法三章,毋敢或踰,士卒非奉命調遣,不敢輒離營伍。與民雜居,而秋毫無所犯,即一笠一竿之細,亦罔敢擅取之民間,兵與民相安於無事者,五六年如一日,君之善於約束亦可見矣。以是民之頌君者,萬口如一詞。顧此猶未足以覘君之德政也。

君治兵之律既畫一而整齊,而愛民之心尤切於懷。凡有益於地方公事者,知無不爲,爲無不力。首在除莠而安良,不必以嚴刑峻法也。不動聲色,自然宵小潛蹤,竊盜絶跡。蓋君之未來也,行劫時聞,取道於此者,恒有戒心,夕陽方下,負載重物者即不敢行。君聞之奮然曰:"是風烏可長耶!安輯行旅,俾晏然出於其途,非吾之責也哉!"爰命營卒日夜梭巡,遇有顛越人貨者,立置重法不少貸。某卒司某

---

[1] 原刊1889年4月7日(光緒十五年三月初八日)第1版。

225

處，例有專責。初時巡緝之嚴，雖風雨罔敢或懈，久之而夤夜無虞，厖也不吠，閭里比以安，皆君之力也。

自駐營之所以達滬北，道路崎嶇，殊不易行，久雨則泥濘陷足。君商之鄰近紳士，特築坦途，以便行者，由是往來無滯，化險道爲康莊。凡履是途者，無不感君之惠，歌功頌德，至今弗衰。凡此皆地方有司之事，而君不憚其難而爲之，不足以見君之好行厥善無分畛域也哉！

君爲人無疾言遽色，平居雅歌投壺，恂恂儒雅，有輕裘緩帶之風。且愛才下士，喜與文人碩彥交，晋接周旋，雍容抑遜，雖古之名將風流不是過也。近營居民咸仰君德惠，屢以牌傘上饋，以表具進芹獻曝之忱。君謙讓未遑，堅辭弗獲，而此心益自欿然。常謂，所以圖報國家者，未竭涓埃於萬一，而於地方公事，亦未能裨補分毫，尸位素餐，良深愧惡。然君益謙，而人譽之者益衆。當軸亦知君誠樸廉幹，重君之才，信任益專，將大用君，藉以展舒君生平之抱負。

今聞君已特授鎮守江南淮揚等處總兵官，不日將馳赴新任，然則君將離我民而去矣。民之聞之者，未知其攀轅臥轍又將何如。惟是君之設施，必將有大於此者則可知也。淮揚地接上游，勢當衝要，四會五達，頗不易治。且其風俗尚繁華安佚，樂勵氣節恃勇力，與所以備吳淞、治滬瀆者，其情形迥爾不同。前之任是職者，亦君之同鄉，由軍功起家。君今往莅之也，當必克後先濟美，以久於其任，於整頓吏治，嚴肅軍政，當必別有一番作用。正如李光弼之用兵，壁壘一新，旌旗改色，有可知也。夫以君之才能，君之度量，豈第作鎮一方而已哉！異日者秉節鉞於江南，提督全省，節制各軍，以保障我東南，庶足以盡君之生平矣。

吾知君之欿然自下，不改於其素，亦有可知也。余與君交五六年於兹矣，於君之行也不能無辭，不敢以蕪辭進，亦不敢以諛詞進，所陳者皆君之實事，知君者當不以余言爲河漢。抑又聞之，贈人以幣，不如贈人以言。君之行也遽，未獲以杯酒作臨歧之別，所望君莅任後，以實心行實政，見事勇爲，一如在滬時，則地方公事當無不舉，軍民之被德澤者，豈淺鮮哉！

四、刊於《申報》的詩詞文章

天南遯叟王韜拜手謹言

（19）浙西逸民《論典業利弊，擬請移款濟急》附識〔1〕

（浙西逸民《論典業利弊，擬請移款濟急》略）

近來豫、皖、奉、直各省，災荒洊至，飢饉頻仍，窮民之流離載道者，慘目傷心，而邇日山東各州縣又見告矣。甚至掘食青草麥苗，苟延殘喘，且亦將殆盡矣。其情形急迫，較之各省爲尤重。余去秋自煙臺達濟南，冬杪回滬，又自濟南達袁浦，陸行二千餘里，親見東省窮民家少蓋藏，食荼茹辛，窘苦萬狀，即無水旱之災，尚且朝不保暮，況又重之以荒歉耶！歷來捐賑，皆由東南以濟西北，今東南之民力竭矣。施者已倦，待者孔殷，宜如何畫萬全之策，勢不得暫借別省之積穀倉、善後局諸存款，藉救燃眉。聞上海鉅紳王竹鷗方伯，擬通稟各省大憲，奏請於朝，合各省之民同力捐輸，無論積穀積錢，存作公項，豫備於平日，以便拯救於臨時。如是則各省畛域無分，患難相恤，似於荒政大有所裨。此事若成，誠善舉也！不禁拭目俟之。

天南遯叟王韜附識

（20）弢園釀梓刻書啓〔2〕

嗚呼！余冥冥將爲泉下人矣。年來老病頹唐，日非一日，然未有若今歲之甚者也。因思生爲走肉行尸，死遂草亡木卒，有負天地生成之德，父母誕育之恩。清夜自思，何以爲人？豹隱霧中，尚留文采；鳥鳴原上，自惜羽毛。生平亦嘗有意於述作矣，少即致力詞章，壯乃妄談經濟，中間旅東粤，泛西歐，攬轡錫蘭，濯足扶桑，作七萬里之壯遊，探五千年之軼事，目所見，耳所聞，心所得，意所至，輒命筆誌之。

前後所著述凡三十六種，已付剞劂者十有二種，散編於他書者五種，然則刊以問世者，僅得其半耳，今年擬次第授梓。蓋余自山左歸來，驟患腸紅，服藥百裏，終罔見效。醫者謂，由食後驟車顛簸所

---

〔1〕 原刊1889年4月14日（光緒十五年三月十五日）第1版。
〔2〕 原刊1889年8月5日（光緒十五年七月初九日）第4版。在《弢園著述總目》一書中，本文爲序言。

致。因是飲食鋭減於前,幾於枯瘠無人理,精神意興,迥不如前。即使載酒看花,亦了無樂趣,知距死境不遠矣,去死生猶旦暮耳。犬馬之齒,六十有二,於人世初何所戀!所可惜者,區區著述,皆從昔年憂患困苦中來,一旦溘然,身後無人,同化煙雲而消滅,欲求爲世人覆瓿糊窗且不可得。劉孝標所謂"魂魄一去,同歸秋草",每思此語輒自悲也。

顧思交遊滿海内,世間當不乏好事者流與我同志。余向者曾爲友人刊刻書籍,冀以傳世,如寶山蔣劍人茂才之《嘯古堂詩集》《芬陀利室詞集》《詞話》,嘉應黄公度觀察之《日本雜事詩》,元和許壬瓠主政之《珊瑚舌雕談》皆是,重刻前賢已毁之板、未鐫之書,如溧陽史悟岡教授之《西青散記》《華陽散稿》,歸安嚴久能上舍之《娱親雅言》,吴縣馮景亭宫允之《校邠廬抗議》皆是,蓋不下十有餘種。余書雖不逮諸君子之萬一,然中如洋務近聞皆關時局,亦有心世道者之所不廢也。惟此各書,專恃一人之力欲刊之而不足,而藉衆人之助,當舉之而有餘。獨是募刻詩文,妄希丐貸,實以飽其囊橐,此時下名士積習,久爲當道所齒冷。余固不欲爲,亦不屑爲也。

今擬設立弢園書局,醵貲刊印。如有諸友願助以刻貲者,皆作股份核算,每股二十五圓,自一股至二十股,各隨其意。即書坊夥友,有願出貲得書者,亦可入股。凡預分者,照例先給股單,每印一書竣事,必分饋入股諸友一二部不等,或視股份若干,爲饋書之多寡。在股諸友有欲取書者,必照極廉之價,其值即於股單積算扣除。或有不願得書而欲取還股價者,即按每次售書所入,照股均派。每書一種,排印以一千部爲率,自分饋出售皆有清單作據,分毫無所私也。

余印書之舉業已從事,先於美華書館,以活字板排印《春秋朔閏至日考》《春秋日食辨正》,不日竣工,即可貽贈同人。無論襄助之有無,刻貲之集否,鄙意已決,事在必行。所以靦顔爲此者,特恐顧而無繼,故作將伯之呼耳。若蒙海内名流謬加賞識,或名公巨卿,或文人才士,分以廉泉,惠以仁粟,譬諸集腋,庶可成裘,有賴衆擎,藉能舉鼎,俾成此役,感且不朽。今將已刻、未刻書目臚列如下。未刻者,固宜急畀手民;已刻者,亦將有事於重訂。他日刻成冀世,或有知我者

四、刊於《申報》的詩詞文章

未可知也。若欲作一家言,則吾豈敢![1]

已刻書目:《普法戰紀》《弢園尺牘》《瀛壖雜志》《弢園文録外編》《蘅華館詩録》《甕牖餘談》《遯窟讕言》《淞隱漫録》《火器説略》《扶桑遊記》《海陬冶遊録》《花國劇談》。

未刻書目:《春秋左氏傳集釋》《春秋朔閏至日考》《春秋日食辨正》《春秋朔至表》《皇清經解校勘記》《國朝經籍志》《華英通商事略》《西國天學源流》《重學淺説》《格致新學提綱》《泰西著述考》《光學圖説》《四溟補乘》《漫遊隨筆》《法國志略》《臺事竊憤録》《弢園尺牘續鈔》《西古史》《西事凡》《老饕贅語》《淞濱閑話》《三恨録》《歇浦芳叢志》《眉珠庵詞鈔》。

（21）葉子成《〈中西算學大成〉跋》附識[2]

（葉子成《〈中西算學大成〉跋》略）

此余門人葉子成茂才編輯《中西算學大成》,既蕆厥事,而自爲之述其原始也。夫算學至今日而極盛,門徑大開,新益求新,精益求精,幾於登峯造極矣。是書諸法畢備,集其大成,變化錯綜,引人入勝,不獨爲算學之巨觀,而格致之學亦基於此矣。子成英年嗜學,深通曆算,由於天授,時有心得,而輒能探其閫奧,窮思力索,必欲造乎精微而後已。堅其志,充其量,將來何難成一代算學名家,而與浙西徐、戴、李三家並駕而齊驅也哉！吾知國史疇人傳中,又添幾葉相須矣。欣幸之餘書此,以爲子成勉。

天南遯叟王韜附識

（22）錢志澄《北邊防務輕重緩急何在論》附識[3]

（錢志澄《北邊防務輕重緩急何在論》略）

此篇爲烏程錢志澄所作,應格致書院戊子冬季課試,天津兵備道胡芸楣觀察拔取超等第一。志澄,一字孟勤,年僅弱冠,而其才氣縱

---

[1] 本文在《弢園著述總目》一書中作序言時,此句下還有一句:"光緒己丑七月下澣,天南遯叟王韜書於滬北淞隱廬。"後面"已刻書目"與"未刻書目"的每一本書,在《弢園著述總目》中都有較詳細的介紹。

[2] 原刊1889年8月25日（光緒十五年七月二十九日）第1版。葉子成,即葉耀元（1864—?）,江蘇吳縣（今蘇州）人,字子成,格致書院學生,王韜弟子,曾任上海《新學報》總撰述。

[3] 原刊1889年10月1日（光緒十五年九月初七日）第1版。

横渾瀚已如此,頗有蘇家策論風,誠當今未易才也。充其養,精其識,何難於古文名家中別樹一幟哉!

天南遯叟王韜附識

(23)張幼亦《祭黎母文》附識[1]

(張幼亦《祭黎母文》略)

此侯官張幼亦司馬,代方棣生觀察祭黎母文也。司馬負經濟才,服官粵西,三提縣印,詩文頗有奇氣。謹按,黎母上應婺星,東坡詩所謂"願爲黎母民""奇峯望黎母"是也。宋胡銓夢見黎母,遂謫海南,於傳可據。上年方觀察奉命開黎,將士瘴亡甚多,於時幼亦司馬亦在軍中,爲民請命,建策祭黎母,以通諸峒,觀察韙之,遂撰文以祭,從此將士入峒開路,一律平安,直達於五指山暨黎母山下。明年又奉督帥令開井字路,四通八達,剋期功成,至誠感神,一至於此。可見天人相通,捷如影響。余去歲偕司馬自山左還滬,途中昕夕相見,話及此事,歎爲神助。昨又出示斯文,敬錄之,爲海外一段奇聞,亦可資瓊島中一掌故也。

天南遯叟王韜附識

(24)一得居士《中西女塾説》附識[2]

(一得居士《中西女塾説》略)

此一得居士來稿。古來中國女子無不讀書識字,史册中所稱才女,指不勝屈,至今著述俱流傳於世間,故表彰閨閣者,動以"婦德、婦言、婦容、婦工"四德並稱,然則女子何嘗不講才學哉!自後儒有"女子無才便是德"一言,遂有廢書而不讀者;有"娶妻娶德"一言,後世之爲行述墓誌者,遂罕及其貌。竊嘗以此爲疑,今觀此説,實獲我心。泰西女子,無一不知書識字者,不獨主持中饋,相夫子,操家政,實倚之如左右手。余近輯《法國志略》,法之拿破侖第一,由匹而稱帝,幾與亞力山大、儒略·該撒後先媲美,不知基業之隆,由於内助居多,蓋其所娶如色馨

──────
[1]原刊1890年1月12日(光緒十五年十二月二十二日)第1版。
[2]原刊1890年2月23日(光緒十六年二月初五日)第1版。

四、刊於《申報》的詩詞文章

識量宏遠,佐帝於帷幄中,多所匡益。迨後安奧國公主瑪利雖亦以賢淑稱,而智略遠不逮矣。後人追咎其失事,謂由於內助之無人也。由此觀之,擇婦可不謹哉!婦德由讀書始,可謂得其要領矣。

天南遯叟王韜附識

(25) 繆少初詩附識[1]

少初司馬服官汴省幾十餘年,宰伊陽者十九年,政聲卓著,去思之碑,藉藉人口,誠不愧古之循吏也。曾隨大帥出剿捻匪,上馬殺賊,下馬草檄,幕府倚爲左右手,洵今時未易才也。近旋里門,優遊於泉石間,殆不作出山想歟?恐赤緊需人,蒼生待治,當不容其東山高臥也。

天南遯叟附識

附:繆少初原詩

臘尾春頭,日與藥爐相對。人日檢點書帙,忽見天南遯叟所貽書,意在結鄰,欲爲卜宅。白少傅平生心跡,高蜀州遙憐故人,誰謂古今人不相及也。率成一律,希大方家正和。

強折梅花寄一枝,適逢人日且題詩。結鄰擬學元同白,聯句應追陸與皮。

別遠會稀交自密,情長箋短報偏遲。病餘更益慵生懶,枉辱魚書兩度貽。

虞山繆荂聯少初甫待定稿

(26) 李鼎頤《栽禁洋藥議》附識[2]

(李鼎頤《栽禁洋藥議》略)

此篇亦係格致書院課藝,爲南海李鼎頤所作,名列超等第二,所

---

[1] 原刊1890年2月23日(光緒十六年二月初五日)第9版。
[2] 原刊1890年3月9日(光緒十六年二月十九日)第1版,附錄在李鼎頤《栽禁洋藥議》文章後。此文與《格致書院課藝》中收錄的王韜在李鼎頤這篇文章後的評論有所不同。此題目爲本書整理者代擬的。凡是在《申報》刊登王韜評論格致書院學生課藝的文章,都是與《格致書院課藝》中不相同的,如若相同,本章節就不再重複收錄了。以下文章中有如此情況的,不再說明了。

言頗有見地。竊謂洋藥一項,實爲中國漏巵之最大者。有心時局者欲禁而不能,則姑爲栽種之説,以奪其利藪。然栽種則未免有妨穀産,民食所關,不可不慮。是則兩者初無一可,必不得已而出下策,則莫如暫許栽種,而徐議禁止。禁内而不禁外,禁官而不禁民,禁新而不禁舊,重徵煙税,抽取膏釐,編列煙户。凡隸兵籍應考試入仕途者,皆須具結不吸洋煙,緩之以時日,嚴之以法令,重之以獎罰,亦由漸轉移之術也。既無虞其激變,亦不至於擾民,計莫有善於此。蓋洋煙之爲物,極貴則易禁,極賤亦易禁。中國各省盡行栽植罌粟,止漸趨於極賤之一端。至今日而欲中國不栽罌粟,則必先令印度不種波畢,否則爲淵驅魚,爲叢驅雀,使彼獨擅其利權而已。顧將來更換和約之時,於鴉片一門,似宜杜絶其來源,或限以若干年後,印度不得再種鴉片,洋藥不得再至中國。如上年中美定約云,鴉片煙不得互相買賣;中巴和約第十四款言,彼此不得販運洋藥,可援以爲例。或慮英之政府未必肯從,不知昔年初禁鴉片之時,當事者苟能深悉洋情,未嘗不可禁絶。惟過於操切,遂至竟成畫餅。蓋其患不在繳煙,而在閉市。當英領事義律自陳違禁,犯煙之弊亟須設法早除。如准委員來澳,會議章程可冀常遠除絶,是煙未嘗不可禁也。無如一誤再誤,坐失事機,致令流禍極於今日,是天心之猶未悔禍歟?今日栽禁並行,默爲挽回,使栽者自栽,禁者自禁,待至數十年之後,舊者已亡,新者漸寡,則栽者亦必日見其少,洋藥當不禁而自絶矣。有心時局者,當不河漢斯言。

天南遯叟王韜附識

(27) 姚太守《泰西自流井説》附識[1]

(姚太守《泰西自流井説》略)

此記從德國柏林京城姚太守寄來,得之於目擊身親,實有裨於民生日用,非但欲胡君一雪此謗也。按:咸豐丁巳年間,法人爲旅於阿爾及地,見其民率在曠野,每苦無水,乃思得一鑽地之法,不論何處

---

[1] 原刊1890年3月30日(光緒十六年閏二月初十日)第1版。

皆可得水,鑿井務深,不甚費力,名曰亞低井,因法人始造之於亞低地也。於是土人喜甚,汲煮淘洗咸有取資,可免無水之患矣。此即泰西自流井之類也。然則西國行之已久矣,日本殆亦用其法而變通之歟？既可行之於日本,何爲不能行之於中國？豈真風氣未開,尚有所待歟？若能行之中國,西北方用此灌溉田畝,興創農桑,其利豈有所窮哉！

天南遯叟王韜附識

（28）玉筍生《妖火說》附識[1]

（玉筍生《妖火說》略）

此篇乃玉筍生從吳門寄來。時鄉里中每至夜間,輒有流火熒熒然,遍布田畝間,聚則成團,逐之則散,其焰作慘碧色。鄉人伺其至,鳴鑼以警之,幾於徹夜不安。其實即磷火之類也,俗謂之陰兵火,村鄉恒有之,不足爲異也。惟是人心不靖,殊屬殷憂。是在當軸者以詩書禮樂潛消其悍戾之氣,斯則城鄉共成洽比之歡,而無猜虞之見,豈不善哉,妖火又何足云！

天南遯叟王韜附識

（29）《法國志略》原序[2]

同治九年庚午春,予從泰西歸豐順,丁雨生中丞時方開府吳中,以其所纂《地球圖說》郵寄粵嶠,命余增輯史事裒益。近聞著爲定本,其書自米利堅人原本譯出,僅詳輿地而已,且識小略大,多所遺漏,遣詞命句,未極雅馴。余因先從事於法志,爲之甄削繁要,區別體例,增損改置,條繫件分,凡六閱月始得藏事。

其間改析原書者六卷,首爲《法蘭西總志》三卷,次爲《法京巴黎斯志》一卷,又次爲《法蘭西郡邑志》二卷。此外就見聞所及,或采自他書,或錄諸郵報,益以廣述四卷,首爲《法英婚盟和戰紀》一卷,次爲

[1] 原刊1890年4月6日（光緒十六年閏二月十七日）第1版。
[2] 原刊1890年4月13日（光緒十六年閏二月二十四日）第1版。

《拿破侖第三用兵記》一卷,次爲《普法戰紀》一卷,又次爲《瑣載》一卷。

區畫疆域,指述山川、民風物產,具陳粲然,爲《總志上》。政分今古,綱舉目張,規模漸備,首在富強,爲《總志中》。舊三十三部,新八十九府,縷析條分,屬藩後附,爲《總志下》。宅中建都,綱維全土,負海阻山,爲其門戶,爲《法京志》。瓜疇芋區,經理宜詳,居民度地,此界彼疆,爲《郡邑志》上下。昔攻今合,比附相安,一或不競,唇亡齒寒,爲《法英婚盟和戰紀》。因勢竊據,遂逞梟雄,外強中槁,卒召伏戎,爲《拿破侖第三用兵紀》。盈覆驕亡,禍機倚伏,弗戢自焚,身禽國蹙,爲《普法戰紀》。學術不同,器藝足述,旁諏敵情,無遺纖悉,爲《瑣載》。叙述大指略具於此矣。

曩余初至倫敦,即致書法國學士儒蓮,謂宜撰成國志,俾二千年以來事蹟犂然有所發明,得以昭示海内,此亦不朽之盛業。儒蓮未有以應也。余三年中往還,皆取道於法境,故得兩經法都,覺其宮室之雄麗,廛市之殷闐,人民之富庶,兵甲之盛強,未嘗不歎其外觀之赫耀也。及徐而察其風俗之侈靡,習尚之夸詐,官吏之驕惰,上下之猜忌,亦未嘗不慮其國不可以爲國,而初不料一蹶不振如是之速也。

嗚呼！法在歐洲爲千餘年自立之國,喜選事,善用兵,歐洲全局視之以爲安危,列國於會盟征伐諸大端,無不遣使集議於其都,而法爲之執牛耳。其國威兵力足以攝人,蓋積漸使之然矣。盛極而衰,此其變也。日中則昃,月盈則魄,此理之當,法奈何不悟哉！雖然,莫謂法無人也,一二老成人,蓋有太息痛哭流涕,以私相告語者,徒以職位不尊,事權莫屬,雖言而不見用,自古事勢一去,智愚同盡,運會所乘,才庸共奮。夫亦準諸天道而權諸人事耳,豈由一朝一夕之故哉！

論者但知法之所以盛,而不知法之所以衰,固不得爲探本窮原者矣。法之盛,法固有以致之；法之衰,法亦自有以取之,並不得爲弱法者咎也。吾願歐洲諸國以法爲鑒焉可也。特余志法之意,更有進於此者。法通中國已三百餘年,於泰西諸國爲獨先。名流碩

四、刊於《申報》的詩詞文章

彥,接踵東來,無非借天算格致以陰行其主教,其勢幾至上動帝王,下交卿相。有明之季,靡然從風。余嘗觀《天學初函》所載,著述諸家,彬彬爾雅,皆足以登述作之林。至采入《四庫全書》中,誠以西學之進中國乃自此始,象緯輿圖,製物造器,無不由此而來,其言誠不可廢也。流漸至今,亦緩通商而急傳教,中外齟齬之端,未嘗不由乎此。即向者其國之政權,亦半爲主教把持,其間法王拿破侖第三至稱爲護法宗師。

夫泰西立法異於中國者有三,曰政教一體也,君民共治也,男女並嗣也。惟法歷代以來無女主,謂之撒利法律,此則與他國不同。而近日主教之權亦漸替,民間皆持自主之説,一切得以自由。夫天生烝民,作之君,作之師,使司牧之,原所以教育之也。國家所設政令科條,原所以治姦民,而非制良民。民能奉公守法,自規於善,即法所不得而加,否則以天子之尊,亦在法下。故君也者,無異政與民同欲;師也者,無異教爲民立命。政與教不相統,而適相成,此世之所以治也。

泰西諸邦,雖分有民主之國、君民共治之國,而亦不能廢法以自立,納賦税,從徵役,何嘗不聽爲上者之約束?苟使人人自由,是直叛民而已矣,其國又何以立哉!泰西向者以教統政,上下維持,而卒亦治者,有治人也。其馴至於亂者,無治法也。且自由者,不過脱於苦軛而已,謂以後虐政不得而加之也,非謂事事必與上相背而馳,務行吾意而後快也。法令者何嘗不設立統領,以一其事權也哉!推之於民主諸邦,如美,如瑞,何莫不然!乃有倡行是説,而變本加厲者,是則人心世道之深憂也。余故志法而並及之法,自經創鉅痛深之後,易轍改弦,急自振勵,其興當未有艾也。吾方爲後日之法望之矣。

此余法志原序也。向不過十卷,今又益史事十卷,合之凡二十卷。自開國紀原以迄於今,軍國重事,無一不載,法志至是乃全。去冬付之手民,承諸鉅公釀賞相助,今春將竣厥工,出以問世。先登原序於日報中,以慰觀者之望。愚者千慮,或有一得,聊以效芹曝之獻,敢侈口言著述乎哉!

天南遯叟王韜識

（30）味純園公祝何桂笙先生五秩壽文[1]

光緒庚寅三月九日，爲古越何桂笙先生五十壽辰，同人公祝於張氏味蒓園。

酒未半，叔和觀察揚觶而前曰："今日爲先生嶽降之辰，義合介眉，數符大衍，吾同人不可無一言爲先生壽。余獲交先生有年，自謂知先生實深，文章卓越，超絶古今，品詣純粹，見信於宗族鄉黨間。昔人之所謂三不朽者，先生已有其二矣。先生弱冠以文章鳴，掉鞅詞壇，軼倫超羣，英俊之士，甘步後塵，自愧弗如。及壯薄遊四方，所與周旋晉接者，皆東南名宿。蹤跡所至，觀聽一傾，咸願納交恐後。士大夫雅重其才，延於家訓，迪其子弟，皋比坐擁，脩脯孔優，而先生循循善誘，歷久無倦容。及門諸高足咸負碩學，獵重名，上以宣力於國家，下以樹型於閭車，皆出自先生之教誨居多。西人久耳先生名，以重幣延主筆政，先生力持清議，作中流之砥柱，一褒一貶，嚴於衮鉞，悉秉之公而已矣，無所私也。古之所謂蓄道德、能文章者，其在先生歟？先生於是可以不朽矣。蓋先生以有涯之生，而獲無量之壽，年雖強仕，而名以永存，後之人方且睹其文而思其盛烈，流徽餘韻，百世之下猶興起焉。古之於縣於社，可以懷風而配食者，非先生其誰與歸？然則今日之盛集，曷可以弗誌？能援筆而爲先生祝嘏之詞者，同人之中實推遯叟，余願以此事屬之，遯叟其勿辭。"

遯叟起而再拜曰："余辱與先生爲金石文字交，微觀察言，亦將越席陳詞，以侑先生一觥。"遂以玉罌注瓊漿，命廣寒仙子揎翠袖，露春蔥，捧以敬先生。先生欣然以醑爲之引滿。

遯叟曰："余之所以祝先生，命意所在，亦猶觀察之旨耳。特於觀察言之，未盡者，爲引伸之。余維會稽山陰山水之秀甲天下，名地宜產名人，自來稱人材之淵藪者，山會固當首屈一指焉。先生抱負奇姿，少小即蜚聲庠序，璠璵之品，望而知珍，乃不貢之於廊廟，而偏隱

[1] 原刊1890年5月4日（光緒十六年三月十六日）第1版。

四、刊於《申報》的詩詞文章

逸於山林，一備成均之選，即無志於賢書之徵。一擊不中，絶意進取，豈非由其志趣澄清，天懷澹定，土苴富貴，敝屣功名使然歟？秉質樸懋，流露再真，植品本末，皎然不欺，是以承學之士奉爲模楷，先生之道德可以壽矣。

"先生具洸洋恣肆之才，爲通博無涘之學，經史子集，貫徹胸中，月露風雲，變化腕底。所爲詩古文詞，有若宿構，屬稿於腹，借書於手，每一篇出，人無不駭其敏絶，譽流衆口，紙貴一時，國門可懸，都人爭寫，可頡頏於襄陽播諾之詞，而無愧色矣。凡外邦之文人學士航海而至者，如朝鮮，如日本，如越南，無不執贄請謁而求其詩文，得先生之片紙隻字，若獲拱璧。古之所謂望重雞林、名垂獅國者，不是過也。先生於一切學問，無不闢其町畦，探其奧窔，揚芬摘藻，含英咀華。故其立言也，深造而有得；其用筆也，馳驟不懈而及於古。華縟而豐贍，端莊而流利，抽秘逞妍，窮端竟委，皆傳世之作也。所著不肯遽授手民，秘諸篋衍，將來藏之名山，傳之其人，可預卜也。先生之文章可以壽矣。余之所以壽先生者，弗敢譽，亦弗敢濫，先生其許之乎？"

於時先生方且謙讓未遑，攝具再拜，稱不敢當。同人咸興屬而和者，如出一詞，皆曰："觀察前所稱者，足以見先生之大；遜叟後所稱者，足以見先生之高。以先生之才，必有文章弁冕於儒林；以先生之品，必有道德模範乎藝苑。兩者兼之，是曰全人。今日者淑景融和，韶光澹沱，吾同人得以追隨先生之杖履，如坐春風，如飫醇醪，即此衆美翩來，羣花環侍，咸願備絳帷弟子之列，聆馬融後堂之絲竹，即開謝女東墅之壺觴，所謂亦道學亦風流者非歟？余等幸得與先生通縞紵，契苔岑，預於今日之盛集，竊願附驥以傳焉。"

是日凡來祝先生壽者，同人姓氏例得備書，序次以齒不以爵，約略舉之如左：王君雁臣，袁君翔甫，吳君蘭生，唐君泉伯，經君蓮珊，朱君静山，王君蔚亭，謝君筠亭，鄭君讓卿，席君子眉，蔡君和甫，蔡君紫黻，王君松堂，蔡君玉季，唐君傑紳，唐君芝田，錢君昕伯。因事未至而遣其次子仲厚代預祝而不來者爲：徐君子静，施君少欽，梁君金池。味蒓園主爲張君叔和。其得參末座者則遜叟也。合之凡二十有二人。

諸同人陳詞既畢，飲酒微醺，方當觥籌酬酢之時，履舄交錯之際，釧動花飛，遺簪墮珥，而忽有客闖然以至者，則璐威國人阿爾生也。攜審聲筒來，謂即古之空谷傳聲法，如一人向筒宣言，音入筒中，其一人俯耳而聆之，如聞其語，歷歷分明，雖經數百年而恒在，阿君願獻薄技爲壽翁娛。同人迭進而聽之，靡不踴躍稱善，齊聲讚歎，得未曾有。遞叟止聞筒中二語曰："福如東海，壽比南山。"蓋阿君祝詞也，爰並誌之。

天南遯叟王韜撰

(31)《格言聯璧》序〔1〕

古人以立德、立功、立言在三不朽之列，誠以人生於世，當不負天地生成之德。既不能言坊行表，爲舉世所矜式，復不能立業建功，爲國家所倚賴，則亦當托之空言，以傳於後，否則悠忽自甘，玩愒自棄，同於草亡木卒，宇宙間又何必有是人哉！

夫所謂言者，非一卷跪骳、數篇帖括之謂也。此僅足以弋名射利而已，於人世身心初何所補？聖賢之垂訓也，可以挽回風俗人心，使之革非去謬，皈正閑邪，故《詩》三百篇，可以啓發人之善心，懲創人之逸志。自來文章詩詞能傳之千百世者，可以昭日月，動鬼神，泐金石，可泣可歌，被之弦管，歷久而常新。然則言之所繫顧不重哉！孟子距楊墨詖行淫辭自不取，誣民而惑世，韓昌黎之《原道》能闢佛氏於方張之際，而不敢復肆其焰。讀武鄉侯之《出師表》，忠義之氣勃然以興；讀文公之《祭十二郎文》，孝悌之心油然以生。陸忠宣公所擬詔書，責躬非己，大河南北之民人見之，無不泫然流涕。凡此皆所謂感人以言也。

推之於後世所傳之陰騭文、感應篇、勸世箴、救劫真言，無非欲民同歸於善而已。故陰陽報應之說，雖屬淺近，儒者之所不廢，作善降祥著於《書》，積善餘慶見於《易》，亦勗之以理之可信者而已。天下庸人多，而上智少，習於善則善，習於惡則惡，故必日懸先哲格言於案

〔1〕原刊1890年5月18日(光緒十六年三月三十日)第1版。

頭,俾其觸目警心,有所感發,自不至入於歧趨。壯行由於幼學,晚途肇於始基。父老之所督責,師友之所箴規,莫如以格言爲先路之導。

山陰金君蘭生所輯《格言聯璧》一書,或采自先儒語錄,或摘從前哲遺書,其中嘉言名論,美不勝收,截珥編瑭,聯珠合璧,誠不愧一字一金也。甬東袁君松濤、滬上陳君玉麟,見而善之,醵貲重刻,壽諸棗梨,其板存儲仁濟善堂,隨時刷印,普行施送,無非欲善與人同也。是書所包者廣,先之以謹身涉世,繼之以應對周旋,内之在家庭,外之在閭里,顯則居官,隱則修己,用舍行藏,無乎不備。其目凡區十門:曰學問,曰存養,曰持躬,曰敦品,此以盡乎己者也;曰處事,曰接物,曰齊家,曰從政,此以應乎人者也;曰惠吉,曰悖凶,藉以警乎身心者也。以見百事之順逆,視乎一己之云爲吉凶之報,如響斯應可勿懼哉!嗚呼!我因之有感矣。

此書初刊於咸豐元年,而重刻於光緒二年,其間相距僅二十五六年耳,即至今日,亦不過四十年而已,不無人心之升降,風俗之變遷,有心人正於此隱寄其深慨焉。當文宗顯皇帝御極之初,海寓宴安,閭閻富庶,楚鄂豫皖吳越之民,二百餘年來未見兵革。上則雍容逸豫,粉飾昇平;下則燕會歌舞,從事娛樂。僭侈逾制,競肆奢華,正猶燕雀處堂,初不虞一旦禍起而巢覆也。逮乎大憨既殲,全家無恙,方冀其厭見亂離,歸於平淡,悔禍之延,孳孳向善,農耕於野,婦織於室,商賈藏於市,而一切詐偽恣肆、澆漓悍戾之風於焉盡戢。所謂亂者易爲治,哀者易爲感,勞而求息者易爲撫,危而求安者易爲教,而孰知否否,人心益詐偽,而加之以悍戾,風俗益澆漓,而加之以恣肆。有心人眷懷時局,蒿目時艱,不禁爲之隱憂,而幸賴諸君子之力,有以維持而挽回之也。

歷年來北方各直省水旱告災,飢饉薦臻,老弱婦稚,流離載道。諸君子勸賑勸捐,不遺餘力,其他諸善事無不次第舉行。如捨醫藥以濟病困,設棲養以周貧窮,施棺木以恤死亡,立義學以教幼童,創嬰院以收遺孩,恤嫠贍老,亦兼及焉。至於誦讀聖諭,宣講善書,無非欲洗滌其非心,消融其惡念,庶俾民尚敦龐,俗歸忠厚,教養得以相資。即如刊刻格言,亦所以化民而成俗,迪之以訓誨,樹之以儀型,爲勸導之必不可少者也。

去歲江浙災而不害，諸君子之力居多，然論者猶謂，未甚荒歉之區，亦得幸邀賑恤之惠，是恐啓將來小民幸災之心，不可不深慮也。欲生其愧恥之心，莫如感之以善言。古者有鄉校以采清議，亦有鄉約以勵羣修。清議達於上，羣修竸於下。上有以教下，下有以奉上。夫然後上下之交通，君民之分親，内姦既靖，外侮不生，以忠信爲甲胄，以禮義爲干櫓，以千萬人之心爲一心，雖强鄰敵國有堅甲利兵，可使制挺撻之而有餘矣。無他，有善氣以涵養之，善言以化導之也。蓋濡染提撕，薰陶甄育，裕之於平日，斯用之於臨時，非一朝一夕所能收其效，漸漬使之然也。

以先哲格言教民，視之雖迂，而其效收之甚遠，諸君子可謂能務其本矣。余故樂得而書其端。

光緒庚寅春季，天南遯叟王韜序於淞隱廬

（32）李貞姑下壇自述始末記〔1〕

慈谿設有奉心壇，奉事甚虔。一日乩仙降壇，自稱李貞姑，自書其生平事實，今附記於此。

下壇詩云：遊魂一縷藕絲牽，飄泊無依二十年。欲把從頭心事訴，夜臺朽骨有誰憐？

下云：妾李氏，錢塘人，高祖士英，曾祖柱相，祖從矩，繩孫四世，以文學世其家。妾生時，母夜夢大士手折碧蓮以贈，寤而分娩，因名曰蓮芬，字碧奴。少羸弱多病，五齡父授以七詩，能默誦不遺一字。父鍾愛之，輒於解館後房中口傳六朝豔體文及唐宋人詩。九歲時咿唔能吟詠，父喜曰，謝家道韞不死矣。由是每談論古今，兼教《内則》《女經》，遂慨然以禮教自任。

妾有姊二人，伯鳳適王郎，早寡，病瘵死。仲金蘭冶容失行，少字潘，十六歲被鄰生某誘去，二夕歸，父怒其無行也，屬雉經死。潘訟於官，父母俱被逮。越一年，母死獄中，父戍遼東道卒。

〔1〕 原刊1890年6月8日（光緒十六年四月二十一日）第1版。

四、刊於《申報》的詩詞文章

妾踽踽無依,既無叔伯,終鮮兄弟,乃鬻於周太常家爲婢。夫人房中失金釧二,搜拷殆遍迄無着,或疑妾所爲。太常遣僕狗兒遍體查尋,夜半逐妾於武林門外。

一老嫗年五十有餘,見妾昏夜啼哭,挈諸其家,蓋是時妾年已十四矣。妾初入門,不知其爲青樓也,恬然自安。三日後,屬妾學歌習舞,兼教以絲竹,妾始瞿然以驚。顧以老嫗慈仁,雖置身火坑中,而亦無所苦。妾少有慧心,所學輒冠諸姬,於是翩翩少年,錦衣公子,爭以纏頭相贈。然樽酒之間容或有之,枕衾之約,尚無當意者。

有吳生雪野者,風姿秀拔,蘊藉能文。清明日遇妾於段橋,一盼留情,戀戀不忍別。明日持床頭金幾百貫敲門過從,一夕長談,中心若揭,從此奕棋對酒,作詩度曲。幾二年,妾已屆破瓜,而吳亦二八,兩小無猜,繾綣纏綿,情同鐵石,鴛鴦池下,蝴蝶花間,此景此情有不能自己者矣。

未幾生父由學官遷縣令,不一月以貪墨挂彈章兼及其家。可惜吳生空囊羞澀,欲前又卻,二年之交,百年之盟,空成畫餅。吳生贈斷情詩六十三首,其末首云:"江郎剩有生花筆,只寫當年別恨辭。"每一念及,不覺淒然淚下,然此身猶白璧也。

咸豐庚申粵賊陷省城,吳生被執不屈,妾亦被虜,爲賊將沈壓寨。二日,沈苦逼妾,妾時以吳生心喪,佩縞素,遂托言母服未除,得不辱。每欲自盡,而邏守者嚴且衆,不得也。

越一月,大軍克復城池,妾恐以賊黨見殺,亟從錢塘門出,投西子湖作屈大夫矣。三竺六橋,煙景動人,二十餘年匆匆如一夢。每當清明寒食,見陌上黃土幾堆,後人持麥飯紙錢拜掃墓門,未嘗不淚涔涔下。妾在水一方,恨無女嬃以竹筒投米,甚可悲也。

前者紫府令君奉詔查察節孝,見妾甚推許,遂收爲侍女,故渡江到此已月餘矣。今令君覆命瑤宮,妾欲相從俱去,以情鬼不得上列仙班,命於獅子嶺小洞中暫作寄身之所。遇何仙囑在此地,明其事實。總計妾生平,幼爲儒家女,繼爲婢妾,又爲妓女,更爲虜俘,今爲餓鬼,而情所未免,心則無他,身終自潔,志有可憫。異日君等文成名世,當爲妾於雜說外編之中,以遊戲筆墨作一佳傳,則妾幸甚。至旌典之

241

邀，究嫌冥冥無據也。蓮芬斂衽拜去也。

此李貞姑蓮芬下壇，自述其生平始末甚詳，抑何其遇之蹇而情之悲也？然雖墮風塵，而仍以潔白自矢，皭然不污，洵火坑中一朵青蓮花也。其志可嘉已！暇當爲作小傳，附之《淞隱漫錄》中，藉以告慰於九泉之下。

天南遯叟王韜附識

（33）葉耀元《祭曾劼剛襲侯文》附識[1]

（葉耀元《祭曾劼剛襲侯文》略）

此余門人吳縣葉耀元子成茂才，祭曾侯劼剛宮保之文也。天下揄揚之語，頌美之詞，出於近者親者則私，出於遠者疏者則公矣；施之生前則類於謟，施之死後則見爲真矣。其在生前，千人之諾諾不如一士之諤諤也；其在死後，獲二三交際者誄詞，不如灑八百孤寒之痛淚也。惟其感恩知己之言，出於疏遠卑賤之一士，則平日之所以愛才下士，重學尊賢，迥越於尋常可知已。

侯之爲人，余雖未嘗有一面之識，而遙聽其聲名，伏觀其著述，並竊窺其見之於措施，而歎爲國家棟梁柱石之臣也。侯於中外交涉之事，凡遇盤根錯節者，朝廷一以命之，而無不應節以解，渙然而冰釋。或遇所不可，侯必以利害爭之，即遠人亦無不共仰其公忠體國，不忍行其欺，所謂忠信篤敬行於蠻貊者非耶！侯之還朝，咸望其大用，措一世於和平，登斯民於袵席，俾遐陬一體，薄海同風，庶幾如漢之蕭、曹、張、陳，唐之房、杜、姚、宋，宋之韓、范、歐、富，乃不謂天不憖遺，未及中壽，抑何奪我重臣之速也！天下之人，無論識與不識，無不同聲歎息，皆謂，天豈不欲我中國驟臻富強，執泰西牛耳也哉！

子成文中所云，乃天下之公論，非一人之私言也。視子成之所受於侯，侯之所施於子成，乃公卿大夫之所以待士者，應爾所謂分之所當然也。獨怪今世之所謂公卿大夫，於士之有才者，雖阨窮困頓，熟

---

[1] 原刊1890年6月29日（光緒十六年五月十三日）第1版。

四、刊於《申報》的詩詞文章

視若無睹,其有外博重士之虛名,內無愛才之實意,虛與羈縻之而已,此士之所以窮而在下,末由自奮也。將所謂代朝廷培養人才、愛惜人才者謂,何此皆侯之罪人也。

夫因見子成之文遂書其後,而深悲夫余之不及一見侯之顏色,徒於木壞山頹之後,而一伸其景仰之私,欷歔想慕其丰采,非獨余一人之不幸,固天下之重不幸也。

天南遯叟王韜識

(34) 許壬瓠《錄纂修〈吳郡甫里志〉徵故實啓》附識[1]

(許壬瓠《錄纂修〈吳郡甫里志〉徵故實啓》略)

韜,甫里人也,其地爲唐陸天隨隱居處。天隨子自號甫里散人,有小傳載入《笠澤叢書》,於是甫里之名特著。自唐以來,代多文人,今則衰矣。壬瓠主政,有志於纂修,甚善!甚善!余雖不敏,敢奮筆而爲之,贊襄其間,而深有望於海内名流,匡其所弗逮也。

天南遯叟王韜附識

(35) 雅樂復古論[2]

慨自濮上法曲閉門,雜調當行,君子於此,亦可驗時尚消長之幾焉。夫曲調之由來亦已久矣。當時盛行之際,士大夫靡然從風,至以分學問之優劣,決進取之得失。故唐人尚詩,宋人尚詞,元人尚曲。

曲至元代,稱爲極盛,引商刻羽,雜以流徵。欲正其拍,必使無纖毫之謬誤而後可。《霓裳羽衣》一曲,至稱天上之音。若夫顧曲之周郎,正曲之相公,審音葉律,窮極分秒,曲何嘗不重於一時哉!降至後世,有南曲、北曲之分,競勝爭奇,自誇傑出。其稱爲崑曲者,則始於梁龍高,別創一格,衆俱稱善,遂擅盛名於當世。當夫氍毹貼地,簫鼓喧天,一曲甫奏,衆耳悉傾,其抑揚宛轉,高下疾徐,無

---

[1] 原刊1890年7月27日(光緒十六年六月十一日)第1版。
[2] 原刊1890年9月21日(光緒十六年八月初八日)第1版。

不妙合自然。緑酒紅燈，金尊檀板之間，幾於繪影繪聲。曲終奏《雅江上峯青》，餘音繞梁，三日不歇。其所以悦耳娛情者，可云聽止矣，蔑以加矣。

乃自後人嗜好不同，雅俗各別，遂有所謂渝調、京腔、弋陽綁子等腔出焉，而昆曲遂微，至於今日，幾成《廣陵散》之絶響矣，豈不可欺哉！而幸也，今好事者有三雅園之設焉，亦世之有心人哉！其意將以挽回時尚，而留此雅樂，藉以復古也歟！

時有之溪居士者，雅好昆曲。嘗曰，昆曲，變樂也。太音法物，古意猶存，乃一變而二黄楚調也，西皮晋曲也，擊築□聲也，更爲吳之歈、粤之謳，漸有洋之風琴歌舞移入，勢不可遏，欲黜淫哇，放鄭、衛，必興法部，昆曲必不可廢也，廢則古之變樂無或存焉者矣。若使時尚流極至於若斯，則余之所深憂也。

天南遯叟曰，不然，物極必返，今必後乎古，豈獨音樂一端爲然哉。先王制禮作樂，所以治民而淑世降，而至於俳優之登場演劇，雖服古衣冠，演説古事，抑末矣。然即此，亦可以想見古樂之流傳焉。古樂固不繋乎戲劇，而亦藉戲劇以留存。夫一二風琴出於虞陛，而康衢作歌；雅琯播諸明堂，而偃師獻伎。逮後巴渝之舞，玉樹之唱，亦稍變矣，而遺意未泯，餘風尚在，或似有永言和聲之意存於其間。唐太宗作有《錢唐破陣樂》，干戈飾爲旌旃，詩章雜入管弦，鐃歌鼓吹由此而興焉，亦可云盛矣。至教子弟於梨園，傳伶人於史册，古意新詞，更唱迭和，於是大千世界，不能不更質樸而爲華靡，翻陳出新，豪竹哀絲，藉以飾人觀聽。

昆山之曲，雖變而不離乎古者也，實足以扶大雅之輪，而延太音於勿替，亦猶昌黎之文，起八代之衰，玉茗之詞，擅一朝之盛。善乎哉！近日三雅園之設，爲足以復乎古也！或曰，昆曲固善矣，彼夫二黄雜劇，未嘗不可以聲音感人，捷於影響。試觀當場列坐，眉飛色舞者有之，足頓手拍者有之，亦自然之幾，具有和樂之意，所以流傳至今，久而不廢。道學之儒，或謂其召亂，或謂其導淫，當事者曾三令五申，止之勿演，而終非法令之所能禁也。

今都中伶人之能嫻京調者，自陳長庚後汪桂芬，幾於獨步一時。

244

若海市之習京調者，以訛傳訛，初何足貴。或者之意以爲，雜調亦具有妙音奧旨，因追咎於學者之不精不知。非也！夫女子聲音專尚柔和，所謂曰囀鶯簧，既圓且滑，今必使之極其伎倆，面赤頸紅，無乃非情。唱家之推巨擘者，中年如吳蕊蘭，雛年如黃珊林，僅得其半，終非擅長，曷不盡厥技能，改唱昆曲，則不至如秦武王有舉鼎絕臏之患矣。強而爲之，殊令人意興索然。京俗論唱，必曰有味。味之一字，極深且長。太羹元酒，味之至者也；海錯山珍，味之美者也。更有如司空表聖《詩品》，以爲在得味外味，詩固有之，曲亦宜然。此躁心人不克知，即空心人亦不易知也。譬之道有道味，世有世味，書有書味，知此乃能領略戲味，審是戲之有味，孰有勝於昆曲者乎！嗚呼！推而廣之，人心世道關乎戲，而豈必盡關乎戲哉！

惟昆曲亦風流也，而不作淫狀；亦殺伐也，而不啓亂機。善者真足以感發人之善心，惡者實可以懲創人之佚志。試令庸俗之流，暴戾之輩，環坐靜觀，即不解音節，不知律意，而由勉強以至於自然，自不覺矜爲之平，躁爲之釋，蓋聲音之道，其感通於人心也亦微矣哉！誰謂今之樂不如古之樂哉！使舉世咸尚昆曲，有不共臻於和平之福也哉！

今當以三雅園爲嚆矢矣。且昆曲之美，孰有勝乎三雅園者乎！之溪居士嘗入而觀焉。青門賣子，正旦殊佳；詳狀雪冤，老生亦妙。最可愛稚伶丁蘭生，玉琢蘭芽，溫文蘊藉，何物老嫗，生此寧馨！徐生介玉，尤爲班中之冠，登場一曲，能使聽者神移，觀者志奪。洵乎！寡二少雙矣。

或誚之溪居士有戲癖，而天南遯叟獨爲解之曰：否！否！蓋不知者以爲戲也，而知之者以爲戲焉而近乎道也。請以近事徵之。某鉅公帥蜀，髮逆初平，昆班零落，鉅公月捐清俸百餘金贍其衆，至今雅曲賴以不忘。定亂名臣，豈癖是戲哉？姑以存雅樂焉耳矣。三雅園之興，亦猶是也。昔范蜀公與司馬溫公議樂不合，投壺以決之不勝，圍棋著一子，蜀公躍起呼曰，大樂還魂也！今三雅園之特創於滬上，將以續絕而起衰，有一無二，謂之復古也可，即謂之還魂也亦可。因詣徐園觀劇，聊復論之如此。

天南遯叟戲作

(36) 錄舒太孺人傳[1]

事非善全其難，不足以彰往德行；非子處於獨，不足以鑠來今。蓋存亡危急之秋，最足覘性情，見志節，千鈞一髮，適合其宜，但其所以出此者，亦以平日砥礪之功，加以天賦清明之氣，誠於中而形於外，無心流露，出於自然而不自知，非必强而行、激而致也。雖然，可常者始可變，可經者始可權，苟非往日敦節勵行，磅礴鬱積，含蓄輝光，則一遇事故之來，或以利害動其心，或以富貴隳其守，或以死生餒其志，天人迫處，元善梏亡，夜氣不足以存，卒至身敗名裂，爲天下笑。所謂柔順利貞、厚德載福者，相去不啻天壤。嗚呼！正氣難伸，私心大勝，此特未觀舒太孺人耳。

孺人，余氏，安徽黟縣人，舒立榮司馬元配，君惺大令之母，芷厚二尹之祖母也。幼沈默寡言笑，女工之外，兼弄柔翰，喜閱古今英烈傳，讀至毀容翦髮、擊硯隕崖等事，則氣結容蹙，嗟其遇而悲其心。或婉誦曼吟，泣數行下，識者早已知其志節焉。長適舒君立榮，時遭家多故，四壁清貧，孺人鴻案相莊，躬操井臼，事堂上以賢孝稱。雖塊粥斷齏，而甘旨之將終不少缺。其娣姒之往還，族黨之交接，一以謙和順正爲主，絕無成見留於其中。若於婢僕之間，無疾言，無厲容，威而不嚴，尤得御下大體。針黹所餘，每減衣食，以周貧乏，故鄉黨姒娌間，皆嘖嘖稱道其賢而弗置。

既而立榮公病，孺人親量藥水、衣不解帶者累旬，乃天不假年，竟至不起，孺人哀毀骨立。時君惺才十二齡，撫孤事重，未敢以身相殉。又從宗族諸人之勸，乃勉理喪務，親操家政。凡會計之出入，婚嫁之周旋，無不竭蹶支持，以完夫志。

咸豐辛酉三月，髮逆竄境，邑人募兵自衛，孺人鬻產以濟公用。既而賊氛益逼，驚傳風鶴，草木皆兵，子婦爭請避。孺人曰："汝輩年幼，須爲祖宗留一脈。吾乃老婦人，死其宜耳。"遂堅不肯行，惟斥子

―――――――
[1] 原刊1890年10月26日（光緒十六年九月十三日）第1版。

四、刊於《申報》的詩詞文章

婦速去。未幾賊大至,太孺人坐堂皇,了無怯意。賊執之,逼問所藏金,孺人張目大呼,罵不絕口。有賊目愛孺人義,欲貸之,孺人罵益急,並擲巨石擊之。賊怒,因及於難。

時君惺大令正奉命避難睦州,聞訃匍匐遄歸,鄰媼導示遺骸,一見慟絕,衆急救之,良久始蘇。時賊尚未平,四境鴟張,朝不慮夕,遂治具殯殮,星夜安窀穸焉。事平,請於當道,得旌如例。此太夫人罵賊死烈大略也。

夫人抱奇行異節,視死如歸,而正大剛肅之氣存之於中,苟不值艱難險阻之交,則雖有懔然莫犯之思,終不能表其素志。古今來閨賢碩德,碌碌庸居,與草木同腐者不知凡幾,况近世士大夫養尊處優,忝然民上,或縉紳巨宦,席豐履厚,可安樂不可患難,迨事故相逼,往往苟延性命,遇賊而逃,而太孺人獨能赴義從容,維持正氣,彼畏賊從賊且貢媚於賊者,豈但判若天淵哉!

天南遯叟王韜謹撰

(37) 楊毓輝《自造銀幣利弊論》附識[1]

(楊毓輝《自造銀幣利弊論》略)

今年夏間格致書院課題,由寧紹台道憲吳福茨觀察所命,其首題爲,問:近來東南各省多用外洋銀錢,民尚稱便,中國如自造金銀各錢,應用何策?能否通行?有無利弊?試詳言之,用備采擇。此次課卷由觀察自行鑒閱,特拔取五品頂戴潮州府大埔縣生員楊毓輝,爲超等第一名。今具録其文於日報,以質諸近日海内之談洋務論錢法者。

格致書院山長天南遯叟王韜附識

(38) 朱有濂《朝鮮爲中國藩屬,宜用何策保守論(上)》附識[2]

(朱有濂《朝鮮爲中國藩屬,宜用何策保守論(上)》略)

此篇爲朱君有濂應考格致書院課文,由蘇松太道憲聶仲芳觀察,

---

[1] 原刊1890年12月14日(光緒十六年十一月初三日)第1版。
[2] 原刊1890年12月24日(光緒十六年十一月十三日)第1版。

於一百數十人中拔置冠軍。觀察特捐廉泉一百二十圓,普加獎勵,藉以鼓舞人才,俾肄業士子於時務、洋務、西法、西學,互有所得,用備他日國家驅策。觀察命意所在不綦大且遠哉!

格致書院山長天南遯叟王韜附識

(39) 朱有濂《朝鮮爲中國藩屬,宜用何策保守論(下)》按[1]
(朱有濂《朝鮮爲中國藩屬,宜用何策保守論(下)》略)

附蘇淞太道憲聶仲芳觀察原評:取高拒俄,不獨中國不忍出此,而一以召敵人尋釁之心,一以增中國鞭長之慮,未易見之施行者也。各圖朗若列眉,有條不紊,良由殫心有素,不同依樣葫蘆。文筆簡練透快,固合柳州之廉悍、眉山之橫肆而成,亟登首選,以勵通材。天南遯叟按:日本陸軍文庫刊有《朝鮮全圖》,極爲詳細。日人宮脅通赫亦有《朝鮮輿圖》,異常明晳。作者殆藍本於此。自泰西通商中國,四裔皆有輕我中國之心。我國家未嘗不欲保朝鮮以爲屏蔽,奈朝鮮猶未能如作者所云,惕然恍然之候。至於結英爲援,未嘗不可。聶觀察眉批云,英人果能力顧歐亞兩洲大局,與中國併力合謀,則因時制宜策莫善於此。蓋中英合,而敵勢孤,俄必有所憚而不敢肆;中英分,而敵勢橫,中英兩有所損,而難以圖功。惟英人意見同否何如,其要領全在使臣,非外人所能臆度。允哉斯言!不禁拜倒,此真爲深知洋務者矣。嗚呼!環顧天下有幾人哉!

(40)《劍華堂續罪言》序[2]

余始遇琴溪子於日本神戶,見其英姿颯爽,不爲時下齷齪小謹,好談兵説劍,能文章,工詩詞,意氣自豪,不肯稍下顯達人。余心焉異之,謂是杜樊川一流。當時張筵於神戶山上,置酒爲余壽,酒酣耳熱,互論當世之務,代天下畫奇計,灑酒成議,旁有侍兒殷勤勸酒不之顧。

─────
[1] 原刊1890年12月25日(光緒十六年十一月十四日)第1版。
[2] 原刊1891年1月11日(光緒十六年十二月初二日)第1版。劍華堂,即吳廣霈(?—1919),字瀚濤,號劍華、劍華堂、琴溪子、琴溪道士,安徽涇縣人,曾任輪船招商局文案、駐日使館參贊。

四、刊於《申報》的詩詞文章

繼復擊鉢聯句,幾欲蹴崑侖使東倒,障黃河使西流,其詩一日盛傳於日本。及余迴帆又過之,宴於山中草閣。酒半天,大雷雨霹靂驟鳴,兩侍兒慴伏肘下,余兩人狂歌益縱,引杯輒盡。須臾虹見,余亦返舟。嗟乎!此樂如在目前,今不再矣!

歲辛巳,琴溪子遊歷身毒,道經香海,與余相見於百尺樓上,此會殊出不意,驚喜交集,小駐槃桓,作平原十日飲。逾兩月,從身毒歸,琴溪子小病甫愈,適鄭玉軒光祿招作美洲之行。余出書示之曰:"快哉,此遊!可環地球一周,班生無異登仙矣!"乃餞之於綺交繡錯之樓,歌者二十許人,更唱迭和,響遏行雲。琴溪子聽之,意淒然不樂,曰:"異方之樂,只令人悲耳。"逮琴溪子自美洲還,余已遷居滬上,倦遊北歸,無意再出。琴溪子亦作此間寓公,昕夕過從,時得讀其著作,多感慨激宕之詞。蓋其憤時嫉俗,憂世肆志,故發爲文章,亦復踔厲奮發,如其爲人。

滬居久之不得志,於是航海至析津,依周海舲軍門幕下,頗相得。俄而大星遽隕,知己云亡,意將以縣令出山筮仕,顧以事留滯春申浦上。時余方釀貲刻書,擬將生平著述四十餘種,盡授手民,出以問世。琴溪子意頗欣動。

余謂曰:"吾子詩文雜著亦不下數十萬言,此亦一生精神識見之所注也。與其秘之篋笥,何如付之棗梨?俾世人盡得見其緒餘,而知琴溪子之爲人,豈非快事哉!且政事根本於文章,今日之列於儒林者,即他日之能爲循吏者也。事非兩歧,道原一貫,豈若章句小儒,占畢下士,但持一卷骫骳之文,僥幸獵取科第?一物之不知,一事之不明,而即侈然身爲民上,毋怪其所治之不足觀也。"

琴溪子少即有用世之志,及長又經歷四方,稔察民情,默觀時局,追慕杜牧之爲人,而作《續罪言》,其忠愛惻怛,根於性生,故其議論慷慨,指陳激切,仿佛樊川之《罪言》《原衛》《戰》《守》諸篇,其所策皆可見之施行,洵乎一代奇才也。

特其造詣有與樊川相近者。樊川剛直有奇節,徒以疏抗無右援,官不得顯,居恒怏怏不平,卒致困躓不自振,此史官事後之所言也。跡樊川在當時涉獵清華,迴翔郎署,亦不可謂之不得志。使天假之年，優以歲月，安見其不能馴致顯位哉！琴溪子生於世族，產自名門，諸伯叔皆有位於朝，特琴溪子屢屈於有司，不能以科第進，然不足爲病也。

樊川始爲牛僧孺書記，繼復爲李德裕所知，然於牛、李之黨兩無所附。當其出牛相門下，寄跡揚州，好作狹邪遊，微行所至，輒使人護之。當事者愛才若此，殊爲後世所稱美。今在下豈無樊川之才？特在上絶少牛相其人耳。

琴溪子耿介拔俗，素不喜攀援，徒知感憤風雲，而未依光日月，不然功名豈止於是？猶憶還自美洲嘗謂余曰："我當還山讀書十年，然後出而用世。"因以版輿奉母，挈妻子歸隱涇邑相距十里許之琴溪，糞除舊居，雜蒔花木，疊石爲山，引水成池，修竹數千竿，掩映户牖，標其門曰："家有八千子弟，胸藏十萬甲兵。"意欣然自得，陳篋發書，將取陰符虎鈐，孫吳諸子盡讀之。不謂宵小見其入屋時書篋纍纍，疑爲寶物，因是夜瞰其室，無一寧夕。琴溪子倚劍靜俟，往往危坐達旦，乃歎爲家鄉不可居，遂復出應世。

逮自居津門還，則性情意氣又復一變，謂近究心於道書，潛研《參同契》《性命圭旨》諸書，時有所得，修心養性，證成内丹，一旦功行圓滿，便可飛行絶跡。然則琴溪子又將棄其所學，而學道耶？豈以文士有才，便談兵略，英雄退步，思作神仙哉？琴溪子且勸余同證大道，余聆其所言，未嘗不怦然有動於中，特慮未得門徑，終無把握，不如純任自然，無所挂礙。東坡云："葱韭大蒜，逢著便吃；疾病老死，符到便行。"此真爲見道者之言也。若於長生久視之術，則謝未遑焉。

琴溪子嘗學洋務於徐進齋觀察，余謂，洋務又何必學哉？貴在折衷於寸心而已。蓋强弱者其形，離合者其機，□機利導，頃刻萬變，故辦事尤貴乎速了，使之不得逞其詐虞，行其姦僞，稍遲回焉，所索奢矣。矧夫引端竟委在窮其情，默會旁通在明其理。西人雖狡，其所謂公法者，總不越乎情理而已。故有時折之以理，不如直告之以情。理有曲直，情有利害，尤足以感動之也。

今集中所談洋務諸端，明暢透澈，洞垣一方，由閲歷深而識見精，豈徒學之所能至哉！開管鑰，動關鍵，必有會心以體驗之，否則差以毫釐,謬以千里,此所謂可與知者道,難爲俗人言也。吾未知琴溪子之學道何如,用兵何如,若論洋務,固當首屈一指者已。

庚寅長至後三日,天南遯叟王韜序於淞隱廬

(41)《南行日記》序[1]

昔琴溪子爲身毒之遊,余適在香海,相見天南遯窟。

余曰:"吾子何爲作此行哉?非當事者欲杜印商販售鴉片之弊,思籌善策,而爲此探本溯源之舉歟?"琴溪子聞言,矍然若訝余之先知者。余曰:"此姑以意度之耳。前年權使俊星東慮鴉片漏税之多,擬設法杜絶,而下入於奰蠚。余曾上舊港督燕臬斯,請於香港、印度設立稽查所,記其出入之數。至於販售各處,亦須由公所設棧存儲。凡不登簿籍、不由公所者,即目爲私,没入充公。法未有善於此者,特不知能否行之耳。"爰出示疇昔所議,琴溪子爲之首肯。

余維印度一隅爲佛教所自始,聲明文物甲於西土。晋法顯、唐元奘、元邱處機之所曾遊歷,咸有記載,詳略互殊。余向至英土,道經錫蘭釋迦牟尼所産處也,所遺巨人足跡尚可仿佛,山中猶有寺刹僧侣,惟所藏呈槃真體及舍利子,則未之見也。曾觀其貝葉、梵經,所衣袈裟、法服,無殊中土。紅教、黄教之徒,尚有留遺者,見人則合掌乞布施,所誦同梵音,問其經旨,則茫然也。錫蘭土民蠢焉如鹿豕,慧光熔,净土穢,而異族乘之矣。如來所謂象教三千年而滅者,其將應於斯歟?吾子往哉!按其圖□,讀其紀述,問所謂婆羅門遺派,果尚有存焉者乎?

琴溪子既歸,示余以《南行日記》。余披覽未終,拍案叫絶曰:"快哉!遊也。班生此行,無異登仙矣。"余維印度幅員廣斥,峯巒環繞,河水瀠洄,高原數千里,皆腴壤也。大嶺則有雪山,巨浸則有恒河,誠可捋江、淮、河、漢而五,參泰、華、恒、嵩、衡而六矣。琴溪子皆得身歷其境,目擊而躬視,亦足以豪矣。古人云,讀萬卷書,行萬里路,庶幾無負乎生平。

────────

[1] 原刊1891年2月6日(光緒十六年十二月二十八日)第4版。

琴溪子志在千秋，心雄萬夫，少時即渡遼海，旅析津，負笈而從名師。後隨星軺東邁，居日本者兩年，今又有此役，所行奚啻萬里哉！至其胸中包□靈彙，涕淚無端，有時抑鬱哀怨，有時慷慨激昂，情無所舒，應發洩□於詩歌。記中諸作，悲感淋漓，奔放雄壯，具見英豪氣概，烈士襟懷焉。

嗚呼！琴溪子年盛意銳，方求大有□於世，以一展其生平所抱負，豈僅玩覽山川，雕琢文字，聊以自娛也哉！即有所作，亦以見其寄托所存耳，非欲爲特人也。然藏鳳一毛，窺豹一斑，亦可知已。平生所讀，想何止萬卷而已也。即其辨析恒河源流，可訂《海國圖志》之謬；紀載元代苗裔割據，可補《元史》之闕，亦有裨於學問者。余即命鈔胥繕寫副本，藏之行篋。今冬遇琴溪子於滬上，哀其著述，擬付手民，余出此編，特加讎校，勸其並刊以問世。琴溪子請弁一言，即錄此爲緣起序云乎哉！

庚寅季冬醉司命日，天南遯叟王韜識於淞北寄廬

（42）輓聯附錄〔1〕

前任出使日本參贊陳哲甫觀察之太夫人沒後，四方往弔者絡繹於道，靈櫬擇於本月廿三日發引旋里，想其時執紼恭送者必不乏人也。天南遯叟作一聯挽之云：

久欽彤管揚徽，五子成名，絳幔躬承慈母訓

正擬白華潔養，六旬享壽，萊衣淚墮使臣纓

（43）張春亮《西學略說》附識〔2〕

（張春亮《西學略說》略）

此滬南張春亮所作，出以示余者也，久藏篋笥，未及爲之論定。昨偶與友人言西學及氣電，謂西人心思之用，精妙入神，直可與造化相參。然考電氣之原，始於琥珀拾芥，中國人早已知之，而不知其爲

---

〔1〕 原刊1891年3月29日（光緒十七年二月二十日）第4版。
〔2〕 原刊1891年5月24日（光緒十七年四月十七日）第1版。

電氣也。西人雖知爲電氣,而未得其用,逮後千數百年其用始精。今電報遍行於中國,華人能行而不能創,是其不脫西學窠臼,誠如張君所言。至於一心運用之妙,變化之靈,固無所不通。然西人由虛以徵實,而見之於造器;華人反實以致虛,而托之於談道,此所以弗逮也。張君已能見及乎此,而欲反觀天機,貫通格致,機器爲天機之見端,不由此可推哉!

天南遯叟王韜附識

(44) 題《金靜芳校書焚香讀書圖》[1]

淮上宋君子香,今之名下士也。擅丹青,而尤工寫照,每爲人作一圖,描摹維肖,神情意態,栩栩欲活,鬚眉生動,如現紙上。去年來遊春申浦上,曾爲余寫小像,執卷獨立,氣象蒼茫,傳神恰在阿堵中,六法精妙,絕後空前。宋君宗法古人,能自得師,非近今俗流所能望其項背。自宋君而外,此調不彈,幾如《廣陵散》矣。一時滬上寓公企慕其名,爭相延致,幾於戶外屨滿。

適值曾沅圃宮太保薨於金陵節署,欲留遺影,永在人間,俾後人得瞻依想像,僉以爲此事無過於宋君者,亟以電音至滬邀致之。宋君於是束裝而去,其爲當代名公巨卿所重如此。蓋雖藝也,而進乎道矣。

今春宋君重來滬上復續前遊,士大夫皆折簡相招,爭得其片縑尺幅以爲榮。一日,宋君薄遊張氏味蒓園,芳草若茵,綠陰如幄,紅紫繽紛,爭妍競媚。時值上巳踏青之日,香車寶馬,絡繹於道。士女嬉遊者羣集園中,臨流照影,擬效湔裙雅會,共相祓禊,於時鬢影衣香,芬芳遠徹。

瞥見衆姝中有一姝,翩若驚鴻,超然特出,圓姿替月,潤臉羞花,短長適中,纖穠合度。其裝束之妍,神情之妙,與園花相掩映,衆姝退避若不及也。宋君以爲,此必非北里中人,但遙而望之,未敢遽作劉楨之平視。

---

[1] 原刊1891年5月26日(光緒十七年四月十九日)第1版。

偕遊者有八詠樓主人曰:"此余素相識也。"宋君乃近詢其名,則金静芳校書也。八詠樓主因謂宋君曰:"静芳豔幟獨張,香名早飲,頗嫻音律,妙解宮商,所唱昆曲,幾於響遏行雲,珠喉玉串,不啻一字一金。又長於演劇,一登氍毹,體態百出,幾若另易一人。所演《思凡》《下山》兩齣,神情酷肖,舉止之間,端莊雜以流利,雖梨園子弟自歎弗如。今不必論其他,但觀其所奏之技,近人中可稱獨步矣。"宋君亦亟譽其美,曰:"芙蓉如面柳如眉,秋水爲神玉爲骨。麗品也,而亦神品也。"八詠樓主人曰:"君擅寫真妙手,何不爲静芳繪一玉照,俾傳於世間?"宋君曰:"可!"乃拂答石,攤素箋,抽毫構思,逾刻圖成,備極纖麗之致。環觀者如堵,咸詫爲神似,讚歎莫名。

越日,宋君袖以過余淞隱寓廬,出示余曰:"君試觀之,此何人歟?"余展閱之,慵髻古妝,獨饒丰韻,左圖右史,爐煙未消,一見而即知爲静芳校書,静芳固余素所賞識者也。静芳以昆曲擅名,每逢宴會必强之然後一奏。余命無金星,弗解絲竹,不能爲周郎之顧誤,但聽其抑揚抗墜,宛轉低徊,巧繪聲情,妙諧音節,真使人之意也消。座客聆之,未嘗不撫掌稱善,余亦不禁擊節歎賞。至如肌凝曉雪,臉暈晚霞,眉含遠黛以如顰,眼瞢秋波以轉媚,固人人目中皆見之。此圖亦曲爲之寫出盡態極妍,妙留餘蘊。静芳固麗於容,而亦惟宋君之筆足以傳之,所謂合之則兩美也。

抑又聞之,神志幽嫻曰静,氣體芬馥曰芳,能兼之者,閨閣女子且難,況求之章臺中乎!而静芳具此二妙,名副其實,宜其名噪於一時也。顧静芳雖墮於風塵,而常懷瀟灑出世之想,久欲擇人而事,破瓜年紀,飛絮光陰,不免時存悒怏於中,故一瓣心香早有所屬。今時雖非信佛長齋,而自願茹素,至十月登科之記,織自姮娥,此即所以矢報也。然則静芳專一之心亦可知已,比之絲繡平原,金鑄范蠡,一片至誠,又何加焉!静芳之出淤泥而不染,懷蘭茝而彌芬,抑足以風世矣。

余特作長句以題其圖:

宋君寫生推妙手,傳神阿堵今無右。淮陰市上無人識,竭來申浦訪下走。

不貌尋常行路人,抽毫欲繪天南叟。圖成示我卻自憎,變盡

四、刊於《申報》的詩詞文章

形容嗟老醜。

寫我何如寫少年，況有閨中好姿首。方今花國多良材，滬城本是繁華藪。

金家阿靜冠羣芳，北里香名素已久。姊妹花開獨擅長，月媚花嫣世少偶。

氍毹一曲客銷魂，顧誤周郎笑開口。曾演《思凡》妙入神，幾欲空前與絕後。

翩躚仙袂慣翻雲，綽約纖腰欺舞柳。聰明猶是女兒身，誰結良緣貽佩玖？

從來名士悅傾城，素心相印毋相負。茹齋壹念祝科名，能踐斯言期永守。

此圖曲貌古風流，呼之欲出知金某。焚香試問讀何書？一卷金經合掌受。

圖中人即意中人，聊慰飄零作艷友。宋君寫圖構想奇，要脫時流老窠臼。

世間凡事付雲煙，惟托嬋娟斯不朽。我詩特欲附圖傳，題成且罄一杯酒。

天南遯叟王韜題，時辛卯呂仙誕後三日也

(45) 紀陳孝女刲臂療親事[1]

陳孝女，揚之鹽城人。雖出自貧家，而生具至性，平時事親能先意承志。一日，母病垂劇，孝女侍奉藥餌，昕夕弗離於側。醫者咸謂，疾不起矣。孝女竊聞之，慘現於色，而事之益謹。夜闌焚香籲天，願以身代。聞有人言，能剜臂肉以療親病，無不立愈，乃潛自引刃痛割，得肉片許，和藥煎以進母。越數日，母病竟愈。時其年僅九齡許也。里人盡嘖嘖稱之爲孝女。

孝女後歸余友田嵩岳觀察，觀察時爲余輩述其事，未嘗不爲之肅然起敬也。將徵詩於都門諸耆宿，以表彰其孝行。余以爲此固太史

---

[1] 原刊1891年7月19日（光緒十七年六月十四日）第1版。

輶軒之所宜采者也。嗚呼！余既欽孝女之孝，而又悲其境遇之□艱，心志之彌苦也。便不歸觀察，孝女不將湮没終身哉！

孝女家貧，其母不能自活，轉徙至滬，惑於人言，竟鬻之於勾攔。孝女雖弗願，然以養母故不能辭也。雖入歡場，而眉黛之間隱含愁意。從鴇母姓，曰花，字曰桂林，教歌曲，習筝琵，無不擅長。翠管初調，紅牙甫按，抑揚宛轉，精妙入神，聽者無不銷魂惑志，爲之顛倒。年未破瓜，豔名已噪一時。枇杷巷裏，賓從如雲，輕薄子弟作狹邪遊者，昵其容色，輒欲即爲梳櫳，以重金唻鴇母。孝女以非心之所好，意弗願也，思將擇人而事，客有強媷者，婉言謝絶之。鴇母心雖弗善，第弗取強。

適觀察返自粵東，將棄舊歡，而覓新好。有繩孝女之美於觀察者謂："此乃一朵能行白牡丹也。花爲肌骨，玉作精神，楊柳遜其腰纖，芙蓉輸其色豔，君欲温柔鄉，捨此將何之哉！"觀察往訪，相見於水晶簾底。時方晨妝未竟，雲鬟乍上，玉臂迺擎，觀察瞥睹，疑爲神仙中人。孝女起立相視，殷勤致詢。觀察注目凝視，一若未見者。孝女迴眸一笑，啓齒嫣然。自此兩相訂好，遂有終焉之志。小宴既開，柔情益浹。

忽窗外雨聲甚惡，勢不能歸，遂相對敲枕，啜茗論心。夜半泣謂觀察曰："妾閲人多矣，未有如君之誠篤者也。妾爲匪人所誤，偶墮於風塵，然白璧尚完，青蓮不染，縱思自拔於淤泥。苟玷父母之遺體，即爲不孝，故恣風雨以待知心，非一日矣。君苟能出妾於苦海沈淪之中，雖萬里從君，妾所弗辭。"觀察曰："誠知卿心，容徐圖之。"由此情□益昵。嘗並車而出，遊覽張園徐墅間，對景言情，共抒胸臆，引盟日月，指誓山河，弗是過也。

一日，宴天南遯叟於天香深處，酒酣，孝女捧觴上壽，並陳己意。遯叟曰："善，士爲知己者用，女爲悦己者容。美人名士，曠古難並，况如孝女之心心相印，又豈易得之於秦樓楚館中哉！余當爲撮合山。"且晚霞生從前已有屬意之人，而今特專注於孝女，其心亦可知已。晚霞生始戀琴娥，而琴娥疏矣；繼愛鳳琴，而鳳琴離矣。孝女適逢其會，具有因緣，當由前定。兩美之合，可於今夕卜之。晚霞生侍宫而得監司，娶妾而得孝女，詎非人生一大快事哉！晚霞生者，觀察自號也。

四、刊於《申報》的詩詞文章

旋孝女以事至官,求出火坑,有從中爲之說合者,觀察始納之爲小星,孝女於是得所歸矣。人皆爲孝女幸。

前時曾倩名手爲繪驚鴻豔影,遍徵詩歌。觀察之友,如華陽范君,成都周君,皆名下士也,咸有吟詠。

范君詩云:

風姿婀娜望如神,盛鬋豐容擅綺春。桂影花香嬌姓字,前身應是月中人。

翦痕隱約記療親,太息章臺見此人。天固有心憐孝女,未應飄泊在風塵。

周君詩云:

嶔山春暖融豔雪,美人花下霏香屑。鳳管吹殘碧玉瓜,鸞箆擊碎紅牙節。

盟心幸遇孟嘗君,爲駐青驄夢楚雲。采得花枝憐旖旎,散來花雨想繽紛。

揮手千金索一笑,不惜回身就郎抱。油碧爭傳蘇小名,絹黃誰識曹娥孝?

亭亭玉貌嬌妝束,不配參軍阿誰屬?畫裏真娘未足呼,護花有日藏金屋。

孝女既歸,觀察竟絕跡於北里,花前月下,佳日良辰,每呼酒與孝女共飲,或與絮談舊事,根觸前塵。霑醉之餘,亦作長歌以記其事:

香車寶馬黃埃雍,春申江上春矔紅。羈人閉户不稱意,眠花花底坐花叢。

花葩逸兮花光媚,濕雲隱護饒春睡。碧沼溶溶相對開,中有鴛鴦七十二。

鴛鴦飛宿年復年,歡恩儂意兩纏綿。雙樽綠酒梅香沁,六幅丹裙荔子燃。

金盤四列羅珍饌,水精屏下催開宴。普淖豐融韞奇芬,猩唇鯉尾齊争薦。

濃陰牆外光沈沈,緯林雙鵲翻新音。小院梨花交綺夢,西陵松柏結同心。

清溪白石雙棲久，珍重三年更迴首。曾記芳園幽蒨中，拳拳叩叩一攜手。
　　攜手同車麗蕍華，海天鬱雨煙如紗。暮影一鞭歸去也，天香深處霏雲遮。
　　花艷驚目光敧旎，桂林小字嬌紈綺。玉腕玲瓏雪藕支，創痕寸寸頗堪指。
　　生小吳淞江上游，二分明月屬揚州。刲肽在衉療親疾，十載依稀跡尚留。
　　我聞此語心惘悵，罷舞停歌坐帷幌。孝女不鐫黃絹碑，太息芭蘭糅高莽。
　　陽臺朝暮巫山高，夜夜相呼共醇醪。鸞娥鳳媛分明在，從此丹心屬絳桃。
　　雲光客歲花婀娜，龍彌四角鮫珠顆。阿沈迎來油碧車，佩玉明璫聲瑣瑣。
　　比翼鶼鶼比目魚，隨形逐影金屋居。寶鼎香浮雲出幔，玉塵春麗月承裾。
　　采監斬習知量數，生恐屓質過勞苦。取卿小照對卿看，只今消瘦應幾許。
　　旁行密字珍珠匀，上有雲章句句新。寶奩朝夜勤拂拭，照心照膽保千春。
　　讀觀察之詩，纏綿繾綣，情深於詞，與孝女之永矢弗諼有可卜也。余感孝女之所遇，而志其顛末如此。他日儒林學士爲詩以張之，固采風者之責也。
　　辛卯六月中澣，天南遯叟王韜書於淞隱廬

（46）董琴琛《西伯利亞鐵路考》附識[1]

（董琴琛《西伯利亞鐵路考》略）

　　前日余爲《西伯利亞鐵路考》，寶山董君琴琛見之，亦作一篇，郵

---

[1] 原刊1891年8月9日（光緒十七年七月初五日）第1版。

四、刊於《申報》的詩詞文章

尚見其較余所説更爲詳備,因亟爲之登録,以公同好。余按:俄人欲於西伯利亞建築鐵路,其念蓄之已久,固非一朝夕矣。今日築路已達於琿春,功已得半,志在必成。余考庚辰夏間,俄屬西伯利亞部東西總督會商,增造鐵路二條,其西部計長五百六十里,估值十萬烏魯伯,造成之後,可由俄界直抵齋菜湖,入外蒙古境。其東部計長一百里,界連内蒙古。此即今日鐵路之所自發軔也。或謂是役也,以伊犁歸地之約,深恐中朝見討,接築輪路,以捷援兵,預爲部署,今協規合謀而未即發者,蓋深知漢大不敢輕敵也。此乃旁觀揣測之詞,未可爲據。俄人捨土耳機,而經營東北,豈自今日始哉!今日鐵路之開,固由前議以擴充,志固非小也。然則備於不虞,可勿及早圖之哉!

天南遯叟王韜附識

（47）朱正元《俄國西伯利亞造鐵路道里經費時日論》附識[1]
（朱正元《俄國西伯利亞造鐵路道里經費時日論》略）

此爲朱正元作,李爵相拔取超等首名者也。規恢事勢,洞垣一方,其欲結歐洲強國以禦俄,亦即古人遠交近攻之説。惟近日德、奥、義合縱,俄、法連衡,歐洲大局幾於固結莫解,大有一國動則諸國皆動、互相牽涉之勢。要之,歐洲多事,則中國之福也,而後我國家可一切先爲之備矣。有備無患,備於不虞,皆古人殷殷致意者也。備之在我,於睦鄰修好固無傷也,俄豈能以此相詰難也哉!

天南遯叟王韜附識

（48）胡永吉《物體凝流二質論》附識[2]
（胡永吉《物體凝流二質論》略）

此爲蘇州府學廩膳生胡永吉作,南洋大臣拔取格致書院超等首名者也。原評謂:變化、自然二意,横竪説來,皆成妙諦。莊、列之恢奇,韓、蘇之氣勢,不必搬演西書,而其義自見,所謂超以象外,得其環

─────
[1] 原刊1892年4月17日(光緒十八年三月二十一日)第1版。
[2] 原刊1892年4月24日(光緒十八年三月二十八日)第1版。

中者也。按：泰西化學家區物體爲二質，一原質，一雜質。雜質中亦必函原質，原質者禀賦獨一，不能判之爲二。邇來考得原質計六十有五，核其實不外乎凝、流二質而已。天下之物，凝者可使之流，流者可使之凝，全恃水、火二氣之力，其投以藥物而使之變化者，則由乎人力也。惟化學家能洞悉物理，而仍歸諸實效，則可爲有用之學矣。是篇於中西之學並括兼賅，包孕一切，說理明通，詞無支蔓，允推合作。

格致書院山長天南遯叟王韜附識

（49）李經邦《潮汐應月説》附識[1]

（李經邦《潮汐應月説》略）

此乃安徽廬州府學優行廩膳士李經邦所作，格致書院秋季特課，南洋大臣拔取超等五名者也。按：潮汐應月之説，中西之理皆同。惟西人則謂，潮汐之所以發，實由日月之吸力有以致之，似潮汐不但應月，亦兼應乎日。蓋月應乎日，故有朔望上下二弦，所以潮汐應月，亦必應日。月與地球有互相吸引之力，月當天頂，離地近，海水爲月所吸，即離地稍遠，吸力亦能及之。近則力大，遠則力小。海水既有升降，而潮汐生焉。潮汐之大小，由乎月距地之遠近，其所至之時，亦有先後。書院肄業諸生爲是題者，以此作最爲明晰通達，於中西之理兼賅並貫。海寧許克勤作亦可與之頡頏，而並能綜括中西諸家之論説，皆未易才也。

格致書院山長天南遯叟王韜附識

（50）彭壽人《問商務贏絀》附識[2]

（彭壽人《問商務贏絀》略）

山東登萊青兵備道憲盛杏蓀觀察原評：中國商務虧折，自光緒丁丑以後年甚一年。世之士大夫輒視爲無足重輕，不屑措意，商賈之徒復知之而不能言，無怪其日見凋敝也。作者統籌全局，於通商情弊

---

〔1〕原刊1892年4月28日（光緒十八年四月初二日）第1版。
〔2〕原刊1892年7月3日（光緒十八年六月初十日）第1版。

瞭如指掌，所陳各條，提綱挈領，親切不浮，均能見之實事，確有把握。倘得如作者數十人布置通商各埠，盡力講求商務振興之機，決可翹足而待。按：泰西列國通商，英之船舶至一千數百艘，甲乎宇內，若俄若美僅逮十之三四，宜其獨見爲贏而操勝券也。

格致書院山長天南遯叟王韜附識

（51）書黃君夢畹《扶桑攬勝集》後〔1〕

光緒十六年，日本舉行博覽會，四方往觀者遠近畢集。我友申左夢畹生，以日東處士岸君吟香之招，束裝裹糧以行。先一日來辭，余爲作書致黎蒓齋星使、陳哲甫參贊，並日東諸名士。夢畹居其國兩月而歸，以其所身親遊歷者筆之於書，名曰《扶桑攬勝集》，出以示余。余讀未終卷，不禁拍案叫絕曰，快哉！遊也。班生此行無異登仙矣！

日東固余舊遊地也，凡夢畹遊屐之所經，皆余杖策行吟所已至，每一展閱，恍重至方壺員嶠間，而與日東諸名士開尊話舊，剪燭論文，相晤對於一堂也。夢畹誠貺予不淺哉！惟夢畹所至僅東京耳，余則訪崎陽，留神山，宿浪華，問西京。時鐵道尚未開，故不能直達琵琶湖，而上躋富士山也。余居東京四閱月，與日東諸名士作日光山之行，得以盡觀諸瀑，歸途試浴於伊香保溫泉，其遊誠可謂暢矣。而所作日記，未能如夢畹之詳且盡也，方自愧已。

夫文章各有體裁，夢畹述事言情，識大略小，於一名一物必窮其旨趣，溯厥源流，考製作之精粗，辨物產之美惡，核實詳求，必折衷於至當，豈徒侈陳遊觀而已哉！他日足備輶軒之采者有斷□矣。其與余之排日記遊者，未可相提而並論也。

況夢畹於山川道里，俗尚土風，巨細靡遺，偶與諸名士徵逐於酒旗歌板間，唱黃河遠上之詞，二三雛鬟倒金尊，捧玉硯，題裙索扇，醉墨淋漓，未始非一時快事也。惜余不得與夢畹共之也。余前至東京

---

〔1〕原刊1892年8月21日（光緒十八年六月二十九日）第1版。黃夢畹，即黃協塤（1851—1924），字式權，號夢畹、海上夢畹生，江蘇南匯（今屬上海市）人，長期主持《申報》筆政。

時,尚無紅葉館,每買醉於花墅酒樓,徵歌畫壁,不過選勝於新橋柳橋間而已,此夢畹足以傲余者已。

夢畹此書記風會,述好尚,則荆楚歲時記之流亞也;陳方物,別土宜,則桂林風土記之留遺也,固非徒作者也。然余之所以喟然而有感,慨然而有深思者,要別有在,亞洲諸國,日東於我爲最近,复然四島,環峙海外,蜿蜒若長蛇,其形勢爲獨雄,實足與朝鮮、遼沈、臺嶠、甬江相聯絡,既可爲我之門戶,又可爲我之屛蔽,謂爲輔車脣齒之相依,豈過論哉!而微窺日人之用心,則殊有不然者。

日東自維新變法以來,驟圖富强,銳意更張,一切倣效夫西法,盡棄其學而學焉,蔑棄詩書,屛斥儒教,舉古今來典章制度,率弁髦視之,而惟西法之欲聞遵循焉,摹擬焉。稍得其皮毛,即已快然自足,詡詡然誇耀於人。其所學不獨在語言文字已也,槍炮舟車,宮室臺堡,甚至服御飲食之細,亦惟恐步趨之或後,即西人亦有竊非其後者矣,而彼恬然不覺也,惟知媚西人而蔑我中朝而已,抑若視我中朝爲不足與者。嗚呼!是誠何心哉!

余前至日東時講求漢學,諸耆儒如鷲津宣光、藤野正啓、加藤櫻老輩,巋然尚在,東西兩京,擅長詩古文詞者不乏其人。今與夢畹同遊倡和者,皆與余素所相識者也。漢學人才有此數,不數十年零落已盡,恐無復繼起者矣。洋學盛行,漢學衰息,幾何不通國,而勾輈格磔,作佉盧之旁行斜上也。一變至此,抑何竟昧其本原哉!

余觀夢畹書中,以日東爲同文之國,必能與我同心禦侮,以副興亞之名,將來斷不至箕踞西向,輕絕同盟,一篇之中,三致意焉,是亦余之所厚望也。夫西法豈其不可學哉!貴在師其所長,而去其所短。今日東於鐵甲兵輪,火車鐵道,製造種植,郵政商務,農桑鹽織,盡已興辦,即內地博覽會亦已舉行三次,自其外觀之,蓋蒸蒸日上矣。他日物産日多,貿易日盛,遠則販運於歐美兩洲,近則轉輸於中土,取利日饒,可卜之於操券。不獨奪我中國之利,即歐洲之善於操奇致贏者,亦將出其下,近且駸駸乎與之抗衡矣。此則倣效西法之明效大驗也。

雖然,凡事不可自滿,得於此必失於彼,優於此必絀於彼,盛衰消長之機,潛伏於中而不自知。設使一旦輕舉妄動,安知其不隳前功哉!是貴乎有以善持之而已。因覽夢畹書,而縱論之如此,即書其後,以復夢畹。若作弁言,則我豈敢!

　　光緒十有八年歲次壬辰閏六月下澣,天南遯叟王韜識於滬北淞隱廬

(52) 胡家鼎《風性表説》附識〔1〕

(胡家鼎《風性表説》略)

此今年春季課題第四道,爲長洲拔貢胡家鼎之作,聶仲芳觀察拔取超等第二者也。論探本原,詞無支蔓,於西學頗能深造,故絶不作模糊影響之談,所以爲佳。

　　天南遯叟王韜附識

(53) 胡家鼎《大洋海、大西洋海、印度海、北冰海、南冰海考》附識〔2〕

(胡家鼎《大洋海、大西洋海、印度海、北冰海、南冰海考》略)

此亦長洲縣拔貢生胡家鼎之作,蘇松太道憲聶仲芳觀察拔取超等第二者也。原評謂其源源本本,非鈔襲藍本者可比。觀此則四海本一,全地球在握矣。窮六合而盡四大不可略見一斑哉!

　　格致書院山長天南遯叟王韜附識

(54) 吳縣徐少甫先生六十壽序〔3〕

士大夫生於斯世,必有所展布,以自見其志。得志則爲良相,立功建業,躋斯民於仁壽之域;不得志則爲良醫,使人各遂其生。其所爲雖有大小之殊,而其爲濟世活民則一也。

吾鄉徐少甫先生,庶幾近之。先生名兆蘭,號少甫,自號堯峯采藥子,又號鄧尉鋤梅山人。東海家風,南州世冑,性好風雅,而爲人謹

---

〔1〕原刊 1892 年 12 月 11 日(光緒十八年十月二十三日)第 1 版。
〔2〕原刊 1892 年 12 月 13 日(光緒十八年十月二十五日)第 1 版。
〔3〕原刊 1893 年 1 月 4 日(光緒十八年十一月十七日)第 1 版。

厚樸誠，布袍葛巾宴如也。先生年逾四齡即失恃，雖幼而秉資聰穎，嶄然露頭角。昆弟三人，先生居長。乃翁景甫世丈獨愛先生，親授四子書，一燈督課，循循講解，昕夕不倦。舞勺之年入塾，從師見其好學，深器重之。旋試以詩，筆致清秀，試以文，斐然成章。師喜，力勸出就小試，縣府均列前茅，不意院試被斥。文章憎命，古今同慨，同學咸爲先生扼腕，而先生自若也，曰："余功名志淡，詩酒情深，豈能久困於童子軍中哉！況親老家貧，不得不謀菽水之奉。"

於是棄儒而習醫，從同里名醫張君遊，繼又問業於顧君。沈潛於醫學者五年，盡得兩師秘傳，且博覽《金匱》《玉函》諸書，精通和緩盧扁諸術，偶爲人治疾，無不立奏奇效，沈疴頓起。或勸其出而壽世，先生力辭之，蓋尚不敢自信也。居恒斫地高歌，持杯覓句，人皆稱其高逸，洵足以領袖詞壇，主盟酒國。楓溪王君慶麟時與唱和，互相切磋，所著詩文有《藝林萃典》《梅墅吟草》，一時士林中奉若璆琳，爭相傳抄，幾於洛陽紙貴。

無何驟丁外艱，又值粵氛。咸豐十年，蘇郡失守，烽煙滿目，先生憑智勇出險，負青囊書，避亂村鄉，由蘇入浙，遯跡天台。先生方當壯盛之年，罹茲浩劫，志願都灰，不樂仕進。每值春秋佳日，登三台，遊七十二峯，尋劉阮勝跡，餐芝餌术，以當胡麻仙饌。時宿山中，拂石長吟，摩碑紀詠，凡方書所載諸藥，即一花一葉，莫不稽考比對。昔方干《送人遊天台》詩謂："入樹穿村時見赤城，藥氣泉聲常聞。遠近仙花靈，草半不知名。"[1]今先生既覽月巖雲樹之勝，復得識仙草名目，較閱《本草》尤爲精詳，宜乎醫術之日進也。

居二年，戚串中屢以書催歸，謂："地無烽燧之警，可以適茲樂土矣。"先生於是乘桴浮海，遂抵申江。蘇城既復，正擬遄返鄉里，適有寄書招往者，遂作楚北之遊。蓋先生令兄毓才大令延致蓮花幕中，共襄縣事。乃兄以名孝廉歷宰湖北蘄水、監利、石首等縣，政聲卓著，固江漢間之賢有司也。

───────

〔1〕 王韜在這裏摘錄方干的《送人遊天台》詩，可能是唐朝方干《送孫百篇遊天台》詩："東南雲路落斜行，入樹穿村見赤城。遠近常時皆藥氣，高低無處不泉聲。映巖日向床頭沒，濕燭雲從柱底生。更有仙花與靈鳥，恐君多半未知名。"

四、刊於《申報》的詩詞文章

旋告終養歸鄉，先生仍寓滬北，重理舊業，懸壺市上。先生之友王君慶麟，於戊子秋解組言旋，道出申江，訪先生於寓廬，見遠近前來就醫者，其門如市，老者幼者，車者馬者，途爲之塞。登堂見先生精神矍鑠，笑語如常。凡夫呻吟而來者，莫不歡躍而去。赤貧之家，兼施醫藥，老安少懷，民胞物與，先生其深得斯道乎，宜乎遠近咸知，以萬家生佛頌先生也。

王君因謂先生曰："君具此宏才，何必屈於海濱，曷勿至皇都冠蓋之區，一展生平抱負？況令弟乃秋太史，由部郎擢京畿道監察御史，以弟薦兄，諒不難升太醫一席，將來醫國醫民，名望震寰區，堪如范公所言，良醫即良相乎？"

先生曰："君真功名中人也。不聞子輿氏所謂，無官守，無言責，進退綽然有餘裕乎？況人生行樂耳，浮生若夢，爲歡幾何？我以琴書怡我耳目，以詩酒適我性情，以古人醫術方藥養我暮年，陶然自得，樂亦在其中矣。他日囊中稍積買山錢，歸去向莫釐、鄧尉間，售得數弓地，築茅屋三椽，與君結鄰而居，前後種梅花三百株，當夫月明雪霽，疏影橫斜，與吾子持杯聯句，罄無算爵，雖林逋當日風流亦不過若是，何苦向宦海中浮沈，自尋諸般煩惱恐怖哉！"

以此觀之，先生真達士哉！向以詩人、酒人、良醫視先生，猶淺之乎側先生耳。今歲壬辰十一月二十二日，爲先生六十大慶，籌添花甲，福備林壬。親友之捧觴上壽固不待言，而先生在滬濟世三十餘年，其手下所活奚啻數萬人？屆時介壽者當必紛至沓來，堂爲之滿，户限爲之穿也。先生年雖六十，然步履安祥，精神康健，望之如四十許人，豈平日得卻老方乎，抑有延壽丹乎？亦其頤性養神有以致之也。德配夫人，鴻案相莊，哲嗣二，彬彬儒雅，有乃父風。長君馥蓀出余門下，執經問難，時相過從，固可造才也。至期必登堂捧爵以壽先生。

謹爲先生頌曰：壽而臧，壽而康，由杖鄉而杖國、杖朝，爲先生開百歲之宴也，先生其樂乎否耶！

先生其無辭。

吴郡天南遯叟王韜拜手謹序

265

（55）潘敦先《節餉裁釐論》附識〔1〕

（潘敦先《節餉裁釐論》略）

此乃蘇州府吳縣優行廩膳生潘敦先所作，寧紹台道憲吳福茨觀察拔取超等第一者也。原評：指陳時弊，剴切詳明，所稱變通營制及釐金，不能驟免，只可酌裁，並籌及米布免捐，洋煙酒亟宜加稅，而歸重於行鈔、開礦兩事，措詞用意，不深不淺，不激不隨，極見斟酌，得宜相機辦理，未嘗不可坐而言者起而行。以視他卷，或近迂闊，或舉瑣屑，率多紙上空談，未必能徵實事，殆判然矣。非平日留心國計，體察已深，恐言之不能切合如斯也。我亦云然。

格致書院山長天南遯叟王韜附識

（56）潘敦先《請永停捐輸實官議》附識〔2〕

（潘敦先《請永停捐輸實官議》略）

是篇為江蘇蘇州府優行廩膳生潘敦先所作，寧紹台道憲吳福茨觀察拔取超等第一名。是課肄業士子多至百人，盡多佳構，潘君此作允推巨擘，自宜獨出冠時。福茨觀察原評云：詞達理明，深中肯綮，所擬國債、銀行兩議，自較輸洋息之遺害為輕。救時應用，達變通權，足徵胸有經濟，蓋作者留心於國計非一朝夕矣，故言之具有切要也。

格致書院山長天南遯叟王韜附識

（57）殷之輅《問演故槍炮測量遠近度數》附識〔3〕

（殷之輅《問演故槍炮測量遠近度數》略）

此篇乃格致書院肄業士子殷之輅所作，登萊青兵備道憲李子木觀察拔取冠軍者也。殷君深悉洋務，精通算術，品學兼優，屢列超等，為人懇至樸誠有足多者。觀察評語云，精於炮算各學，說理精，用法

――――――――

〔1〕 原刊1893年1月11日（光緒十八年十一月二十四日）第1版。潘敦先（1868—?），江蘇吳縣（今蘇州）人，字叔重，上海格致書院學生。曾任江西候補同知，署廬陵縣知縣，至二品銜直隸候補道。

〔2〕 原刊1893年2月5日（光緒十八年十二月十九日）第1版。

〔3〕 原刊1893年6月19日（光緒十九年五月初六日）第1版。殷之輅，生卒年不詳，江蘇南京人，上海格致書院學生。

266

四、刊於《申報》的詩詞文章

密,所論尤足徵心得。殷君亦能時晰時事,洞垣一方,坐而言者,可起而行,誠近今未易才也。

格致書院山長天南遯叟王韜附識

(58) 楊史彬《論采煉鋼鐵織紡紗布》附識〔1〕

(楊史彬《論采煉鋼鐵織紡紗布》略)

此格致書院肄業生楊史彬所作,津海關道憲盛杏蓀觀察拔取壬辰秋課超等一名者也。觀察原評:考究西書頗窺門徑,再加探討,自能變通盡利。棉產雖屬土宜,然揀子稀種之法,行之必有成效。攪和互用之說不為無見,或以洋棉作經,華棉作緯,亦屬可行,是在當局之悉心體驗耳。今按:卷中所陳十四條亦自有見,惟間有不能行者。如通運道頗非易事,大冶至漢陽,中隔一江,過江方通旱道,並非通衢。且徑路有甚為狹窄之處,開擴殊費工程。設公司於外埠徵稅輕重權自彼操,勢必使我多方掣肘。我之產鐵雖饒,而洋鐵近猶充物,欲將中鐵推及外洋,不免徒托空言。至於欲更稅則,談何容易?稅則載在條約,驟議加重,西人必不允行。收種洋棉亦屬變通盡利,然當辨土性相宜,方能布種。煤鐵二項,必兩相資。煉鐵首在求煤,移鐵就煤不如移煤就鐵,必相近乃可省運費。卷中尚未講及,然思精慮遠,擘畫周詳,其才洵不可及也。

格致書院山長天南遯叟王韜再識

---

〔1〕 原刊1893年8月1日(光緒十九年六月二十日)第1版。楊史彬,生卒年不詳,廣東大埔人,上海格致書院學生。

五、刊於《新聞報》的詩[1]

1. 戲贈寶珠詞史，兼感舊事[2]

小字由來號寶珠，琅琊嬌小舊名姝。欲通瑶札煩青鳥，待卜靈修問紫姑。鰜鰈原爲同命使，鴛鴦羞作合歡圖。宿生緣是今生締，一斛明珠換得無。

惆悵華年似水流，三生風月易成秋。文章漂泊偏憎命，蘭玉摧殘早種愁。寶氣幾成三里霧，珠光曾照兩重樓。畫眉梳髻今難再，孫壽啼妝分已休。

懶向花叢取次看，記初相見兩相歡。花梢豆蔻春光媚，枕畔芙蓉燭影寒。七寶香車還遠嫁，三珠衹樹枉同參（借韻）。可憐不是閑風絮，永作孤飛鏡裏鸞。

廣寒仙子去蓬瀛，隔斷銀灣幾萬程。悔鑄黃金成錯字，願鐫白玉記新名。手攜寶玦思前度，胸貯珠囊理舊盟。鈿盒分明親付與，一回噩夢一回驚。

無計尋春問夙因，小山叢桂最留人。秘文鴻寶藏金篋，密字珍珠

---

〔1〕《新聞報》，1893 年 2 月 17 日（光緒十九年正月初一日）在上海創刊，1949 年 5 月停刊，以報導經濟新聞爲主。

〔2〕原刊 1894 年 7 月 21 日（光緒二十年六月十九日）《新聞報》。在本書光緒［二十一］年□月□日王韜致盛宣懷函中摘錄了第三首詩（"懶向花叢取次看"一段，共 8 句）。

五、刊於《新聞報》的詩

寫玉真。怕墮飛花參慧業,願爲明月認前身。林間丰韻難追憶,此去蓬壺隔幾塵。

那有西天共命禽,彩鸞信息久銷沈。宓妃解珮乖前約,荀令留香遠素心。寶檻親教鸚鵡曲,珠絃彈碎鳳凰琴。焚蘭刈蕙平生憾,碧海青天何處尋?

鮑家三女最知名,七夕銀河分外明。圓月芳姿留寶相,幽花倩影泥珠情。鵲橋偏許牛郎渡,鴛錦空勞鼉女成。碧漢銀牆何森森,見時風浪幾曾生?

年來風味寄菇鱸,聊借看花意自娛。冀有因緣結蘭絮,難將心事托藦蕉。漫誇漢使千堆寶,獨具牟尼一串珠。此後瓣香依遯窟,休從水竹混菰蘆。

天南遯叟王韜未定稿

2. 奉題徐潄珊學博《永安塼硯圖》,即步原韻[1]

硯爲學博治海昌學署所得,其文曰:"永安三年七月廿五日東郭。"凡十有一字,識爲吳主孫休時物也,因琢爲硯,並以名齋,繪圖索詩。

二百八十有甲午(考永安三年,歲在甲午,至今凡歷二百八十甲午),海東忽爾震鼙鼓。我朝撻伐彰遠征,驅使艨艟駕樓櫓。倭奴箕踞空自驕,誓將一戰滅茲土。我從東粵載書歸,小隱淞南作老圃。摩挲金石搜古文,間中拔十可得五。眼明忽復見此圖,無殊展讀潛園譜(歸安陸存齋觀察著有《古磚錄》,藏磚甚富)。先生海昌之冷官,胸有千秋心嗜古。一朝治屋獲古磚,十一字完無待補。溯當赤烏全盛年,東郭分明猶可數。斯磚既出久不磨,吟詩何啻千豪腐。瓦甓目足勝琤琳,文章貴重貢天府。琢爲研田什襲藏,誰識良工心獨苦。嗚呼!我將焚研學君苗,願棄毛錐專習武。要看赤手斬樓蘭,讀書仍復安環堵。

───────
〔1〕原刊1894年8月2日(光緒二十年七月初二日)《新聞報》第4版。

269

天南遯叟長洲王韜待定稿

3. 懺綺遊詩〔1〕

僕老矣,尋春已晚,好事多磨,個中人大抵多負心者,求如昔年馬湘蘭之於王百穀,不可得也。惆悵之餘,漫成四律。

七十看花轉悔遲,夕陽雖好不多時。白頭空作風懷賦,翠黛誰能國士知。緣淺原難占並命,情深枉自惹相思。素心人遠何從覓? 往事迴腸只益悲。

綺約迢遙何處尋? 神雞枕畔醒聞砧。愁懷獨領秋來味,悟塞從聽空外音。冰簟銀床虛好夢,青天碧海負初心。九迷屏上曾題句,濡筆徒爲捉鼻吟。

欲寫相思寄夜臺,夜臺從未有書回。重來玉骨埋情土,再世瓊樓葬劫灰。無那青衫頻歎逝,是誰紅粉解憐才。而今北里何勞問,只費黃金買笑來。

漫將心事付紅籤,空把明珠慰寂寥。月果有情應獨照,琴如無意枉雙挑。新愁都被桃花誤,綺眼徒教竹葉(酒名)消。自誓懸崖須撒手,閉門從此賦逍遙。

人〔2〕長洲天南遯叟王韜待定稿

4. 閑情詩畢,忽於枕上得句,附呈倉山舊主一粲〔3〕

昨夢提師到日東,貔貅十萬擁朦朣。將軍飛渡從天下,倭虜全看伏地中。不殺心欽明主聖,受降歌唱大王雄。而今世世行朝會,胥識車書一統同。

長洲天南遯叟王韜待定稿

---

〔1〕 原刊1894年8月15日(光緒二十年七月十五日)《新聞報》第4版。

〔2〕 人,此字疑多餘。

〔3〕 原刊1894年9月8日(光緒二十年八月初九日)《新聞報》第4版。倉山舊主,即袁祖志(1827—1898),字翔甫,別署倉山舊主,浙江杭州人,曾任《新聞報》主筆。

五、刊於《新聞報》的詩

5. 三贈寶珠詞史[1]

　　詩凡四律,末一律推廣言之,欲使大千世界,情天恨海,至無窮盡,自此絳霞閣中無復王郎跡矣。

　　武陵源裏訪仙蹤,已見桃花帶雨濃。寶帳香酣春睡足,珠簾月上曉妝慵。重來人面羞崔護,彈到琴心感蔡邕。翠竹沿溪無路覓,絳霞閣畔白雲封。

　　情絲枉自縛纏綿,別便淒然見惘然。寶鏡三生占福命,珠屏雙笑見嬋娟。玉環宛轉相逢日,金縷低徊未嫁年。彈指匆匆成往事,莫將今日溯從前。

　　不隔銀牆隔絳河,渡無桂楫奈風波。頻移寶枕霑紅淚,枉綴明珠委綠蘿。蝴蝶惟知香夢暖,鴛鴦偏戀晚涼多。從前綺約而今了,自有檀郎替畫蛾。

　　拋卻相思減卻愁,清風明月最宜秋。天荒地老情難盡,玉碎香消恨未休。寶鼎皈依參淨業,珠叢纂述勵潛修。讀書養氣平生事,深悔提詩在上頭。

　　　天南遯叟稿

---

[1] 原刊1894年9月8日(光緒二十年八月初九日)《新聞報》第4版。

六、與增田貢等筆談記録[1]

1. 與增田貢、黄遵憲筆談(1879年5月25日　光緒五年四月初五日)

（增田貢記：五月二十五日早，訪王紫詮於築地精養軒，紫詮喜出迎。）

增田： 江東碩望紫詮王君足下：貢閲貴著，其《甕牖餘談》載八户宏光事。宏光傷足下之抑塞，説涉縱横，而足下拒之。彼復自言江户將軍之族子。將軍姓德川，何其譸張也。《瀛壖雜志》記西洋器械，並及日本水龍之具，模寫生動，筆筆有神，用意外國，何其切也。又讀《弢園尺牘》，始信足下之利器斷盤錯。當洪賊之亂，沿江失守。足下慨然獻策曰：招募洋兵，人少餉費，不如以壯勇充數，而請洋官領隊，平日以洋法教演火器，務令精練，西官率之以進，則膽壯力奮，亦可收功於行間。議乃行。

---

[1] 本筆談記録摘自劉雨珍編校的《清代首届駐日公使館員筆談資料彙編》(2010年12月天津人民出版社出版)。該彙編主要根據日本國立國會圖書館等藏宫島誠一郎裝裱的筆談原件，以及日本早稻田大學圖書館藏宫島誠一郎整理謄録的《栗香大人與支那人之問答録》等爲基礎整理而成。當年王韜宣傳改良維新的詩文在日本有很高的評價。1879年4月29日王韜應寺田望南邀請，從上海出發，登輪赴日本作東瀛之遊，考察了東京、大阪、神户、横濱等城市，寫成《扶桑遊記》。因言語不通，他與日本友人增田貢等人經常筆談，討論中西文化。王韜在東京謁見了清廷駐日大使何如璋、副使張斯桂、参贊黄遵憲等人。8月31日回到上海，東渡日本四月有餘。

272

六、與增田貢等筆談記錄

　　上海始有洋槍隊。米、佛、英之提督爲之奮力，所向無前，號爲常勝軍。其後金陵之克復基上海，上海之常勝，實足下獻策之功也。貢頃著《清史攬要》，同治元年之記，揭綱曰："賊侵上海，英、佛、米之水師提督合擊破之。"其目曰："吳郡處士王韜獻策，始有洋槍隊之設，故得破賊。已有此功，未聞賞及之，亦得無類忘筌乎。"天涯傾想，望洋眼穿矣。忽聞觀光駕至，貢之喜可知矣。乃待舍館定來候，欲證縞紵之盟，敢非仿宏光縱橫之辯也。岳陽增田貢再拜，並贈一律述事實：

　　　　獻策轅門拂海氛，曾無茅土報功勳。
　　　　養成壯勇洋槍隊，收拾威名常勝軍。
　　　　欲使鳳鳴向東日，忽看鵬翼背西雲。
　　　　楚材晉用吾能解，江表偉人推此君。

紫詮：前讀《清史攬要》，於同治元年忽睹鄙名，驚喜交至。繼知出閣下手筆，則又感甚。因歎曰：此海外一知己也。自此臨風懷時不能忘。顧溟渤迢遥，安能覿面於萬里之外。今弟泛槎來遊，每見貴國文士，必詢閣下近況。擬偕省軒先生一謁閣下，作登堂之拜，行執贄之禮。乃文旌惠然枉臨，何幸如之！復讀大著，過蒙獎譽，初何敢當。主主臣臣，弟甫里一逋客，天南一廢民，窮而在下，老境頹唐，於文字學問，殊無真得。不知閣下何所見，而推愛若是，至投縞紵。弟願附譜末，曷勝幸甚。岳陽大人青及。愚弟王韜拜手上。

增田：明日張大使見訪，先生亦臨。

紫詮：猥蒙寵招，曷敢不趨赴？借杯杓以助清談，並將數年之忱托管城子以寫之，幸甚。〔1〕

增田：僕雖無似，願爲東道，到處説項斯。

紫詮：今日成齋諸同人約作後樂園之遊，正在此時。閣下同往否？成齋氏諸同人見招，願攜先生同去。

　　（增田貢記：會寺田、池田某亦至，促余欲同遊於礫川後樂園，乃

---

〔1〕 此二句筆談補注於上述增田致王韜函之欄上。

273

連車。至,日將午。黄遵憲先生至,出迎。)
增田:明日張斯桂公、王韜先生有顧弊廬之命。先生賜光臨否?
公度:前者梅史與君訂廿一日之約,師丹善忘,未及與言,弟實不知也。廿二日走横濱,方就道,梅史忽憶先生之言,約僕同往。僕實不暇,爲代辭。歸後方知參差,僕亦代爲愧歉,亦欲致書述意,相遇於此。明日之約,僕實不得暇。僕於月曜、火曜日最忙也。惟祈鑒原,卜日再訪高齋。遵憲拜。
增田:弟午後每閑。命日報至,必清室候駕,當爲文字飲。
公度:僕有《日本雜事詩》凡一百五十首,欲以呈正,但急切欲謄清稿。若能抽暇於十日中賜正擲還,則感荷不已。未審諾之否?
增田:宋景濂、張山來各有《日本竹枝》數首,而以身不到於此,猶有不盡善者。先生東來,洞覽我國史至此浩多,一何盛,使人瞠若。請速得拜觀。
增田:此園名"後樂",故水户侯源光國所築,明朱之瑜請援來,不還,爲客卿。園門"後樂"之扁,之瑜所書。明人與貴邦爲仇,使九原有知,則恐不喜逢諸公之觀。

後樂園即事,録呈大吟壇誨正　增田貢未定稿〔1〕
夷齊廟畔樹蕭森,追想西山後樂心(丘有夷齊廟)。
煙際遊魚跳碧沼,風前小鳥喚幽林。
堂開緑野賓朋盛,園比平泉草木深。
今日欣看名士集,礫川勝景可追尋。

紫詮:名園雅集得追陪,今日同傾河朔杯。
四面環山皆樹木,一樣近水占樓臺。〔2〕
清風百世臣心苦,史筆千秋生面開。
喜見東西賓主美,鰍生何幸泛槎來。

增田:思昔黄門紛後陪,暑天退食唤荷杯。
從松謖謖招風閣,環水晶晶得月臺。

〔1〕《扶桑遊記》曰:"向山黄村,增田岳陽賦呈律詩,一並録焉。"
〔2〕《扶桑遊記》"一樣"作"一椽"。

六、與增田貢等筆談記録

魯嶼（旁注：文恭）扁題迎客揭，夷齊廟貌向人開。

今日名園添一勝，西方美士抱琴來。

（欄上注：改"名園今日添佳事，清國衣冠探勝來。"）

次韻

公度：陪諸君遊後樂園有感而作，乞均正　黄遵憲〔1〕

泓崢蕭瑟不可言，周遭水木圍亭軒。

初夏既有新秋意，褰裳來遊後樂園。〔2〕

主人者誰源黄門，弊屣冠冕如丘樊。〔3〕

夷齊西山不可得，欲以此地爲桃源。

左攜舜水右澹泊，想見時時顧空尊。〔4〕

嗚呼源平霸者起，太阿倒持飯將軍。〔5〕

黄門懿親致自異，聊借薇蕨懷天恩。〔6〕

一編帝紀光日月，開館彰考非爲文。

高山九郎好痛哭，相繼呼天叩帝閽。

布衣士二三子，其力卒能使天王尊。〔7〕

即今賓主紛□□，一堂款唔都温温。〔8〕

豈知當時圖後樂，酒觴未舉淚有痕。〔9〕

遺碑屹然頽祠古，夕陽叢鴉噪黄昏。〔10〕

---

〔1〕本詩另見《扶桑遊記》上卷（無詩題）及《人境廬詩草》卷三（詩題作《庚辰四月，重野成齋（安繹）、巌毅六一（修）日下部東作（鳴鶴）、蒲生絅齋（重掌）、岡鹿門（千仞）諸君子約遊後樂園，園即源光國舊藩邸，感而賦此》）。

〔2〕"初夏既有"，《人境廬詩草》作"夏初若有"。

〔3〕"弊屣冠冕如丘樊"，《扶桑遊記》作"敝屣冠冕如邱樊"，《人境廬詩草》作"脱棄簪紱甘丘樊"。

〔4〕"時時"，《人境廬詩草》作"往往"。"空尊"，《扶桑遊記》作"空樽"。

〔5〕"飯"，《扶桑遊記》及《人境廬詩草》作"歸"。

〔6〕"致"，《扶桑遊記》及《人境廬詩草》作"敢"。"自異"，《人境廬詩草》作"異議"。

〔7〕"布衣士二三子"，《扶桑遊記》及《人境廬詩草》作"布衣文士二三子"。"其力卒能使天王尊"，《扶桑遊記》作"其力遂使天王尊"，《人境廬詩草》作"協力卒使天王尊"。

〔8〕"紛□□"，《扶桑遊記》及《人境廬詩草》作"紛裙屐"。"款唔"，《扶桑遊記》及《人境廬詩草》作"笑語"。

〔9〕"豈知"，《人境廬詩草》作"其識"。"淚有痕"，《扶桑遊記》作"有淚痕"。

〔10〕"遺碑"，《扶桑遊記》及《人境廬詩草》作"豐碑"。"頽祠古"，《人境廬詩草》作"頽祠倒"。"叢鴉"，《人境廬詩草》作"歸鴉"。

275

欲起朱子使執筆,重紀米帛貽子孫。〔1〕(明治二年賜源光國子孫米帛。〔2〕)

(增田補注:貢案,高山之誤也。)

紫詮:四月四日偕公度先生燕集後樂園,即步原韻,以博一笑　　王韜

鯫生東遊拙語言,叔度霞舉何軒軒。
幸陪遊屐來此間,惟名士乃傳名園。
園爲源公之創〔3〕,生薄冕紱潛丘樊。〔4〕
野史亭開勤薈萃,有異遺山於金源。
惟公好士古無匹,時招俊彥倒罍樽。
公學所造冠諸子,自足拔戟成一軍。
舜水先生寄高躅,眷念家國懷君恩。
我來訪古心慷慨,誰歟後起扶斯文?
平泉綠野此仿佛,徑留苔蘚侵階閽。
泰西通市法一變,坐令西學羣推尊。
乾綱獨秉太阿利,豈復跋扈如桓溫。
園中題字出遺老,摩挲猶有前朝痕。
陰森古木坐濃綠,時未向晚日已昏。
飲罷驅車偕子去,霸才誰是江東孫。

增田:右賡韻　　貢

園號取於宋相言,寧知又引清使軒。
池塘竹樹依然在,孰與洛陽留名園。
義公桃李常在門,角巾私第脱籠樊。
夷齊廟畔清風起,石梁如虹竟泉源。
物換星移修外好,鹿鳴一唱酒滿樽。
江東豪士嶺南俊,旗鼓騷壇兩將軍。
延陵東裹縞紵契,金蘭相應亦君恩。

〔1〕"重紀米帛貽子孫",《人境廬詩草》作"重紀竹帛貽子孫"。
〔2〕"子孫米帛",《扶桑遊記》作"子孫米帛若干"。
〔3〕"創",《扶桑遊記》作"所創"。
〔4〕"丘樊",《扶桑遊記》作"邱樊"。

鳥啼魚躍日如歲,薰風細細水成文。
灌木鬱葱含煙霧,幽趣恰如叩禪閣。
一門百篇筆落紙,可知聯翩文士尊。
自今來多占佳境,好使池邊釣石溫(欄上注:以詩來多釣石溫)。
盤桓偕體後樂意,不用先憂多淚痕。
今日東西訂雅集,付與畫圖傳子孫。

2. 與增田貢、張斯桂、王治本、王藩清筆談(1879年5月26日 光緒五年四月初六日)

(增田貢記:五月二十六日,張斯桂、王韜、王治本、王藩清聯車見訪。酒間賦贈。)

增田: 南薰長日枉軒韶,緑樹蔭中倒履邀。
博望光華抱玉節,伏波矍鑠建銅標。
每聽塵教精神爽,數接芝眉鄙吝消。
今日東西風浪穩,鹽梅自古要和調。

魯生: 奉和見贈原韻,錄呈岳陽先生一粲　四明張斯桂
扶桑影裏駐星軺,雞黍蒙君故故邀。
笑酌醇醪勤把盞,醉披清史看題標(席間出示《清史攬要》一書)。
揮毫張旭雲煙落(席上有揮條幅者[1]),拔劍王郎壘塊消(出示寶劍數口,王君紫詮拔觀之)。[2]
聊借一詩抒謝悃,自慚音韻未能調。

紫詮: 四月六日集於岳陽先生鳴謙齋,同集者張魯生公使、王漆園、琴仙昆仲及余。主人先有詩呈公使,因步均奉和,錄呈增田夫人一粲　王韜[3]

---

[1]《扶桑遊記》作"席上有作字者"。
[2]"壘塊",《扶桑遊記》作"傀儡"。"出示寶劍數口,王君紫詮拔觀之",《扶桑遊記》作"出示寶劍,紫詮王君拔觀之"。
[3]《扶桑遊記》爲"增田有詩呈魯生副使,余依韻答之"。

東去欣瞻海外軺（余至日本東京，先謁何、趙[1]二使），幾番治具辱相邀。

廿年酒國虛清壘，百戰詩壇奪錦標（余與張公使二十年不相見，今公使已戒酒，而詩興尚豪[2]）。

作史雄才誰可敵，憂時壯志莫輕消。

一家文字多嫻令，不獨羹湯手善調（謂岳陽先生。先生一家皆識文字，且善詩[3]）。

黍園： 小詩和岳陽先生玉韻　溪上王治本

三年海角駐征軺，把酒頻將明月邀。

快睹青編欽學識（先生輯清史），相逢墨水挹豐標（與先生初會於墨江樓）。

高吟每向閑中得，別恨聊從醉後消。

更羨孟光能款客，銀魚玉膾必親調。

己卯初夏奉和岳陽先生玉韻，即求指南　王治本

大器成名晚歲收，要知識道有騶驕。

只甘落拓灌園吏，不羨奮飛投筆侯。

彪炳史編修異域，崢嶸文氣壓神州。

今朝足暢幽情叙，秉醉何辭秉燭遊。

賡前日之韻也。

紫詮： "受益齋"，岳陽先生自號鳴謙，《易》謙卦，六爻皆吉，蓋以謙受益也，即以名齋，字之工拙不計也。

吳郡王韜　光緒己卯四月中澣，爲增田岳陽仁兄大人大雅之屬

琴仙： 畫橋碧蔭　溪上王藩清

光緒己卯清和月寫梅花，爲增田岳陽仁兄大人大雅之屬，並乞兩正。

庾嶺多佳趣，潔焉秉清節。

---

[1] 趙，應爲"張"之筆誤，可能因日語中"趙"與"張"發音相同。
[2] 此句《扶桑遊記》作"余不見魯生副使已廿年，近聞其止酒，而詩興尚豪"。
[3] 此句《扶桑遊記》作"岳陽撰《清史攬要》，一家姬妾，識字工詩"。

六、與增田貢等筆談記錄

鶴子衝霄去,衝寒待瑞雪。

紫詮： 呈岳陽先生　　王韜

知己平生首數公,海邦物望最爲崇。
學從天授真無敵,道自東來定大同。
有愧粗才憐阮籍,獨修異史匹揚雄。
鯫生何幸通縞紵,笑語杯盤一室中。

三吳人物出王公,名動東洋岱嶽崇
（欄上注：起改"奇才薄作黑頭公,猶使聲名泰嶽崇。"）
花月襟懷如杜牧,風雲器度似陳同。
百篇傾坐詩壇傑,五斗驚人酒國雄。
落落心肝爲君瀉,深情卻在不言中。

增田： 家傳備前刀四口,其最陳者殆千年,刀猶銛利可吹毛。歐陽永叔《日本刀歌》即是也。貴邦亦有陶宏景《刀劍錄》、郭子章之《劍記》,豈謂我邦人獨好劍乎？而貴邦劍短,隻手用之。我則尚長,雙手使之。戚繼光深善之（欄上注：我劍術之精）,事詳《紀效新書》。明嘉靖、萬曆,我西海逋逃臣,轉侵吳越。千里橫行,逞逆威者,皆恃此劍也。今內外靖恬,青龍潛室已久。會諸公至,故出示之,亦尚武之一癖也。幸勿咎亡狀。

（四人傳觀,奇之,故張老之作及此。）

魯生： 蒙許送《清史覽[1]要》一書,當焚香朗誦。倘能窺其奧窔,還贅以評語,未識有當於尊意否耶？

增田： 拙著塵觀何幸！近日將登門呈之。僕每病貴邦之史東渡尚寡,故及脫稿,每患有誤謬。願賜痛正,以爲完書。今辱得評語之命,感荷不可言。請並惠佳序,此書亦生光。敢非望蜀觸忌也。

---

[1] 覽,應爲"攬"。

紫詮：弟在中國來購大著《清史攬要》業已百餘部。弟現擬購一百部至中國消[1]售，不知閣下能爲謀否？書中有稍誤者，似宜加以校正。校正之本，重付梨棗，使甚行之益遠，何如？總購百部，其價若干？以後尚可源源購售也。

增田：僕涉獵雜取成此書，應龕谷省軒之屬，而版權在彼命賈人，僕不知也。而辱此盛意，當問彼贈之。幸下大斧。

增田：所進王餘魚也。味淡無毒，請下箸。

紫詮：想是我三人當年食餘之魚。

增田：王氏三公同日光贲，僕具此魚，亦似爲讖，大奇大奇！佳譴又益絕妙。意三王江左冠族，譜系出晉丞相乎？訓詳。且問，王餘魚，所謂越王勾踐之膾殘半片，跳入海，爲此形，其味恐劣於西子乳之美。

魯生：猶勝東坡肉之肥。

紫詮：張大人妙對。

紫詮：有皮三人皆王姓。

增田：猶衍、敦、澄之營三窟。

紫詮：禹湯文武三王，春夏秋冬四季。四詩風雅頌，三光日月星。

增田：此耦對古人已言，今爲何設？

紫詮：王導因循庸懦之臣。

增田：江左管夷吾，即此人猶謂庸懦之臣乎？然則王莽、王敦、王儉、王珪、王安石之流，皆非完人。意足下所好在此中乎？僕則好王文成其人，尊意如何？

增田：此羹貴邦之河漏也，適口否？

黎園：亦名蕎麥麵。信州之產白如雪，況比美人傾城色。

增田：坐中女皆黔，故足下愚弄，以蕎麥諷之乎？汗顏。

增田：張大人以下少喜否？

黎園：皆大歡喜。

增田：弢園先生何不攜小鐵來？

---

〔1〕消，應爲"銷"。

六、與增田貢等筆談記錄

紫詮：曾向柳橋駐客軺，雛鬟小鐵屢相招。

紫詮：揮毫對客有張旭，落紙如蛇愧王獻。

增田：足下以石曼卿之豪，兼杜樊川之才，東京名妓皆落其彀中不能免。意良弓遂不能藏於彀乎？一笑。

紫詮：入鳴謙齋中，焉敢不謙謙也。

增田：倘有妓如小鐵者行酒，則假令有鳴謙之扁，意必不謙也。

紫詮：墨川之水清且漣，墨川之姝妖且妍。

小勝去此路殊遠，呼之即來近晚天。

我於柳橋呼小鐵，何如？

增田：吳郡百煉剛，一遇柳橋小鐵，爲繞指柔。顧小鐵之利如日本刀，淹留數月，或將伐君之命。苟有石腸者，割愛勿爲悔。"楚腰纖細掌中輕"，即此事也。

紫詮：夕陽在山，人影散亂。既飽德，既醉酒，請辭。

增田：卜晝未卜夜，秉燭之遊，請從他日。

3. 與增田貢筆談（1879 年 6 月 1 日　光緒五年四月十二日）

（增田貢記：六月一日，王弢園移藥研濠報知社鄰樓，如[1]雲栗本翁迎之也。諸同人折柬招余，得見弢園行李所攜之著書，《瀛壖雜志》八十套，《弢園尺牘》[2]四十套，《海陬冶遊》一百套，《豔史叢鈔》五十套，《西青散記》五十套，《普法戰記》三十套。）

增田：貴著具諸體，綜衆妙，當使人誦讀不倦。留躅中編東京近事爲傳，亦益妙。黃公度曰作《日本雜事詩》一百五十首，意先生已有所准擬乎？

紫詮：《清史攬要》，弟輩皆不能作序。前日討注中（張公與弟皆有之）有清史二字，弟尚爲失檢，況作序乎？以清人不能說清史。此書弟暗中改其誤處則可。

---

[1]　如，疑爲筆誤，當爲"鉏"。
[2]　《瀛壖雜志》《弢園尺牘》，稿本中皆劃有紅綫，欄上注曰："前年東渡，一讀。"

增田：司馬龍門以漢人作漢紀，且係自序。弟慕貴邦，而非著此書，在使吾紳子知貴邦事略耳。而貴教有不能説清史之禁，何與漢人相反乎？弟所不解，故不得不容黄喙。如暗中改誤，則謹拜命之辱，請一二指示，正不逮。

魯生張泛使見訪，示以日本刀

四明山色高，浙江涌（旁注：震）雪濤。

南服靈秀地，自古出英豪。

伏波老益壯，大器（旁注：晚成）盛時遭。

乃祖有（漢）博望，西北杖節旄。

光緒命泛使，東洋跨鯨鼇。

久矣同臭味，高軒過蓬蒿。

薰風薔薇色，鮮紅映錦袍。

幸免題鳳字，樂意自陶陶。

酒膽淋漓灑（瀉），雲煙揮（涌）紫毫。

心匠八義就，情趣涉風騷。

粲然瓊瑶贈，豈視（可）比木桃？

日長雅淡倦，餘爽論戎韜。

壯心猶未已，開匣示古刀（欄上注：爲示備前刀）。

何劣烏孫[1]佩，霜刃可吹毛。

好欲以一口，摩挲比孟老（孟勞，魯寶刀名）。

4. 與增田貢、張斯桂筆談（1879年6月10日　光緒五年四月二十一日）

（增田貢記：六月十日抵永田節署。）

增田：《清史攬要》一部，謹獻之張公閣下，請經乙覽之後塵指紙謬，以督不逮。此書今現爲京校教則之書，生徒准用便之。惟當時以需促急，蒼黄授梓。故安南徵事之綱已失前後之刻，向命正之意此卷已改否？初此著成也，邦人多以不知貴邦順治以

---

[1] 烏孫，疑爲"烏孫"。

六、與增田貢等筆談記録

後之事,爭相閱覽以珍之。有石村貞一者剽竊之,並爲《元明清史略》。僕怒,使人譴貞一。貞一謝罪,改請題跋。且著書名於引用目中,以希免毁版之責,而僕意稍釋。頃以辱青照,又益敷衍前著,施及光緒。欲結局,而未審貴邦史適用者也。且向東渡者,不過《東華録》《三朝實録》,故僕着手苦心之狀,已詳之序文,而所載年羹堯、和珅、田文鏡得罪之謂,王倫犯宫之亂,内臣間應之跡,亦未詳。蓋史筆有所諱而韜之,異邦人豈可得輒窺乎?方今泛使交海,東西殆如一家。願發藴奥,使得此書之大成。王紫詮日已購百部於香港,今自來,又求百部,又益欲多多用。僕辱大使諸公之荆識,願一得閣下之佳序,爲此編之冠冕,則實不異門楣生光之榮也。增田貢

(六月十日抵節署云云,出前二葉。〔1〕)

魯生:《清史攬要》容後詳細披閱,得其要領,然後可以作序。非寬限日月不能奏效。至於年賡〔2〕堯、田文鏡等事,俱載在《雍正上諭》一書内,和珅之事有《嘉慶上諭》。僕生非同時,不知底細,不敢妄自臆説也。

增田:余以拙著《清史攬要》西渡之故,蚤與王紫詮未面已親。及其東來把臂,亦益奇其才,自抵清史館薦之。王紫詮吳郡之望,干莫之器也。不試之於盤錯,而至使蹈東海,古苗賁皇於晉,張元於夏,永貽楚、宋之恥矣。今諸公幸在此,亦遇紫詮,已審其抑塞磊落之狀,何薦之於朝,不使翱翔於鷺班。貢非爲紫詮地也,竊爲貴邦惜焉。(欄上注:貢與紫詮相爲引重也。)

魯生:王紫翁有不羈之材,人人皆曉。即王公大臣,皆耳其名,無煩僕之薦揚也,而竟落寞不遇,人皆惜之。僕與之交好,已有廿年之久,知之亦稔。蓋其意氣(旁注:立節)既高,立心亦傲,不屑屑於功名利禄之途也。故常徜徉肆志,優遊自適,以行其

---

〔1〕 稿本中,增田誤將前述六月十日筆談,排於二頁之前的五月三十日與三十一日筆談之間,後整理時又作改正,故有此語。

〔2〕 賡,疑筆誤,應爲"羹"。

283

意,亦有自在流行之趣。

增田:每登貴館,聞書聲響亮起後堂,可得就見耶?

魯生:吾孫也,宜教。

(有童子頌《孟子》。就問其名,即書而答。)

子菁:張子菁,十二。

(六月十日,訪王紫詮於藥研濠。)

增田:連日阻雨,欠候。聞已寓成齋宅,宅距僕家不過數箭道,近日攜樽登門,晚酌爲陪。成齋家多侍女,故僕別不攜少艾。試問小鐵時時來訪不?

紫詮:久不見小鐵。近日有阿藥矣。

紫詮:明日黃公度來弟處,閣下何不攜酒與魚而來耶?

增田:黃公何時來?

紫詮:未知。今日有書來,言明日得暇,必來作清談,兼與成齋索《日本紀事詩》〔1〕。弟可約之以時。因成齋必至三時始回家也。先生幸賁臨成齋處作清談,豈不大快?弟本擬作書以達左右。

5. 與增田貢筆談(1879 年 6 月 14 日 光緒五年四月二十五日)

(增田貢記:六月十四日,訪王紫詮於駿河台重野氏之家。〔2〕)

增田:玉趾來往駿台藥濠間,午後必忙,故提一尊來供卯飲。此酒名女郎酒,能足動客情不?(增田補注:時加藤櫻老、齋藤□□〔3〕等數人在座,筆語已闌,王氏亦不堪煩答。故余察其意,辭皈。)

增田:身遯名隨,君之謂也。僕性急,不與多客相周旋。今日候貴假

---

〔1〕《日本紀事詩》,疑筆誤,應爲"《日本雜事詩》"。

〔2〕《扶桑遊記》四月二十五日載:"岡鹿門來訪。增田岳陽亦攜酒往過,以有客在,即去。"

〔3〕稿本空二字,據《扶桑遊記》:"鄭翁藤醇處厚,號畸庵,年七十有五。"

284

六、與增田貢等筆談記錄

(原文)來,君亦卜日臨弊舍。

紫詮：酒難有難有。先生何不少坐歟？

增田：前日訪藥濠寓,蒼黃得覽貴制詩文,猶未熟諳。今可得借看乎？

紫詮：弟有詩並文四冊,俱在同人處報知社□之□代弟□之。

增田：**席上贈王弢園,不待和成而皈**

蹴破長風萬里波,奇才磊落竟如何？

東京到處飛揚快,莫唱王郎(一作"君家")拔劍歌。

6. 與增田貢筆談(1879年6月15日 光緒五年四月二十六日)

(增田貢記：六月十五日,與諸同人會不忍池長駝〔1〕亭,席上呈王紫詮。)

增田：汪汪千頃沿山阿,晴好雨奇幽趣多。

今日無端致鴻鵠,他時勿厭集鳧鵝。

小橋昏月籠楊柳,一欄清風動荇荷。

觀比西湖還不惡(欄上注：亦堪畫),知君吟策屢相過。

紫詮：讀同人會不忍池詩,頗近中晚唐人風致。弟即刊之日報,傳示遐邇,何如？

增田：多幸又愧！

7. 與增田貢筆談(1879年6月21日 光緒五年五月初二日)

(增田貢記：六月二十日朝,訪王紫詮。〔2〕)

增田：近午客常多,故袖瓢來謀卯飲,勿見斥。

紫詮：閣下攜瓢酒而來,請作卯飲。弟處亦有西國出之酒,以獻閣下。能盡一爵否乎？弟將食飯,請至檯飲,何如？

---

〔1〕 駝,疑為筆誤,當為"酡"。

〔2〕 《扶桑遊記》中卷五月二日載："清晨增田岳陽來,攜酒一壺、肉一盂,云作卯飲。其為人率性而行,天真流露。"考農曆五月二日乃西曆6月21日,應屬增田整理時有誤。

285

（即就檯，且飲且飯。盤有小蝦、胡瓜、菜蔬，皆以豚脂烹之，味頗佳。西酒氣烈，和以水，味始調。酌以銀杯，而琥珀光欲迸。酒間，紫詮贈余以象筯，瑩滑可愛。余戲曰："已賜象筯，勢不能不作玉杯。酒池牛飲，亦所不辭也。"紫詮大笑。）

增田：此室何不蓄一雪兒？

紫詮：無佳者。肯薦一妙人乎？

增田：障後有妙聲。何爲相欺？

（乃開障，則現一少女。問其名，對曰樂，家在新橋。遂命行酒。余又戲曰："容色錚佼，臥榻容鼾，可謂樂地。"紫詮亦大笑。）

紫詮：先生所居在下谷徒街，與鶯津宣光所居近否？

增田：一牛吼地。宣光亦識僕。

此地前住，其路共有若干町[1]。

自成齋宅至敝舍不過十町。晚步常臨是祈。

紫詮：柳橋近在尊居，能呼小鐵乎？

增田：已有阿樂，又思小鐵，可謂望蜀。閣下臨之日，僕傳命，必可屆致。

紫詮：閣下家中僕婢能知小鐵之所在乎？恐未必識小鐵所居也。

增田：柳橋隘巷也，探妓巢亦容易。請豫勿病。

（余攜自畫墨牡丹之團扇，紫詮見，題之，余亦次韻。）

録舊作題墨牡丹詩，岳陽先生大人正之　王韜

圖成潑墨妙豐姿，翻譴風流出墨池。

俗眼於今尚皮相，及春何不買胭脂？

淋漓醉墨寫芳姿，意氣恰如遊習池。

名士題花何所比，如非玉液即金脂。

紫詮書聯曰：

岳陽先生大人雅正

讀書十年，行路萬里；拔劍斫地，把酒問天。

長洲王韜

---

[1] 町，每町六十步。

六、與增田貢等筆談記錄

（按：以上筆談内容據《清使筆語》卷三。）

增田：次沈文熒韻，贈王紫詮，兼示文熒
　　鵬程破浪火輪船，飛到祥雲日出邊。
　　斫地雄姿驚將相，凌空英氣壓神仙。
　　風雲西土獻奇策，花月東京綴綺篇。
　　富嶽不消太古雪（旁注：白雪在），奎光掩映千秋傳。

席上贈王紫詮先生，步川田甕江韻　　沈文熒
　　東泛滄溟太乙船，直追槎木斗牛邊。
　　誰知勾漏山中叟，來覓盧敖海上仙。
　　蠻觸新書成戰記，源平遺事入詩篇。
　　雞林賈客爭相問，不讓香山萬古傳。

增田：何日臨報知社？
紫詮：尚未有日，俟到，必來邀閣下。
增田：貴囑額，俟今日寫好，明日弟親自送上，何如？弟來並叫小鐵唱一曲，與先生聆之。
　　"意是聲色類杜韋娘，當惱亂王郎腸。"此事勿語阿樂（紫詮侍婢），必反目辭去。

（右六月口日，事連前卷。）

8. 與增田貢筆談（1879年6月25日　光緒五年五月初六日）

（增田貢記：六月二十五日午後四時，王紫詮見訪。[1]）

紫詮：適從靈南阪驅車至此。車夫不識路，遍問行人，又任意誤指之，遂至曲折繞途，廢時曠日甚矣。不通方言之告也。
增田：自靈南至下谷幾一里，路無大曲折。如書僕之番地，示之車子，必不至此。

---

[1]《扶桑遊記》中卷六日載："午後訪增田岳陽，置酒小飲，藉爲清談。"

紫詮：弟來此，擬數語後即歸寓所。如欲久留，別請將弟車令其同去。因此乃寺田宏之車，寺田代弟出車費也。但雖久留，七八點鐘亦欲告別辭去矣。

增田：僕已命車夫令去，飯路以弟之車送之。丈夫意氣相投，痛飲至聞雞亦可，何限數點鐘？

（紫詮自出示所攜之引路信係自筆：

愛宕下町四番地舊仙台邸岡千仞樣，下谷徒町一丁目四番地增田貢樣，回去駿河台袋町一番地重野殿。）

增田：君先出之示車夫，車夫雖不識字，問之行人乃辨，必不致路之迂回。苟有此引，假夜半，猶送達貴僑。

紫詮：如欲寫字，即於此几寫之，大妙。

增田：厨有棘鬣魚，擊鮮欲侑酒，待半酣揮灑，亦益妙。

紫詮：弟飲酒後擬速飯寓，因三夕皆晚飯也。本擬呼小鐵來一談，今時已晚，不及矣。請卜他日何如？（增田補注：小鐵，柳橋妓也。）

增田：是革囊盛血者。囊如破，血必污人。又意尤物舌上有龍泉，殺人不見人。先生宜警醒。況聞小鐵夕來，阿樂朝去，如何？

（增田補注：樂，紫詮室婢。）

紫詮：阿樂早已去矣。弟三夕皆在新橋左右。一夕則在日本橋萬林樓，招角松、小萬也。一夕則在蠣殼壳町大來社，招阿幸也。一夕剛在芝長門酒樓，招信吉、桃琴也。樂哉！此三夕之郎，無異於登仙矣。尚何有於拔劍斫地哉！

增田：王郎之豪，而兼杜牧之放。東京姝麗，連翩入手，令人瞠若。

紫詮：弟已賃玉姬，來已三夕。容勝於阿樂數倍，而幽閒淑静，尤爲難得。見色不好，弟蓋少秉伯夷之功也。伯夷目不視惡色，弟亦然。

增田：口所言在伯夷，心所慕在柳下惠。

（命家婢行酒，戲曰：齡妙脚大，勿嘲笑。）

紫詮：弟以爲大脚者妙。

增田：何爲嫵媚語？

六、與增田貢等筆談記錄

紫詮：生自錦心，出諸繡口，更益其媚。弟擬攜去矣。
狂言未發紫雲來，不用相思日百回。
今夕飛耕攜我去，准須及早上陽臺。
岳陽先生閱此作，應當大笑。若譯與此婢聽之，必作忸怩色。

增田：漫談稍倦，宜揮正大之作。

紫詮：**道光戊申春日，偶以省親至滬瀆，小住浹旬，目擊耳聞，慨然有作**

天南遯叟王韜

海上潮生日夜流，浮雲廢壘古今愁。
重洋門户關全局，萬頃風濤接上游。
浩蕩東南開互市，輓輸西北供徵求。
朝廷自爲蒼生計，竟出和戎第一籌。

永夕不寐，池月上窗，懷人憶遠，頻有所悲。作此以寄懷蘅閣内史

甫里逸民王韜

不是愁中便客中，生憎勞燕各西東。
才人例不登金榜，仙子應還住玉宮。
曲桁簾波看瑟瑟，回廊屐點聽弓弓。
銀河咫尺如天樣，只有宵來綺夢通。

己卯長夏，客居江戶，偶錄舊作，示岳陽先生

淞北玉魷生韜

小合疏簾耐夜凉，一絲燈影漏秋光。
宵闌吟罷無聲句，落葉聲乾走暗廊。
（余又命婢出扇，即書之。）

紫詮：天南遯叟
朝雲本是隨坡老，樊素何曾別樂天。
一段風流天付與，百花隊裏鬥嬋娟。

桃葉還登子敬舟，楊枝到底使人愁。

289

鄭家詩婢泥中對，千古青友姓字留（鄭家兩婢一曰小曼，一曰可娛。見鄭小同家志）。

紫詮：弟有極聯，擬請貴國大臣三條實美書之。

淞北逸民，天南遯叟；歐西經師，日東詩祖。

增田：曰逸曰遯，志輕軒冕，何以需大臣之書？弟聞足下客英國，未知果教經否？如弊邦詩風，自有所祖尚，各成一家，亦不待足下之教也。

紫詮：書讀十年，路行萬里。身經四代，足歷三洲。

增田：遽夫子知非之齡，而壯心不已，豈才之大，不容於朝乎？

次紫詮見（旁注：所）示三首之韻

投足三洲溟渤中，觀光又到日洋東。

追鴰鷺懶登雲閣，秉鳳鸞思遊月宮。

不問亡歸塞翁馬，無關遺得楚人弓。

誰知天地有形外，自有縱橫大道通。

邊海連年煙毒流，白沙黃草暮雲愁。

須期破浪宗元幹，豈慕安鄉馬少游？

未免豺狼內顧累，難堪鯨鱷洋來求。

化成已死則徐去，無復謀臣借箸籌。

綠酒紅燈笑語涼，來潮送月涌清光。

斷腸尤屬長洲客，應想吳宮響屧廊（王，吳郡長洲人）。

9. 與增田貢筆談（1879 年 6 月 30 日 光緒五年五月十一日）

（增田貢記：六月三十日朝八點鐘，訪王紫詮於駿台[1]。紫詮晏起，整頓出迎。乃戲曰。）

增田：昨夜醉眠柳橋月，客衣猶帶妓衣香（古詩：昨夜醉眠何處月？

---

[1]《扶桑遊記》中卷五月十一日載："增田岳陽來。"

六、與增田貢等筆談記錄

蓑衣猶帶野花香。）

（紫詮笑曰：）

紫詮：宜，宜。（增田捕[1]注：用邦音。）

增田：有侍婢不？

紫詮：有，名玉。

（增田貢記：時紫詮朝餐之饌至，余召玉，令探厨下酒來。又戲曰："樂去玉來（增田補注：樂，前婢名）。王字加旁點，何等奇？此女必不學樂去，可賀！"紫詮曰："難有。"紫詮以扁額贈余。前日來訪，見余之藏刀，故云。）

紫詮：寶劍齋。日本以寶刀名於世，已千有餘年。岳陽先生所藏，尤異於衆。因以寶劍名其齋。長洲王韜。

（欄上注：逸脱付下。）

增田：藏劍之作者，長者父友成，短者子口，皆備前州名工，其出一家，頗奇。距今殆千年，刃物未銷也。不圖得海外名賢之讚，更增光輝，亦愈奇。貢謹將告祖先之靈。[2]

（出所懷之記文，乞評。）

梅花書屋記（自注：……紫詮所加[3]）

古以隱逸士愛梅，如林逋者頗多，然未足奇也。身蹈戰陣，功銘金石，才綜文武，名著廊廟者愛梅也，始可稱奇矣。

顧昔有其人乎？曰有。元伯顏平宋，度庾嶺也，其思不及江南物，唯賫梅花一枝而還。故清芳重千載，而足勵風節。顧今亦有繼之者乎？曰有。肥州成富穆甫使清國，出居庸關，登長城，以寓遠略之思，其何壯也！又征臺蠻，衝巢窟有功，遂見梅於江南諸州而還。於是盡以所賜金買園澀谷，植梅以棲息。其超然出塵之想，亦可無愧於古人矣。

今兹三月，穆甫招余與與[4]佐田白茅飲。往入門，則夾徑之樹

---

[1] 捕，疑爲"補"。

[2] 該段筆談原被置於本日筆談之尾部，蓋增田開始整理時排列有誤。後又予以補正，故有欄上注"逸脱付下"之語。

[3] 稿本中，王韜所評之處皆用朱筆點出，故有此語。

[4] 與與，疑多一"與"字。

搖曳如先迎。萬玉交蔽，上不見天。而東風料峭，衣袂皆香。乃入屋而酌。又移具登岡，則滿園之花散漫於目下，而白雲坌涌香世界不啻也。於是相與言曰：穆甫北蹈塞雪，南衝瘴霧，而不少撓屈者，亦猶梅之凌厲祁寒而能華實也。其志氣之高，風標之尚，又經干戈而振采明時者，亦猶梅之爛熳乎春時也。然則伯顏於庾嶺之枝，穆甫於澀谷之樹，所以抒懷明志者，固宜符於海外也。豈孤山三百株而後始足誇暗香疏影於世也哉？

　　嗟乎！士大夫之嗜好，非宮室貨利，則必入聲色狗馬。伯顏之廉潔若此，故得功於一代。求之於今，則舍穆甫其誰與歸？白茅酌酒言曰：是不可以不志（增田補注：即爲其所居《梅花書屋記》）也。乃書贈穆甫。白茅亦嘗使朝鮮者也。

紫詮： 立意迴不猶人，而筆足以副之。而妙於獎譽中存箴勉。中間於梅花書屋點綴數語，殊覺寫景之幽，首尾皆以伯顏爲陪，披拂縈帶，文心靜細。收句自然映合，正文字之巧妙處。震川、望溪見之，亦當把臂入林矣。愚弟王韜拜讀。

紫詮：《清史攬要》，弟輩皆不能作序。如公使尤不可下筆。前日討注中張公與弟皆有犯清史二字，尚爲失檢，況作序乎？以清人不能説清史。此書暗中弟改少誤處則可。

增田： 子長、孟堅以漢人作漢紀，當時不禁之。如子長亦作自序。理宜當如此。常聞貴邦多禁忌，今果信之。意亦非先生所爲可。

10. 與增田貢筆談（1879 年 7 月 16 日　光緒五年五月二十七日）

　　（增田貢記：七月十六日，訪王紫詮，贈拙序所具之《内國史略》一帙。）

紫詮： 書已拜領，多謝！

增田： 前日本多正訥君招君於江東之邸，弟亦赴之，途阻雷雨而去。君果行否？

紫詮： 極有雅興。弟將飯時，當令其餞余於柳橋側也，一笑。

　　《清史》定大爲改正。此事非弟回粵之後，將一部改好寄來就

六、與增田貢等筆談記錄

是。尊紙所問,亦要去查別書及國朝典故,然後可答。

增田：拙著已行貴邦,係先生之擔當。如其典故,《會典》之外,未知有何物？引用之書得薈萃,則改正亦非難。自今非得先生依賴,則此事不告竣。歸粵之後,必勿相遺。

紫詮：如要改此書重刻,及如龜谷所云,添入各書,非大購各書不可也。此事弟可任其大半,但切不可告人。弟只可暗中幫助。在貴國則不妨,在敝邦則不能以作清史。

增田：厚意咸佩！貴國有作史之禁,弟之幸也。拙著所載,如李鴻章、左宗棠、彭玉麟、曾國荃,今皆在官。經貴手贈之,亦益妙。且使之行於滿蒙回藏,亦俞〔1〕奇。駿台下谷之道意已熟知。俟晚凉,散策來叩如何？

紫詮：謹如尊命。但須呼小鐵,則來耳。小鐵之金,弟自出之。深恐尊夫人不可,而閣下觳觫之態,未免見於詞色耳。一笑。

增田：小鐵眉斧伐王郎石腸,何其銳利。余未見其面,攜來何幸。荆妻無妒心,且僕自出纏頭,請勿過慮。

紫詮：讀尊諭幸甚。小鐵之招,吾言不食。請以此爲左券。

紫詮：阿玉（增田補注：王婢）有病,昨午飯其家。

增田：夜半政劇,勢得不辭飯耶？其稱病恐偽,意不復來。

紫詮：先生識其所居乎？後日弟若到潭府,可遣一婢往問其愈否也。

增田：玉家在下谷徒街,示其舍號,呼致亦易。故弟家婢少於玉,美於玉,若闕灑掃,載去,弟不惜也。

11. 與增田貢唱和(1879年8月 光緒五年六月至七月〔2〕)

紫詮：**岳陽先生正之**　淞北玉魷生王韜

丹陽城外暫停橈,雨過山痕淡欲消。

苦憶新豐佳釀熟,隔溪村店一簾飄。

---

〔1〕俞,疑爲"愈"。
〔2〕稿本無日期,因前述增田致陳寶渠函作於1879年7月30日,則此唱和應爲1879年8月。

293

曉關十里散涼煙，尚見星光照水邊。
岸上露蛩啼不息，樹痕濃護佛祠前。

增田：**次韻**　貢

晚向江邊泛酒橈，清風陣陣睹氛消。
無聲詩裏誰收拾？青荻洲邊白鷺飄（同遊故及）。

貪看飯鳥入江煙，停棹斷橋斜日邊。
風動青蒲涼若水，秋聲早已在舟前。

七、致友朋信函[1]

1. 王韜致盛宣懷函[2]

（1）光緒六年三月初七日

杏蓀方伯尊兄仁大人閣下：鯉訊久疏，鴻儀遠隔，樹雲在望，徒切瞻依。去歲重陽節後曾肅手翰，未蒙裁復，想其時履任視事，政務孔繁，赤緊情殷，蒼生念切，故未遑及荒陬窮谷中一病叟也。入春以來，恙無好懷，非藥爐茗碗，長夜無聊，即載酒看花，跌宕風月耳。信陵醇酒婦人，藉以銷憂排悶，豈真溺而不返哉？其心獨苦也。

目擊時事，無可下手。今日之患，孰有急於俄者哉？我即不與

---

〔1〕本章所載多爲1884年（光緒十年）王韜從香港回上海以後寫給友人的信件。其中第1部分致盛宣懷函和第2部分致謝綏之函的落款簽署日期，有一部分寫有年月日，但大部只寫了月日沒寫年代，還有一部分沒有寫日期。對這些沒有年代和日期的信件，整理者根據信件的内容進行了分析推測，對一部分信件推斷了年份日期，並加了方括號。這兩部分所有信件的日期只標陰曆，不對照陽曆。還有幾封信件的年代月日沒法判斷。第3部分致理雅各函、第4部分致岡千仞函的陰陽曆，有的能確定，有的不能確定，故不予轉換。第5部分致楠本正隆函、第6部分致增田貢函和第7部分復宮島誠一郎函，落款都有確切年月日，就一律既有陰曆也有陽曆。

〔2〕本章節所載王韜致盛宣懷九十一封信件，都是根據王韜手寫原稿識讀、標點，編輯整理的，其中第14、19、35、43、44、47、48、51、52、53、66、71、77—85、90，這二十二封信件原稿藏於上海圖書館，曾在《上海圖書館藏盛宣懷檔案萃編》上刊登過影印本，其餘六十九封信件原稿藏於香港中文大學，曾在王爾敏、陳善偉先生編輯的《近代名人手札真蹟》一書中刊登過影印本。盛宣懷（1844—1916），字杏蓀，江蘇常州人，晚清著名政治家、企業家，官至郵傳部尚書，開辦了中國第一個招商局、電報局、紡織廠、銀行、鐵路、大學等，他是中國近代洋務派代表人物。

295

俄戰，而俄則必欲挑釁以出於一戰將奈何？不戰而和，此爲上策。兵端既開，有難言者矣，杞憂正未知何時已也。□見諸言官奏疏，皆欲與俄從事，而朝廷業已密諭各直省整飭戎行，謂即無俄釁，亦在必行。

夫邊防本不可不固，兵備本不可不嚴，原非待敵國外患爲然。蓋備於不虞，古之善教也；有備無患，武之善經也。當此時局維艱，洋務孔亟，演練水師，添設戰艦，廣招工匠，製造槍炮，籌備餉糈，整頓營壘，誠不可一日暫緩。當道諸公銳心壹志於此，可謂知所急務矣。特慮其進銳者退速，始勤者終怠，行之一二年，旋復廢撤，或僅奉行故事，爲可虞耳。抑又聞之，自強之道，自治爲先。今日之弊在上下之交不通，官民之分不親，外内之權不專，中外之情不審。今當一反其道而行之，然後可選舉人才，簡擇牧令，搜羅遺逸，廣儲材藝，而與民開誠布公，相見以天。恤災蠲賑不至於具文，撫字噢咻不至於隔膜。國有大政，宣示中外，布告遐邇，使民間咸得預聞。

蓋爲國首在得民心，民心既固，士氣自奮。

今日之民心渙散極矣。國家之安危無預草野之休戚，朝廷之榮辱無關甿庶之憂喜。一有事故，流言傳説，盡人人殊，而其心亦復人人不同，此民之不足恃也。

今日之士氣惰玩極矣。無事則嬉，有事則驕。入市一空，過村一閴。遇有調遣，惟事逍遥；遇有大敵，志在一逃。此兵之不可用也。

今之宦途敝壞極矣。幾於末流，不可復挽。其外固壞於捐納，而其實尤壞於科第。今之所謂士者，皆率民而出於無用者也。誠能廢科第而爲薦舉，采之鄉評，參之里選，而後上之州邑。孝弟力田，廉節方正，以端風俗，以厚人心，而別以實事、實功、實學、實行，設科取士，則人才自生，士流自清，宦途不患其不肅矣。

目前所宜備者，固在東三省，然長江雖曰天塹，俄人豈不能飛渡哉？今俄人戰艦停泊我沿海境上者，已有十六七艘，一旦變作，必且猝起爲患，招商局輪船可盡爲彼虜，以供其用，各處所設船炮局廠亦在可慮。前日闖入粵東省河探測水道，窺伺形勝，面對城闉，口講手

七、致友朋信函

畫，其意實在叵測。設使疆場有事，彼必將阻截南北，遏絕郵傳，遍地驛騷，各省震駭，我且疲於犇命之弗遑矣。

竊以爲朝廷用人宜當其材而用之，尤必專於其任。西報有調升曾爵撫總督兩江之說，雖不足憑，要非無因。九帥長於用兵，向者克復江南，聲威素著。今總制巖疆，扼守長江，敵人必聞而生畏。愚以爲東三省亦重鎮也，宜以爵撫獨當一面，爲全遼之屏蔽。

往者朝廷曾命丁中丞經略七省，督辦沿海水師，遇事則與兩江總督會商。竊以爲，經略七省任重而事鉅，而經費無從出，則亦徒擁虛名耳。會商則必至多所掣肘，不能獨斷獨行。即使倉猝從事，於大局亦復何補？徒受虛名，必無實效，中丞於此亦惟有鞠躬盡瘁，以一死上報國家而已。誠不如實授以兩江總督之任，長江水師，沿海戰艦，均歸其節制，而由南六省爲之籌費，由洋關爲之欸助。中丞遺愛在吳，愛民下士，民到於今稱之。今者節鉞重臨，三吳之民，必樂爲用。至長江水師，既有彭雪琴侍郎爲之總統，其提督一缺似可以方照軒軍門爲之，許其便宜行事，廣募潮勇，藉以衝堅折銳，先挫敵人之鋒，而尤必使壁壘一新，旌旗變色，而後可用也。沿海各直省可廣設水師館、藝術院，演放槍炮，練習駕駛，上下同心，將士戮力，十數年後或有成效可觀，然後始可以言一戰也，而今則猶未也。

夫天下非常之人，乃能建非常之事，然必畀以非常之任，而後始克成非常之功。事權既一，智慮自出。今外無專任之將，內無仔肩之相，聚訟盈廷，莫執其咎。言官徒知逢迎意旨，據理以爭，不知事至今日，要當度勢審時，行權達變。苟拘墟成例，執持舊章，則必至於僨事。

試問，泰西列國通商以來，其所請何一在乎理之中者，而卒至於許之，則事可知矣。急則奮，緩則息，苟且因循，誇張粉飾，其弊沿爲積習，而其禍遂中於國。是前事之不忘，後事之師也；前車之既覆，後車之鑒也。我國家誠能勵精圖治，奮發有爲，三十餘年中，亦復何事之不可爲，而奚至於今日？此賈生之所以痛哭流涕而長太息者也。

雖然，來軫方遒，補牢未晚，其亟圖之，以冀萬一。別紙所呈，並希裁鑒。韶華逾半,天氣猶寒,伏維慎護眠餐,萬萬爲國自重。愚小弟王韜頓首拜手上。庚辰三月七日。

(2) 光緒[十年]正月十八日〔1〕

杏蓀方伯尊兄仁大人閣下：前肅寸緘,亮蒙澄鑒。獻歲發春,定有一番大作爲矣。逖聽下風,不勝欣幸。

朱司馬梅生爲弟之世交,其人幹濟才也,誠實軒爽,不肯作齷齪媚世態。其先人穎伯先生,弟尤與之莫逆。我師丁中丞亟賞之,爲福建同知時,恒付以重任,錯節盤根,以試利器。梅生居粵東數十年,於利弊言之確鑿,時招衆忌,以故銓選屢及而補缺常遲。今甫得一官,而忽丁内憂,則其遇之屯邅,亦可知已。宦橐蕭然,不甘家食,以故余都轉爲之先容薦司貴局事,弟以爲必能勝任而愉快也。粵西當開創之初,尤需長才以爲經理。閣下知人善任,伏乞進而試之,以觀厥效。

弟擬於二月中旬返棹滬江,爾時可圖良晤,看花載酒,揮麈縱譚。閣下於此興復不淺,弟當少貢鄙臆,以佐談屑。弟於吳淞之畔,小築三椽,以爲菟裘終老,惟杖頭乏買醉之貲,藉以自娱。想閣下必有以位置之,息壤之盟,當在是矣。春寒料峭,伏冀萬萬爲國爲民爲道自重不宣。愚小弟王韜頓首。正月十有八。

(3) 光緒十年四月二十日

杏蓀方伯尊兄仁大人閣下：別後三肅手書,敬候起居,亮已檢入典籖,悉登記室。回思去歲冬間,台旌苻臨香海,獲聆教言。揮麈談詩,銜杯話舊,頗得異地友朋之樂。今春弟自粵言旋,遷居石路,去天南之遯窟,住淞北之寄廬,小築三椽,聊庋圖籍,燕巢鷦寄,

---

〔1〕 此信提及"擬於二月中旬,返棹滬江",還提到王韜"於吳淞之畔,小築三椽,以爲菟裘終老"。光緒十年四月二十日王韜致盛宣懷信中提到,(本章節以下各條注釋中,如果引用本章節刊登的王韜致盛宣懷信函,就只寫信函日期,略去"王韜致盛宣懷"六個字。如果引用別的信函,則一定寫全。)"今春弟自粵言旋,遷居石路,去天南之遯窟,住淞北之寄廬,小築三椽",所以此信當寫於光緒十年。

298

七、致友朋信函

藉蔽雨風。摒擋甫定，即來奉謁，而文旆久已北上矣。愛而不見，我勞如何？

法越之事，卒至割地議和，終不出弟所料。然法人如是之急於求成者，其國非有外患，必有內憂。拿破侖舊党盤踞國中，阿洲之亂民，埃及之争地，復騷擾於國外，恐終不免於用兵。法，今歐洲虎狼之國也，素爲列邦所忌嫉，兵釁一開，強鄰悍黨必有起而乘之者，此不宜與中朝戰者一也。

泰西列邦皆以通商中土爲利藪，英、普、美所繫尤重，法人賈艦，雖於沿海各埠無處不至，而通商之局未宏，一旦兵事突興，必非列邦之所甚願，居間調停，勢所必然。法於此能勿從乎？此不宜與中朝戰者二也。

通商英爲急，傳教法爲重，天主教流入中土已三百餘年，十八省中習教傳徒盈千纍萬。近日民教已有齟齬，幸賴地方官時爲之保護，民特隱忍而無可如何耳。兵釁一啓，民憤尤深，此時教士、教衆當必有罹其毒者，我中朝不任受咎也。此不宜與中朝戰者三也。

法人早已知此，故始則純以虛聲洞喝，終則仍出於和。弟於中外交涉之故，每喜窮原竟委，遠矚高瞻，於其前後情勢，瞭如指掌，故所言往往不幸而中，所謂使賜多言者也。

噫！弟今老矣，旅粵已二十有四年矣。倦遊知返，息影敝廬，小隱淞濱，杜門卻掃。惟是長安米貴，居大不易。計家中食用與弟杖頭買酒所需，月須得七八十金，苟今歲不能敷衍，則惟有仍返粵中耳。前蒙雅意殷拳，許於招商、電報二局，廁之文案之列，聞命悚惶，日深企望，但月中脩脯弟亦並無奢求，可否代言之於爵相之前，再能於析津海關道署挂一文案虛名，俾弟稍作補苴，以遂其讀書養志之樂，則閣下之大惠，爵相之隆恩，高於九天，厚於九地，況乎閣下一言重於九鼎，爵相當必俯從也。仰企維殷，銜戢何極。

弟生平著述未刻者尚有二十餘種，今兹悉擬付之手民，壽諸梨棗，奈衣食之慮方深，故未能及此也。苟能縮衣節食而爲之，俾得出而問世，則感且不朽。恃愛妄瀆，曷勝惶悚。辱以文字之契，金石之交，想閣下自必有以位置弟也。時交夏令，餘寒尚殢，伏冀珍攝眠餐，

299

萬萬爲道自重不宣。愚小弟王韜頓首。甲申四月二十日泐。

（4）光緒[十一年]六月二十三日〔1〕

杏蓀先生方伯大人閣下：聞文斾從析津回，喜甚。本即欲趨候台端，恐公事旁午，而弟以閑雲野鶴混其間，殊多事耳。弟以毘陵活字板法創設書局，排印生平著述，兼及他書。惟紙料、工值頗鉅，月必五六十金難以持久，思爲將伯之呼。承閣下前日許諾，感泐無既。招商一局仍歸於我，拔幟立幟，轉移頃刻。閣下總攬大綱，知人善任，當有一番振作。弟小住淞北寄廬，了無一事，敢請以階前盈尺地位置之，感且不朽。弟所求皆無奢望，但得遂其讀書養志，斯已足矣。當暑忽涼，伏冀爲道自重不宣。鄉小弟王韜頓首上。六月二十有三日。

（5）光緒[十一年]六月二十九日〔2〕

杏蓀方伯先生大人閣下：弟閉戶讀書，習靜養疴，野鶴閑雲，了無一事。不獨筆牘酬應素所不慣，即登山臨水，載酒看花，亦復懶出。其意興之索，莫可知已。

旅滬以來，惟以刻印書籍自娛。亡友蔣劍人詩詞及詞話，均爲付之梨棗。《珊瑚舌雕談》說部之流，以活字版印行。近又排印《校邠廬抗議》，所談洋務、時務，深抉閫奧，中允識見之遠，大可謂當今巨擘。惜乎！當局者不能行其言也。

承示後日稍閑，可小集於味蒓園，極妙。惟其地殊遠，宜於卜晝，不宜於卜夜，往彼非風馬雲車不可，應俟秋風起後，天氣漸涼爲宜。

印局既創，時虞乏資，致書朋儕，聊呼將伯。惟方照軒軍門助以五百圓，方銘山觀察助以百圓，兼爲杖頭買酒之需，得從正月支持至

─────────

〔1〕 此信開頭"聞文斾從析津回"，查夏東元先生《盛宣懷年譜長編》，光緒十一年六月二十一日盛宣懷"從天津馳赴上海"。王韜在信中又說自己"以毘陵活字板法創設書局"，據張志春先生《王韜年譜》，這是光緒十一年年初事。根據以上兩點，此信當寫於光緒十一年。

〔2〕 信中提及"印局既創"，"方照軒軍門助以五百圓，方銘山觀察助以百圓"，又印了蔣劍人等人的書，據《王韜年譜》記載，這些都是光緒十一年事，所以此信當寫於此年。

今,乃蒙閣下雅意殷拳,慨然惠許,感泐之私,銘肌浹髓。然弟實無奢望,但求能敷衍兩三月以後自可舒展。倘賜以一席地,月得脩脯,亦可藉作補苴,惟閣下其圖之。本擬趨候崇階,因恐公事旁午,未敢輕造。涼燠不常,伏冀爲道自重不宣。愚小弟王韜頓首上。六月二十九日。

奉呈:
《嘯古堂詩集》
《芬陀利室詞集》
《珊瑚舌雕談初集》(中有述創建電綫一則,借重大名,以光此集。)
以上三種祈賜鈞覽。天南遯叟呈。

(6) 光緒[十二年]九月二十五日[1]

杏蓀方伯先生大人閣下:連日奉到朵雲,歡喜無量。字畫久欲寄呈,以陰雨連綿,恐致潮濕,故爾遲遲。

格致書院課題,自奉台諭後,即行刊登申滬兩報,限十月二十日繳卷。茲時作者已有數人,遠處尤難告知,恐未易收回成命也。鐵路之事在必舉行,前時龔仰蘧觀察已有《鐵路利弊若何論》,今者雖已定局,然命題之意,在詢其應趨何道,所謂博諮廣訪,原無害於事理,鄙見以爲毋庸易題也。惟將來閱定甲乙之時,稍爲留意,忌諱者則不置之前列可也。

字兩幅(董文敏公、陳恪勤公)、畫一幅(張宗蒼山水)先行寄塵台覽,即祈收藏爲鄴架中物。尚有欲贈之物頗多,須下次輪舶也。

弟病既不得痊,又是遷居對面屋中,忙碌萬分。嗣又山荆患病,心緒如麻,故兩月來消息稍稀。朗帥處寄來雙柏,謂係刻書助貲。頃又接孫軍門函,謂朗帥有信,當將寄來也。匆促捉筆,不盡欲言。天氣新寒,諸維爲國爲道爲民自重。小弟王韜頓首上。九月廿五日。

―――――――

〔1〕 信中提及"龔仰蘧觀察已有《鐵路利弊若何論》"課題,查《格致書院課藝》,這是光緒十二年龔仰蘧爲格致書院出的冬季課題,以此可以斷定此信寫於光緒十二年。

（7）光緒［十三年］四月十三日〔1〕

杏翁方伯先生大人閣下：前日拜賜十八孃之惠，謹謝，謹謝。畫字四軸已塵台端，想蒙清鑒。擬價只增八元，當無不可。阿堵物祈賜一字，韜於子萱大令處就領何如？今日雨師相留，想又須勾留一日也。肅此。即請鈞安。小弟王韜頓首。浴佛後五日。

附：王韜致楊廷杲函（光緒［十三年］七月十四日）

子萱尊兄仁大人閣下：一雨凉生，胸鬲頓快。前數日酷熱殊不可耐，弟幾病矣，伏枕三日，得雨始蘇。昨由文報局奉到杏翁來翰，殊深欣慰。格致書院課題已出，大可掄取真才。札中云及，已托閣下於杏翁公費內每月撥洋廿元，送至弟處，略助翰墨之資，讀之感泐萬分，銘肌戴切。如此與招商局一例，皆是按月致送，弟亦可爲每月日用所需。敬以奉告，並念盛惠於勿諼也。天氣新凉，伏祈珍重。愚小弟王韜頓首。七月十四。

（8）光緒十三年五月初七日

杏蓀方伯先生大人閣下：前奉環雲，歡喜無量，並蒙賜以紈扇，親揮椽筆，書畫雙絶。從此出入手中，奉揚仁風，恒以爲寶，永矢勿諼，感泐之私，匪可言喻。瓊琚之投，當思報稱，何敢輕題一"謝"字而已哉。

《淞隱漫録》兹已刊至百十七號，謹自六號至十七號，都十有二冊寄塵清覽，案牘餘閑一披閱之，或當掀髯一笑也。

邇來梅雨淋浪，殊悶人意，韜不出户庭者已十日矣。載酒看花，了無意興，後當但作清遊，藉供消遣。若輩中多負心人，落花辭樹，飛絮沾泥，春婆夢正易醒也。青蓮雨裏，畫舫波中，已見脱離惡趣，乃聞

---

〔1〕此信及附件（王韜致楊廷杲函）都提及盛宣懷給王韜錢的事，據王爾敏先生《王韜生活的一面——風流至性》一文記載，王韜回到上海後，從招商局公款中每月領銀二十兩，光緒十三年七月起，盛宣懷從自己公款內，通過楊廷杲（子萱），每月再給王韜二十兩銀（根據此信附件，及光緒［十一年］九月二十二日王韜致謝綏之函，可能是二十元）。又，光緒［十三年］八月二十二日信中提及，"七、八兩月脩金已從楊子萱大令處送來"，與此信及附件中所提內容均能聯繫得上。根據以上分析，此信與附件均寫於光緒十三年。

近日復思移根曲苑,蕩槳煙江,欲作舊時生活。彼平陸大夫者葵難衛足,卿未憐儂,殊不諒蓮子心中之苦。聽瑣瑣者背所,天將置呱呱者於何地？遇人如此,旁觀者所爲竊歎者也。如其再墮風塵,有心人肯爲援手否也？以一葉之慈航渡之苦海,重登蓮座説法,此其時矣。承許七月後當爲之道地,感甚。

韜近擬與吳門諸友同設書局,如有餘貲,思將生平著述次第排印,但不知能償宿願否也。

兹有王永年先生,四明績學之士也。平日留心洋務,於西學頗有所得,肄業格致書院,屢列前茅,所繪諸圖,具有實際,誠當今不可多得之才也。今其來謁,作黃河泰岱之觀,伏求進而教之,不勝幸甚。

綏翁作芝罘之遊,當作平原十日飲,南樓宴賞,興當不淺。其學識品行力争第一流,韜素所欽佩,願學之而恐未逮焉。永年爲其所薦名下當無虛士。天氣漸熱,伏冀順護眠餐,萬萬爲道自重不宣。愚小弟王韜頓首上。丁亥端七日。

（9）光緒[十三年]六月十七日[1]

杏蓀先生方伯大人閣下：前日王恭壽茂才來,曾肅手翰,敬候起居,聊抒雲樹之思,勿致箋繒之曠。函外附以畫報十餘本,藉以排悶,可作消閒,想入典籤,已塵清覽。近來天氣炎燠如蒸,赤日當空,若張火傘。韜心憚暑,已同喘月之吳牛,讀雲漢之詩,真覺無陰以憩。雪藕調冰,浮瓜沈李,既無此豔福,惟有閉關静坐,不出户庭,掃地焚香,吟詩讀畫,聊自消遣而已。一昨楊子萱大令至衙齋,曾以鄙忱托其上達,當已在洞鑒之中。

七月杪,《淞隱漫錄》已盈十二卷,主者意將告止。因畫報閲者漸少,月不滿萬五千册,頗費支持,然韜月中所入又少佛餅四十枚矣。長安米貴,居大不易。屢思歸卧故鄉,在吳門覓屋三椽,藉儲書籍,統

─────
[1] 此信提到《淞隱漫錄》將停刊,據張志春《王韜年譜》,此是光緒十三年事。又,此信與光緒十三年五月初七日、八月二十二日信中都講述妓女王蓮舫、陸月舫事,以及王蓮舫與平陸大夫之間事,内容大致相同,而且有前後聯繫。根據這兩點,可以推測此信當寫於光緒十三年。

計陸賈囊中廿年所蓄，尚不足以敷衍，必俟一二年後硯田略有贏餘，庶可逍遥容與、安賦歸與也。能成此志者，舍閣下其誰與歸？敬齋戒，熏沐濡，豪上請願，勿視之爲尋常竿牘也。

側聞王者之香，厥惟蘭茝，與善人居，而入君子之室。自此謝家庭院，詠絮人才又添一個，宜其室家，福履綏之，請閣下代爲詠之焉。

時維六月，蓮花盛開。駕彼畫舫，薄言采之。清波一泓，渺不可接。廢然而返，思無終極。或有告予者，謂必棄之平陸，始可問津焉。此時葵忱一點，枉向陽開，蓮菂半房，始知心苦，然已歎秋風起矣。大暑方殷，小年正永。伏冀萬萬爲國爲民爲道自重。愚小弟王韜頓首上。六月十有七日。

(10) 光緒[十三年]八月二十二日〔1〕

紫藤花館主人閣下：兩奉手翰並章程等件，敬悉壹是，一切均遵台命。囑正之事，已爲即時更正，書籍各種，均爲覓致，到時祈爲察收。外呈新畫報二本，自此於《淞隱續録》之外，更多一《漫遊隨録圖記》，生平所經歷，無不備載靡遺，偶一展閱，殊足快也。

韜自入夏以來，夜輒不寐，心躁神疲，意甚不適。自墮紅塵，寒暑六十易，世事如嚼蠟，了無趣味。隨園詩云："玉環領略夫妻味，從此人間不再來。"弟不欲再墮紅塵亦然。若能赴召作芙蓉城主，則大妙矣。

《經世文編》欲續者，龍門書院高材生葛姓也，但事不果行，經費缺耳。此事近時所當增入者，爲洋務西學格致一門，格致書院課藝佳者，亦可采入。今春許方伯星臺先生所出題爲《格致之學中西異同論》，前三名所作辯論明通，真能於中西之學一貫者。數日後即當登報，寄塵鈞覽。滬上書局太多，石印已至七八家，所印書籍實難消售，同文書局碼價積至九十一萬，又復他局印者，日有所出，聚而不散，必

────────

〔1〕信中提及"自墮紅塵，寒暑六十易"，即王韜已六十歲了。又提及"今春許方伯星臺先生所出題爲《格致之學中西異同論》"，現查《格致書院課藝》，此爲光緒十三年春季課題。由此二點斷定，此信寫於光緒十三年無疑。

七、致友朋信函

有受其病者。鄙意當設一代銷公司,販運中國十八省中,爲之梳櫛一通。粵逆之亂,書籍之經劫火者,幾如煙海。今日書籍之多,又復極盛之難繼,静觀世事,爲之一笑。滬上之開設書局者,既非文士,又非書賈,皆門外漢。書雖多,實無可觀。若有如明季之汲古閣專選精本佳構,亦足爲書林生色。又如《皇清經解》當另爲編目,鰲訂一番,以糾嚴上舍之失,近日知之者誰哉?韜雖能言之,亦能爲之,尚無有過而問者,只索卷而懷之可也。

七、八兩月脩金已於楊子萱大令處送來,承閣下拳拳之雅意,憐才念舊,感泐萬分。但素餐抱愧,報稱毫無,每一内省,懷慚無地。於畫報之外,敬先以《普法戰紀》四部爲芹獻(可送官場中人)。秋涼,伏冀爲國爲民爲道自重。愚小弟王韜頓首上。八月廿二日。

蓮君近事,別紙繕呈,以當臥遊一笑。

畫報舊者九本,照來目補《淞隱漫錄》十八葉,新者係《淞隱續錄》二本,共十一本。

《穹甲快船圖説》一幅,此由余易齋比部從英京倫敦寄來,略有縐痕處,可以重付裝潢。

《〈小樓吟飲圖〉題詠彙錄》一本,王松堂所贈,聊以塵覽,以博一笑。

蓮君復出,其容貌實足以冠羣芳。曾向之索小影,答云未有,擬一日偕韜往照,照後當即馳寄煙臺。蓮君自去秋遷西興里,十月逢火災,喪其所有,徙平安里,平陸大夫不能供其朝夕,需一切皆自解囊。河東獅又來,吼聲遍聞,雖普賢亦無如何。平陸大夫偶或一往,面上爪痕狼藉,幾至血流。且常有覘之者,因此絶跡。蓮子頗玉雪可念,日在蓮房中,因一登陸必爲獅所痛噬。獅云,一見必擲地爲肉餅。獅心抑何毒哉!

八月朔日,擇屋於鼎豐里底,現已改姓姚。韜名之曰麗裳,昕伯字之曰蓉初。曾爲擬一聯云:"蓉裳麗夕,蘭佩紉秋;初日妍姿,朝霞媚頰。"未知紫藤花館主以爲何如?又擬房中扁額曰"文波樓"(梁元帝《采蓮賦》"紫莖兮文波"），又曰"碧杜紅蘅館"（舊名"白菡紅鴛閣"，韜之所贈也），不知孰者爲佳？敬請大才人爲之一題。房中尚缺書畫條幅，雙款者佳，紫藤花館主能贈以一副，以輝四壁否？十五日開門延客，適奉手翰，即以示之，並述前後札中相念語，渠萬分感激，願爲夫子妾，未識何時藏之金屋耶？（閑時當代渠作一書上呈，並令其識字，納後當令時時見我。一笑。）

(11) ［光緒十三年八月二十二日—十二月二十日之間］〔1〕

　　紫藤花館主人台座下：初日芙蓉一出，即已名噪一時。羣以爲香國之花王，衆芳之領袖，初不知其所以然也。蓉兒於前歲照一像，候剛十月，故著珠皮，以日光過朗，略有黑痕，不足爲病也。昨又於徐園照二像，約廿四日始有，一到手，即當寄塵清覽。

　　格致書院課卷僅收得三十七本，比前數次少矣。敬呈台座下求賜鈞鑒，以定甲乙。《後聊齋志異圖説》略有可觀，敬貽一部，藉供清玩。"槐廬叢書"以付裝訂，故亦於此次奉上。《繅絲章程》計十八葉，刷印二百本，價十六元，似未免過昂。然印少不如印多，多則可便宜也。曾問《申報》館亦如此數，大文書局以張君敬甫爲主持，然經費不足，尚須覓股也。

　　滬上別無所聞，方照軒、劉淵亭兩軍門來，弟爲之把酒拂塵，一時羣花畢至。方軍門屬意呂翠蘭，以王佩蘭雖有狀頭之目，然嫌其粗黑，不足當牡丹之稱，頗注意於蓉初，以弟所愛，不敢問鼎。其實弟欲完趙璧，以待紫藤花館主耳。弟近重刻《弢園尺牘》《扶桑遊記》，待成當以就正於君子。邇來以書易書甚夥，暇當寫一書目呈上，以備采擇。

　　蓉初楹聯屏幅能惠賜否？懸盼之至。肅此。敬請鈞安不莊。愚小弟王韜頓首上。

────────
〔1〕 此信開頭就寫蓉初復出的情形，再請盛宣懷爲她寫楹聯，王韜代爲擬稿，是繼續前面一封光緒［十三年］八月二十二日信後寫的。又，此信提及近將重刻《弢園尺牘》等書，書出後要送給盛宣懷，查光緒［十三年］十二月二十日信寫道，此書已排印了一千部，送一部給盛宣懷。從以上二點可以推測，寫此信的日子應該在這兩封信之間。

306

蓉面重逢如隔世，
初心不負想當年。

看來蓉面還依舊，
孤負初心直到今。

蓉鏡光含端正月，
初桄屧響步虛聲。

蓉裳荾衣，益復嫵媚。
初七下九，時與逍遥。

(12) 光緒[十三年]十二月二十日〔1〕

杏蓀先生方伯大人閣下：前日曾肅寸緘，並畫報十一本，鏡芙山姝、廣寒仙娃小像各二幀，此時當已邀藻鑒矣。

所呈夏季課卷，敬求正法眼藏爲之甄別，評定甲乙，以爲彼都人士矜式，將見懸諸國門，莫能增損，鐵案如山，不可移易。久付郵筒，未奉環雲，不禁企予以望之。《格致書院丙戌課藝》已經刻出，敬寄一册，藉塵鈞覽。今年丁亥四季課藝，亦如此例。

拙著《弢園尺牘》重刊兩次，俱已告罄，今又在歇浦以活字版排印一千部，其價二百元。今謹以一部呈諸座右，伏祈加以斧正，感且不朽。韜生平著述約略三十餘種，已刻者未及其半，内有數種屢經翻印，豈真能不脛而走，風行海内與，抑世之有嗜痂癖者多也？畫報想闕數本，祈即示明，當即補上。

歲暮匆匆，修蛇赴壑。山荆以方軍門來滬追陪，遊宴排日，看花飲酒，未免時有勃溪。兹已與之再三申約，不復再至廣寒宫，並且絶跡此中矣。自月初至今，羈緤樊籠，跬步輒有約束，戚戚無生人之歡。

明春二月，束裝作山左之遊，聊抒鬱悶，必先渡海，來芝罘晋謁崇

〔1〕 此信有"今年丁亥"一句，則此信寫於光緒十三年。

階，與閣下作平原十日之飲。想衙齋中政簡事清，必能翦燭聯詩，開樽話雨也。弟至山左，亦不過作兩三月之勾留，端陽節後，即欲言旋。

生平有經學四種，洋務書一種（即《四溟補乘》百廿卷），擬以木質活字板排印，聊以問世。秋間或再來東，復留鴻爪，爲幕府之談賓，作戟門之揖客，如是而已。若思展布抱負，則此中空洞無一物，敢謝不敏。春秋佳日，聊復遨遊，亦是一樂。兩次多不過三月，少不過兩月，不作久淹也。辱承雅愛，厚惠頻頒，隆施稠疊，三年於兹，罔有怠意。公之愛才禮士，求之古今人中，殊不可多得耳。感激之私，非可言喻。弟至東後，招商、電報兩席，求仍如舊，即畫報中《淞隱漫遊》兩則，亦不復辭。不敢以暫者易其久者，人之情也。歸後即可供剞劂之貲，亦是一得。願公勿笑吴下老饕瞻前慮後，作馮驩狡兔三窟想也。

握管至此，忽接朵雲，歡喜無量。可知二千里外心心相印，可稱文章有神交有道矣。前日雨雪連綿，杜門不出，日在故紙堆中作生活，今日黄綿襖子始出，殊快人意。然天氣殊寒，甚想閣下官閣看梅，圍爐覓句，定有一番清興也。伏冀餐衛適時，萬萬爲道自重。愚小弟王韜頓首上。十二月廿日。

（13）光緒[十三年]十二月二十九日〔1〕

杏蓀先生方伯大人閣下：頃奉環雲，並《格致書院課藝》三十八本，電報局匯單一紙，二十七日即行刊登日報，令列於前茅者，均來領受獎賞。當此歲暮拮据之時，肄業諸生得拜隆施，獲邀厚惠，其感激爲何如哉！直可銘肌刻骨已。公之愛才下士，無微不至，於此可略見一斑。萬間廣厦，興羣庇之思；九種慈雲，有遍沾之樂。敬爲我公頌之。

所詢鍾天緯，字鶴笙，華亭人。平日留心西學，頗能深入。曾從李丹崖星使出洋，小駐德國，回至製造局中翻譯書籍，與韜相識十有餘年矣。第三王佐才一卷，亦其所托名者也。韜已囑其致書台端，以

---

〔1〕信中提及鍾天緯、王佐才，指盛宣懷評選格致書院夏季課題，鍾天緯爲第一名，王佐才第三名，查《格致書院課藝》，此是光緒十三年事，所以此信當寫於此年。

308

報知己。其居第二流人物，尚俟探訪。

電報局脩金十二月分者，早於十一月中送來，俾得早爲摒擋。招商局中於二十八日特送明年正月分脩金來，俾得度歲。至此輒感我公之雅愛，生我者父母，知我者鮑子，將何以圖報也哉！

朗齋中丞尚未有復書來，濟南之行，未知在何日，不得與公同往，他日若至東省定由海道，當進謁衙齋，小作勾留，爲平原十日飲也。天寒釀雪，伏冀順護眠餐，爲國自重。愚小弟王韜頓首上。除夕先一日。

（14）[光緒十四年正月初]〔1〕

□諭於十二月中旬早經刊録。張中丞一函祈即遞寄。閣下滬上排解之行，想未必果。蓉城中人懸盼已久，因有先入之言爲之主也。楹聯仍祈寄下，署款只用外號，可擇世所不知者。愚小弟王韜頓首載拜，敬請歲安，恭賀新禧。

（15）[光緒十四年二月]〔2〕

奉上鏡芙閣主、廣寒仙子著色小影各一幅，敬塵座右，見之當如接謦欬於咫尺。鏡芙願忍風雨，以待東君，想分燠假寒，自有一番噓拂也。已將此意達之，鏡芙日夕延頸跂足以望也。楹聯如寫就，乞即寄來，當即懸之房中，輝生四壁。近時名下吕翠蘭、吳小紅亦爲翹楚，顧蘭蓀場面尤闊，然不若鏡芙之拳拳於二月春風，以有先入之言爲之主也。一笑。王佩蘭已作奔月之姮娥矣。

---

〔1〕 此件爲王韜附寫幾句文字的一張拜年帖子。王韜於光緒[十三年]八月二十二日信中，曾請求盛宣懷爲蓉初寫楹聯，以後的信件（包括此件），王韜又再三請求。又，信開頭有"□諭於十二月中旬早經刊録"句子，文末有拜年辭，據此分析，此件大約是光緒十四年正月初寫的。

〔2〕 此信與光緒十三年其他幾封信一樣，還是請盛宣懷爲鏡芙（蓉初）寫楹聯，但從最後一句"王佩蘭已作奔月之姮娥矣"可以看出，此信比[光緒十三年八月二十二日—十二月二十日]這封信晚（那時王佩蘭還在接客）。信中還有一句蓉初"以有先入之言爲之主也"，與[光緒十四年正月初]拜年帖中的一句句子一樣，可能這兩封信件寫的日子比較近。前一句"然不若鏡芙之拳拳於二月春風"，可能一語雙關，所以推測此信大約寫於光緒十四年二月。

(16) 光緒[十四年]三月初八日〔1〕

　　杏蓀先生方伯大人閣下：二月杪得奉花朝手諭，歡喜無量，即欲裁答，以病骨初蘇，疏懶成性，兼以連日酬應，無暇旁及筆墨，鼠鬚側理，視爲畏途。韜一病四旬，花朝始應岸田吟香之招，創設玉蘭吟社，其時集者十有一人，翌日又會於徐園，然至今詩尚未作。

　　茲者和風送暖，孱體已痊，決意束裝就道。擬於三月二十偕徐丞祝三同舟言邁，鍾君鶴笙感知己之恩，亦必同來，竭誠晉謁，極黃河泰岱之觀，快景星慶雲之睹，並欲著弟子之籍，求出天賢門下，想閣下亦必喜而許之也。說士若甘，求賢如渴，韜素知閣下之用心，欽佩良殷，於今乃益信。

　　畫報十有三册，藉供瀏覽，聊以怡情，敬呈閣下置諸案頭，掀髯一笑也。

　　韜即日束裝，不無掆擋，可否先行匯寄若干？非求行李之輝煌，聊給全家之䟽水。今因祝君擷珊、廖君斌卿運載機器之便，先作一書，屈指到日距韜啓行之期不遠，匯寄或恐不及，先以電音致之亦可。朗帥處祈爲轉達。伏冀餐衛適時，萬萬爲國自重。愚小弟王韜頓首上。三月八日辰刻。

(17) 光緒[十四年]四月二十五日〔2〕

　　杏蓀先生方伯大人閣下：前月二十七日即欲作芝罘之行，病發不果，幾有若或阻之者，至今喘猶未愈，才動跬步，氣已上逆，服藥百裹，總不見痊。金保三謂，絶欲靜養，不見一客，不思一事，乃望其佳。向時治法有二，朱昂青則服麻黄、熟地，金保三則服參鬚、肉桂，今兩者俱不靈矣。舊時有洋金花煙，吸之可以治喘，今亦不見效。前日天

---

〔1〕 信中提及"花朝始應岸田吟香之招，創設玉蘭吟社"，查得光緒十四年二月十一日(1888年3月23日)《申報》記載，王韜與岸田吟香等人擬成立玉蘭吟社，與此信花朝(二月十二日)成立之說符合，那麼此信應該寫於光緒十四年。

〔2〕 信中寫了準備去山東之事，與前後幾封光緒十四年的信都能前後聯繫。又請盛宣懷爲格致書院出夏季課題，還提議每年請龔仰蘧、盛宣懷、薛叔耘與胡芸楣分別出春、夏、秋、冬季課題，查《格致書院課藝》，這只有在光緒十四年是如此安排的，後來不斷變動，所以此信當寫於光緒十四年。

氣驟熱，節近端陽，時同盛夏，殊不可耐，精神益爲疲薾。日間必作晝寢，受心法於宰予，午前後兩次，則一日已過，玩愒時日，殊可惜也。兼以周身骨節酸痛，懶怠異常，想年歲弗永矣。

病中勉就讎校之役，將生平著述數種，令鈔胥者繕寫副本，已得《春秋日食考》《春秋朔閏日至考》《〈春秋左氏傳〉集釋》《弢園尺牘續鈔》《法蘭西志》《臺事竊憤録》，節後當召手民亟爲排印。惟《四溟補乘》則以卷帙浩繁，尚有所待耳。韜所以亟欲付之剞劂者，恐一旦先犬馬填溝壑，使一生心血隨草木而同腐也。

鍾鶴笙已來此間，韜訝其回轅之何速，繼知閣下將大用之，俾得展舒其才具。甚善，甚善。大君子之愛才禮賢、羅致人士也如此，可謂至矣。將見朝取一人焉，拔其尤，暮取一人焉，拔其尤，無怪青油幕下人才濟濟，而能各竭其所長也。

格致書院夏季課藝，尚待我公命題，以爲多士矜式。格致爲洋務之發軔，亦精華之所萃，樞紐之所存，必當分求南、北洋大憲總持其間。每歲春、夏季則龔仰蘧公祖與閣下當之，秋、冬季則薛叔耘觀察與胡芸楣觀察當之，周而復始。若有他大憲預其間，亦可稍間一期也。前日加獎至七十餘金，多士頌聲載道，然令後者難爲繼矣。叔耘觀察勉力至四十五金，以相抗衡，此外無敢問鼎者，誠一大快事。後請減之何如？天熱，伏冀萬萬爲道自重。愚小弟王韜頓首。四月廿五日。

（18）光緒［十四年］七月十一日〔1〕

杏蓀先生方伯大人閣下：前肅手畢，亮塵鈞覽。滬上一隅，爲冠蓋之所往來，舟車之所輻輳。其間宴會之酬應，筆墨之匆忙，幾於日不暇給，以是精神日形疲薾。山左之行，藉以避嚚，亦是一策，約於中秋後束裝就道。朗公大中丞已來四書，雅意殷拳，不能不往。愛才下士，可謂古今來所難得者矣。昨廖斌卿來，又復賜以多珍，拜嘉之下，益覺汗顏。

―――――――
〔1〕此信請盛宣懷出格致書院夏季課題，查《格致書院課藝》，盛宣懷於光緒十三年、十四年爲格致書院出夏季課題，此信應該寫於光緒十四年，因爲此信中寫去山東之事（張曜於光緒十三年十月寫信邀請王韜去山東）。

河南鄭州決口，既不能就之，將來秋汛，不知如何堵截？直隸永定河又復告警矣。聞兹消息，殊抱杞憂。古來治河無善法，泰西各國亦時有水災，決堤防，毀廬舍，恒見之於日報，而西人亦不能操必治之法也。防水之善，莫如荷蘭，然荷蘭所治者海，而非河也。濬源溯流，自北而南，要宜多開支河，以殺水勢，溝洫疏通，豈不可行之於今耶？

　　今閣下又爲礦務總辦，聞之不勝喜躍。專設礦務學堂，甚善，甚善。近日延請礦務師，薪水日昂，幾於把持壟斷其間。竊以爲此等礦師，並非正法眼藏，其立品必不能正。何不以公正之西人招致？西人當不至於過甚也。近來以空言浮説上干當道者日多，試之於事，虛僞立見，而所耗已不少矣。必先以考試之法行之，始以空名而終收實效者此也。

　　弟看花之興，老尚未衰，綺席所呼侑觴者，蓉初、月舫而外，别有張素雲詞史，即所稱中西合璧者也。五、六兩月，常折紅箋以招之。若至中秋，頗有窘態。三人所費需二百金，弟篋中私蓄只有百金，不得不出此下策。一至山左，即行奉繳，寧食水而瘦，決不食言而肥也。

　　格致書院夏季課題，望者衆矣，請即賜下，以慰士林。秋暑甚酷，殊不可耐。伏冀時加珍攝，萬萬爲國自重。鄉小弟王韜頓首上。七夕後四日。

　　所挪百金，一至山左，即行奉繳。山左之行，出於不得不往，要當共諒其苦心。

（19）光緒［十四年］八月二十六日〔1〕

　　杏蓀方伯先生大人閣下：前日曾肅手翰，並畫報、畫像、《續經世文編》，亮已上邀鈞覽，檢入典簽。韜本擬於節後束裝就道，因諸事都來摒擋，須俟月杪啓輪，重陽佳日定可追陪旌節，同作登高，茱萸行觴，菊花插帽，極一時之樂事也。懺素庵主小影復呈兩幅，祈爲轉致少襄軍門，外附雙影兩幅，亦可各得其一。韜頭顱老矣，白髮紅妝，相

────────
〔1〕 此信繼續前幾封信寫將去山東之事，提及"本擬節後束裝就道"，是對應上一封光緒十四年七月十一日信中"約於中秋後束裝就道"而寫的。信中還提到請礦師、葛子源（士濬）《續經世文編》等事，在光緒十四年其他幾封信中都有關於這些内容的議論。根據以上分析，此信應是光緒十四年所寫。

七、致友朋信函

對於銀燈綠酒之間,亦復自愧已。

葛子源乃龍門書院肄業生,所選《續經世文編》,殊不愜鄙意,公牘、告示錯雜其中,已屬不倫,張煥綸所上條陳,分置各門,寂寥數語,不復成篇。夫稱之曰經世文者,何等鄭重,今若此,殊覺名不副其實。倘尊選一出,彼書自當覆醬瓿耳。

礦師之説,鍾君鶴笙前日已奉明諭,往詢比利時領事,必待三月然後有復音。傅蘭雅於九月中言旋滬上,此時在涂中矣。待至中土,寫信往詢,往返又稽時日矣。今春傅君回國之時,惜乎交臂而失之也。

聞徐芝生所聘礦師乃煉鐵,而非煉鉛者也,一試無功,垂翅而去。鉛礦之在緇川者已竭,須另尋別處。平度金礦所出金沙,即能以藥水提煉,惟恐得不償失。西國化學家謂,凡物中無不有銀質,然即使銀可得,亦復費適相均。吳子登太史前曾托韜廣覓《化學新法》,謂爲致富奇書。韜謂,誠如是,則西國化學家無非陶朱、猗頓矣,有是理哉?至於山左爲金礦之所薈萃,二十年前韜在英國,英人言之特詳,惜無人能辨其礦苗裒裒所在耳。顧良礦師西國亦甚少也。秋氣已凉,西風初厲,伏冀慎護眠餐,萬萬爲國爲民爲道自重。鄉小弟王韜頓首上。八月廿六日。

(20) 光緒[十四年]九月二十三日[1]

杏蓀方伯先生大人閣下:芝罘莅止,得挹芝宇。猥蒙雅意殷拳,情文篤摯。既隆之以禮貌,復饋之以貨財。古人所云知己、感恩,兼而有之者也。惟以閣下玉體偶爾違和,不能作康駢之劇談,劉伶之痛飲,抒三年之悃愫,爲十日之勾留,猶爲憾事也。閣下所云,生平快事,天特厄之,此當爲韜言之耳。韜自天南返棹以來,屢承厚貺,感鮑叔之知予,恃惠施之愛我,摯誼隆情,稠加疊至,銜戢何極,報稱無從。然區區銘感之忱,必期有以仰副盛悃耳。

韜陸行之苦,生平未歷。計程千二百里,閲時十有一日。土牆茅屋,蘆炕瓦燈,旅舍之陋,同於豚柵雞棲,牛皁馬廐,以視我蘇杭,真有

---

[1] 將此信與前後幾封信聯繫對照,可以確定,王韜於光緒十四年九月初從上海乘海輪去山東,先到芝罘(即煙臺)盛宣懷處,小住幾日,九月二十一日抵達濟南張曜處。此信與前後幾封信一樣,均寫於光緒十四年。

天壤之別。食物粗糲，尤難下嚥。出門一步，即已思家，悔不如在床頭博獅子一笑也。幸賤軀頗健，堪以告慰。

二十一日安抵濟南。中丞已差官於三十里外相迓，十五里外遣輿來迎，待士之厚，愛才之殷，真爲近今所罕遘者矣。二十二日遷入撫署，始意以珍珠泉五椽爲下榻之所，繼以相距太遠，乃以簽押房對面爲憩息地。窗明几淨，幽敞異常，可與中丞昕夕相見。撫署爲明季藩王故邸，宏壯廣大，頗有池石花木之勝。徘徊延眺，頗足娛情。濟南風景無足言。

淄川礦局提鉛煉銀一事，竟成畫餅。惟爐竈已安，以後尚有成法可循。可知凡人但知求諸書卷中，而不試之於實事，無當也。

無錫鄒翰飛茂才亦在此，乃中丞招之使來者，相見歡然，頗不寂寞。他日如過芝罘，當上謁龍門，執贄爲弟子，閣下其收錄於門牆否？其人才具亦殊可取也。

礦師之精明幹練者，既不可得，而化學之擅長者，又徒托空談，以此知開礦一端，亦非易事，宜閣下之顧慮精詳，凡百審慎而後出此也。韜當作書致英國友人，專爲閣下求之。拉雜書此，忽已盈幅，語由衷出，誠不自知其喋喋也。清恙當已霍然，宜服茸丸。萬萬爲國自重不備。鄉小弟王韜頓首上。九月二十三日。

上海家信，敬求飭寄。韜百頓首上。

（21）光緒[十四年]九月二十八日[1]

杏蓀方伯先生大人閣下：前日曾肅一緘，並附家書，由驛遞呈，亮邀鈞鑒。行抵濟南，風景一無可覽，不禁爲之廢然。閱日即入署，與撫帥相見以後，公牘之閑，即來韜處縱談一切，盱衡時局，剖析近事，無不辯論縱橫，識精慮遠，一代偉人，欽佩莫名。膠州既爲形勝之地，進口之處，曲折紆遠，此四十餘里中，盡可屯兵設伏，講海防者，似當於此首先措意。炮臺既築，船塢可即設於此，庶幾南北洋修理鐵甲

―――――――
[1] 此信開頭便寫"前日曾肅一緘"，當指前面一封光緒[十四年]九月二十三日信。此信繼續前信叙述山東之行，再談礦務，那麼此信也應寫於光緒十四年。

七、致友朋信函

戰艦，可以無俟外求。韜擬論説一篇呈之撫帥，惟連日以酬應往來，尚未涉筆也。

閣下創設礦務學堂，撫憲亦爲提及，深以爲然。中國開礦，事當伊始。欲覓礦師，實難其人。西人之來前者，幣重而言誇，大抵半爲嘗試，逮事無成，則機器俸糈已耗巨萬。當局者仔肩無旁貸，而彼反得逍遥於局外。今莫若行抽酬之一法，事之成否，甘苦均沾，是或一道也。至於商辦之法，亦宜歸之實事求是，别設善章，以杜厥弊。稍暇當以管見所及達諸座右，用備采擇。

前日往遊千佛山，拾級三百，奮勇而登。俯瞰齊煙九點，殊足以遠豁吟眸，惜無精舍三椽、名花萬本爲之點綴其間也。又偕同人往觀趵突泉，一泓清澈，可洗俗塵，亦無山石花木之勝可作小憩者。北地之陋，可見一斑。留住三旬，即擬返棹。若仍取道芝罘，當作平原十日之飲也。致敬亭書並家報，敬祈分致。秋氣已深，伏冀萬萬爲國自重不備。鄉小弟王韜頓首。九月二十八日，雨。

（22）光緒［十四年］十二月初三日（第一封）[1]

杏蓀先生方伯大人閣下：拜别後又將三閲月矣。翹企德輝，彌深依戀。月初在濟南撫署獲奉手畢，開緘雒誦，語重心長。閣下抑何愛我之深，而待我之厚也！十讀三復，感激良殷，惟愧圖報之無從，酬知之無具耳。所患清恙，當已霍然，昕夕爲之繫念。

濟南距煙臺雖僅一千二百里，而洋務消息如在甕中。故朗帥之意，欲韜於海上采訪洋人近事，郵寄濟南，以冀有裨於時局。韜自當竭其所知爲朗帥告，藉以仰酬於萬一。惟歲饋若干，尚未言明。前在閣下處所挪二百金，朗帥許爲代還。礦務局中徐丞祝三前購機器，尚存銀一千八百兩，今朗帥立欲提還，已令孫少襄軍門委員往取，即撥在煙臺款内。朗帥即於其中抽出二百金奉趙，想朗帥必有函達少翁，

---

[1] 此信開頭寫道："拜别後又將三閲月矣。"據光緒［十四年］九月二十三日信，可以推算出九月十日左右王韜在芝罘拜别盛宣懷，到寫此信的十二月初三日，將近三個月。信中繼續前幾封信談山東之行，並且"十一月廿七行抵滬上"，當指王韜從山東回到上海，所以此信寫於光緒十四年。

315

韜已致信軍門關照矣。

呈上畫報九本，以後暫行停止，以消場日見其細也。然韜則月少洋六十元矣，必思有以補苴之。如以後上書朗帥，乞爲吹噓一二。竊思閣下之所以玉成於韜者至優且渥，如有所遣，不敢不勉竭駑駘。

《皇朝經世文續編》如已繕成目錄，乞賜一觀，韜當爲之悉心斟酌。閣下講求古畫、古字，獨具正法眼藏。韜今敬獻舊所藏劉石庵相國眞跡（此軸須另裱，蟲蛀處幸未及字跡，粵東裱法眞出俗手）、湯忠愍公山水，聊抒芹曝之忱，不足當大雅一笑也。

韜於十一月廿七行抵滬上，塵裝甫卸，俗務叅集，不及覶縷。天氣陡寒，伏冀萬萬爲國自重不備。辱知鄉小弟王韜頓首。十二月三日。

再啟者：開爐鼓鑄銀錢，朗帥亦有此意。日本大阪造幣所監督大臣，舊爲石丸，今爲遠藤，韜有友人與之相識，已托其探聽鑄幣費用若干，今開帳目，似爲核實，敬塵清覽。礦務之學，日本邇來頗爲留意，有兼中西之學者，其人頗有實際。如欲延請，月須二百金，論年尚可少減。設局後如日人多，必須通事，此間亦有人也。日人開來之單，其所謂雜印、極印、調書等語，後日韜當有注解。日人製造自來火極佳，鄞人王惕齋久賈於東洋，熟悉情形，今已稟請寧紹台道薛叔耘觀察，自行開設自來火局，以後中國又可與洋人分利矣。如開鑄錢局，日本匠人亦可招徠，以資熟手，價亦不昂。賈於東洋者，實心辦事之人亦復不少。如有所委，自當擇其善者，以供驅策，其所開價值必能公道也。

（23）光緒［十四年］十二月初三日（第二封）〔1〕

杏蓀先生方伯大人閣下：夏季課卷，知久寄塵鈞鑒，敬求評定甲

---

〔1〕 此信提及"塵裝甫卸，俗冗蝟集"，與前面一封光緒［十四年］十二月初三日（第一封）信提到的"十一月廿七行抵滬上，塵裝甫卸，俗務叅集"兩相符合。此信內容與前面一封信對照，同是寫了張曜替王韜還錢給盛宣懷、《皇朝經世文續編》目錄，以及鼓鑄銀錢等事，並作進一步補充說明。由此推測，此信也應寫於光緒十四年十二月三日，他一天中寫了兩封信。從口氣與內容來看，此信應是同天寫的第二封信，補充了第一封信中未寫的格致書院課題等事。還有一種解釋，信末十二月三日，這個"三"字，王韜是連筆書寫，有一點點像"五"字，那此信就是光緒十四年十二月五日所寫了。

七、致友朋信函

乙。當此歲闌,諸生鵠望甚切,可否撥冗一觀,早行出榜？秋季課卷,叔耘觀察許於三、四日間,倘渠先到,似不能攙越,故求閣下立刻鑒定,以便刊登《申報》,以慰肄業諸生之心。加獎之項,亦不必多,酌乎其中可也。

鼓鑄銀錢須用鋼模,日本製造之價,茲已開單前來,謹呈台覽。韜於滬上所識日本人及行賈於東洋者甚衆,頗多可靠也。

塵裝甫卸,俗冗蝟集。《皇朝經世文續編》目錄便間亦乞寄下,明年不作畫報,當有暇晷也。秉筆作此,不盡覼縷。天寒,爲國自重不備。鄉小弟王韜頓首。十二月三日。

前挪二百金,由朗帥從淄川礦局徐祝三處項上繳還,經孫少襄軍門手奉上。

(24) 光緒[十五年]正月十三日[1]

杏蓀方伯先生大人閣下：去歲醉司命後三日,從鍾鶴笙少尉處獲奉手書,敬悉壹是。當時即欲作復,而俗冗坌集,幾無片晷閒。此間往來東洋貿易者頗多,如寧人王惕齋,熟於東事。日人岸田吟香,人極誠實,凡東國有疑難,多可訊問。鑄銀錢經費若干,去臘已寫信至大阪造幣局問詢,刻尚無回音,即在其局中工匠亦可覓致,價並不昂。

膠州築造船塢,朗帥擬爲出奏,其餘炮臺亦當次第興建。此爲防務所必需,似不可視爲緩著也。朗帥意將一一施行,特以山左地狹民窮,貲無所出,此不可不先爲籌慮者也。前韜曾擬理財十策,曾許爲出奏,由今思之,尚有數事可見之措施者,稍暇即當繕寫,奉塵清覽。

錫山鄒翰飛茂才,門下士也,其才殊可取,前屢爲言之,渠仰慕聲望,願執贄出大賢之門下,茲先以所撰兩種,佐以微物,爲羔雁之先,托爲轉呈,戔戔者物,雖薄而意厚,乞爲賞收,非敢妄有所冀也。入春尚寒,伏冀慎護眠餐,萬萬爲國自重不備。鄉小弟王韜頓首上。上

---

[1] 此信與光緒[十四年]十二月初三日兩封信、光緒[十五年]正月二十日信,都提到鑄幣之事,以及鄒翰飛、王惕齋、岸田吟香等人,並有前後聯繫,可以認爲此信寫於光緒十五年。

燈日。

（25）光緒［十五年］正月二十日〔1〕

杏蓀方伯先生大人閣下：前日曾肅手畢，並鄒翰飛所饋書籍、果餅，托郵筒寄遞，想登記室已入典籤矣。獻歲發春，日徵逐於酒食中，殊覺神疲意繭。羯鼓催而傅花，羽觴飛而唱月。高歌妙舞，急琯繁弦，在局外者觀之，以爲其樂若何，而身當其境者，殊覺其憊也。此雖違心之論，然閣下聞之，當粲然一笑也。

京江之役釁啓，西捕咎所不得辭。領事本治商務、理民情者也，約束西人，正其責也，乃華民走訴，置之不問，況由平日怨忿之所積，以此釀成巨禍。子輿氏所謂夫民，今而後得反之者也。聞洋務委員又復不善於排解，以至衆怒難攖，驟激斯變。要之事變之來，其中有若或使之者，非人初意之所及料也。天下事，事前易爲智，事後易爲功，身當其境，憒然無所措其手足，慨想古今若出一轍，此所以貴乎臨時應變之才也。茲聞已委胡芸台觀察、徐仲虎太守出而斡旋，英人索償十五萬，據旁觀者秉公剖斷，謂其數約值九萬，特未知其究竟如何也。以鄙見料之，終不外乎以孔方兄從事而已。

岸田吟香近欲回國一行，如鼓鑄銀錢之事若成，擬招工匠，並仿照一切規模，彼可承辦。且人極誠實，倘肯代爲，必不有一毫侵漁浸潤其間也。前任星使城北公聞，以購銅事致干吏議，幾於查抄家產，其人已由曾宮保飭員拘至矣。風聞如此，未詳其要，此與李君丹崖先後同揆，前車之覆，後車之鑒，奈之何不悟也。此朗帥所以有遴選使才之作也。

畫報中舊有《淞隱漫録》《漫遊圖説》兩則，係韜所撰，今歲中止，韜擬續成之，災之梨棗，觀者當必有人。近時鮮佳説部，遊戲筆墨，尤易行世。惟今歲少此一項所入，長安米貴，居大不易，即不然詘遒酒

―――――――――――

〔1〕 前一封光緒［十五年］正月十三日信的末尾，王韜寫代鄒瀚飛送書籍、果餅之事，此信開頭即提到這些東西應該已經收到了吧。此信還提及"韜去歲行時"張曜贈錢事，根據前面好幾封信，王韜是光緒十四年去山東張曜處的，"去歲"就是光緒十四年。王韜信中談及"京江之役釁啓"，京江指鎮江。據史料記載，光緒十五年正月初六日，鎮江西捕毆斃華人，羣衆怒毀洋行及英美領事署。根據以上幾點分析，此信當寫於光緒十五年。

318

券,亦無以爲酬應之費耳。

倘閣下寄書朗帥,定肯爲韜作借箸之籌也。感泐之私,淪肌浹髓。韜滬曲棲遲,了無一事,意欲趁此閑中歲月,將生平著述三十余種盡付手民,出以問世。惟是繕寫需時,集貲非易。若朗帥委以探緝洋務一役,月給薪水,則此事必有就緒。(韜去歲行時,朗帥畀以馬封二百,蓋以探悉洋務之用,特刊文案處采買建造事務鈐記。)再得閣下一言,則重於九鼎矣。入春半月,嚴寒未解,伏冀慎護眠餐,萬萬爲國自重不備。鄉晚生王韜頓首上。正月二十日。

(26) 光緒[十五年]四月十七日〔1〕

杏蓀方伯先生大人閣下:自山左歸來,驟患腸紅,服藥百裹,終罔見效,因之氣血大虧,肝疾劇發,胃陽將絕,見粒而嘔,行年六十有二,多病乘之,恐不能久於人世矣。夫死生旦暮耳,韜於世無所依戀,惟生平著述三十餘種,都未付之手民出以問世,一旦魂魄一去,同歸秋草,所作亦隨煙雲而消滅,即欲供世覆瓿糊窗之用,亦不可得耳。每思及此,不禁索然以悲也。篋中諸書卷帙最浩繁者,爲《四溟補乘》,都百二十卷,刻貲爲最巨。若得糾集同志者數十人,助以剞劂費,俾早刊行。近來四大洲之西情,百千載之軼事,畢萃於此矣。惟鋟木何時,尚有所待。

礦務學堂知已舉行,此爲中國開礦發軔之始。歷來開礦者多致折閱,由於礦師之不得其人。故礦師得人,凡事可辦。中國各省所産,過於歐羅巴一洲。今西人心計獨工,歐洲之菁華已竭,故我國於此時講求礦務,不可不亟矣。如我國尚有所躊躇,他國必有起而爲之者矣,此固不可不慮也。白乃孚已來,當必有見及於此者。韜惜相距太遠,不敢借助一箸。

夏時如能赴芝罘逭暑,上謁台端,作平原十日之飲,當一吐胸中所蘊蓄也。匆匆臨池,不盡欲言。春寒猶滯,伏冀慎護眠餐,萬萬爲

---

〔1〕 信中提及"自山左歸來,驟患腸紅……行年六十有二",查得王韜光緒十五年七月寫的《弢園釀貲刻書啓》中,也有同樣的句子,所以此信寫於光緒十五年。

國自重不備。鄉小弟王韜頓首上。呂仙誕後三日。

外，春江小影五幅，乞即賞收。

（27）光緒[十五年]四月二十日〔1〕

杏蓀方伯先生大人閣下：久未修箋，致候起居，私衷歉仄，莫可名言。然天雁河魚，雖稀消息，而停雲落月，時縈懷思。屢欲因風縱翰，飛詣台端，借留侯席前之箸，贈繞朝河干之策，而一參帷幕中末議，惜不能也。今見鶴笙來芝罘，不禁怦怦其心動耳。鶴笙才卓然不羣，而韜尤喜其秉性爽直，論事有識見，任事有肝膽，年既壯盛，精力足以副之。向不過雕琢於文字，未嘗施之實用，一展其生平所蘊蓄，而今日始得遇閣下，試之以盤根錯節，別其利器，而藉以覘其所抱負，俾得激昂於青雲之上，此所謂感恩、知己兼而有之者也，鶴笙於是乎可以無憾矣。

韜因此豔羨之心勃生，而鬱伊之感斯起。少居淞北，俯首而注蟲魚；壯邁天南，抗心而友麋鹿。二十年來，日與西人交際，略知洋務，實自此始。顧半生壯志，則消磨殆盡矣。西人中如理君雅各，則生平一知己也，茲爲哈斯佛書院山長。所遇名公巨卿，昔則有丁中丞雨生先生，今則有閣下及張宮保朗齋中丞。丁中丞屢言之於恭邸、曾文正公、合肥相國前，雖頻經駁詰而弗悔，然卒爲衆議所沮。逮其爲七省經略，韜方遨遊東瀛，飛檄促歸，扁舟相約，已有成說，不謂大星遽殞，仍託空言。繼而潘偉如中丞開府江右，以重金下聘，招致殷拳，生性疏懶，憚於出山，卒未果也。

自識閣下於今十有一年，厚誼隆情，恩賜稠疊，鮑叔之於管敬仲，不過如是耳。感泐之私，銘諸心版。去年獲見張宮保朗齋中丞，氣量之恢廓，識力之超邁，前無古人，後無來者，洵一代偉人哉！惜爲幕府贊襄者，尚少鶴笙一流人也。邇來世事多艱，時局大變，雍容於文章詩史之間，實無所用。且今之謬託清流者，我見之矣。及其晚節末路，乃不足以當一噱，人豈易知哉！聊發狂談，以資撫掌。

---

〔1〕信中寫"韜行年六十有二矣"，所以此信寫於光緒十五年無疑。此信開頭寫到"久未修箋"，但是距離寫前面一封光緒[十五年]四月十七日信卻只有三天，存疑待查。

七、致友朋信函

黃水漫流,韜去年早經逆料,蓋大清河不能容納細流,水由地中行,無所歸蓄,必至泛濫。即使多築堤防,一旦橫決,堪虞傷人必多。計不如視水所經行流注之處開之,使廣濬之,使深導之,使入於海。有水之地,教民耕植,多墾溝洫,以殺水勢,斯能獲水之利,而水不爲害。是則以工代賑之法,固今日之急務也。山左地瘠,民貧家少,蓋藏戶嗟彫劫,即在豐年,尚難宿飽,況逢歉歲,安免人亡?勢必至轉徙流離,填於溝壑。近覽日報述其慘迫之狀,耳不忍聞,目不忍見,然告糴勸捐,賑災救急,術盡智窮,已成強弩之末。

幸得閣下大聲疾呼,一時慕義向善者,風臻雲集,義粟仁漿,絡繹告至,千百里中,保全民命無算,功德豈有涯哉?韜病骨未蘇,餘寒猶滯,苟有機緣,長夏無聊,得至芝罘逭暑,與閣下作平原十日之飲,其快何如也!韜行年六十有二矣,感懷身世,默念天人,四十餘載,作客異方,備歷艱阻。暮年獲遇閣下,知己之感,淪肌浹髓。惟是寒叔木拱,觸武精亡,精神意氣,迥不如前,即欲上供驅策,亦有所不能矣。獨此區區文字因緣,或尚可效力耳。他日《經世文編》續成,定當附名驥尾也。首夏清和,伏冀萬萬爲國自重不備。鄉小弟王韜頓首上。四月二十日。

(28)［光緒十五年七、八月左右］〔1〕

鐵路之事,聞有暫行緩議之説,未稔確否?或謂翁師傅於鐵路之行極所不喜,以户部無款可支也。諸言官以近日各處水災,議捐議賑,款無可籌,再興大工,益形支絀,故鐵路姑且從緩。弟意鐵路藉商務以養路,此千古不易之定論。即如泰西造路,亦由漸而成,南北三千里,而欲於八年之間限以成功,此勢所不能。況其中非商賈之所通、貨物之所運者,可不必開。今日成之,安知他日不以無所利而廢之?

今爲鐵路之説者曰,不借洋債,不用洋鐵,不雇洋匠,此三事已形棘手。第一在籌本。官本止有此數,萬難移撥,況一歲中需四五百萬

---

〔1〕此信評盛宣懷爲格致書院出的秋季課題,"命題甚佳,惟於浦口一節,似爲節外生枝",查《格致書院課藝》,光緒十五年秋季盛宣懷出有關鐵路的課題,有關於浦口的内容。［光緒十五年九月上旬］信已經提到交給盛宣懷秋季課卷五十三册,而寫此信時還在評論課藝題目,所以應該比九月要早一些,當在七、八月左右。

321

哉！商本無可借支，合股之説，人皆視爲畏途。此先須立一商務局總爲之肩任，而仍以海關或鐵路爲之按質，富民乃信而不疑，而後可行也。（尤須按年分利，毫不失信。）津通之路，是爲要道，商賈運貨絡繹，必有利可贏。今作罷議，使已成之局廢之一旦，殊爲可惜，且益以灰入股者之心。凡民見有利可牟，則踴躍從事，似先宜於最要之途，必由之路，小試其端，俟觀聽者有所歆動而後事乃可爲也。

尊意命題甚佳，惟於浦口一節，似爲節外生枝。既可行之於南方，則自滬達蘇，獨不可爲之乎！弟愚昧之見，罔知忌諱，擬欲作鐵路四篇，暢言其事，特恐以口舌獲罪，故不敢耳。總理衙門奏章，極有見地，以此觀之，傅相固深知西情，亦洞明時事者也。

（29）［光緒十五年九月上旬］〔1〕

韜所刻書《法國志略》，可以不日告成，是書都二十有四卷，采摭頗富，足資考證。《四溟補乘》都百二十卷，於近事尤詳，自謂於《瀛寰志略》《海國圖志》後未敢多讓。特卷帙既已浩繁，剞劂之費，必至不貲，勢不得不呼將伯，醵貲之舉，誠出於萬不獲已耳。

昨張香帥由粵東發來電音，擬在滬設局，裒輯《洋務叢書》，別類分門凡十有二，而延韜爲總纂。香帥舉動闊大，規模宏遠，此事若成，則韜刻書之役，當不至於中輟耳。特將來電鈔呈外寄上。

格致書院秋季課卷五十三册，乞爲鑒定，幸甚。

（30）光緒［十五年］十月初六日〔2〕

杏蓀方伯先生大人閣下：抱病以來，惟事刻書，終日一爐香，一甌茗，静坐讎校，置一切事於不問。近已得四五種，一俟裝訂後，當即

〔1〕 此信與後面［光緒十五年十月一十二月］一封信，都提到張之洞爲編輯《洋務叢書》發給王韜電報之事，後面一封信寫"九月初旬"有兩次電報來，那麼此信提到的電報應該是九月初旬兩封電報的其中一封，所以此信當寫於光緒十五年九月上旬。
〔2〕 信中提及送新刻書《弢園尺牘續鈔》，與前面光緒［十四年］四月二十五日信提到此書將排印，可以前後聯繫，並查得此書扉頁印有"光緒己丑以活字版排印"字樣，即光緒十五年出版。又，信中提到得了肝疾、腸紅等疾病，查光緒十五年七月王韜在《弢園醵貲刻書啓》中也有差不多這樣的描述。信中還談到江浙賑災事宜，查得史料，光緒十五年江浙發生嚴重水災。根據以上幾點分析，可以確定此信寫於光緒十五年。

322

七、致友朋信函

付之郵筒,寄塵台端,恭求訓正。茲先奉上《弢園尺牘續鈔》,即其一也。

弟近以三千金卜一廛於滬上(即在南懷仁里),於八月初旬作出谷之鶯,摒擋一切,殊瘁心力,肝疾甫平,腸紅又作,日在藥爐火邊作生活。不謂余病少痊,婦病復作,秤藥量水,惟恃一人,誠世界中苦惱衆生也。

霪霖幾浹兩月,江浙荒象已成,鄉民至城中報災者,紛來沓往。平時議捐議賑以濟遠省者,皆江浙諸大善士也,今則梓桑告急,義不容辭,然勢處萬難,已成強弩之末。浙中以湖屬最爲富饒,苟誠情殷救濟,百萬之貨無難立措,無奈富者多吝,屯其膏而不施。雖施大真人具廣大神通,靈符遍濟,災難袚除,廣長舌妙粲蓮花,亦無如之何。然經君蓮珊近已設局,《申報》館西人奮林以此館已爲公司,不妨廣開賑局,故亦以勸賑爲名,貲助者頗不少。館中秉筆者皆浙人,未免詞句之間有所偏主,謂水災浙重而蘇輕。惟是蘇屬九縣,紛紛報災者已八縣矣,常、鎮亦恐不免,松、太可知已。聞吳中當事者,方議禁娼禁煙之不遑,置查災賑荒於不顧,真急脈而緩受之矣。天災如此,人事如此,良可浩歎。

弟思浙江已開賑局,而江蘇獨無,哀鴻嗷嗷,不免有向隅之戚。弟人微言輕,無能爲役。前有蘇紳張君敬甫欲具稟道縣,開辦蘇屬賑荒,以人來者少,是舉未果。弟思此事非閣下不可,譬如登高一呼,衆山皆響。弟敬聆佳音,先爲梓桑數百萬生靈齊聲頌祝。顧閣下既發其端,而總其成者亦必有人,則非謝君銳止莫屬矣。銳止近日頗欲皈依釋教,一切灰心,自稱銳衲,欲於桃花塢旁一庵修行出家,證清净果,弟恐其爲覺阿之續也。山左秋收聞頗豐稔,被水災民想有其蘇之望。天氣新寒,伏冀萬萬爲國自重不備。鄉小弟王韜頓首。十月六日。

(31) 光緒[十五年]十月二十八日[1]

杏蓀方伯先生大人閣下:頃奉華翰,如於九天中降下絳雲一朵,

---

[1] 此信問及"前日所呈《弢園尺牘續鈔》"應該收到了,與前面一封光緒[十五年]十月初六日信中所提的寄上此書之事,可以相互聯繫。此信又提到"江、浙均被水災",也是十月初六日信中提到的,所以此信也寫於光緒十五年。

歡喜非常。畫軸字册雖未裝潢，然愈見古意，今知已登鄴架，物得所歸，不勝幸甚。他日公頤養山林，常供披玩。《江邨消夏著録》所藏，亦足爲集中備一解矣。韜抱病刻書，日事校讎，槧鉛在手，用志不紛，幾不問户外事。去月至今，韜疾未痊，婦病又作。秤藥量水，惟恃一人，甚至一燈熒然，徹夜不寐。研匣塵封，筆床翠泠，鼠鬚側理，不復再御。此時始得告無恙，然韜亦憊矣。前日所呈《弢園尺牘續鈔》授之郵筒，當已爲清覽所及。其中所致閣下書，略有數通。金石交情，苔岑結契，所以參沆瀣而融水乳者，當流露於無言之表。而閣下説士若甘，愛才如渴，千載下猶得隱隱見之聞風而興起焉。生平所謂知己感恩者，直不數數覯也。

江、浙均被水災，雖浙重而蘇輕，然荒象已見，江、震、昆、新勢處下流，尤爲顛踣。浙省辦賑極爲踴躍，而在蘇紳士幾於置若罔聞，此誠所未解也。頃讀邸鈔，仰見我皇上特沛恩膏，宏施罔外。此當由翁師傅進都，密勿入告所致。聞近日集貲助賑，已得十萬金。特災區殊廣，蘇城紳士當亦有起而爲之者。蘇地被災，窮黎朝不保暮者甚夥，非爲之設法籌救，安能終日哉？小陽應候，天氣暄和，伏冀慎護起居，萬萬爲道自重不備。小弟王韜頓首上。十月二十又八日。

（32）［光緒十五年十月左右］〔1〕

承詢之事，昕伯於早兩日（未刊録新聞以前）已來關照，言此由外國人送來（係西文），係《申報》館主事西洋人白蘭（其人前在香港，頗識華文）翻譯，由黄式權（上海秀才）代爲譯出（昕伯一字未改），文理不甚通暢。昕伯知此篇一出，必有所言，然欲止之而不能，因言須録刊來札人姓名。白蘭謂可不必。《申報》新聞主其權者，美查而外，有英國人奮林（其人不識中國之語言文字），西洋人白蘭均主厥事，主筆不過供其使令而已。非比弟在香港《循環日報》，一切由自主也。此篇一出，弟即見王永年，令其寫信上禀台端，不知渠曾否有信？韜以

---

〔1〕信中寫道，"已病小痊，婦病又作，秤藥量水，惟恃一人，幾於研匣塵封，筆床翠泠"，光緒［十五年］十月初六日、十月二十八日信中都有相同的描寫，所以此信當寫於光緒十五年十月左右。

七、致友朋信函

己病小痊,婦病又作,秤藥量水,惟恃一人,幾於研匣塵封,筆床翠冷。今可告無恙,故得以詳細陳之。

接奉賜函後即往詢昕伯,送來西文之外國人究係是何名姓?昕伯亦不知。新聞之例,不能以來函姓名告人,若例干謗毀,經涉訟庭,始得將原人姓名交出。苟事涉原人,照例行罰,然新聞館亦不能辭其責,但略輕耳。據昕伯云,大東、大北既與中國立有合同,則福州、廈門、上海三處生意最旺之所,爲其所獨得,一年中進款甚巨。此舉也,大東、大北專爲保護後來生意起見,故情願出銀十萬。然英人之在通商地方者,吃虧不少。若使中國不以其權與大北、大東,則其利爲中國所獨擅,而大東、大北之生理日漸微矣。今合同中英國公使簽名在上,英商無不抱怨,謂公使但知保護大東、大北,而不爲英人計及,以致英人受虧。總之,大東、大北與各英商互懷意見,各顧其私。

俄人欲於恰克圖設立電綫,俾相連接,亦爲便易俄商起見,且不止便商務,亦便於軍務。此俄人之私見也又是一層。至於設立電綫之後,中國既與俄境互相連接,以後恐其泄漏機密,(大東、大北不免畏俄人,而爲其所使,且聞與俄結有密約。)亦不可不慮,此又一見地也。

至於水路之綫,自上海、廈門、福州三處,歸於大東、大北公司,每年貼還十萬,中國可以坐享其利,不勞而獲,此又一見地也。

凡此三層,各有各見,外國新聞議論者紛然。有議中國電報未入電報公法中,可以自立門戶,亦可自主,不爲電報公法所束縛。

昨又有上海洋關中人送一新聞到館,亦僅議論電綫之事。彼云,此種議論早已刊布新聞西報,特未翻譯華文耳。幸此紙交於昕伯手中。昕伯不便爲之刊錄,如多日不登,彼必將原稿索去,或另交西人,送與奮林、白蘭兩人刊出,則昕伯不能爲力矣。昕伯之意,欲將原稿鈔呈台覽,但新聞定例,送來之款,即不刊印,亦不能交於外人,其例綦嚴,未敢冒昧。至於可以爲力之處,未嘗不彼此心照也。

以上皆昕伯所言,而弟爲代述之如此,至於其中原委,弟究未深悉也。

(33) 光緒[十五年]十一月二十三日〔1〕

杏蓀方伯先生大人閣下：聞節鉞已旋，不勝雀躍。兹謹呈上弢園新舊刻十三種，每種四分，每分計四十三本，四分都一百七十二本，作四包，伏乞察收。

另，格致書院丙、丁、戊三年課藝，每年十本，都三十本，附塵台覽。外，精拓《皇甫君碑》（常州吳山子舊藏，較顧子山觀察所藏者更勝，鐵畫銀鈎，頗饒精采），初拓魏周帖（吳門棱伽山民舊藏，且有跋語，甚妙），敬以貽贈，以博一粲。韜尚有顔魯公《争坐位帖》，乃明初拓本，曩左清石太守以五十金得之，其長公子孟辛貽贈，甚可寶也。執事欲之，當以奉獻。敬替羣花飛侑一觴。小弟王韜頓首。十一月二十三。

(34) [光緒十五年十月—十二月]〔2〕

九月初旬，兩粵制軍張香帥從粵東兩次電報到滬，擬延韜翻譯新得西書，謂赴粵面行商訂後，即可攜回滬上。韜以病不能往，婉詞謝之。今月下旬，又發極長電報來，約二百餘字，今謹鈔呈台覽。

附：沈嵩齡致王韜電文 [光緒十五年十月—十二月]

來電已呈帥覽，道躬抱恙，未能來粵，彌勞盼仰。帥意擬輯《洋務叢書》，分疆域、軍制、刑律、稅則、學校、國用、官制、商務、工作、邦交、教派、禮儀十二門。或采近作，或譯新書，欲得熟悉此中情形而明其體要者，非公莫屬。擬即在滬纂輯，滬有西儒能

---

〔1〕此信開頭提及"聞節鉞已旋"，據夏東元先生《盛宣懷年譜長編》記載，盛宣懷於光緒十五年十一月十五日到上海。這與光緒[十六年]閏二月二十四日信中所寫"去冬旌節苂臨滬上"也可以前後聯繫。此信又提及交給盛宣懷"格致書院丙、丁、戊三年課藝"，查這三本書中最晚出版的《格致書院戊子課藝》，王韜在此書的序言末落款日期爲"光緒十有五年，龍在己丑律中夷則之月"，那麼此書出版日期應該在1889年8月（光緒十五年七月）以後不久。根據以上分析，此信可能寫於光緒十五年。

〔2〕此信寫道，張之洞來電報請王韜編譯《洋務叢書》，查光緒十七年八月二十九日王韜致理雅各信中寫道，"去年正月"即光緒十六年正月張之洞正式任命王韜總纂《洋務叢書》。此信又提及張之洞"九月初旬"就有兩封電報，並附錄了"今月下旬"一封電報，那麼寫此信以及附件都應該比光緒十五年九月晚，比光緒十六年正月早，那麼就是光緒十五年十月至十二月。

七、致友朋信函

操華語者,亦可延致襄理,仰資考證。應用翻譯,由粵選派。館所經費均可措辦。公得怡情著述,兼資頤養,諒所樂從。如屬可行,請擬辦法,酌定經費寄示,仰便轉稟。弟嵩齡頓首。

（此廣州電報局總辦沈小園太守代香帥發來電音。）

（35）〔光緒十四或十五年□月□日〕〔1〕

《續經世文編》之事,鄙人願當其選政,必求駕賀、魏兩君而上之。若如葛君所刊,僅可欺一時,而不足永百世也。葛君采取亦未及諸名家文集,僅取所出中興奏議拉雜抄之,餘者亦無心得之。蓋操選政,非具才、識、學三長,不能膺此重任也。外,附上東撫張中丞書,乃梁溪鄒弢所作,閣下見之,以爲何如?

（36）〔光緒十五年□月□日〕〔2〕

姚蓉初即王蓮舫之後身,著籍之後,仍復其門如市,兩年以來,頗有蓄積。此妹心計甚工,一錢不肯妄費。申園之遊,必與陸雨生同坐馬車而來,非客出錢,則馬車必不坐也。其心知者兩人,一曰陸雨生,一曰朱少谷,皆非上品。顧蘭蓀雖嫁徐姓,然嘖有繁言也。吳新卿已開閤放楊枝矣。呂翠蘭雖寧人,而容貌差可人意,近已改名爲謝湘娥矣。胡寶玉巋然爲魯靈光,老醜已甚,而尚能得闊客肯畀以金錢,亦大奇事。他如林黛玉之淫蕩,陸小寶之風騷,徐善貞之幽怨,皆於勾欄中別開一境界。後起之秀雖有人,然約舉之不過得二三人而已,他日再以奉告。現托韋子筠畫師寫申江十二美人,裱作冊頁,當以奉

---

〔1〕 此信批評葛君所編的書（即葛士濬的《經世文編》）,查得此書於光緒十四年出版。王韜在光緒〔十三〕年八月二十二日信中提到此書還未出版,光緒〔十四〕年八月二十六日信中批評此書。信中還提及的《續經世文編》,當指盛康主編的書,王韜表示願意參加該書的選編工作,在光緒〔十四年〕十二月初三日（兩封信）、光緒〔十五年〕四月二十日信中也都有如此表示。該書於光緒二十三年出版,從這些信的内容來看,光緒十四至十五年時該書正在選編目錄。根據以上分析,此信應該寫於光緒十四年或十五年。

〔2〕 此信寫妓女姚蓉初復出兩年了,查得她嫁人後又復出兩次,光緒〔十三年〕八月二十二日信中記述妓女姚蓉初嫁人後復出之事,光緒〔十八年〕□月□日信中寫蓉初丈夫沈能廉去世後她出逃之事,那麼此信要麼寫於光緒十五年,要麼寫於光緒二十年。此信又寫到妓女顧蘭蓀嫁"徐姓",光緒十七年〔二月初四日〕信中提到她嫁徐姓後又復出了,所以此信當寫於光緒十七年前,當是姚蓉初第一次復出後兩年,爲光緒十五年。

327

贈，勝於鏡影簫聲也。

(37) 光緒[十六年]閏二月二十四日〔1〕

杏蓀方伯先生大人閣下：去冬旌節苿臨滬上，暫駐襜帷，得以親挹鴻儀，暢聆麈教。所獻名人墨蹟及古碑帖，皆寒舍舊臧。自經兵燹之後，此種物已不可多得矣。閣下以賞鑒名家，自具正法眼藏，比之項子京、顧阿瑛輩有過之無不及焉。未識區區芹曝之貢，獲邀心賞否？弟十指如懸槌，春蚓秋蛇，異常惡劣，而東瀛人頗有嗜痂之癖，每得拙書，如獲拱璧。其餘所作詩文，輒視同金科玉律，以故有"日東詩祖"之稱，言者無異詞。閣下聞此定當一笑。

己丑秋季課卷寄來已久，想當早經評定甲乙。凡在書院肄業士子，無不咸殷仰企，幾於望眼欲穿。夫以閣下持玉尺而量才，秉金篦以刮目，褒榮於華袞，貶嚴於斧鉞，一出言而奉爲圭臬。凡經拔列前茅者，如登龍門，自展驥足。伏求即將鑒閱之卷，付之郵筒，俾得傳示儒林，用慰衆望。不勝幸甚，不勝盼甚。

近日筆墨之役，益復紛如蝟集。所譯《洋務叢書》已竟《商務》一門，西士於譯事尚勤，特其學問似未充裕耳。拙著見刊《西學輯存》六種，已將蕆事，重訂《法國志略》二十卷，亦將竣工，季春之杪俱可裝訂成册，奉麈鈞覽。春寒多雨，名花遲開，伏冀萬萬爲道自重。鄉小弟王韜頓首上。閏二月下澣四日。

(38) 光緒[十六年]五月十六日(上午)〔2〕

杏蓀方伯先生大人閣下：昨所談號商船商所舉沙船公局董事公稟，尚未繕就，如晤仲芳觀察，乞略言大致，以爲後圖。昨日之遊殊

〔1〕 信末署日期爲"閏二月下澣四日"，光緒十六年有閏二月。信中又提到"己丑秋季課卷寄來已久"，查《格致書院課藝》，己丑年(光緒十五年)秋季課題是盛宣懷出的。根據以上兩點，此信寫於光緒十六年無疑。
〔2〕 此信與後面一封信都提到三件事：一、請盛宣懷出面托聶仲芳辦事；二、與妓女陸月舫會面；三、天很熱，"晚間如凉爽，當至輪船執別"。以此分析，這兩封信應該是一天之内寫的，而此信是早上寫的(信末有"肅請晨安"祝詞)，後面一封信是當天下午寫的(已知盛宣懷"今晨晤仲芳觀察")。再根據後面一封信的注釋，此信可能也寫於光緒十六年。

328

七、致友朋信函

暢,月宫中廣寒仙子,將來即有卯金刀,亦可屬諸漢成温柔鄉,百煉鋼終當化爲繞指柔耳。天暑如此,晚間如涼爽,當至輪船執别,吾輩感恩知己,常銘方寸間,心交當不在形跡間也。肅請晨安。小弟王韜頓首。五月望。

(39)光緒[十六年]五月十六日(下午)〔1〕

杏蓀方伯先生大人閣下:以一兩月之盤桓,得四五番之團聚。一騎看花以去,扁舟載月而還,亦平生之快事也。今晨晤仲芳觀察,曾托以弟事否? 以後倘有眉目,當求達一赫蹄,爲之介紹。一言重於九鼎,一紙書賢於十部從事也。

外附《枕中秘》書六册,藉供輪舶中消遣,特舶中少秘密佛,結歡喜緣耳。此書由日本翻刻者,易名《覺後禪》,較之原名《肉蒲團》頗有意義。弟與唐芝田札,竟戲以嫪毐比之下云:"關桐輪而疾轉,七寸稱雄;抱瘦腰以狂呼,雙趺高舉。"此等惡札,亦不啻閲《肉蒲團》矣,附書以博一笑。

晚間如涼爽,肝疾不作,當至"新裕"輪船執别。赤日當空,如張火傘,雖不致鑠石流金,亦覺無陰以憩。惟爲道自重。小弟王韜頓首。五月望日。

(40)光緒[十六年]九月二十五日〔2〕

杏蓀方伯先生大人閣下:重午一别,又是重陽。五月相思,一緘

---

〔1〕此信提到"新裕"輪,查《上海沿海運輸志》,光緒十五年招商局從英國買來"新裕"輪,第二年起行駛於津滬航綫。信中提到王韜患有"肝疾",這在王韜光緒十五年寫的好幾封信和《弢園醵貲刻書啓》中都有記載。此信"以一兩月之盤桓,得四五番之團聚",與光緒[十六]年九月二十五日"重午一别,又是重陽",同年十月十三日信"自别後……",三者可以前後對應聯繫,由此推測光緒十六年五月王韜與盛宣懷在上海會面。此信與前面一封信都提到妓女陸月舫,據光緒十九年六月二十八日信可知她此時已嫁人了。查光緒十七至十九這三年中的每年五月各種有關史料,都没有王韜與盛宣懷會面的記録。根據以上幾點分析,此信應該寫於光緒十六年。

〔2〕信的開頭提到"重午一别",當指光緒[十六年]五月十六日兩封信提到的與盛宣懷告别一事。信中還提及"東、直水災",查史料,光緒十六年五月廿二日山東黄河決口,六月初六日直隸永定河決口。信中請盛宣懷爲格致書院出冬季課題,查得由盛宣懷出冬季課題的是光緒十六年和十七年。此信談到治河一事,光緒十六年十月十三日信中,也提到他給張曜信"内有治河一説",還寫了此信提到的關於東省賑務和出冬季課題之事。根據以上分析,此信當寫於光緒十六年。

329

未達。非由叔夜性懶，實係長卿病多。炎威既退，爽氣漸來，趁此秋光麗明，天宇澄肅，正可登高作賦，畫壁聽歌，乃不謂爲病魔所擾，意興頽唐，日在藥火爐邊作生活，此時雖已小愈，而視鼠鬚側理尚爲畏途。箋候之疏，職以此故。

東、直水災，賑務正亟，然勢處強弩之末，辦此者幾至一籌莫展。河患一日不治，則賑務一日不止。國，澤矣；民，魚矣。將來齊、魯、燕、豫之間，蕩析離居，必不可問。故在今日，以治河爲第一著，賑務爲第二著。

治河莫善於西法。西國非無水災，而一起即治，雖災不害。西人治水，亦不外乎疏瀹排決而注之海。西人曾察黃河受病之源，所亟欲治者，不過八百里，通盤籌算，所需經費二百萬金已足。特必延請公正廉明之西教士肩其任，而由教士聘邀明通水利之西人分任厥事，專其責成。三年之後，當有成效可見，此則庶幾一勞永逸耳。

格致書院冬季課題，應由閣下所命。敬求早賜一題，俾爲多士矜式，藉切觀摩，不勝感泐。秋氣已深，北風正厲，伏冀萬萬爲國自重。小弟王韜頓首上。九月二十五日。

(41) 光緒十六年十月十三日

杏蓀方伯先生大人閣下：前日孫嶼芝孝廉以賑務來芝罘，韜曾附寸箋，亮邀荃鑒。自別後，申江花國情形頗多變態，芙蓉城主下嫁於瘦腰郞，琴瑟尚稱相得，惟瘦腰郞患咯血疾，益覺其瘦耳。彭瑞芬亦已從人去。廣寒仙子自籌二千數百洋贖身，已與其母析居，自立門户，獨樹旗幟，然門前車馬殊有寥落之慨，玉容亦爲之憔悴矣。他如吳新卿、徐蕙珍、朱瑞卿皆已嫁而復出，擇人而事。近有羅小寶從金閶來，易名王蘭生，豔名頗噪，海上逐臭狂夫一時趨之如鶩，爲可笑也。歡場之幻有如是。夫後起之秀當讓林桂芬，雙瞳翦水，其秀在骨。如吳佩香、沈素香、陸卿雲、趙文仙、金晴舫均推此中翹楚。乃閣下來此，概無所取，如適寶山，空手而回，竊以爲此由於識見之高，見事之明，而臨事之斷。

韜略有貪心，遂致被詿去洋五百圓。彼姝名曰阿福，質於李氏，改名鳳寶。韜代爲贖身，貯之金屋，畀以衣服，供以食飲，不謂未及四月，變心生矣。彼姝花月其貌，虺蜴其性。年僅十五齡，而所作殊出人意料之外。其人即於四月杪，曾有人介紹作小星者。韜偕閣下同往觀覽，後同乘車至海天春酒樓，其人頎然而長，其容貌曾許列超等，韜自此一見之後，亦遂置之。不謂介紹之人（姓朱，字昂青，木瀆人，在滬懸壺作醫士）屢來剔蟨，必欲韜拔之水火，登之衽席。問其身價不過二百五十圓，爲之購置各物亦稱是。韜不過閱數日偶一詣其室，韜自問老矣，葳蕤之質，未敢輕於問鼎，故其放閣之時猶完璧也。惜花心事，可對彼蒼。至若輩之存心，殊不堪問，韜爲之悒鬱者數月。韜竊思北地胭脂，終不若南朝金粉，曾有妙人之選，攜侍畫屏否？竊以爲選色、選聲、選才、選藝，均無不可見，獨其徑寸之心，深藏莫測。閣下其慎之，以韜事爲前車之鑒可也。

格致書院冬季課題，敬請由閣下所命，以爲多士矜式，倍加觀摩。惟閣下提倡風雅，主持月旦，遠方逖聽者，靡不欽遲羨慕，奉爲金科玉律。

東省賑務，勢處強弩之末。竊以爲賑務固不可緩，而河患尤宜亟治，倘舍本而逐末，不獨河患無窮期，而賑務亦無止境矣。此間久晴不雨，寒燠乖常，伏冀爲國自重不宣。鄉小弟王韜頓首上。庚寅十月十有三日。

張大中丞函乞求轉遞，並祈代爲緘口，內有治河一説，亦可一覽。

（42）光緒十六年十月二十日

杏蓀方伯先生大人閣下：兩肅手翰，遞之郵筒。齊煙吳樹，藉此尺素，以達寸丹。此時亮塵台端，已登記室矣。自秋入冬，人事羈縶，無片晷閑。醵貲刻書，已得十有二種。《法國志略》卷帙稍繁，兹幸斷手，先以八部奉上，敬以就正於有道。倘得元宴賜以序文，俾得流傳世間，感且不朽。拙著已寫副本，可爲授諸手民者，尚有八九種。惟刻貲已罄，將伯無人，只好俟諸異日，姑作緩圖。獨新譯之《南北美洲戰紀》，必欲災之梨棗。及於吾身親見之，此書與《普法戰紀》可相表裏，合之《法英助土攻俄紀》，所謂泰西三大戰也。統觀並閱，而於泰西之情僞變幻,戰功戰具,陣法兵律,思過半矣。自英攻俄而創根砵（小炮船）,自美洲之戰而創鐵甲,自普法之戰而創新炮,戰具愈精,殺人愈衆,至一月而殞十萬人,歐洲自此不敢輕言兵事矣。

東瀛人中村雄助精於電氣之學,善製電碗,價廉而物美,前曾効力於左右,今復來芝罘,屬韜一言爲介,務望有以驅策之,不勝感泐。中村製作實不減於泰西,且過之無不及也。日來亢暘恒燠,物候乖常,伏冀萬萬爲國自重不備。鄉小弟王韜頓首上。庚寅十月二十日。

附：藤田重遠名片

紫詮王大人閣下大安

弟藤田重遠頓首敬具

中村君雄輔,屬弟老友,不日將去煙臺。君與盛觀察相知,大人倘有轉帶托物之件,此行正爲便宜,即爲紹介。此布。

(43) 光緒[十六年]十二月初八日[1]

杏蓀方伯先生大人閣下：前奉惠書,即作復函,逕達濟南撫署,想已早塵荃鑒。

所云彼美果有其人,近已改名陳湘雲矣。至其容貌甚屬平常,乃傳者之過也。近日北里中人差可人意者,如張桂卿、顧采玲、吳佩香、金静芳數人而已,後起之秀無如林桂芬,其次則李金玉,木難之歎,可爲撫掌。此外寥寥,指無可屈。月舫年齒稍長,今秋略形憔悴態。每見閣下,未免矜持,至其心中早已首肯。總之,緣分未至,氤氳使者,未牽紅綫,遂覺其落落難合耳,顧簡中人豈無佳者？寬以時日,自必有以報命。

前日所命"郵政"一題,本擬早刊諸日報,因恭俟環雲,遂緩至二十餘日,明春始能彙集衆卷,寄呈電鑒。

西國商務之書浩如煙海,幾於譯之無可譯。近日韜得《英國商務

---

[1] 此信提到"前日所命'郵政'一題",當指盛宣懷爲格致書院出課題,查《格致書院課藝》,這是盛宣懷出的光緒十六年冬季課題,所以此信當寫於此年。

七、致友朋信函

溯原》一書,極妙,開闢各埠,設官成兵,凡所以經營籌畫者,無不備載其詳。韜現延通諳西文者代為翻譯,明春每成一卷,即付郵筒。所譯必文從字順,賅括無遺,此即所以報知遇之恩也。

至如前示云云,韜再四思之,斷乎不可。一則恐其雷同,見者或稱為剿襲。一則或有所傳聞,好事者從而媒孽其間,不獨韜冒不韙之名,而自旁觀者必謂,非堂堂之陣,正正之旗,且何以間執讒慝者之口?辱蒙素愛,故敢言之毋隱。

寄來百餅即作譯貲,俟披覽二三卷之後,優劣立見矣。郵政亦有專書,敬當陸續譯呈,務期無負所委,以負切望。外附《新清河策要》一書,未識可采擇否?天氣嚴寒,伏冀為國為民為斯文自重。鄉小弟王韜頓首上。臘八日。

(44) 光緒[十六年]十二月十二日[1]

杏蓀方伯先生大人閣下:昨荷環雲,歡喜無量。開函雒誦,銘鏤奚言。每讀一過,覺厚意隆情,溢於楮墨,惟鮑叔為真知我,亦惟惠施能見此心。佛餅百番業經領到。所委一事,敢不竭盡心力?

惟著書在先去剿剿[2]說雷同之弊,苟陳陳相因,數見不鮮,殊不足動閱者之目。商務之書在西國幾於汗牛充棟,美不勝收,韜處購來未譯者甚多,今擬與通達西文者先譯一二本,撮取綱領,後列條目,原原本本,必能上副淵衷,以慰切望。去年曾見所擬八款,竊謂似屬迂遠,略涉誇張。

泰西列國皆在海外,不隸版圖,似不得謂之皇輿。所有上諭,在道、咸之間,皆當戰時指授,廟略中多斥語,與"懷柔"二字略有所礙。紀實則於金陵、津門、廣州、福州四役頗難措詞。此書一出,洋人必備為翻譯,傳之外邦,適以生其芥蒂之心。韜曾見近日所修直隸省志,

---

[1] 前一封光緒[十六年]十二月初八日信中提到盛宣懷委託王韜翻譯西國商務書,並"寄來百餅即作譯貲",此信寫"佛餅百番業經領到",也談了譯書之事。此信還談論"懷柔",與後面一封光緒[十七年]正月初七日信中進一步確定編《懷柔圖略》有聯繫。根據以上分析,此信當寫於光緒十六年。

[2] 剿剿,王韜原信手稿上寫了一個"剿"字後正好換行,又寫了一個"剿"字,可能為多寫。

凡熱河之狩，津門之犯，皆諱而不書。志局中曾有直書其事者，總纂者一筆勾去之。韜深蒙閣下知遇之恩，鄙見有所窺及者，不得不以實告，亦直言無隱之一道也。

采輯洋務各書，容緩時寫呈目錄，並可代購。苟有譯成者，韜都可增入也。匆匆不盡欲言，惟有私衷銘感而已。嚴寒稍解，伏冀爲重[1]自重。鄉小弟王韜頓首上。十二月十有二日。

（45）光緒[十七年]正月初七日[2]

杏蓀方伯先生大人閣下：自奉朵雲後，三肅手翰，有一函寄至濟南者，知已作殷洪喬故事矣。

今者獻歲發春，定多如意，左右姬侍，當有妙人。前者所云，即陳湘蘭、陳湘雲兩姊妹花也。湘雲即由小陸昭容改名者，以奉雅命，立往物色之，所聞不如所見，爲之廢然而返。近日後起之秀無如林桂芬，惜其齡太稚耳。前時閣下欲覓張桂卿，今屢見其人，僦屋南公陽里，臉帶桃花色，頗可人意。或有謂其已生一女者，不得而知也。或又謂容貌在清和坊張桂卿之下，則恐未必然也。他如顧采苓之蕩，林黛玉之濫，陸小寶之浪，容色雖佳，風斯下矣。其有張豔幟、噪芳譽者，則吳佩香亦屈一指。趙文仙頗流麗圓轉，堪與之匹者爲吳佩蘭。繼起中可與林桂芬頡頏者，則有李金玉。又若李湘舲，雖未著名，亦稱矯矯。趙宜春近與白眉仙割席，不復作絳帳中人矣。然其人齒加長矣，急宜擇人而事，以出風塵。月舫獨立門戶後，始則門前車馬頗爲寥落，冬季稍可，然終不逮從前。歲結尚虧負四五百金，合之贖身所費身價，幾至二千五百圓，殊自悔從前之不決意相從也。弟一俟稍有餘閒，當會集羣花於徐氏雙清別墅，合十美以照一圖，當寄塵台鑒，

---

[1] 重，疑是筆誤，可能爲"國"字。
[2] 信中提及"香帥之書今歲六、七月間可以藏事"，光緒[十七年]四月二十一日信中寫道"逮六月杪始能藏事"，七月十四日信中寫到此書"草創甫就"，三者互相吻合。此信提到爲盛宣懷主持翻譯洋務書籍，是繼續前面幾封信的話題，在後面的信中也還繼續提及。又，信中提到的妓女陳湘雲、張桂卿、林桂芬、李金玉等人的情況，與光緒[十六年]十二月初八日信中寫的差不多，即寫這兩封信的時間不會相隔很遠。根據以上分析，此信當寫於光緒十七年。

334

七、致友朋信函

以博掀髯一笑也。

舊歲朵雲下逮，承詢商務、郵政兩事，敬當翻譯成書，以備采擇。書名《懷柔圖略》似可仍舊。惟内分八門，無論與香帥之書略有所復，且皇輿、聖謨兩門似屬客氣，餘亦有難於著筆者。鄙意須别立門户，自出機抒，與香帥之書可相輔而行，而絶不犯復。著書之初，先分上、下二編。上編專紀中外交涉之事，其目曰上諭，曰奏議，曰始通，曰交兵，曰結約，曰通商，曰傳教，曰分界，曰屬藩，曰遣使，曰雜事，曰雜議。下編專紀泰西各國之事，分英、法、俄、德、美諸邦，各爲列傳，附以象緯、輿地、職官、兵刑、食貨各志，更附以民數、宗教、師船、鄙遠諸表，儀器、船炮各圖，區類分門，詳載無遺。如此庶得别開生面，使香帥見之亦當首肯，無剿襲之弊，而有特創之觀。惟上編須求覓官場公牘，非可托之空談，否則巧媳難爲無米之炊。近聞津門刊有通商條約新書，具載事之始末，約十有六本，閣下諒必見之，可供采掇，藉作藍本。

香帥之書今歲六、七月間可以蕆事。弟當從事於閣下之書，兹先譯出一二種，以觀大凡。弟受閣下知遇之恩，自當力圖報效。采取西學、西事各書，弟可隨時購售，一切毋令旁人掣肘。香帥於此事信任獨專，毫不遙制。惟延兩西人，其費太巨耳。天氣嚴寒，伏冀爲國自重。愚小弟王韜頓首上。人日寄書。

（46）光緒十七年[二月初四日][1]

杏蓀方伯先生大人閣下：獻歲發春以來，三肅手翰，附之郵筒，亮登記室。格致書院課卷四十七本，敬塵鈞鑒。祈以正法眼藏，分别甲乙，區其優劣，俾肄業士子一登龍門，聲價十倍。

弟近得絶好西書，已延深通西文之華人來佐翻譯，先成《商務類纂》一書，於十二卷中采取菁華，輯爲四卷。第一卷已脱稿，即當繕寫清本寄呈，以備采擇。

---

[1] 信的開頭講到"獻歲發春以來"，那麽王韜寫信時當爲春節過後不太久，信末落款日期爲"龍朝後二日"，可能指龍抬頭日（二月初二日）後二日，爲二月初四日。

滬上韶華如舊，二分春色已到花朝。顧蘭蓀校書昔嫁城北公，近又再抱琵琶，門前車馬熱鬧如前，容色稍衰，然綽約丰姿，尚堪爲此中領袖。至於後起之秀，無如林桂芬者，近當照一小像，以供賞鑒。外呈陸月舫小影，飛鴻豔影，尚堪彷彿。閣下如尚戀此妹，弟可爲之從中説合也。前日往觀之女子，吴門人，名程福姑。弟爲寒修後，曾一訪之。朱姓人作撮合山，爲之救出於火坑中，貯之以金屋，衣服器用，日用飲食，幾費五百圓。不謂四閲月後竟有異志，作鴻鵠之高飛。近有人來言，仍欲覓人而嫁。敬以小影二幅，請閣下觀之，以爲何如？

　　弟筆墨事殊不得了，亦屬自尋煩惱。何年歸隱鄧尉山中，種花養魚，徜徉泉石，以畢此餘生乎？餘寒尚殢，伏冀慎護眠餐。萬萬爲道珍重。小弟王韜頓首。

　　曲里喧傳，馬巧珠已至煙臺，納於後房充妾媵列，未識然否？月舫爲弟言之，並致聲代達。一切不盡欲言。辛卯龍朝後二日。

（47）光緒［十七年］四月二十一日〔1〕

　　杏蓀方伯先生大人閣下：久疏箋素，時切溯洄。泰岱客嶢，吴淞瀰渺。瞻望慈雲，如在天上。韜以香帥譯事，幾無片晷之閑，迨六月杪始能蔵事，然不過草創甫就耳。至於加以删潤采輯，非竟一年有半不爲功。

　　代譯《商務》已盈五卷，必俟韜細加改削，然後可付鈔胥。五卷所云，皆撮取其菁華，近今談商務者所未有也。韜思念閣下，時刻不能去懷，蹤雖疏而情親，路雖遥而心近。深抱平生知己之感，厚惠隆恩，稠加疊至。惟念韜老矣，圖報無時，益深慚怍。惟此區區文字，貢自鄙臆。將來先以此五卷之書，繕録清本，恭呈鈞覽。其中細目宏綱，精粗畢貫，閣下見之，當掀髯一笑也。

―――――

〔1〕信中提及"格致書院己丑（光緒十五年）課藝，兹已刊就"，查《己丑格致書院課藝》，前言爲王韜所寫，落款日期爲"光緒辛卯花朝後十日"，即光緒十七年二月二十二日，那麽出版此書在光緒十七年。又，信中提及爲香帥譯《洋務叢書》"迨六月杪始能蔵事"，與光緒［十七年］正月初七日、七月十四日信中的説法吻合。又，此信還提到妓女顧蘭蓀嫁人後復出，光緒十七年［二月初四日］信中也提到此事。此信還提及翻譯《商務》書，光緒十七年好幾封信裏都提到此事。根據以上幾點分析，此信當寫於光緒十七年。

七、致友朋信函

　　格致書院己丑課藝，茲已刊就，今以十部奉塵座右，幸賜披閱，示以準則，錫之教言，非由閣下造就後進，樂育人材，何能致此？去歲課卷寄求評定甲乙，甄別優劣，以爲多士矜式，奉去已久，想已早邀衡鑒，祈即付諸郵筒，藉以慰肄業諸生仰望之心，不勝盼甚，不勝幸甚。

　　滬城繁華如舊，風景依然。顧君蘭蓀豔幟重張，香名仍噪，門前車馬，突過往時，初不解海畔逐臭之夫抑何衆也？鄭君雲芝亦出而□理故業，賓客如雲，略亞於顧。月中仙子，闇淡自甘。前寄小影，當邀鑒賞。花榜之魁，當推吳君佩香，然潤臉羞花，圓姿替月，閣下見之未必入選。後起之秀，其惟林姬桂芬乎？靈心弱質，恐不永年。他若文仙之綽約，靜芳之穠粹，黛玉之蕩逸，小寶之曼靡，皆此中之翹楚也。沈姬素香已出苦海，茲猶未擇人而事，其容貌亦殊可取，性情頗婉順。閣下如欲以之充後房，亦所以全其美也。宵深燭爝，聊復書之，藉博一粲。初夏清和，風景猶麗，伏冀萬萬爲國自重不宣。小弟王韜頓首上。四月二十一日。

(48) 光緒[十七年]七月十四日[1]

　　杏蓀方伯先生大人閣下：久未奉書，心常懸念。慕思縈切，夢想殊勞。瞻望慈雲，如在天上。南北相左，問訊爲難。今夏忽逢酷暑，幾於爍石流金，讀雲漢之詩，無陰以憩，炎埃毒日中，杜門不出，終日握鉛槧，以從事香帥命譯之書，至此草創甫就，尚須補輯，加以潤色。全書裒然盈八十冊，亦可謂洋務之大觀。至於搜羅富備，釐訂精詳，則視乎力之所能至而已。一俟繕呈清本，當塵鈞覽。

　　韜曾倩人別譯商務之書，約計四卷，與香帥所譯迥爾不同。既不虞雷同，亦無憂剿襲。韜始意大加改削，乃寄之郵筒，惟近日屢軀多病，藥爐茗碗，終日弗離，必至秋涼，始能捉筆。特過於遲緩，恐勞懸盼，故先寄呈台端，觀其大略，敬俟閣下許可，然後再行刪正未晚也。

---

　　[1] 信中提到"香帥命譯之書，至此草創甫就，尚須補輯，加以潤色"，查光緒十七年八月二十九日王韜致理雅各信中寫到此書"今秋譯事已畢，而增訂修飾尚有所待"，可以肯定，此信寫於光緒十七年。

去年格致書院冬季課卷由閣下命題，彙齊後即求閣下鑒閱，甄別優劣，次第甲乙，量之以玉尺，度之以金針，爲多士所矜式。乃自冬而春，自夏而秋，雖四季未周，而八月已屆，肄業諸生仰望久矣，而尚未蒙鑒定，環集以待，屬盼良殷，敢以爲請，想閣下必有以鼓舞而裁成之，薰陶而涵泳之，以激勵此一隅碩彥也。

楚南風俗剛勁，志與西人爲仇，西人久已知之，特含忍而未發。今匪人既借端以挑釁，而西人亦藉勢以求通，將來兩相齟齬，必至釀成巨禍，此則時事之大可虞者也。天氣漸涼，略有秋意，惟冀爲國自重不宣。晚生王韜頓首拜手上書。中元前一日。

（49）光緒[十七年]十二月十三日〔1〕

杏蓀方伯先生大人閣下：昨蒙高軒枉訪，獲聆塵談，歡喜無量。賤恙托庇漸痊，正可趨謁崇轅，得叨矩訓。未稔何時公務獲有餘閑？伏乞隨時賜聞。退食之暇，清香晝戟，或可作晋人清言。新刻拙著十有四種，藉塵鈞覽，敬以就正於有道，伏求進而教之，不勝幸甚。冬燠，爲國自重不備。鄉晚生王韜頓首上。嘉平十有三日。

（50）光緒[十七年]十二月二十五日〔2〕

杏蓀方伯先生大人閣下：前呈新刻拙著各種，當塵鈞覽。請見之期未蒙明諭，不敢輕造。歲事已闌，在他人不無悾惚，韜則習靜養疴，從未下樓一步，正不知門以外之光景何如也。前日韜告傅君蘭雅，言及閣下欲以"金鎊價貴"命題，傅君稱甚善甚善，深切時事，敬求以速爲貴。鄙人竊擬數語，未知有當否？仍祈削正，以詔肄業諸生，不勝幸甚。如欲鬧中取靜，忙裏偷閑，作晋人清談，一聞呼召，即當趨

---

〔1〕此信提及送給盛宣懷十四種新刻書籍，與後面一封光緒[十七年]十二月二十五日信"前呈新刻拙著各種"，兩者可以前後聯繫。又，兩封信都提到自己生病之事，都提出想去拜訪盛宣懷"作晋人清言"，所以此信與後面一封信一樣，也應寫於光緒十七年。

〔2〕信中提及盛宣懷想"以'金鎊價貴'命題"，查得光緒十七年冬季盛宣懷爲格致書院出課題，討論英國在中國通商貿易中贏利的問題，雖與"金鎊價貴"似乎有點偏差，但是王韜在信中寫到"竊擬數語"，也就是對這個課題稍微修改了一下。查盛宣懷爲格致書院出課題，只有光緒十七年冬季課題是關於金融方面的。以此推理，此信當寫於光緒十七年。

七、致友朋信函

赴。天寒釀雪，伏冀爲國自重不備。鄕晚生王韜頓首上。醉司命後二日。

(51) [光緒十六年—十八年之間] [1]

近日滬上歡場今又一變。前日所眷之徐秀貞業已嫁人，其人爲新太史。秀貞涉訟後，以千金奉太史，太史遂許其作出閣之楊枝，並給以一紙，任其所之，仍在滬上作舊生活，改名謝素英，一種風流靡曼，壓倒輩行，時念杏花仙吏不止。特謝姬身有小疵，新太史略有所染。又，謝姬性喜優伶，是其所短，然一段姿容，實可領袖章臺，眞是吾見猶憐，杏花仙吏何不納諸後房耶？不予以權，聊以自娛，亦未始非消遣之一法也。

前有冬烘先生，於滬報中刊登花榜，有海上十二釵、蜃樓十豔、花市九迷、曲臺十六彈詞名目。

十二釵中，以林桂芬爲首（清華朗潤，秀韻絕倫），彭翠芬爲次（此小翠芬也），其三爲李金玉，王五寶居第四，爲傅臚，五左小玉，六吳佩香（其像早已寄來）。以下爲吳蓮卿、王薇卿、孫桂寶，皆中人姿耳。

十豔中以金桂仙爲冠（河南人），宋素秋亦殊可人，王韻香殊不足取。金靜芳居第五，珠圓玉潤，特嫌稍呆耳。金佩林亦妙，周蘭卿神情蕩逸，而顧蘭蓀居其殿。

九迷中以陸小寶爲冠，林黛玉、顧彩林、趙文仙皆素所相稔，而以薛定金爲殿。此數人皆妖豔也。

十六彈詞中以曹縵雲爲第一，殊屬未允。鄭雲芝居次，未免屈矣。餘者皆以藝稱，而非色著。如吳佩蘭、謝湘娥皆矯矯者，猶有可取也。

昨於席上見徐秀貞，特謂之曰，余已寄信至煙臺矣。秀貞大喜，特盼佳音。秀貞腰肢輕亞，特不及月舫之肥。

---

[1] 信中提到妓女林桂芬，查王韜致盛宣懷、謝綏之所有信中最早提到林的是光緒十六年，那時她纔十三歲，估計她再早做妓女似無可能。信中還提到給盛宣懷"寄信至煙臺"，查盛宣懷是光緒十八年五月接到津海關道任命。根據以上兩點，此信當寫於光緒十六年至十八年之間。

(52)〔光緒十八年六月—十二月之間〕〔1〕

□□□□於前年嫁沈能廉（上海天主教人），其人素有瘵疾，於今年五月中死矣。蓉初□□□玉珠翠藏於身畔，意將颺去，爲其夫兄所知，盡褫其所有而取之，謂之□□□留，惟汝蓉初結局如是如是。□□□□□□居仁壽里，□□□□□□，隨至鄔鎮，仍居妾媵。□□□□□□職爲副將，在鄔鎮管帶炮船，是周□□□□□□玉成□□□綫號。

(53)光緒〔十九年〕正月十九日〔2〕

杏蓀方伯先生大人閣下：久欲修箋，奉訊起居，只以水波彌渺，海路迢遙，南北修阻，音問遂疏，然感知懷德，未嘗一日去之寸衷。前聞高論以洋務中當推商務爲第一。商務之旺，全藉工作之多，此西國之所以盛行機器也。事半功倍，價廉工省，而後有所贏餘。今聞西國各匠競增工值，藉端把持，將來恐亦未可久恃。歐洲諸國，今當極盛之際，日中則昃，月滿則虧，其勢然也。

比者韜《論歐洲近日情形》，自謂頗能見微而抉隱。英雖能持盈保泰，然衰幾已兆，正復可虞，其尚能高執牛耳者，則在乎秉正立信，仗義執言而已。天下逐逐，未知伊於胡底。雖有智者，正難逆睹也。俄人鐵路既成，與之爲鄰者，不可不早爲之備。向來爲屏藩者四國，今惟朝鮮僅存，介於俄日之間，時多覬覦，以後中外交涉，益復棘手。

聞今歲在津門擬開書局，其爲《懷柔圖略》歟，抑重訂《皇清經世續編》乎？此亦不朽之宏功，千秋之盛業也，韜不禁心焉往之。前曾

────────

〔1〕 此信説蓉初"前年嫁沈能廉"，"其人素有瘵疾（肺癆）"，與光緒十六年十月十三日信中所寫"芙蓉城主下嫁於瘦腰郎……惟瘦腰郎患咯血疾"，兩相吻合。信中又寫沈能廉"於今年五月中死矣"，那麽此信當寫於光緒十八年六月—十二月之間。原信紙殘破不全，許多字不能識別，似乎是寫蓉初在丈夫死後出逃，又嫁給鄔鎮副將爲妾。此事在其他信函文章裏不見如此記載，待查。

〔2〕 信中提及"九月間美國舉行大會"，當指1893年（光緒十九年）5—10月美國芝加哥舉辦爲紀念哥倫布發現美洲新大陸400周年的世博會，查得1894年2月23日（光緒二十年正月十八日）王韜致理雅各函中寫道："美洲芝加高四百年博物大會，會中正副兩董事皆有書來，招韜前往，韜以病軀未能經歷風浪之險，故爾未果。"以此可確定，此信寫於光緒十九年。

340

七、致友朋信函

文正公開府兩江，幕中多名士。書局宏開，實爲轉移風氣。武功既耀，亦須以文事飾之。閣下爲合肥相國左右臂，正資擘畫商局、電報、礦務，次第整頓，皆有成效，則所以黼黻隆平、佐理洋務者，亦在所當先，當今中外共仰，遐邇咸欽者，閣下實首屈一指。若公起而爲之，處之裕如，韜將拭目以俟。

九月間美國舉行大會，會中主事特折簡邀韜前往，特韜老矣，恐不任跋涉，行止尚未定也。所有送去各物，不可不精加遴選。朝廷特簡欽差，能於會前早至，尤甚妙也。

秋季課卷呈覽，乞爲評定甲乙，以示表率，都人士無不額手交慶。匆促不及縷陳。春風尚勁，餘寒猶厲，伏冀萬萬爲國自重不備。鄉晚生王韜頓首上。元宵後四日。

附：論歐洲近日情形〔1〕

王　韜

自古有國家者，大小強弱，盛衰興廢，迭爲倚伏。大者可小，小者可大，強者可弱，弱者可強。盛者可轉而爲衰，衰者可漸幾於盛。廢興存亡，疾於轉轂。此其間必有先幾之見，間不容髮，固未有持之久而不變者也。天心變於上，人事變於下。善爲國者，盡人事以聽之於天。苟能側身修行，戒謹恐懼，未嘗不可默挽乎天心。

其次則一任夫世運之轉移，而無所補救。下焉者，志意自恣，揚波逐流，更有甚焉，此則不能遏其未萌，而反促其速至。夫天定足以勝人，而人定未嘗不可勝天，然千百之中未能一二見，故順其機以迎之則易，逆其勢以阻之則難。有識者盱衡時局，默察將來，而知世運有變遷，天道有循環，日中則昃，月滿則虧，暑極則寒至，否極則泰來，盈虛消息，理之自然，固默參而可得者也。

---

〔1〕此文發表在1893年2月26日（光緒十九年正月初十日）《申報》第1版，沒有署作者名。在這封信裡，王韜言明這篇文章是自己寫的，並把文章剪報作爲信的附件，一起寄給盛宣懷。

地球中五大洲，以歐羅巴一洲最能及遠，拓土開疆，幾遍寰宇。其言乎強也，幾欲蹴崑崙使東倒，決溟渤使西傾，聲析江河，勢奔雷電。其言乎富也，幾欲天地爲爐，陰陽爲炭，鑄銅成山，熔金作穴。其言乎製作也，幾欲神斤鬼斧，旋乾轉坤，泄造化之奇，而探陰陽之秘。其言乎格致也，隸首不能窮其數，伶倫不能參其微，般輸不能言其巧。創古今未有之局，宣天地不傳之妙。固將彌綸六合，凌轢八荒，幾乎莫之與京矣。

歐洲中大國有四，曰英，曰法，曰德，曰俄。地醜德齊，莫能軒輊；勢均力敵，莫判低昂。此時觀乎其外，皆欲共享昇平，莫敢先發難端，預爲戎首。然近日此四大國者，日以整軍經武爲事，整頓陸營之外，尤加意於水師，各行增建兵艦，以示雄長。英國於三年之中，共成新船五十八艘，度支經費六千四百萬金。蓋於海軍特樹一幟，幾以大海爲池，陸地爲城。於英一國如此，其餘三國可知矣。彼益邊防，此修戎政，其爲備也，蓋有出於不得不然之勢，兵凶戰危，固可備之於百年，而不可用之於一旦者也。

俄人於近日建築鐵路，專心致力，用志不紛，功成之後，自歐達亞，幾如同壤。雖藉口於廣通商務，而與之爲鄰者，可爲寒心。俄人知西略之不易圖，而蓄意於東方已非一日。是則近爲朝鮮，遠爲印度，皆其平日之所覬覦者也，則所以自固我圉者，圖之不可不早，要在靜以待之而已。

法躓於德，日思報復，特未有間可乘耳。然環顧各國，勢若連雞，動則皆動，靜則皆靜，尤爲歐洲大局之所關。歐洲列邦類皆講求商務，多財善賈，藉以操奇致贏，而近時金價日昂，銀價日賤，以致貿易場中紛然折閱，欲劑其平，幾無良法。議者擬立用金用銀定章，而中無把握，築室道謀，迄無成說。若後日產銀之地愈多，煉銀之費愈省，則銀價之賤愈不可問，闤闠交易，益形震動，真有無可如何者矣。商務之衰，歐洲各國之憂也。顧國之大勢，所以默相維繫者，尤恃乎民心，民心可靜而不可動。法國已爲民主之邦，而其中黨羽相軋，紛紜角立，各樹門户，互相水火。涓涓不塞，將成江河；炎炎不滅，將尋斧柯。此憂之不可不亟杜

七、致友朋信函

之，不可不預也。

英國以阿爾蘭人羣論勃興，欲專議院，致煩大廷之擘畫，日夜憂虞，思善其後。蓋以威行乎寰宇之中，而釁起乎蕭牆之內，非治國者之所宜出也，故必思有以平之。且英之所以強者，全恃乎屬土，一有反側，將羣起而效尤，則何以聯腹心之交，而供指臂之用？如印度，如澳大利亞，如加拿大，其疆域之廣袤，人民之衆庶，物產之豐富，皆可裒然成一大國，英人恃此以爲外府。惟内外相維，推心置腹，乃可如身之使臂，臂之使指，以縱橫於天下。

歐洲各國於商務之外，尤重工作。商人販運各處之物產致之國中，專賴工匠爲之造作。況乎開礦利，運機器，百工勤於其事，精於其業，然後器物乃大備。其所以能獲贏餘者，尤在工省而費廉。今聞各國工匠，動以求加工值爲請，必如其所願乃已，否則紛然罷工，以相要挾，令主者不得不從。日復一日，工值愈昂，牟利愈難，把持之風，烏可長也！凡此諸端，皆歐洲近日之情形也。

嗚呼！有利必有弊，天下事大抵如斯矣。今欲驅利而袪弊，興利而弭弊，則在乎人自爲之耳。間嘗論之，國家之患，每出於所備之外。慮國之不富也，廣貿易，通商賈，重賦稅，興礦務，築鐵路，速郵傳。及其竟也，必至菁華殫竭，物力彫敝。慮兵之不強也，募團兵，練勁旅，置水車，製兵艦，利器械，嚴守備，通國中，幾於民盡爲兵。及其既也，必至窮兵黷武，財殫力痡，民叛親離，敵國外患乘之，而身爲天下僇。慮工作之不奢也，窮技巧，設機器，精製造，一旦窒礙難通，阻滯不行，不能致之於遠方，必至坐窒而興歎。慮屬土之不多也，東併西兼，互相爭奪，示威鄰邦，耀兵域外，長駕遠馭，自恃其強。及其衰也，必至四分五裂，譬若人之手足不能運動，脈絡不能流通，終有拘攣壅滯之患，而前之得者，後皆失之矣，此必然之勢也。慮上下之情不通也，設立上下議院，以持其平。及其後也，必至君相無權，互結黨援，共相傾軋。夫國以民爲主，似有公天下之心，而其流弊尚至於此。

是故聖王在上，恃德不恃力，區區智驅術馭，徒能欺一時，而不能欺萬世；徒能愚黔首，而不能愚豪傑之士。天下一治一亂，雖人爲之，而亦天有以使之時運之所至，即賢人君子，亦且退聽於無權，蓋自有不期然而然，莫之致而致者也，夫豈可徒逞其材力聰明智巧藝術也哉！

（54）光緒［十九年］四月二十七日〔1〕

杏蓀方伯先生大人閣下：揖別以來，三肅手翰，想已均邀慈鑒。聞自抵津門後，玉體稍有不愜。大約北地多寒，春風尚勁，兼以土高地燥，肺氣與之不甚相宜，故易致咳嗽歟？西人治哮喘亦別無善法，惟有急治之一法，磨藥屑焚煙，以口鼻吸之，即可暫時止喘。更有口吸紙煙，其價極貴。或謂如中國之洋金花，則非也。或謂係醉仙桃之葉，則亦恐非是。吸鴉片亦可暫止，但恐成癮，多生一累。從來肺之爲物最嫩，易受風寒，故易致疾。黃公度謂須服黃色鹿茸，頗能見效，顧亦未必然。要當獨處一室，凝神靜坐，寡思淡慮，慎勞節欲，此乃養生之訣，即是卻病之方。惟以今日者，大人方當宣力於國家，王事賢勞，豈能少諉？則此諸境界皆未易得臻。只有暫時屏置案牘，謝絕賓客，靜養一月、半月，自能霍然勿藥有喜。況大人當此五十年華，精、氣、神三者皆有足恃，能省嗇而用之，自日見其有餘，而不至於不足。譬之水泉，多用之則涸，常保之自盈。人生壽命，皆可百年，其或不至者，由於戕賊。欲葆壽延年，須於此時立此始基。閣下心地光明，睿智天生，明心見性，大澈大悟。所創各事，皆開千古未有之局。立大功於世者，必食其報，將來得以享大年，膺高爵，夫復何疑！今者即使出而蒞事，亦必使之有節。一日之間，必使閑憩片時；六時之間，必使靜攝數刻。斯光自能斂，不疲於屢照；神自能安，不憚於過煩矣。

今者竊有所請，願借前箸陳之。前日旌節駐滬，當臨別時曾面許按月佽助刻書之費，但於何處支領，未及訂明。兹屆端節，酒券書逋，一切摒擋不易，可否於電報局中尊項下暫假二百圓？後日或作致送

〔1〕 信中提及格致書院"今春傅相給發獎銀至三百數十元之多"，據光緒二十年二月二十日信中寫到，李鴻章"去年春季""加獎至三百二十五元"，所以此信當寫於光緒十九年。

薪水，或仍須歸完趙璧，一惟恪遵鈞命。敬求致信楊太守子萱照辦，感泐之私，匪遑言喻。此項韜擬在滬先取應用，否則近火恐不及待遠水耳。

格致書院一席，屢辭不獲。春季正課、特課，夏季正課，均已出題。自今春傅相給發獎銀至三百數十元之多，肄業諸生異常踴躍，特課卷竟將盈百，西學振興，當必不遠。天下未嘗無人才，特須在上者有以鼓舞之。平日訪求，確實知其可用，儲之於夾袋中，以備臨時驅策，斯人才日見其多矣。秋季正課仍請大人命題。惟登萊青道劉觀察素未相識，敬求作一紙書，代爲介紹，便時祈爲賜下，感甚。入夏匝月，猶彌嫩寒。當此寒暖不時，最宜珍重，惟爲國自重不備。鄉晚生王韜頓首上。四月二十七日。

（55）光緒十九年六月二十八日

杏蓀方伯先生大人閣下：前奉朵雲，歡喜無量。格致書院課卷、獎銀均經領到。閣下衡鑒至公，品評克允，愛才如渴，説士若甘，凡在士林，無不同聲感歎。今者炎燠將消，清飆徐奏，銀床冰簟，喜納新涼。想比浮瓜沈李，雪藕調冰時，別饒一番樂趣也。

韜望七頹齡，鐘鳴漏盡，精神日憊，意興日非。日惟杜門卻掃，以著述自娛。香帥所命譯書事畢，擬將生平述撰悉授手民。今年先刻《漫遊隨筆》《臺事竊憤錄》《淞濱瑣話》《扶桑遊記》《老饕贅語》五種，但不知能如我願否也？

邇來不復作徵逐之遊矣，載酒看花，味同嚼蠟。所昔如姚蓉初、陸月舫、吳佩香、林桂芬，皆已東風有主，陌路蕭郎，徒增慨想。鮑姬巧雲，年僅十五，盈盈競秀，憨若寶兒，近又爲有力者攫去。廻首花叢，益覺寡味。

兹屆秋季，格致書院課題例由閣下所命，敬請錫以南針，以爲藝苑矜式。仰望慈雲，倍深瞻戀。韜承乏格致書院，謬主皋比，且借居中西董事之列，將閱十年，並無脩脯，若得南北洋四海關稍資河潤，不無小補，未稔是否可行？伏乞閣下代爲圖之，謹銘心版，感泐靡暨。新秋初屆，餘暑猶存，惟珍衛適時，萬萬爲國自重不宣。鄉晚生王韜頓首上。癸巳六月二十八日。

敬瀆者：舍外孫錢大受，字孟勤，湖州烏程縣茂才，係昕伯長子，當日肄業格致書院時，曾爲閣下拔取超等首名，文才充沛，屢列前茅。茲入貲捐納小官，指省江蘇候補，曾充大通鹽埠鰲差。今久賦閑，應官聽鼓，殊爲寂寞。可否於上海招商局位置一席地？或文案，或別事務，祈推屋烏之愛，俾得有糊口之所，感泐無既。陶齋觀察頗講洋務著述，可否代爲一言？外附銜條一紙，祈藹照不備。韜再頓首。

再瀆者：舍外孫錢孟勤所求亦無大奢望，只求在上海招商局中得一噉飯處，月支薪水十餘圓足矣。先立定腳根，然後再圖。大約得閣下一舉手之勞，即可入局辦事。渠年力甚富，將來老其才，充其養，精其識，可備閣下之驅策，所以圖報者，惟力是視，爲日正長，不棄微末，尚可收之門牆之列。伏冀栽培，曷勝感泐。韜三頓首。

（56）光緒十九年八月二十七日

杏蓀方伯先生大人閣下：六月中曾肅寸箋，請命格致書院秋季課題，想公事旁午，故至今未蒙賜復也。韜自雙星渡河之夕，即患喘疾，沈疴不起，已五十餘日矣。思欲作書，頭目眩暈，腕力又弱，以是不果。

格致書院山長一席，韜明年意欲力辭不就，院中並不致送脩脯，惟歲饋筆墨百金（端節五十兩、冬節五十兩），每年四季課之外有兩特課，請題、送卷以及催函，筆札殊忙。益之以每次刊登日報數家，皆須自行撰就，送去六課加獎花紅膏火，約有七百六十圓（春季中堂特課二百四十元，秋季江督特課一百二十元，春季海關道課一百二十圓，夏季寧海關道課六十元，秋季津海關道一百二十元，冬季東海關道一百元），無非以面情相求懇，幾於打抽豐，作一例觀，有何趣味？韜觀諸當道皆有厭倦意，李子木觀察初次極爲踴躍，今年秋季以卸事在即，五日京兆辭之。俸少事繁，兼以有病之身，不如辭之爲快。惟是貧士年少一百四十圓之入，未免稍形支

七、致友朋信函

绌,若得略分清俸,於電報局中所支薪水月加十圓,俾其優遊著述,則銜戢之私,銘肌刻骨。

伏念韜今歲年六十六矣,體衰多疾,受恩深重,其將何以圖報?自是爲始,杜門養疴,繡佛誦經,當手寫《金剛經》百本,爲閣下祈福。今先將一本上塵鈞鑒。區區微忱,出自肺腑。韜自與閣下相識二十年矣,感恩知拳拳在抱,每欲稍答涓埃於萬分之一,惜未能也,然未嘗一刻忘也。

秋季課士仍請閣下命題,以示模楷,奉爲矜式。東海關新任劉觀察處,奉求閣下代爲介紹,賜以冬季課題,此爲圓滿功德矣。西風戒寒,伏冀慎護眠餐,萬萬爲國自重不備。鄉晚生王韜頓首上。癸巳秋八月二十七日力疾書。

(57)光緒十九年九月初九日

杏蓀方伯先生大人閣下:前肅寸箋,並手寫《金剛經》一冊,想已早邀惠覽。南北睽違,遙遙數千里,翹企慈雲,彌深眷戀。自溯生平感恩知己者,以閣下爲最深,二十餘年來如一日。伏念韜老矣,屢承隆貺,深懼無以爲報,尚望閣下終始玉成。明歲決意辭格致書院一席,冀於招商、電報兩局略爲補苴,庶幾得安其著述之身,而有時亦足供剞劂之費,俾托諸空言者,或得出以問世,則公之所賜,豈有涯哉!飲德銘恩,至於沒齒。

格致書院秋季正課,仍乞命題,以示矜式。今因陶齋觀察之便,托其代達下忱,諒蒙允許,不致訶其爲無厭之請也。天氣新寒,北風多厲,伏冀萬萬爲國自重不備。鄉晚生王韜頓首上。癸巳古重陽日肅泐。

(58)光緒[十九年]九月十八日[1]

杏蓀方伯先生大人閣下:前肅寸箋,並續寫《金剛經》一冊,由郵

---

[1] 信中提及"織布局猝付焚如",查得光緒十九年九月十一日,盛宣懷創辦的上海機器織布局失火。由此可以斷定此信寫於光緒十九年。

筒遞寄，亮塵惠覽。南北暌違，遥遥數千里，瞻仰慈雲，如在天上，然繫戀之情，無一刻去諸懷也。自溯生平感恩知己，所拳拳在抱者，惟有閣下一人爲最深。由衷之言，並非虛語。伏念韜老矣，屢承厚貺隆施，深懼無以爲報，竊欲效撮埃壤於崇山，注涓流於滄海，苟有所知，不敢不告。

織布局猝付焚如，誠非人謀之所能逆料。殆天意不欲富我中華，使與洋人爭利耶？然此事必有繼之而興者，三年之後，其局規模仍如今日，彼從旁嫉妒我者，其奈之何？

格致書院山長一席，明年決意辭去，惟月少十餘金，未免略費躊躇。冀於招商、電報兩局稍爲增益，藉得補苴，庶幾能安其著述之身，而有時亦足以供剞劂之費，俾平日所托諸空言者，或得出以問世，則受公之所賜，豈有涯哉？尚望閣下始終玉成之，感且不朽，銘恩飲德，没齒勿諼。一昨陶齋觀察北上析津，曾托其代達下忱，亮蒙允許。天氣新寒，北風多厲，伏冀順時珍攝，萬萬爲國自重不備。鄉晚生王韜頓首上。九月十有八日。

閣下曾聞此間有田嵩岳觀察其人乎？誠當今之豪俠士也，於花天酒地閱歷深矣。生平以經濟才自負，隸籍楚北，寄居蜀西，少爲公子，長作遊人，於十年中揮手十萬金，亦足爲豪矣。近日宦興勃發，來遊京師，道出津門，必欲一見偉人，作黄河泰岱之觀，景星慶雲之睹。其心甚誠，伏乞閣下賜以顔色，一接見之，或當有相視莫逆、相見恨晚者。韜特以一言爲介。韜再頓首。

（59）光緒［十九年］九月二十八日〔1〕

杏老方伯先生大人閣下：三肅手翰，奉訊起居，並請賜格致書院秋季課題，自七月至今，未蒙鈞示，殊深惶悚。前函有手寫《金剛經》，亮邀荃覽，區區微忱，聊思報效涓埃於萬一。貢芹獻曝，其志雖愚，其

---

〔1〕 王韜在光緒十九年八月廿七日信中提及"韜自雙星渡河之夕，即患喘疾，沈疴不起，已五十餘日矣"，此信又寫了此情況，只是已經"六十餘日"了，可以斷定此信是前一封信十多天後寫的，也寫於光緒十九年。

七、致友朋信函

誠可諒，當在洞鑒之中。今復奉上《金剛經》一册，倘以字跡惡劣，或布施衆生可也。

韜自雙星渡河後一日，即患喘嗽，輾轉甚劇，偃臥床褥，足跡不下樓者六十餘日，藥爐經卷，獨遣良宵。近始告瘥，尚須調攝。病後又爲小孫從璆摒擋姻事，倍覺煩瑣。陶齋觀察來，所求代爲乞恩之處，諒可俯蒙允許。韜明歲決計辭格致書院山長一席矣。嵇生性懶，長卿病多，餘此殘生，冀逍遥於物外，想我公必能始終玉成之。生我者父母，知我者鮑子。韜才雖不及仲父萬倍，而閣下突出叔牙遠矣。

劉觀察未知何日赴煙臺新任？今歲冬季課題可否代爲轉求？此猶合七級於浮圖，而增一簣於九仞之上也。圓滿功德，誠無量哉。感泐之私，匪遑言喻。

邇來法窺暹邏，英思滇南，俄則覬覦東北。强鄰悍敵直逼，處此時事日棘，可爲浩歎。

中國商務未有轉機，所有機器諸局，許民自爲，但從商辦，而不必以官預其間，有事官爲之助。總辦、提調諸名目，所耗實多，今日惟得人爲最難耳。天氣漸寒，諸維隨時珍衛，萬萬爲國自重不備。鄉晚生王韜頓首上。九月二十八日。

(60) 光緒[二十年]正月二十二日〔1〕

杏蓀方伯先生大人閣下：昨日之聚，得聆教言，甚爲欣暢。今奉上圓山大迂山水十二幅，謝隱莊《焚餘草》三册，乞爲莞納。晶章三方，已令大迂鐫刻矣，蔵事後即當貽贈。些微之物，殊不足以補報大德於萬分之一也。春寒陰雨，伏冀萬萬爲國自重不備。鄉愚弟晚生王韜頓首上。正月二十二日。

---

〔1〕信中提及，寫信前一天與盛宣懷碰過面，那他們應該是在上海聚會。此與光緒二十年二月初七日信上所寫"襜帷駐此，已逾三月"，二月二十日信上所寫"前者旌節遥臨，襜帷暫駐，一彈指頃四月有餘"，都可互相聯繫。又，此信説要送盛宣懷《焚餘草》三册，查光緒二十年正月二十七日王韜致謝綏之函中，也説送上此書。據孔夫子舊書網，此書出版於光緒十九年。根據以上分析，此信當寫於光緒二十年。

（61）光緒[二十年]正月二十五日〔1〕

杏蓀方伯先生大人閣下：前日小集徐園，得聆塵教，歡喜無量。韜叨在骈幪之下，食德飲和，已非一日。惟自念年將七十矣，報稱無從，彌滋慚恧，安敢妄有所干求？顧思生平著述數十種，已付剞劂者未及其半，自餘皆須繕寫清本，擇其中尤要者，急授手民。即如《四溟補乘》一書，日有所裒，月有所益，搜采事實，廣集見聞，幾至五百卷。香帥命譯之《洋務叢書》，凡分十有二門，亦二三百卷。拙著卷帙之繁重，未有如二書者，擬鈔呈一分，藉爲芹曝之獻。去歲香帥譯書事畢，研田了無所入，勢不得不另籌別款，以作補苴。尚望閣下位置一席地，終始玉成之，但得優遊從事著書，則拜厚賜於無窮矣。另擬課題未識當否？春寒陰雨，伏冀爲國自重不備。鄉晚生王韜頓首上。正月二十有五日。

（62）光緒二十年二月初七日

杏蓀方伯先生大人閣下：三日不見，如隔九秋，獨切遐思，味苦於茗。昨鶴笙來，與談金礦事宜，深中肯綮。近如三晋，遠則沈遼，所得既饒，當可與西人争利。旌節北上，鶴笙即欲褰裳相從矣。昨夕於江南春酒樓相聚極歡，既從酒樓下，知驂從亦在此間，賓客滿座，未敢擅謁。襜帷駐此，已逾三月，相見時少，未得一訴闊悰。時思趨謁，但見門前車馬絡繹，想正當公事旁午，韜又不敢以野鶴閑雲，無事相剽魖也。

韜所求者，如能俠助以讀書之貲，鈔書之費，從招商、電報兩局，增益其數，按月致之，俾得壹志潛修，從此當閉户不交一客矣。看花載酒，本是逢場作戲，病後已痛自戒絶，而今而後，不敢再爲下車之馮婦矣。由衷之言，惟希亮察。此外萬萬珍重。鄉晚生王韜頓首上。

────────

〔1〕此信與光緒二十年正月二十七日王韜致謝綏之信，不僅都提到許多相同的事情，特别是寫到《四溟補乘》《洋務叢書》時，有許多文句幾乎都是完全相同的，以此可以推測，寫這兩封信的日子應該非常相近。信中提及"去歲香帥譯書事畢"，據光緒[十七年]七月十四日信中寫此書"草創甫就，尚須補輯，加以潤色"，而近年西泠印社網上拍賣此書未刊稿本，封面上有王韜的親筆字"初次改本存稿"，簽署的日期大都是壬辰（光緒十八年）下半年，那麼光緒十九年此書應該完成了。根據以上幾點分析，此信應該寫於光緒二十年。

七、致友朋信函

甲午二月初七燈唇。

前日面談之庖人陳福，烹飪極佳，人頗誠實，不妨命其先來公館，一獻其技，略試手段。如調和適口，則攜之至津門，不佳則揮之門外可也。韜再頓首。〔1〕

（63）光緒二十年二月二十二日

杏蓀方伯先生大人閣下：前者旌節遥臨，襜帷暫駐，一彈指頃四月有餘。駒光迅速，直瞬息間，此大禹所以惜寸陰也。韜前以病後屢軀，不得追陪旄仗，入春以來，病骨稍蘇，又以公事旁午，不敢以野鶴閑雲屢來相混。然跡雖疏而情親，高誼隆情，無前不日篆心胸，夜縈夢寐。今聞行旌將發，依戀彌深。思詣崇轅面別，又思以無事妄瀆，未敢輕造。昨餞鶴笙於酒樓，略托數言，當能轉述。韜之所求，已蒙俯允，感泐之私，銘肌鏤骨。尚望於兩局中早頒明示，藉慰鄙懷。

去年春季特課諸卷，經合肥爵相評定甲乙，極爲詳至，加獎至三百二十五元，自來所未有也，所以鼓舞士林，俾悉心講求格致實學，亦云至矣。數年來格致書院課士一舉，實足以轉移風氣，象緯、輿圖、洋務、時事，咸能考證詳明，議論透闢。因知世間不乏通材，特患上不之求耳。此次葉瀚列於超等首名，於學問實有見地。葉君前承明問，今知其爲浙中茂才，字浩吾，在鄂省譯書局中佐理纂述，月得三十金。香帥之愛才下士，搜羅文學之流，可謂無微不至矣，惟我公足與抗衡。

一昨西士李提摩太來，極爲仰慕隆名，渠爲廣學會長，著書立說，專欲有益於中國。所論明通暢達，與今之教士大相徑庭。言閣下曾助會中四十金，感甚。今年屆鄉試之期，特出五題，俾各省士子就題各抒所見，必有巨製鴻篇發揮義蘊，中國得以臻於富强，不徒托之空

〔1〕這段寫庖人陳福的文字，在王爾敏、陳善偉先生編輯的《近代名人手札真蹟》影印本書中没有刊載，王韜致盛宣懷第五三函（即此信）最後一頁（第3522頁）最後的文字是"甲午二月初七燈唇"，而在香港中文大學收藏的信函原稿中，此信最後還有一頁，寫有這段文字。

言。列前茅者，具有獎贈，茲已集得五百金矣。倘有能繼之而起者，亦創事也。會中規議及題略謹以附塵鈞覽，此亦可謂西國有志之士也。竊謂西人作事勤而專，速而果，務求實踐，不尚空文。所譯文字或有詰曲鄙俚者，未得名流爲之潤色改削耳。如李君所著亦甚簡明，知其胸中所蘊者，固自不凡。

韜願此後常通消息，所有繕寫拙著各種副本，既經脱稿，即當付之郵筒，藉以就正於有道。時事洋務，苟有知者，不敢不告。明知涓流細壤，無當高深，而獻芹貢曝，聊表微忱，惟憐其愚而亮其志可也。不勝犬馬戀主之誠，當效烏鵲銜環之報。此外惟萬萬爲國自重不備。鄉晚生王韜頓首上。甲午二月二十二日。

附：甲午年春季特課題目

星象中西異名說。

緬甸邊界考。

英語近今音、法語近古音論。

（北洋大臣李爵閣督所命題）

(64) 光緒[二十年]十月初四日〔1〕

杏蓀方伯先生大人閣下：前日敬肅寸箋，由郵筒遞呈，亮邀慈鑒。側聞旌節言旋在此月中，從此辭榮簪紱，娛志林泉，作急流勇退想，名成身隱，高尚厥志固得矣，其如天下蒼生之屬望何？澍雨甘霖，待施孔亟。當軸者倚畀方殷，恐未許高臥也。

韜屏跡滬江，日惟杜門卻掃，習靜養疴。有時耳聞目見，聊筆於書，豈敢云著述哉？亦藉以自娛耳。前從諸君子後，載酒看花，間有屬意，題裙索扇，貽以篇章，前後積成五十二律，已付手民鋟之於石，春蚓秋蛇，不堪寓目。嫫母陋姿，老老忘其醜，反欲牽簾自炫。謹塵

―――――
〔1〕 此信寫盛宣懷"兩年以來未命課題"，查《格致書院課藝》，盛宣懷於光緒十八年秋季出課題後再没有出過。信中又提及"韜承乏書院十年"，王韜在《格致書院丙戌課藝序言》中寫道："乙酉秋……延余爲監院。"是爲從光緒十一年起王韜任格致書院山長，那麽至光緒二十年是十年。從這兩點分析，此信當寫於光緒二十年。

七、致友朋信函

一册，閣下見之，應爲掀髯一笑也。

所請格致書院秋季課題未蒙賜下，肄業多士懸望綦切。竊思格致之學爲當今要務，西法入門必以此立基。方今强學、實學相繼並起，咸賴閣下爲之主持，倡厥先聲，開其風氣。兩年以來未命課題，示之準則，端其趨向，士子之揣摩洋務者，幾於無所依歸。伏求閣下今歲秋季迅賜課題，俾承學之士有所稟承，不勝幸甚。

韜承乏書院十年，於兹並無薪水，惟冀挽回積習，先以空言，而後收實效。以請題之艱，屢思辭之而猶未果者，尚冀西學、西法他日或有傳人，於國家不無尺寸之補耳，況閣下爲造就人才、樂育後進者哉！是韜之所深望於公者也。

韜在城西構畏人之小築，將閉户以劬書，取生平所作，寫成定本。雖當世無知我者，後之人或有取爾，則亦可無憾矣。西風起矣，珍重裝棉，伏冀攝衛維時，萬萬爲國自重不備。晚生王韜頓首上。十月四日。

（65）光緒[二十一年]八月二十六日[1]

杏蓀方伯先生大人閣下：分襟以來，屢肅手翰，皆從郵筒遞寄，未蒙賜復，想公事旁午，未遑及此耶？去年九、十兩月中，又復兩致寸箋，略言兵事，敬問起居。嗣聞政體違和，告請休沐，習静養疴，概絶酬應，恐未邀荃鑒矣。於時正當軍書孔亟，羽檄交馳，閣下仍復力疾從公，王事賢勞，不遑遐逸，佐上相而贊襄爲幕府之籌筆，冀圖保疆禦敵，大展其所長。無如前既誤於因循敷衍，後又壞於草率倉皇，事至而後應之晚矣。

倭人蓄謀已久，韜於十餘年前早已言之，又何待至今日哉？今日和議已成，所以爲善後計者，率以變法自强爲第一著。竊以變法不徒其襲皮毛，當有實際富强之本，首資教養，誠哉！王夔石制軍之言曰："學校者，人才之本；格致者，學問之本。"此時創立學校已恐緩不濟

---

[1] 信中提及"去年九、十兩月中，又復兩致寸箋，略言兵事"，"兵事"當指光緒二十年中日甲午戰爭。後面又寫"今日和議已成"，當指光緒二十一年三月二十三日簽訂了中日馬關條約。根據以上分析，此信當寫於光緒二十一年。

急,莫如先取材於異域。如開礦、築路,皆宜糾合洋人,爲公司妥訂約章,限以若干年爲期。商販輻輳之處,擬築幹路、支路,皆許民間自立公司,糾股興築,後由朝廷分歲遞償其款。機器公局亦准民間分設,官但可攸助其成,毋得陽許陰拒,以掣其肘,而侵其利,亦不必立總辦、會辦、督辦諸名目。凡事一涉官場,即有私弊,兹先當痛除其積習。中國大病由於官商之情不通。官輕商,但知朘削商人,以自肥其囊橐;商多畏官,而復不信官。歷來之成見難融,積久之私弊難去,所以中國商務不能臻於旺盛也。欲旺商務,必先設商學、藝學,一切製造不可不講,先以能仿造西貨爲第一義。凡此人人能言之,無如人人不能行之,是豈時未至乎?近者人人皆喜談洋務,擬圖變法自强,特患在上者無提綱挈領之人耳。

格致書院中肄業士子,於西學、西法頗有所知,尚能托之空言,以求自見。今屆秋季課試之期,特請閣下命題,以觀其效。樂育英才,造就多士,俾後進有所仰止,固閣下之責也,企予望之。上海一隅愈臻繁盛,租界之外建築房屋,亦幾於鱗次櫛比,外來者無側足地,租值愈貴,生理愈艱。貿易場中,外强中槁,盛極而衰,心竊憂之。韜得叨福庇,尚能安居樂道,閉户著書,時念隆恩,銘刻肌骨。

側聞十月中旌節將莅臨此間,相見不遠,曷勝欣忭。秋氣已深,新寒襲人,伏冀攝衛咸宜,萬萬自重不備。鄉晚生王韜頓首上。八月二十六日。

(66) 光緒[二十一年]十二月二十五日〔1〕

杏翁方伯先生大人閣下:昨蒙旌節辱臨,仰瞻德范,無任欣慰。今又承賜兼金百鎰,珍品十種,殊不敢當。渥惠隆施,難以固卻,敬以新刻《普法戰紀》十部(共十套,計一百本。此書已第四次刻矣),奉貽台端,聊盡鄙忱,伏乞哂留,不勝榮幸。鄧尉探梅,良愜素願,能得追隨杖履,飽看梅花,此亦一快事也。創設中學堂,未識擬定章程否?

─────────
〔1〕 信中提及第四次刻印的《普法戰紀》送給盛宣懷十部,光緒[二十二年]六月十四日信中提到此書"前奉公處僅得十部",兩相對應。又據忻平先生《王韜評傳》,光緒二十一年《普法戰紀》第四次出版。根據以上幾點分析,此信當寫於光緒二十一年。

七、致友朋信函

韜樂得觀其成。肅此。敬鳴謝悃,謹請鈞安,恭賀年禧。鄉晚生王韜頓首上。醉司命後二日。

(67) 光緒[二十一年]□月□日〔1〕

名妓下梢,殊不可問,觀以姚姬蓉初而益慨然也。當其適沈能廉,猶未爲失所。及沈病歿,攜貲思遯,爲其家人所覺,閉置一室,聞猶畀以嗣子,囑其堅守。若能衣布茹素,守之終身,亦不失爲婦道。未稔如何不安於室,爲其家驅逐以出。今淪落殆三年矣,年將三十,致爲雌妓。無論玉顏瘦損,即其聲音笑貌,亦都變矣。驟遇之幾不相識,天下事不能逆料往往如此。至此時誰肯以千金買駿骨哉?韜昔有一詩,望之甚切,今當削去之矣。附錄於下:

懶向花叢取次看,記初相見兩相歡。
花梢豆蔻春光媚,帳〔2〕畔芙蓉燭影寒。
七寶香車還遠嫁,三珠衹樹杠同參(借均)。
可憐不是閑風絮,永作孤飛鏡裏鸞。

(68) 光緒[二十二年]三月二十七日〔3〕

杏蓀京卿先生大人閣下:自初四日獲把德輝,作晋人清談,暢甚,快甚。聞是晚行旌即復遄發,想風利不得泊矣。漢皋風景,重得領略,雖了無足觀,而酬應稍簡,或可暫爲息肩。見香帥當別有一番崇論閎議,爲世俗震聾發聵。韜以爲欲袪近日之大病,莫如盡除忌諱,實事求是。粉飾因循,虛憍誇詐,剛愎自信,畏葸多疑,固在所必除。此外則毋喜譽而惡直,毋憎異而昵同,毋植黨以樹私,毋愛美而忘醜。鄒忌好人攻其所短,子路喜人告之以過,虞舜好察邇言,武侯

〔1〕 此信寫蓉初嫁沈能廉後復出,"今淪落殆三年",據光緒[十八年]□月□日信中寫了蓉初在丈夫沈能廉去世後出逃之事,那麼三年後寫此信,當爲光緒二十一年。又,信末附錄一首詩,查得光緒二十年六月十九日(1894年7月21日)《新聞報》刊登《戲贈寶珠詞史,兼感舊事》8首七律詩,此信摘錄了其中第3首。
〔2〕 帳,《新聞報》刊登這首詩中此字爲"枕"。
〔3〕 此信記述新居城西草堂之事,後面一封光緒[二十二年]五月二十九日信中提到,四月二十五日搬進草堂了。此信中還說自己"七十之年倏焉已至",後面一封信"明歲犬馬之齒已屆古稀",那麼此信與下面一封信都應寫於光緒二十二年。

355

貴集衆長。事必先采之兼聽,而後伸其獨斷。有所詢諮必遍聽之公評,而庶不淆於私論。以閣下之明察如神,公正不阿,寧不慮及於此,而猶以爲言者亦宋人獻曝納芹之意也。

韜七十之年倏焉已至,雖耳目無恙,精神如故,而夕陽餘景,紅不多時,炳燭末光,亦復無幾。去歲喘疾劇發,伏枕四月有半。春來病骨雖蘇,元氣大傷。生平撰述四五十種,已授手民者未及強半,將來與草木朽腐,煙雲銷滅,爲足悲耳。

城西草堂結構粗就,心力交瘁。惟明窗淨几,尚可盤桓,種樹栽花,聊自怡樂。門外室中所有楹聯悉係自撰。大門一聯云:"騏驥伏櫪,空懷千里;鷦鷯巢林,尚有一枝。"側門一聯云:"辟世何嫌陋巷,閉門即是深山。"廳旁大門一聯云:"能讀三千卷奇書,把臂入室;若問五十年洋務,抵掌快譚。"門內一聯云:"七秩餘生閑展卷,數弓隙地便栽花。"室中近日新撰兩聯,其一云:"隨地得安居,何用別開林壑;畏人成小築,且教供養煙霞。"其二云:"靜坐讀書,此日足可惜;安貧樂道,一生何所求。"凡此數言,亦略可覘鄙人之志趣矣。暇當求法書賜寫一二聯,藉光蓬壁。率爾作箋,不盡覼縷。惟萬萬爲國自重不備。鄉晚生王韜頓首上。三月二十有七日。

再啓者:《商務報》館爲山陰沈誦清廣文所創設,實於時局大有裨益,一切西學、西法,無不旁搜博采,總期開闢商路,增益其智慧,心思學術,久之事行效著,定可富國利民,不僅作紙上空談已也。蓋中國近日大商漸能與官場通聲氣,茲先以商報通文字之往來。既有商報,便有商會,將來朝廷亦必特設商部大臣以主其事。從此商務日盛,而商人亦不至自甘窳陋,製造工作自能悉心講求,日出其技,競相誇尚,倣效良法美意,安知不能媲美泰西,追蹤日東?他時工製之,商販之,其能行遠致利,可卜之操券也。今日《商務報》別改章程,擬減價值,以廣招徠,而冀流通。自創設至今都若干本,特從郵局寄塵台端,乞爲指正。敬求遍諭各局人員覽觀,則流行必廣。譬諸登高一呼,衆山皆響,其勢急也。專此奉懇,無任懸企。韜再頓首。

七、致友朋信函

(69) 光緒[二十二年]五月二十二日〔1〕

杏蓀方伯先生大人閣下：懸盼旌節之旋將匝月矣。漢皋荏至，又有吳苑之行，近聞又將北上析津，王事賢勞，不遑暇逸，閣下之謂矣。第未稔啓行何日耳。比來滬曲暫住襜帷，瞬息之間，倏經半載，而相聚要無幾日。會少離多，益深思念。慈云在望，彌切瞻依。

韜於四月下旬有五日移居城西，敝廬四、五椽，僅蔽雨風，尚堪容膝。惟城西草堂猶未落成，顏其額曰"畏人小築"。署一聯於門云："聊借一椽容市隱，別開三徑寄閒身。"草堂中楹聯云："息轍絶交遊，屛跡此心齊木石；杜門耽著述，安神無夢到軒輿。"蓋自此伏而不出之志彌堅矣。明歲犬馬之齒已届古稀，擬將生平撰述，次第授諸手民，出以問世，不知果能遂此願否也？惟是土木之工爲費不貲，陸賈之裝，阮藉之囊，早已罄其所有，以後恐將仰屋興嗟，鍵關乏術耳。

兹呈上摺扇一握，已污塗鴉，春蚓秋蛇，殊形惡劣。韜尚似三五少年時，性好塗抹，特不足當大雅一笑耳。所畫士女，或尚可取。奇書一函，覓自書賈，頗以重價得之，藉塵清覽，聊供披閱。韜近得名畫兩軸，惲南田臨米字一幅，暇當親自攜來，以質諸正法眼藏。如愜真賞，即可奉貽。梅炎藻夏，天氣漸熱，日昨涼煥不常，伏冀順時攝衛，萬萬爲道自重不宣。鄉晚生王韜頓首上。五月二十有二日。

(70) [光緒二十二年五月二十八日前後幾天]〔2〕

杏蓀方伯先生大人閣下：昨日得把芝宇，藉聆塵教，欣慰無量。今呈上《日本外戰史》，自八卷以下，皆近時事實，與我國大有交涉。

---

〔1〕此信繼續前面光緒[二十二]年三月二十七日信，記叙移居城西草堂之事。信中還提及"明歲犬馬之齒已届古稀"，那麼此信當寫於光緒二十二年。

〔2〕信中言及中日戰争"自始戰至議和本末"，即謂此信當在光緒二十一年簽訂馬關條約以後。信中提到蔣退闇來王韜處求職之事，查光緒[二十二年]五月二十八日、六月初一日蔣超(退闇)致王韜信，及王韜五月三十日寫信告訴盛宣懷，蔣超來報到了。由此分析，此信當爲光緒二十二年五月二十八日前後幾天所寫。

357

其侵臺灣，滅琉球，侵高麗，皆擾我遼東之漸也。自始戰至議和本末，咸其覘國勢者，於此當別有會心。

馬江香女史畫軸，韜當於數日間親自取歸，不必付之他人。葉心儂（名慶頤）已代招致，可令其翻譯。

蔣退闇又來詰問，此輩讀書人皆奉教於孔子，三月無館則皇皇如也。杜少陵云"安得廣廈千萬間，大庇寒士皆歡顏"，言之易而行之難。博施濟衆，堯舜猶病，孔子嘗論之矣。

韜藏有《日本水路險要記》，亦係華、和文字相雜，如譯成戰史，韜再當相贈。

匆匆當作張園之遊，奉傳老大人杖履，無暇寫大劉字矣。天氣頗熱，伏冀萬萬爲國自重不宣。鄉晚生王韜頓首。荷出日。

（71）光緒[二十二年]五月二十九日〔1〕

杏蓀方伯先生大人閣下：走使回，得奉環雲，歡喜無量。昨沈贅翁明經枉過，述及林樂知先生歡然應許。惟有約法三章，試爲陳之。

一、自言年已六十有一，雖精神强固，然究不耐瑣屑。今教導之初，必從拼字始。此事伊女公子優爲之，（林君女公子二人，一年二十有一，一年十九，學問皆優。其長女公子，現授龔景張太史書，月脩四十兩。）擬延爲幫教，教以字母及調音拼字諸法。若文理及字義深奧者，皆由伊爲之指授。若邦交及兩國交涉事件，或引據成案，或援證律例，樂知先生必悉心爲之剖析，使無疑滯，以增識見。至女公子幫教之費，擬於正修外月增五十兩。（龔太史從其長女授語言文字之學，月脩四十兩，一禮拜中訂定三日，由太史往學，日約兩時，故每月幫教五十兩未爲過多。）

一、既行訂定之後，須將教中一切事務交割清楚，另行擇屋遷居。（既不辦教事，則不能住教中所賃之屋。）此由伊自行料理，與延請之事無涉，惟不得不言明耳。

---

〔1〕信中提及林樂知"自言年已六十有一"，查林樂知1836年生，如果按照實足年齡來算，此信當寫於光緒二十三年（1897年）五月二十九日，但是王韜於光緒二十三年四月二十三日已經去世，那麼這裏説六十一歲當是虛歲，此信便是光緒二十二年所寫。

七、致友朋信函

一、受聘之後，由何時到館，何時支領脩金，亦須訂明。惟必先付若干，由其備辦一切，亦須立一合同，以三年爲期。

一、每日九點鐘到館，至四點鐘放館，午點由其自備。早晚所乘馬車亦由自備。（女公子亦於九點鐘同車共至。）

一、每月脩金二百五十兩，謹當如命。惟幫教之每月五十金，則另行支給。

一、午刻用點之時，必須有一退息之所，以便少憩。

一、自教讀之外，宜簡酬應，凡賓客往來請見，似宜概行辭謝，庶得以專心指授。

此數條皆由贅翁所面談，韜爲之轉述者也。至約以何時招飲，須俟卓裁，韜可代爲致意。林君曾言，鐵廠之路未免僻遠，非馬車不能捷便也。林君前曾在鐵廠翻譯西書，故知之特詳。

此兩三日間天氣頗涼，似可出外遊覽，逕詣台端，面聆教言，無如肝氣大發，艱於步履，並握管亦甚難。匆促作字，伏祈亮之。此外惟冀順時珍攝，萬萬爲國自重不備。鄉晚生王韜頓首上。五月二十有九日。

（72）光緒[二十二年]五月三十日〔1〕

杏蓀方伯先生大人閣下：昨肅寸箋，亮邀鈞覽。於時適值旌節外出，未得賜音。美進士林樂知先生之事，當必可成。渠身雖外域，心在中原，與李提摩太可相伯仲，延師得此，當可無憾。

《學校》一門韜已檢出，共得八本，已令鈔胥者十手傳鈔矣。鈔畢韜躬親校對，不肯假手於他人。吾家王半山詩云："穰侯老擅關中事，深懼諸侯賓客來。我亦暮年專一壑，每逢車馬便疑猜。"錄之以博一粲。

蔣君退庵已來，相見歡然，詩筆、鐵筆俱佳，示以《遊臺筆記》，甚簡核。渠云，方伯幕府中校差已於前日禀到矣。逮後香帥《洋務輯

---

〔1〕 此信開頭"昨肅寸箋"，當指前面一封光緒[二十二年]五月二十九日信，而且此信繼續前一封信寫林樂知等事，那麼此信也應寫於光緒二十二年。

要》全書録竟,即倩其改削何如?惟鈔手尚須覓人耳。

製造局左右之地已購得否?頃有求售者,經手之人爲滬人楊榮春,可命其導觀,如合尊意再議何如?外,地圖敬塵鈞覽。天氣頗涼,正可遊覽。匆匆握管,即當往尋詩友作清談矣。伏冀順時珍攝,萬萬爲國自重不備。鄉晚生王韜頓首上。五月晦。

(73)光緒[二十二年]六月初一日〔1〕

杏蓀方伯先生大人閣下：昨蒙寵召,即趨赴一品香坐待良久,老大人乃至,獲聆教言。因賓從甚多,恐爲時過晚,旌節之臨尚無前導者來,而鐘已逾七下矣,遂別。

《學校》六本,先將原稿上塵鈞覽,止此存底,並無副册,敬祈察收,閱後付下,以便授諸鈔胥(三人分鈔,已得數十篇矣)。

林樂知一切説,今午韜約沈贅翁於酒樓聊作消遣,當轉告之。

蔣君退庵事如何作復?敬乞明示。

讎校之役,韜當親任其勞,至改削繕寫,則可假手於他人耳。蔣君之才甚優,閣下何不命其譯書?當有佳著作也。餘附別紙。伏冀攝衛咸宜,萬萬爲國自重不備。鄉晚生王韜頓首上。六月朔日。

《學校》一門共得六本,計布茂林所譯尚不及一本,餘皆韜采自他書,輯自近聞。此外搜取尚可得二本,特未成定本也。丁韙良曾有《德國學校論略》,可見之否?其中似亦多可備采取之處。日本學校,陶齋觀察所著書中,亦爲詳備,第亦有在《洋務輯要》中取材者。《學校》一門已令三人鈔寫,特繕録告成尚需時日。今遵命先將稿本塵覽,計上六本,祈爲察收。書未鈔出,而讎校之人早已來見,亦疊次接其來書。今將原信附呈,如何奉復,敬俟卓裁。

林樂知住居即在中西書院對面,惟初二日係西人禮拜,例不見客,但晚至四、五點或可無妨。今日午後晤沈贅翁,當即轉致此意,或

―――――――――
〔1〕信中還是繼續前一天的信講林樂知、蔣退庵(蔣超)和抄寫《學校》一書之事,並且提到六月"初二日係西人禮拜",查得光緒二十二年六月初二日是星期日,那麽此信與前後幾天的信都當寫於光緒二十二年無疑。

七、致友朋信函

待初三日午後何如？

附一：蔣超致王韜函（光緒[二十二年]五月二十八日）

紫銓夫子大人尊前敬肅者：前日面聆訓誨，快慰奚如。拙作《臺遊筆記》另紙録出呈上，並附新鐫印存一部，係爲杏蓀觀察所鐫，悉仿吴門潘伯寅先生手作原本，並請政是。門生校差昨在觀察處禀到，敬以附聞。手上。恭請大安。門生蔣超謹上。五月二十八日。

附二：蔣超致王韜函（光緒[二十二年]六月初一日）

前接訓諭，敬悉一二。日間與杏憲面商一切，諒已議妥。書籍不知何日開校？風聞杏憲有不日北上之説，將來門生之薪水歸何處支領？並月有若干？懇求夫子大人示知，不勝感之。手上。恭請大安。門生蔣超頓首。六月初一日。

（74）[光緒二十二年六月初二日]〔1〕

杏翁方伯先生大人閣下：昨遣人送上《學校》六本，諒已察收。承諭往訪林君樂知，已與沈贅翁訂明，渠言，今日禮拜，西教士例，似屬不便深談，即談不能盡興。禮拜一日（初三），爲林君專會教友、分辨教事之期，更形忙碌，不如定於禮拜二日（初四）午後三、四點鐘，往晤暢談何如？且不必具衣，至時或先詣書院，邀沈贅翁偕往更佳。以上贅翁所言，敬爲轉述。贅翁處信一函，祈飭倅送往中西書院何如？因路遥，敝處乏价驅遣也。天作微雨，不能趨謁。涼意襲襟裾間，殊不似盛夏天氣，外間必有水發，有妨稼穡，深抱杞憂。伏冀爲道珍重。鄉晚生王韜頓首。

茲已囑鈔胥者先行繕録《邦交》《商務》兩門。退庵作何復音？乞示知。

---

〔1〕此信開頭提及"昨遣人送上《學校》六本"，對應前一天（六月初一日）信中寫送上此書之言。再對照前後幾天的幾封信，許多內容都有先後關聯。信中提及"今日禮拜"，查得光緒二十二年六月初二日是星期日，所以此信應寫於光緒二十二年。

(75) 光緒[二十二年]六月十四日〔1〕

杏蓀方伯先生大人閣下：連日邁有小疾，未能趨詣台端，暢聆塵教。昨晤汪子淵太史，詢及旌節將於月内前赴津門，然則爲時非遠矣。從此筵開餞别，座唱驪歌，在望慈雲，彌深依戀。

《洋務叢書》已令鈔胥先行繕録一分，後當陸續呈上。今奉上《邦交綱領》一本，略見一斑。見寫《商務》，四手傳鈔，當易竣事。附呈《法越備考》一書，乃劉嘉樹太史所著，新付剞劂。此書前後叙述綦詳，兼具議論識見，亦留心時事者所不廢也。敬以奉貽，聊供披覽。韜所著述講論洋務者，多頗投時好，《普法戰紀》流傳尤遠，前奉公處僅得十部。今北方設立學塾頗多，可否多攜數十部，遍餉學者，俾知域外情形，公意以爲何如？

天氣涼爽，盛夏如秋，似屬非宜。伏冀順時珍攝，萬萬爲國自重不備。鄉晚生王韜頓首上。六月十有四日。

(76) 光緒[二十二年]六月十六日〔2〕

杏蓀方伯先生大人閣下：昨塵寸箋，並《邦交綱領》《法越備考》兩書，亮邀鈞鑒。今日天氣又熱，憚於出門，深以無見召者爲幸，稽生疏懶可知。古人云，人生忙迫一場便休。每念斯語，輒爲黯然。每自熱鬧場中歸，倍加静攝，胸中不著一塵，一切空諸所有。明道自言，目中有妓，心中無妓。天南遯叟則動中有静，静中無動。明年七十矣，菟裘已營，擬將終老，不欲再作求田問舍計，能成斯志，非我公而誰屬？生平受恩拜賜多矣。老驥伏櫪，尚足以供驅策，幸垂念之。《商務原始考》一本，乃蔣退庵所鈔，亦其手校，來信附呈。追呼殊逼，大有"得之則生，不得則飢"光景。賓士生涯，亦屬可憫，是否即由韜處發給？敬請明示，以便遵辦。明日如稍涼爽，當趨詣台端，面聆塵訓。

――――――

〔1〕 此信提及送《邦交綱領》《法越備考》兩書事，後面光緒[二十二年]六月十六日信中詢問這兩本書是否收到，兩相對應。還有寫抄録《洋務叢書》等事，與前面及後面幾封信都有聯繫，所以此信也是寫於光緒二十二年。

〔2〕 信中説自己"明年七十矣"，那麽此信與前後幾封信都當寫於光緒二十二年無疑。

七、致友朋信函

此外伏冀攝衛咸宜，萬萬爲國自重不備。鄉晚生王韜頓首上。六月十有六日。

(77) 光緒[二十二年]六月二十一日〔1〕

杏蓀方伯先生大人閣下：炎燸如蒸，若處甕中。讀雲漢之詩，真覺無陰以憩矣。此時須得冰山一座，反可祛煩解暑也。一笑。附上《學校論略》《商務考略》，乞爲察收。前日《學校》六册已鈔其半，如梅翁采取已竟，可即擲下，令其繕録清本，再行奉塵台覽何如？匆匆揮汗書此，不盡覼縷。肅此。敬請鈞安不備。鄉晚生王韜頓首上。六月二十有一日。

(78) 光緒[二十二年]七月初二日〔2〕

杏蓀方伯先生大人閣下：連日以天氣炎燸，不敢效襁襪子觸熱往還，日惟跂腳看書，科頭讀畫。有時高臥北寮，涼風颯至，自謂羲皇上人，陶泉明銷夏之法，真吾師也。

《商務》書又鈔得兩本，敬塵鈞覽。韜處鈔胥共得三人，六月中旬以暑暫停，自七月朔始，仍令照常繕寫矣。嗣後如蜆旌北上，當封固寄津。蔣退庵鈔得《商務》兩本（一本昨日送來），今令其專鈔《禮俗》一門。是書頗有異聞奇事，可資博覽。

有稔於日本情形者言，近日日人頗思變動，蓋自山縣有朋從俄京返，欲改舊盟，圖取遼東，俄人必不從壁上觀。日俄有事，固我中國之憂也。法俄之勢成，則日英之交亦必合，從此中國其多事矣。

昨胡君鐵梅來言，欲我公預《蘇報》股分，每股五百圓，謂前日曾有人代達此意，特言之未果。韜謂，閣下未必肯來。惟彼望之甚殷，得閣下一言以辭之，即可作復矣。（世間多妄想人，恐天下屬望於公者，必有十萬人。）

――――――――

〔1〕信中提及"《學校》六册已鈔其半"，與前面光緒[二十二年]五月、六月幾封信都有聯繫，所以此信當也寫於光緒二十二年。

〔2〕從信的内容看，是繼續前幾封信進一步記述林樂知、沈贄翁、蔣退庵等事，所以也是光緒二十二年所寫。

沈贄翁於十二日右手足忽患中風，不能動履，至二十五日竟不能語，惟祝其漸有轉機。病中猶諄諄以林樂知教習一席爲言，謹將來札附呈。（十九日已不能書，口述而令他人書。）

一俟天氣稍涼，即當敬趨台端，面聆塵教。此外伏冀攝衛維時，爲國自重。鄉晚生王韜頓首上。七月二日。

（79）光緒[二十二年]七月初八日〔1〕

杏蓀方伯先生大人閣下：前日承賜兼金二百鎰，拜登之下，感泐難名。入秋十日，漸有凉意，酷暑乍消，清飇颯至，或俟一二日間，當可逕造台端，作晋人清言矣。

時中書院之設，前時曾據贄翁面述，以爲莫如虹口爲最佳。爲高必因邱陵，爲下必因川澤，事半功倍，可以握之操券，特未識高見以爲何如耳？

《商務》書兹又鈔得三册，所考商務源流頗有可觀。蔣退庵一月來僅鈔兩本，嵇生性懶可知。韜處鈔胥者有三人，盡堪供驅使也。韜自六月十五後，裹足不出，幾於跬步不離户閾，靜中自有佳趣，非閒散人不易領略耳。

旌節何時赴津？當謀一醉，兼可藉傾積愫也。秋風既起，蒓鱸滋味何如？想不容東山高臥也。伏冀萬萬爲國自重不備。鄉晚生王韜頓首上。七夕後一日。

（80）光緒[二十二年]七月十三日〔2〕

杏蓀方伯先生大人閣下：昨奉環雲，敬悉壹是。半載以來，得把芳徽，未盈十日，所以然者，草野疏懶之民，究未敢脱略威儀，漫爲進退，不如以筆墨達喉舌，反得曲盡其詞。

〔1〕 信中提及抄《商務》書與蔣退庵等事，可以判斷此信是繼續上一封信寫的，所以也是光緒二十二年所寫。

〔2〕 從信的内容看，如時中書院、抄寫《洋務輯要》等事，都是繼續前幾封信内寫的。信中提及王韜自己卯年（光緒五年）結識盛宣懷已經十八年了，這進一步證明這幾封信都當寫於光緒二十二年。

七、致友朋信函

時中書院之設,教育英才,培養儒士,使之明曉西學,通達治體,誠爲自强之根本。

日人之圖遼東,踞朝鮮,早在十餘年之前,時遣遊歷人員易裝至北旅居,測量水道深淺,韜屢以爲言,而當軸者不察也。然俄人在今日,其處心積慮猶日人也。俄人志在北方,法人意注南服,我朝與俄結歡,深中英人之忌。時事日亟,杞憂方大,正不知將何從下手。韜前十年曾作論數十篇,驗之今日,情事有如燭照數計而龜卜也。暇當命小胥鈔出,録塵鈞覽。

《洋務輯要》今又奉呈《商務》二本,《國用》一本,敬乞察收。以後每一門鈔竟後,自當封固寄津。

格致書院兹屆秋季課期,敬請大人命題,以式多士。院中肄業士子,不奉大人鈞誨者已有年矣。今院中如李經畬、葉瀚、潘敦先、殷之輅,皆深明西學,博通時務,可造之才也,皆昔日由大人之教育培養,得以至此,今胡爲置之不問耶? 甚非所望於我公也,願益有以策勵之。韜自識紫芝,辱承繆賞一十八年於兹(己卯至日東,道經滬上,得見於徐氏未園),感德沐恩,深銘肺腑,永矢勿諼。第秉性憨愚,不能爲翕翕熱,然在羹牆而如見,雖寝饋而弗忘,廿年如一日也。昔宣尼大聖也,猶且得季孫之粟千鍾,孟孫之車二乘,而交益親,道彌行。韜自蒙大人之分惠廉泉,而得以養其廉介之節,不妄干人。今日韜薄有微名,咸出於大人所賜。惟是自構畏人小築,土木之費綦巨,薄蓄殆罄。近又負氣辭申館之論不作,所入較少。倘有可以助草堂貲者,乞公留意。知己感恩,拳拳在抱,圖報有心,惟力是視。餘暑未退,早晚頗有涼意,伏冀萬萬爲國自重不備。鄉晚生王韜頓首上。七月十有三日。

(81) [光緒二十二年七月十五日][1]

有友來托,以三事奉瀆,祈賜一言,以便作復。

---

[1] 此信仍然提到抄録《洋務輯要》之事,光緒二十二年許多信中王韜都寫到此事。又,光緒[二十二年]七月十六日信問道:"胡鐵梅、魯介彭、張和卿三君處,韜以意答之何如?"而此信正是禀報這三個人的事情,並"均候卓裁"。七月十六日信提及"頃有最要一事,昨日書中忘言之",那麽此信應該就是"昨日書",寫於光緒二十二年七月十五日。

365

《博聞報》館胡鐵梅托問入股事。（云前已有人上達，以旌節赴鄂，未見其人，遂入都。今求韜轉言。韜答以現在監司大員不便預聞日報入股，托以杏憲所命復之。）繼又欲借款，乞公一言，以絕其望。（來書附呈。）

製造局巡防委員魯介彭（名國壽），欲其子至天津大學堂肄業，求爲破格收錄，並云，李少梅觀察之子須其偕往，兩人不可相離。（名條附呈。）

前製造局張和卿提調作事樸誠，交遊絕少。如上海開設大學堂，願供驅使，不拘何職。至於薪水多少，亦所弗計。（名條附呈。）

三事均候卓裁，但得一言，即可轉告。

《洋務輯要》翻譯十有二門，以後每竟一門，當封固寄津。

  商務　　稅則　　國用　　官制　　軍制　　刑律　　教派
  工作　　邦交　　禮俗　　學校　　疆域

此十二門卷帙頗爲繁重，當擇其精確者錄塵鈞覽。

附：魯本盤名條

魯本盤（前日李少梅觀察薦奉傳補考，以年紀稍大，未蒙收錄。此子矢志力學，平日華文已有可觀，此後尚嚮西學，可望速成。）叩求憲恩賞准派入天津大學堂肄業。

（82）光緒［二十二年］七月十六日〔1〕

杏蓀方伯先生大人閣下：今日已七月之望矣，想旌節之發在此數日間，連日治餞行筵者，當相屬於道。韜意亦欲敬具一樽，藉以話別，未稔得有餘閑否？

敢請蔣退庵自寫兩本來，至今杳然，其人殊不可恃。

頃鄭陶齋觀察來謂，今晚文旆有漢陽之行，半月可旋，然則析津啓行當在中秋月圓前矣。

―――――――

〔1〕從信的內容看，如林樂知父女、蔣退庵、時中書院等事，都是繼續光緒二十二年六月、七月的前幾封信所寫，所以也當寫於光緒二十二年。

七、致友朋信函

胡鐵梅、魯介彭、張和卿三君處，韜以意答之何如？爲人謀而不忠，此曾子在三省之中，然韜實明知其不成，當其轉托時，已微露代辭之意。此等事亦在酬應之列，請之由彼，拒之由我，如浮雲之過太虛，過即不留，不著一跡，惟有以巧術來嘗試者，不可不慮。觀人先觀其品，繼觀其行事，采兼聽，詢衆言，則其人自無遯形矣。

林樂知美進士，此時但静聽消息，彼前已約法三章，（其中所難者，惟女公子助教薪水另加五十兩一節。）此時或可或否，其權皆在閣下。林君能自操華語，不必賴舌人之轉達，故不因沈老之病而不來。蓋既閱信後夤緣鑽刺，以求其成，自失身分，乃彼國儒者之所恥也，勝於中國秀才多矣。書此不禁爲之三歎。

項有最要一事，昨日書中忘言之。前所呈《地球圖説》三十六本，鈔寫精好，乃丁雨生中丞仲子從京師寄來，意欲授之梨棗，以廣其傳。此書爲美國名人所撰，譯之爲容純甫觀察，每月薪水三百金，華文則有黃健庵、許希逸，由爲上海道時至開府吳中，其書始成，勞思慮、費心血者十餘年，曾以二千金饋韜，求改纂，惜未終卷。繼謀以二萬金付剞劂（有圖二百餘幅），而中丞歸道山矣。今大人能爲之授手民，或石印，或拓板，不過一千金可集事，否則仍交韜處另鈔一分（别無副本），將來儲之時中書院，以供後學翻閱，亦可資識見，何如？秋氣漸凉，江行尤覺爽意，伏冀爲國自重不備。鄉晚生王韜頓首上。七月十有六日。

（83）光緒［二十二年］八月初一日〔1〕

杏蓀方伯先生大人閣下：昨遊張園，得見劍華道人於夷屋之下，抵掌劇談，幾於屋瓦爲震，四座愕眙，歎其舌鋒如劍鋒，誠知□〔2〕乎劍華也。知旌節已從漢陽回，不日欲詣析津，聞南旋須在十月之杪。韜敬擬於明晨上謁台端，恭聆清誨。外呈《洋務》察收，以後是否寄

---

〔1〕 此信提及的事，與前一封光緒［二十二年］七月十六日信中提到盛宣懷將去漢陽、天津等事，兩相吻合。信中還提到《洋務叢書》等事，也是繼續前幾封信所寫，所以此信當寫於光緒二十二年。

〔2〕 □，原信紙破損，此字看不清，疑爲"愧"。

津，亦祈鈞示。漢陽鐵政須先求焦炭。前有煤、鐵需在一處之説，斷不可易，善理財者他日自能收之桑榆，特此時不免尚煩擘畫耳。玉露將零，金風未告，餘熱尚不可耐，伏冀餐衛適時，萬萬爲國自重不備。鄉晚生王韜頓首上。八月朔。

(84)［光緒二十二年十一月底左右］〔1〕

杏蓀京卿先生大人閣下：韜喘疾劇發，老病侵尋，伏枕三月，日惟藥爐是務。病中萬事皆空，一念不起，惟是瞻望慈雲，彌深繫戀。生平感恩知己，拳拳在抱，而報答涓埃，萬分無一，此韜所以没而猶視者也。聞旌節榮旋，未能力疾仰挹鴻儀，恭聆麈訓，爲歉然耳。别紙所具，敬候尊裁。偃臥床笫，不能手書，口授鈔胥，聊達忱悃，辭不能文，惟祈鑒察，不勝犬馬戀主之誠。此外惟萬萬爲國自重不備。鄉晚生王韜頓首上。

敬再瀆者：美進士林樂知所譯學堂章程已來，今抄出副本，藉呈鈞覽，其原本由沈贅翁專呈。若何訂定，祈與贅翁商之可也。蔣超於九月間溘逝，所鈔之書僅得二三本，問其所支薪水，已至九月。韜交與《工作》三本（傅蘭雅譯），彼全未鈔來，今欲挾此以求薪水。韜處並無副本，若不交來，則《工作》一門缺矣。其母曾到韜寓，韜以病不得見，且婦人女子亦無可言。若何裁度，自在鈞意。惟《工作》三本，必當索還耳。力疾口授，不勝依戀。再，《學校》五本尚存尊處，便間務望繳還，俾成完璧，不勝企望。韜再頓首。

所委一事，早與訂定，其人但有唯唯，而無否否。不料甫屆中秋，即如黄鶴，初猶未脱香巢，既乃言歸金屋。捷足先得者爲朱姓，即在六橋三竺之間，馳馬殺人於道者。問其價，曰四千圓，問其所居，曰王家庫，箇中人心地似不可料。當與訂定之時，早已隱有所主，介紹者不難守口如瓶，而其人非但不能守身如玉。雖然箇中因緣事由前定，

---

〔1〕 從信的内容看，繼續前幾封信寫林樂知、沈贅翁等事，並提到蔣退庵於九月間溘逝。信中王韜還寫了自己生病，"伏枕三月"，對照光緒［二十二年十二月底］信中所寫"伏枕四月"，那麽此信應寫於光緒二十二年十一月底左右。

七、致友朋信函

天下佳人更有勝於此者,不必爲之惜也。閱後即付吳回氏可也。〔1〕

(85)〔光緒二十二年十二月初左右〕〔2〕

杏蓀京卿先生大人閣下:前日旌節言旋,曾肅寸箋,問詢台端,並陳一切。近聞有鄂省之行,想不日可以遄返也。韜病體委頓,至今未愈,雖可起坐,尚不能出房闥一步。意欲瞻望慈雲,如在天上。城闉相隔,咫尺天涯,翹企之私,靡深依戀。

林樂知事知已與贅叟商酌。韜處《洋務叢書》意欲鈔成全部,以備覽觀。其書共分十二門。《學校》一門共有五册,韜已命小胥繕寫其半,因爾時閣下必欲先睹爲快,故徑行奉上。今祈將原册擲下,俾得鈔全奉呈。《工作》一門共有六本,其三本交與蔣超鈔寫,至今挾持未還,其母、其弟必欲得三月薪水,然後可以取出。祈向之索還,即交韜處雇人鈔寫,否則此書不成完璧矣。贅叟書來,備言近況,似有沾潤廉泉之意,即將原書呈覽,伏祈閣下圖之。韜身受深恩,圖報涓埃,萬分無一。今冬未知尚能得瞻慈靄,親炙德輝否也?力疾不任手書,口授鈔胥,略述忱悃。此外惟萬萬爲國自愛不備。鄉晚生王韜頓首。

(86)〔光緒二十二年十二月底〕〔3〕

杏蓀京卿先生大人閣下:兩肅寸箋,知邀鈞覽。韜伏枕四月,近略痊可,雖能出戶庭,然尚未敢遠涉也。醫藥之費,參茸所需,約略三百金,亦窘甚矣。當此爆竹聲中,匆匆餕臘、祀竈、祭詩,聊循俗例,藏鉤埋

---

〔1〕光緒十六年十月十三日、十七年〔二月初四日〕兩封信,以及王韜致謝綏之光緒十六年十二月初八日一封信都叙述着一件事,即王韜爲盛宣懷用二百五十元找了一位叫阿福的女子,介紹人姓朱,王韜金屋藏嬌,阿福逃走,一共騙去五百元。後來傳來阿福又想嫁人的消息,王韜又寫信給盛宣懷,並寄去阿福的照片。這些内容與這段文字似乎有點關聯,是不是一件事待查。
〔2〕王韜在此信中仍提到自己生病,還提到蔣退庵去世後其母、弟來索要三個月薪水,從内容看都是緊接着前面〔光緒二十二年十一月底左右〕一封信記述的,所以此信當寫於光緒二十二年十二月初左右。
〔3〕信中提及羅稷臣出使英、法、義、比,查史料,此爲光緒二十二年十月之事。〔光緒二十二年十一月底左右〕的信,有"老病侵尋,伏枕三月"的句子,此信寫"伏枕四月"。又,信中描述了過年前的氣氛,信末又是拜年辭"並賀歲禧"。根據以上幾点分析,此信當寫於光緒二十二年十二月底。

369

硯,未有閑情。想見閣下官閣看梅,圍爐煮酒,讀畫焚香,别饒清興。

兹有懇者,羅稷臣星使現出使英、法、義、比,接龔仰蘧星使之任。龔星使處文報局一席忝列韜名,得以承乏。今瓜期已屆,而韜與羅星使素未謀面。閣下向在津門,與之往還必密,可否借重鼎言,爲之介紹？季布一諾,重於千金。局中薪水雖微,然與韜不無小補,得以蟬聯,不求增益。閣下我之鮑叔也,愛我實深,知己感恩,拳拳在抱,所求諒必俯允,無俟贅言也。肅此。敬請台安,並賀歲禧,諸惟愛照不備。鄉晚生王韜頓首。

（87）光緒［二十二年—二十三年］二月十七日〔1〕

杏蓀方伯先生大人閣下：一昨得以飽飫嘉肴,暢聆清誨,快甚,慰甚。招考學童出案一則,今日未登告白,想爲時太晚,故不及也。今日刊登兩報（《申報》《新報》）,置之前列,衆目共瞻,當可共曉也。《中日戰輯》四册並圖六幅,敬塵鈞覽,藉供披閲。日本岡千仞《觀光紀遊》一書,書肆已罄,無從覓矣。此書已刻入《輿地叢鈔》,可覆按也。春寒多雨,殊悶人懷。探梅看山,遊興爲阻。伏冀順時珍攝,爲國自重。鄉晚生王韜頓首。二月十七日。

（88）光緒□□年正月二十二日〔2〕

杏蓀方伯先生大人閣下：昨奉環雲,並承賜以珍品,試嘗之,異常香美,歡喜無量。子萱太守來,已與面面訂假座徐園,准期二十三日午後兩點鐘,陪客爲葉君澄衷、許君春榮、唐君傑臣,未識合意否？此時尚未

---

〔1〕 信中提到《中日戰輯》一書,查得爲王炳耀撰,記光緒二十年中日甲午戰争資料,光緒二十一年冬香江文裕堂出版,四册,附地圖六幅。此信提到其他兩本書出版時間都早於光緒二十一年。此信提及在《申報》登載告白,查閱光緒二十二年、二十三年這兩年二月十七日及前後幾天的《申報》,均無格致書院或其他有關告白。又逐年查了其他年份的,只有光緒十三年二月十七日有一篇格致書院的告白,宣布光緒十二年秋季課藝名次,應該没有關係。又,查《新報》也無結果。寫此信的年代可能在光緒二十二年至二十三年,而光緒二十三年的可能比較小,因爲此年四月王韜去世。

〔2〕 此信與光緒［二十年］正月二十二日的一封信,很可能是同一天寫的,此是先寫的第一封信,提到想送盛宣懷園山大迁的畫,信發出後不一會兒又想馬上把畫送去,就又寫了第二封信。但是這兩封信又有矛盾,此信開頭寫"昨奉環雲,並承賜以珍品",還有一封信開頭寫"昨日之聚"。又,此信與光緒［二十年］正月二十五日的信都寫到徐園聚會之事,很可能是前後相差三天寫的。存疑待查。

七、致友朋信函

折簡相邀，如欲更改，或不參一客，乞以鈞旨關照子萱太守可也。

近日飆車怒馬，都往來於愚園、張墅之間，鬢影衣香，頗爲熱鬧。若徐園必迂道而往，以是甚形寥落。彼所題"雙清別墅"者，殊名稱其實。彼處雖有名花在座，仍可作晉人清談，敬先以奉聞。另行肅具柬帖，敬請封翁老伯大人、樸人四姻伯大人，祈爲轉言，不勝企望。近日本人圓山大迁能作山水，頗有別趣，韜可奉貽。春寒，惟爲國自重不備。鄉晚生王韜頓首。正月二十有二日。

（89）光緒□□年四月十二日後幾日［1］

廣寒仙子之事諧矣，敬將好消息報與杏花知。月舫有密友，是伊同鄉人也。昨弟致書廣寒仙子，令其招之來，示以弟書，與之酌商。弟書中有五好之説，爲之思慮，面面周到，欲全得五好，無有如嫁杏者。今將其友來書上呈，彼欲請子萱大令作介紹者，蓋以鈔之一字耳。速則請子萱言，遲則俟弟病痊能出，往彼一譚，均無不可。渠家與子萱大令亦極相稔也。

附：□□致王韜函（光緒□□年四月十二日）

項平原以叟命來招，得讀手畢。爲交好謀者，面面都到，至矣，盡矣，蔑以加矣。鄙人一爲世誼，一爲鄉誼，敢不力贊成之？惟廣寒竟如深閨處子，報無一言，窺其意似無不可者。諺云："一愛好，一愛鈔。"恐未能免俗。叟適養疴，或請子萱傳言，玉女當無不諧。雨途不克走譚，歉之。手此。敬請順安。兩宥。四月十二日。

（90）光緒□□年□月□日［2］

貴上大人斯敬請鈞安。鄉晚生王韜頓首。

---

［1］ 光緒十七年［二月初四日］信中，王韜自告奮勇對盛宣懷説："閣下如尚戀此姝（指陸月舫。——引者注），弟可爲之從中説合也。"可能王韜給陸月舫的密友信後，密友回信，王韜接着給盛宣懷寫了此信，待查。其他好幾封信件中王韜也有爲盛宣懷、陸月舫説合之詞，只是寫信日期在四月份之前太久。

［2］ 此件是王韜附寫幾句文字的一張名片。

今日因爲時太促，分刊兩家，《新報》業經送去，未便取回。刻已告之，准十九日上午十一點鐘復試，所取諸童名次一並刊登報上矣。此復。

(91) 光緒□□年□月□日

杏蓀方伯先生大人閣下：三日不見，如隔九秋。獨寄我思，味苦於茗。三日中皆得與寶琴、佩卿兩麗人相見，共桌而食，縱談無忌。因逆探兩麗人之心，皆有願爲夫子妾之意，而寶琴之私衷尤切。惟某子梢頭，兩人俱含醋意。論其齒，彼此俱當破瓜年紀，若閱歷世情，侍奉閨幃，舉止談吐，有心計，有見地，自以寶琴爲優。佩卿則出自小家碧玉，去年八月初墮風塵，未染簡中惡習，天真尚屬未漓，並不知有勾欄中苦趣，飲食衣服容易將就，尚未知窮極華靡，故其眼界識力亦遜寶琴一籌。鄙意以爲此兩人者，皆可以金屋貯之，何不以一箭中雙雕耶？需者事之賊也，失今不圖，後悔莫及。且最難得者，兩人此時皆完璧，即不然，先爲梳攏何如？韜再拜上書。

首尾莊嚴，中間遊戲。

2. 王韜致謝綏之函[1]

(1) 光緒[十年]九月二十二日[2]

綏之老仁兄鄉大人閣下：昨奉瑤華，歡喜無量。函外飛鷹二十枚，乃由杏、眉兩翁所賜，云是九月爲始，匪恒寵貺，祗領爲慚，再拜而

---

〔1〕 這裏刊登的王韜致謝綏之二十八封信件，均據王韜手寫原稿整理。第3、7、27三封信是深圳拍賣會在網上發表的（其中一封信缺頁未完。三封信在網上原識文稿有一些錯字漏字和標點斷句的錯誤，這裏都已經訂正），其餘二十五封信件均藏蘇州博物館。其中第1、4、9、10、12、16、18、19、20、22、23、24、25、26十四封信，爲甘蘭經先生輯錄，在《近代史資料》（中國社會科學院近代史研究所編輯）1987年9月出版的第總66期上發表過，有個別訛誤，這裏已予訂正。其中第2、5、6、11、13、14、15、17、21、28十封信，和第8一張書目單，共十一件信函和文件，此前均未發表過。謝綏之(1847—1897)，名謝家福，字綏之，江蘇蘇州人。他開拓了中國的紡織、輪運、電信事業，是中國近代洋務運動積極參與者，電報事業的開拓者，慈善救濟事業家。

〔2〕 信中叙述"函外飛鷹二十枚，乃由杏、眉兩翁所賜"，當指招商局（杏爲盛宣懷，眉爲馬建忠，當時二人主政招商局）給王韜的餬脯。根據光緒十年四月二十日王韜致盛宣懷函，盛宣懷已經准許王韜"在招商、電報二局厠之文案之列"，只是每月給多少錢未定。此事不會拖得很久，此信寫每月二十元"九月爲始"，所以寫此信的時間，當爲光緒十年。

372

七、致友朋信函

後敢受。惟是學殖荒落，識見譾陋，恐不足以副兩翁所期望。如有所知，不敢不勉。乞先於杏、眉兩翁處致聲道謝。肅此奉復，即請崇安。天氣漸寒，諸維爲道自重不既。愚小弟王韜頓首。展重陽後三日。

(2) 光緒[十一年]二月二十二日[1]

綏之尊兄仁大人閣下：昨夕快挹芝輝，獲聆妙論，揮麈縱譚，其樂無比。偉如大中丞數日間諒不啓行，弟擬略盡下情，惟不得佳妙處設席耳。張叔和觀察之園，三月朔即公諸國人，爲士女遊觀之地，此時似可藉以開樽招飲。弟擬與閣下公請，延眉叔方伯爲介，此外則鏡如及李君，少則六人，多則七人，未識尊意可否？不則分爲兩日亦可，惟希示復。雨師作惡，殊敗人意，否則先作張園一遊，並可往觀沸井，摩讀古碑，茗寮中妖姬姹女亦好一領略耳。一笑。嫩寒尚勁，芳事未中，伏冀萬萬爲道自重不宣。愚小弟王韜頓首。二月廿二。

(3) 光緒[十一年]四月十三日[2]

綏之先生仁大兄大人閣下：日昨有金閶之行，買醉旗亭，徵歌畫舫，鎦園顧墅，虎阜獅林，皆爲遊屐所至。復歸甫里，尋昔年釣遊之跡，尚未泯也。弟東邁扶桑，西窮歐土，爲宇宙汗漫之遊，而猶戀戀於彈丸之舊里，拳拳於先人之敝廬，固人之常情也。卅年羈客，萬里歸人，而今而後，庶幾伏而不出矣。家居僻衖，了無一事，滿擬從此可以仰屋著書，閉門覓句，卻軌辭賓，息交謝跡，而門外轍深，户邊屨滿，時作小詩，斐然有致，而忽爲俗客牽率以去，此誠無可如何者也。近擬將生平著述繕寫清本，次第災諸棗梨，他日傳之海内，覆瓿餬窗所不計也。

---

[1] 信中敘述"張叔和觀察之園，三月朔即公諸國人"，據史料記載，張園於光緒十一年春起向游人開放，所以此信當寫於此年。

[2] 信中提及中法戰争，即此信寫於1883年—1885年(光緒九年至十一年)前後年月。信中敘述到蘇州(金閶)、回故鄉(甫里)之事，王韜《弢園尺牘續鈔》卷五(此卷大都是王韜光緒十一年所寫信函)《再與韻生大令》與《致殷紫房茂才》兩封信(都没有落款日期)中，都提到仲春(二月)金閶之遊，"清和時節"(四月)"二十七日安抵春申"，並有許多句子與此信句子完全相同，特别是都有"卅年羈客，萬里歸人，而今而後，庶幾伏而不出矣"的句子，表明王韜光緒十年從香港回來定居的心情。根據以上分析，此信當寫於光緒十一年。

373

兹有敝里中許氏二妙，去歲新登庠序，性情聰敏，識見超卓，頗能通達洋務，意欲入局肄習電學，未識其額尚有贏餘否？乞求鼎力，俾得玉成，感同身受。是否乞賜一音，以便復彼。如上海已溢額，則轉詢之析津何如？盛杏翁觀察月中可南還否？念之殊苦。

中法和議久未能成，想不至墮其術中也。

首夏清和，天氣漸熱，伏冀爲道自重不宣。愚小弟王韜頓首上。四月十有三日泐。

(4) 光緒[十二年]正月十四日〔1〕

綏之尊兄仁大人閣下：久不見我黃叔度矣，胸中荆棘，頓增斗許。獻歲發春，作何消遣？東山絲竹，想有閑情；北郭單寒，常叨厚誼。元宵前後，當以一樽爲大善長壽。弟創設弢園書局以來，所排印各書，幾如山積，甚矣！作書賈非我輩事也。兹敬以新印《娛親雅言》四册奉貽，藉塵清覽，以作指南。是書爲歸安名宿嚴九能先生所著，經術湛深，而言皆有物，必傳無疑，閣下視之以爲何如？近印《普法戰紀》，擬略删改，奈乏暇晷何！天氣雖寒，漸有春意，伏冀萬萬爲道自愛不宣。愚小弟王韜頓首。元宵前一日。

(5) 光緒[十二年]四月十七日〔2〕

綏之先生尊兄仁大人閣下：久疏趨謁，時廑懷思，胸中俗塵，頓增萬斛。前聞文斾枉訪，失於迎迓，歉仄之懷，良不可任。馬齒徒增，駒光如駛，句有五日，已是端陽令節矣。書逋酒券，積幾如山，昔日載酒看花以爲樂境，此時措置阿堵，則轉以爲苦境。天下空心嫖客，大抵皆作如是觀，況弟之作河東居士者哉！幸弟先爲布置，所闕不過數

〔1〕 此信提到新印《娛親雅言》，《普法戰紀》還"擬略删改"，根據張志春先生《王韜年譜》，光緒十一年王韜成立弢園書局，出版了《娛親雅言》等書，第二年《普法戰紀》出版，所以此信當寫於光緒十二年正月。

〔2〕 光緒[十二年]正月十四日信(本章節各條注釋中，如果引用本章刊録的其他王韜致謝綏之函，就只寫信函日期，略去"王韜致謝綏之"6個字。如果引用别的信函，則一定寫全。)提及"近印《普法戰紀》，擬略删改"，此信叙述《普法戰紀新刻》已蕆事，見在裝訂"，根據《王韜年譜》，此書於光緒十二年六月出版，那麼此信當寫於光緒十二年。

七、致友朋信函

十枚佛餅。

特商之閣下,招商局中所賜脩脯,四、五兩月於二十左右並送何如?惟須於午刻前後送至格致書院,否則一片慈雲仍被毒龍吸去。兩月並送之説是否可行?敬祈大裁酌奪。荷承雅愛,俾分潤澤,而沐餘光,已致誚於素餐,又作此請,得毋爲識者所笑乎?

今歲四閲月,三處看花,雖不致毛詩之數,然亦相懸無幾矣。此後當專心於志住在廣寒宫裏,將兩朵貞蓮齊根截斷,方得妙境,閣下以爲何如?

《普法戰紀新刻》已蕆事,見在裝訂,二十日後當奉贈一部,祈廣長舌善爲説項。

天氣驟熱,伏冀爲道自重不宣。愚小弟王韜頓首上。四月十有七日。

(6)〔光緒十一年至十五年〕冬至後五日〔1〕

綏之老仁兄大人閣下:三日不見,胸中便有俗塵斗許。近日作何消遣?弟自問柳尋花外,了無快事,老病頹唐,一味疏懶。弟以閨人約束,但能卜晝,未能卜夜。何時擇一賦閑之日,兩人相對,一樽共話,謀半日聚首,何如?《校邠廬抗議》二册,謹贈畹翁,乞爲轉致。天寒,伏冀珍重。愚小弟王韜頓首。長至後五日。

《校邠廬抗議》《出使須知》《出洋瑣記》等,有能總購數百部者最妙。

(7)光緒〔十六年〕五月二十二日〔2〕

綏之高士仁兄大人閣下:一别冉冉兩三年矣,歲華之不足把玩

---

〔1〕 此信提及的《校邠廬抗議》等三本書,查得都是光緒十一年王韜開設弢園書局後刊印的。光緒十五年,王韜在《弢園書局醵資刻書啓》中呼籲"借衆人之助"推銷《校邠廬抗議》等書,所以此信大約寫於光緒十一年至十五年。
〔2〕 信中叙述"甲申始定歸計,於今七年",當指自光緒十年王韜從香港回到上海定居,至光緒十六年達七年。信中又提到"去冬醵資刻書,已得十二種",當指光緒十五年七月王韜《弢園書局醵資刻書啓》後又新出版了十二種書。信中還提到妓女蓉初嫁人等事,光緒十六年十月十三日王韜致盛宣懷信中,也談到此事。根據以上分析,此信應寫於光緒十六年。

375

也如此。日月如馳,山川相隔,所思不見,我勞如何！滬樹吳雲,只隔吳淞一江水耳,何以久不來遊？殊令人翹首興思,偕滄波而俱遠。或有傳言,閣下高自位置,殊覺厭見滬中人物。弟弱冠即旅滬上,見夫勢利齷齪之士心焉鄙之。管小異茂才謂,洋涇浜中人,非爲名即爲利,金銀之氣熏灼太甚,立品自好之儒斷不至此。弟謂,苟能自好砥礪品節,即至此亦可不涅不淄。弟初至此羈旅者十有四年,嗣後壬午、癸未自粵往還,甲申始定歸計,於今七年,思欲卜築三椽,購數弓地,闢一弢園,爲讀書憩息之所,卒未果也。

前奉惠書,欣慰無已,維誦臨風,如親晤對。閣下疊邁不得意事,意懶心灰,至欲逃於人世之外,作帶髮頭陀,粥魚茶板,了此生涯,亦殊自苦矣。若弟則不然,隨遇而安,惟意所適。東坡居士云,葱韭大蒜,逢着便吃；生老病死,符到便行。弟亦如此意,可省許多癡惱。惟是邇來老懶衰殘,精神意興迥不如前,無論肥肉大酒不能下咽,即菜羹蔬食亦厭棄之矣。至於北里看花,亦復情多落寞。蓉初嫁去,已屬東風,月舫亦將有所適,此外匪我思存,乃閣下猶謂之酒色和尚,不誠冤哉枉歟？

委作《五畝園題詠》,弟將盡作之。去冬醵資刻書,已得十二種,舊刻當已有之,謹將新刻寄塵台覽。日來天氣炎燠如蒸,招涼乏術,逭暑無地,伏冀萬萬爲道自重不宣。小弟王韜頓首。五月二十二日。

(8) [光緒十六年五月二十二日] 〔1〕

新刻十二種奉呈：

《春秋朔閏月至考》三卷〔2〕　　　《西國天學源流》

《春秋日食辨正》　　　　　　　《重學淺説》

---

〔1〕 此書目單中的書,王韜在光緒十五年七月出版的《弢園著述總目》中都列爲未刻,查忻平先生《王韜評傳》,這些書都於光緒十五年下半年和光緒十六年刻印出版。此書目單中有一句話,"《重訂法國志略》二十卷(此書尚未裝訂,俟後寄呈)",而光緒[十六年]十二月初八日信中寫寄上此書,所以此單一定寫於光緒十六年十二月初八日前一些日子,而且很可能是光緒[十六年]五月二十二日信(信中有"去冬醵資刻書,已得十二種,舊刻當已有之,謹將新刻寄塵台覽"的句子)的附件,但是因爲信和書目單收藏在兩個地方,所以不能完全肯定,待查。

〔2〕 此書在《弢園著述總目》中爲《春秋朔閏至日考》,列入未刻書目中。

376

七、致友朋信函

《春秋朔至表》　　　　　《西學圖說》
《弢園尺牘續鈔》六卷　　《西學原始考》
《蘅花館詩録》六卷　　　《泰西著述考》
《重訂法國志略》二十卷　《華英通商事略》
（此書尚未裝訂，俟後寄呈）

(9) ［光緒十六年十一月十四日］〔1〕

綏之仁大兄大人閣下：久不通音問矣。伏計起居曼福，心逸日休，定符臆頌。弟今歲窮愁交集，貧病交攻，卻掃杜門，默爾而息。日惟以書史自娛，上友古人，如晤對於一室，有俗客至，辭以不在。藥爐火邊，伸紙命筆，間有所作，殊不足爲外人道也。

弟邇來新舊刻書並未發售，書林積而不散，幾於汗牛充棟，必設一法以疏通之。竊思莫如行賑捐彩票之法，以半助賑捐，以半助刻資，所有之書，非獨拙著也。因平日以書易書，由漸而積，亦復不少。大抵少以七百，多以千金爲率。（或少以千金，多則倍之。）尊意以爲何如？但不知來者能踴躍否耳？事有賴於衆擎，情非類夫獨得，是在大有力者爲之從旁提倡耳。滬上爲貿易通衢，必多好事者流浮慕風雅。倘能集腋成裘，不獨中澤哀鴻小有所補，於弟刻書、售書亦兩有所益，所謂一舉而三善備焉。酌議既定，當即舉行，不必待至明春也。

杏翁觀察尋芳歇浦，訪美金閶，迄無所得。即有到眼差可者，仍未能愜其志願。蓉初既誤於前，月舫後悔於後，今自謂侍於帷幄者，惟兩粗婢耳。以弟所見，後起之秀，莫如林姬桂芬，惜止盈盈十三齡，未免齒太稚耳。天寒，萬萬爲道自重不宣。愚小弟王韜頓首上。嘉平冬至後三日。

―――――――

〔1〕 此信最後談妓女情况，與光緒［十六年］十二月初八日信有相同的内容，特别是都寫到林桂芬"盈盈十三齡"，和伺候盛宣懷的是"兩粗婢"這兩件事，以此推測此信也當寫於光緒十六年。但是落款日期"嘉平冬至後三日"，嘉平月指十二月，光緒十六年"冬至後三日"在十一月，存疑。如果嘉平意爲祭祀，嘉平冬至就是冬至日，那麼寫信日子就是光緒十六年十一月十四日。

（10）光緒[十六年]十二月初八日〔1〕

銳止老衲上人丈室：久不見慈顔矣，想容光四射，普照衆生。北方捐賑，殊屬棘手，吴中耆宿，又弱一個。當飛書告急之時，正騎鶴升天之際，天不憖遺一老，爲可歎也。

滬上歡場，近又一變。芙蓉城主已隨瘦腰郎去，惟八詠樓中，帶圍漸減，恐無續命縷，奈何！廣寒仙子自立門户，改陸爲華，然門前冷落車門稀矣。後起之秀則推林桂芬，問其年，止盈盈十三齡也。杏翁來此，迄無所遇，現侍左右者，不過兩粗婢耳。弟曾爲代覓一金閶小女子，名曰阿福（姓程，其兄曰炳南，住慈悲橋），年僅三五，頗有姿致。杏翁雖評之曰超等，而意仍未屬。此女子已墮藩溷，弟拯之黑海，藏之金屋，以其猶是葳蕤之質，未遽問津。不意彼竟敢開閣自去，空費阿堵物五百圓。此真花月其貌，蛇蝎其性者哉！如此種人，當墮阿鼻地獄。以我上人觀之，作何説法？

邇來上人意興若何？作何消遣？獨居斗室中，蒲團燈火，不嫌寂寞否？

今年相識中多凋喪者，潘君鏡如，張君少渠，年僅長余一歲，敝戚醒逋没已逾一載，墓草宿矣，思之腹痛。人生忙迫一場便休，鐘鳴漏盡，而猶夜行不息，真苦惱衆生也。弟爲文字禪束縛，著述畢生，亦徒自苦耳。亦思數百年後，空名豈澤枯骨哉！幸弟於一切詩詞古文信筆直書，不假焦思苦慮。兹之刻書，非必欲傳世，亦使世間知有我之一人，庶不空生此世界中六七十年耳。非然，將與石火電光、塵露泡影一齊消滅，非我佛涅盤本意也。佛家之旨，自有之無，自寂之虚，然何以猶有往生净土而皈依極樂世界之説？不生不滅，常有常存，此是真諦。

弟書已刻至《法國志略》，敬以兩部奉塵澄鑒。此書采摭頗廣，紀

〔1〕 此信提到潘鏡如去世事，查潘鏡如逝世時間爲光緒十六年五月。又，光緒十六年十月十三日王韜致盛宣懷信中寫到妓女蓉初（芙蓉城主）嫁瘦腰郎、陸月舫（廣寒仙子）自立門户，特别是王韜被阿福騙去錢五百圓之事，都與此信所寫情況相同。此信末提到"書已刻至《法國志略》"，並送上兩部，據光緒[十六]年閏二月十四日王韜致盛宣懷函中提及，《法國志略》將竣工。光緒十六年十月二十日王韜致盛宣懷函中提及，《法國志略》已經刻印出版了，並送給盛宣懷八部。根據以上幾點分析，此信當寫於光緒十六年。

七、致友朋信函

載維詳，或亦可備海外掌故與？此間寒燠不常，病骨未蘇，伏冀慎護眠餐，爲道自重。小弟王韜頓首。嘉平八日。

（11）光緒[十七年]十月二十三日〔1〕

綏之仁兄大人閣下：前日小病甫痊，滿擬來作竟日談，不意一遊愚園，又感新寒，喘急氣促，其發更劇，幾於言語行動皆難。晚年得此頑疾，真孽海汪洋中苦惱衆生也。杜門習靜，聊自攝養。

清恙如何？甚念，甚念。

奉上廈門肉脯一匣，西湖藕粉一盒，敬以貽贈，聊供閑中消遣。肉脯別有風味，足恣咀嚼，與肉鬆同一類物。尚記當時閣下曾笑謂："君家但有肉鬆，何無'肉緊'，想以自用耶？"亦佳謔也。此話苒苒又三年矣。

人生歲月真不可恃，閣下既痛金萱，又悲錦瑟，哀離弔逝，根觸於懷，至欲皈依空門，長與世絶。桃花塢畔，前有大覺金仙，今有上乘禪宗，亦由地氣靈秀之所鍾歟？弟今布衣蔬食，差可自給，六十有四年來，閱歷世情，略有所悟，與人無患，與世無爭，偶聞毀譽，一笑置之，惟思以身逍遥於山水間。惜乎精神筋力遠不如前矣，登臨之興爲之索然。

近日交冬令，天氣驟寒，玉體何如？伏冀萬萬爲道自重不宣。小弟王韜頓首。十月二十有三日。

（12）光緒[十九年]六月二十六日〔2〕

銳止大和尚方丈：久欲作書奉候，奈疏懶殊甚。弟拙於求人，前來二册送三四處，皆云已派來。相識者皆在已捐例，真屬無從下手。昨承催札，適以小事至謝湘娥處，令其捐十元，弟亦捐十元，朱靜山觀

---

〔1〕信中提及自己已經活了"六十有四年"，那麼此信寫於光緒十七年。
〔2〕此信提及，香帥書已譯畢，擬出版已所著書，光緒十九年六月二十八日王韜致盛宣懷信中也提到，"香帥所命譯書事畢，擬將生平述撰悉授學民"。又查得網上西泠印社拍賣王韜編輯的《洋務輯要》近200册未刊稿本，扉頁上均有王韜親筆所寫"初次改本存稿"字樣，落款日期都是壬辰年（光緒十八年）下半年。根據以上分析，此信當寫於光緒十九年。

察捐一元,共二十一元,了此一事。

今年五月殊熱,六月中頗涼,而近日天氣復熱。閣下日在五畝園中,諒不爲炎威所逼。聞園左右皆古墓也,所謂"門臨亂冢、屋繞流泉"者近是。其將以白水盟心,青磷代燭乎?久居於此,習靜已慣,可有靜極思動之想乎?上海氛濁之場,宜不能爲大和尚卓錫地矣。

今年香帥書已譯畢,擬將生平著述讎校一過,盡付手民,然好名之心亦是一重障礙。惟萬萬珍重。小弟王韜頓首。六月二十六日。

(13)[光緒十九年五月至七月左右][1]

謝湘娥即前時吕翠蘭,當時大和尚亦曾認得。十三四五時爲徐宏甫所眷,弟有一聯云:"吕氏姑娘下口大於上口,徐家子弟邪人多於正人。"及後改名爲謝湘娥,弟又有一聯云:"吕翠蘭有口難分,謝湘娥抽身便討。"可稱地造天設。

弟今年身雖較健,八、九月擬作吴門遊,當與大和尚作竟日談。人生世上,不過一刹那耳,石火電光,如是如是。大和尚前謂弟有酒肉氣,今則有蔬笋氣矣。所謂載酒看花者,意興亦淡矣。蓉初、月舫、佩香、桂芬,悉已嫁去。"佳人已屬沙咤利,義士今無古押衙。"爲之奈何!去秋有所賞者曰鮑巧雲,亦於端午後嫁人,從此息心絶慮,不復問箇中人矣。

寫已忽有俗客來,截然竟止,且聽下回分解。

(14)光緒[十九年]十月初八日[2]

綏之老兄仁大人閣下:久未通書問,吴雲淞水,無日不縈懷抱,想見經案爐香,粥魚茶版,清净場中,別饒佳趣,弟求學之而未能也。弟自雙星渡河後,喘嗽劇發,抱病六十餘日,足未嘗一出房閩者。重

---

[1] 光緒十九年六月二十八日王韜致盛宣懷函中寫道:"所眷如姚蓉初、陸月舫、吴佩香、林桂芬,皆已東風有主。""鮑姬巧雲……近又爲有力者攫去"。這些内容與此信中所叙述的大致相同。又,此信提及"鮑巧雲,亦於端午後嫁人",而王韜自己"八、九月擬作吴門遊",所以估計此信大概寫於光緒十九年五月至七月左右。

[2] 光緒十九年八月二十七日、九月二十八日王韜致盛宣懷函兩封中都寫到"自雙星渡河之夕,即患喘疾"等等,並提及爲孫子籌備婚事,這些都與此信中所寫相同,所以此信當也寫於光緒十九年。

陽後,病骨始蘇,屢驅無恙,然甚矣憊,日在斗室中炷香枯坐,謝絶人事,幾視筆墨作畏途,甚欲焚棄。擬待爲小孫婚事後,了向平之願,壹志清修,潛心於性命之學,庶幾或有得乎？尚祈閣下有以廣我。

弟近年新刻拙著頗夥,今歲則僅得一種,曰《淞濱瑣話》,固遊戲之作也,敬塵閣下,以博一粲。

上海熱鬧異常,倘靜極思動,何妨出外一遊,不必作客子之畏人。張園、徐墅之間,粉白黛緑者充牣焉。此固俗物,亦是濁流,然何以瑤池之上動稱仙女？天女散花,繽紛佛座,降至西國,主教亦有基露冰,其像皆裸體美人也。一陰一陽之爲道,亘古不廢,廢則人道絶矣。鋭止上人請爲下一轉語,珍重,珍重。衲弟王韜頓首。十月初八日。

(15)[光緒十九年十一月][1]

綏之仁兄大人閣下：久違芝宇,時切葭思。比維興居綏燕,潭第吉羊如頌。前月小孫完婚,辱蒙厚賜隆儀,曷勝感荷！弟緣是酬應賓客,旋被二竪所侵,幾經危殆,幸邀福庇,獲有轉機。屆兹已兩旬矣,猶不能握管,特倩友人代筆,略綴數語,以申謝悃。且俟起行之後,定當恭具蕪簡,祇請善安,藉謝一切。天氣漸寒,伏冀珍重不宣,並賀節禧。愚小弟王韜頓首謹具。

(16)光緒二十年正月二十七日

綏之仁兄大人閣下：去歲冬初,尺書往復,轉瞬之間,鄧尉梅花又復零落矣。弟自十月中旬,一病幾殆,猶幸藥石有靈,得邀無恙。自此常不下樓,杜門卻掃,獨坐斗室中,靜慮凝神,焚香展卷,聊以養疴。獻歲以來,辛槃初薦,人事牽率,姑往應之。春酒介壽,酬酢糾紛,屬在深交者,不能不一往。孰知此端一開,招者絡繹,卻之即爲不恭,赴之實爲

---

〔1〕 信中寫到"前月小孫完婚","屆兹已兩旬"。光緒[十九年]十月初八日信中提到孫子即將結婚,所以推測寫此信可能在光緒十九年十一月。此信的末尾有"天氣漸寒""並賀節禧"等語,可能不是年底拜年(查得王韜信函中拜年辭一般用"年禧""歲禧""新禧"),而是冬至(冬至以後天氣漸寒)前拜節。又,王韜致盛宣懷光緒十九年六月二十八日函,王韜的外孫叫錢大受,字孟勤。九月二十八日函,孫子從珽要結婚了。據幾部年譜、傳記等記載,王韜沒有儿子,只有一個義子姓殷,不知從珽是否殷氏子,待查。

多事。而今而後,當概行謝絕,藉養身心,庶幾於道有得乎?

盛旭翁方伯茬止此間,追陪杖履,妙選羣花,別開觴政。林寶芝姊妹花,盈盈競秀,爲後起之翹楚,足以領袖此中。滬上風景如常,熱鬧倍於往日。女閭成市,脂夜爲妖。愚園張墅之間,車流水,馬遊龍,飆飛電邁,其去若駛,鬢影衣香,絡繹如織,誠賞心之樂事,娛意之勝遊也。閣下何不重來此間,一豁襟抱?弟當爲剪西窗之燭,開北海之樽,折東閣之梅,擷南園之果,作平原十日之飲,何如?明知禪心已作沾泥絮,槁木死灰,不可復燃,然人生行樂,苦行頭陀,亦復徒自苦耳。

弟自粵旋吳一十有三年,不過刹那間,精神迥不如前,面目亦非故我。彈指光陰,催人老邁,石火電光,鏡花水月,一切事皆當作如是觀。語云"豹死留皮",孔子"疾没世而名不稱",名之不可已矣如是夫!弟窮而在下,不過以著述求名耳,惟是覆瓿糊窗之物,亦何足存?生平著述四十餘種,授諸手民者,不過片鱗半甲耳。前以香帥命譯《洋務叢書》,遂乏暇晷,刻書之役,遽爾中止。今歲始得重理舊業,俱當躬自校閱,繕寫真本。伏念犬馬之齒六十有七矣,炳燭餘光,爲時有限,不得不早自料理。即使不災梨棗,亦當分儲書院及藏書公所,恐他年鼠嚙蟲殘,同於草亡木卒爲可悲耳。各種中如《四溟補乘》,日有所裒,月有所益,搜采事實,廣集見聞,幾至五百卷,拙著卷帙之繁重未有如是書者也。又如香帥命譯之書,分十有二門,博稽旁考,亦不下二三百卷。皆先當從事鈔胥勒成定本,然後繡梓,庶無遺憾。

杏蓀觀察,今世之留心於時務者也,當精鈔一分,以爲芹曝之獻。今與閣下約,以後弟書一付剞劂,即當寄塵台覽。今奉上石印謝隱莊《焚餘草》(隱莊,名鵬飛,毗陵人)三册,藉供披閱。所言道學而兼經濟,未稔以爲何如?春寒陰雨,伏冀慎護眠餐,萬萬爲道自愛不宣。小弟王韜頓首。甲午正月二十有七日。

(17)光緒[二十年]六月初三日〔1〕

綏之仁兄大人至好閣下:久未裁尺一書,奉訊起居,歉甚。蓋半

---

〔1〕根據王韜信中叙述"今年六十七矣",此信當寫於光緒二十年。

七、致友朋信函

由於疏懶,半由於繁冗。人多謂,削去幾根煩惱髮,得以逍遥於事外,不知袈裟一著,其事更多。人生墮地後即擾之於名利中,其實口腹累之也。妻子宮室,車服飲食,皆所以奉一身。誠哉!有身之爲患也,釋迦牟尼且不得免。

弟今年六十七矣,鐘鳴漏盡,而猶夜行不休,誠如海中一苦惱衆生也。弟好色,好書,好物玩,好樓臺亭榭,好花木竹石,如注水漏巵中,永無滴時。平日亦思一切掃盡,閉户静坐,息慮養神,無如其不能也,必至死日,此諸念始絶。有時我不尋人,人自尋我,此喜於騖名之故。總之,煩惱之來,由於自取。閣下能超出乎其中,實過於尋常遠矣。

杏蓀觀察今年來滬盤桓,時得追陪杯酒之歡。承許饋干脩,或按月致送,或逢節頒賜,尚未言定,可否介紹代爲一言?弟不求之他人,而必求之荒園一帶髮頭陀者,以閣下一言重於九鼎,素爲杏翁觀察所信也。所饋干脩,弟非以爲看花載酒之資,皆擬佐梨棗費,將生平著述盡授手民,出以問世,庶身後無所遺憾,此亦好名之心爲累也。弟生平所撰,以《四溟補乘》卷帙爲最多,約三百卷,乃一生精力所萃。欲揣摩歐洲之變局,窺測泰西之近情者,必以此爲濫觴。使不及排印而身死,付之煙雲,殊爲可惜。有此繫戀,心終墮一重障礙,終非佛家解脱者也。閣下以爲然否?

外寫《金剛經》一册,乞備案頭諷誦。

天氣炎燠如蒸,伏冀慎護眠餐,爲道自重。小弟王韜頓首上。六月三日。

(18)［光緒二十年六月中下旬］〔1〕

綏之大高士仁兄大人閣下:桃塢咫尺耳。弟前時來訪,從未見有一樹桃花,至於舊時人面更無從問矣。別後一水盈盈,莫能覯止,

---

〔1〕 這封信提到"中日啓釁,日爲戎首",應指光緒二十年六月二十三日日本挑起的中日甲午戰爭。信中又寫到"大暑如蒸,小年正永",王韜在光緒［十三年］六月十七日致盛宣懷信中也有類似的句子,很可能他把六月中下旬快過半年了看作小年,所以這封信大約寫於光緒二十年六月中下旬。

383

兩年契闊，彌廑寸心。每值花開酒熟，月落雲停，令人輒憶黃叔度汪汪如千頃波也。

大暑如蒸，小年正永，北窗高臥，無可消遣，興之所至，略事詠吟，閑情所寄，已得三十有四律。寄言彼美，托興風懷，亦可爲"香奩"之別調。恐吾家次回氏見之，當退避三舍也。

中日啓釁，日爲戎首，乃十餘年前意中事，弟早已言之，著爲論説。惜草野小民，言之諄諄，而當軸衮衮諸公，聽之藐藐。禦倭情形，久列於條陳，今日可毋庸再置一喙，故不如閉户潛修，留心著述，息交絶遊，以自適其天而已。

朵雲下逮，覺有五色祥光隱見紙上，一股熱血從忠肝義膽中流出。閣下雖寂處荒園，香火蒲團，皈依净業，乃猶舌端出火，鼻内煙生，英雄心事，尚未消磨，此鄙人之所未解也。倭奴奮其蠻觸，自尋煩惱，變幻消滅，要不過彈指頃。既擾北方，豈遑他及？鄙意各省紛紛設備，要非急務。倭人言大志奢，近日意特專注北方，猶如孤注之輕於一擲，勝則可誇耀於各國，敗則縮項戢尾，遣介行成。其言和之地，早有成見，即以琉球還我中朝，度我朝大度包容，必無不允也。

此番用兵之先，事事輸人，著著落後，不先駐兵韓京，保護高王，失策一也。

不藉剿撫東學党爲名，先行扼據險要，失策二也。

軍志曰，先聲有奪人之心。當時王赫斯怒，立命南北洋海軍盡統兵輪戰艦，飛渡東征，猶如迅霆疾雷之奮於一擊，倭未有不靡者。倭方謀調兵，争朝鮮，不虞我之猝涉其地，守備空虛，豈能抵禦？此亦圍魏救趙之一法。東征既捷，然後截海據要，倭往朝鮮之師，可使之一甲一騎不返。今則防密矣，守固矣，圖之已晚，此失策三也。

雖然，倭人之敢於出此者，必有所恃。十年前，倭與俄、法立有密約。以朝鮮餌倭，而俄窺吉林，法圖臺島，猶前時之故智。其言雖未可盡信，而觀俄、法舉動之間，要非無因，特由暗中協助，未必遽敢顯爲張惶耳。一懼英、德之議其後，一則憚於公論也。

弟老矣，久已不爲世用，小隱淞濱，逍遥局外，讀書自怡，置理亂於不問。以後只將生平著述繕録清本,已足畢吾事矣。此外惟萬萬爲道自重不宣。小弟王韜頓首。

(19) 光緒[二十年]十一月初五日[1]

綏之大居士仁兄大人閣下:不謂今年有如許變故,國事如此,誠非意計之所及料。語云蜂蠆有毒,又云一夫不可狃,正未可以其蕞爾小國而輕之也。一失於□□□,再失於粉飾,三失於早無所備,四失於兵氣之不可用。將帥無人,軍士解體,臨敵紛紛潰走,兵雖多而無用。論者或追咎於器械之不善,然有利器,亦必有施放善用之人。今多招募之勇,未經練習,無異於驅市人而戰。

聞倭人不趨山海關,而從間道入犯京師,今京師已戒嚴矣。惟重兵宿將多在於外,此時得此警信,自當令其入衛京師,勢難兼顧。初則猶思迅掃朝鮮,直搗日本,今始知其非易。即使他日議和,不知需索若何萬萬,以後必爲西國所輕矣。議和之後,必當加意整頓,臥薪嘗膽,寢甲枕戈。如李光弼之入營,壁壘一新,然而難矣。倭人作難,其萌芽已在十餘年前,弟早已言之,而無如言之諄諄,聽之藐藐。徐孫騏前在東京,深知其故,曾爲弟言之,扼腕太息,初不料今之一發不可制也。承平日久,上下廢弛,徒知肥囊橐,而置國事於不問。一旦變作,遂至無可措手,此賈生之所以痛哭流涕者也。

十月中,弟患痰喘,至今未愈。日事杜門習静,淪茗焚香,消遣世慮。生平著述苦無人要。前以香帥譯書,停止刻書,書股一事,亦久擱起,不欲强人以所難也。思欲以賣書之資爲看花之費,正復不可多得耳。舊時曾蒙許預股份之説,以其股價太昂(每分二十五元),不敢啓齒,因知大居士亦是清净法場,何敢以貪心妄瀆?今股洋減作十元,先送書一分,書價且照算七折,似可爲力。如以爲可,當送書來,仍不敢絲毫勉强於其間,以取憎於人。大居士太邱道廣,苟吴門有大檀越護法心深,法力無邊,祈爲吹嘘。人爲之,則不必居士爲之也。

───────
[1] 信中大量寫了甲午戰争事,由此推斷,此信當寫於光緒二十年。

天氣漸寒，伏冀慎護眠餐，萬萬爲道自重不宣。小弟王韜頓首上。十一月初五日。

（20）光緒[二十年]十一月十一日〔1〕

綏之大居士先生大人閣下：頃奉環雲，並賜書洋十元，感與謝並，喜與感集。弟行年將六十有八矣，轉瞬古稀。雖神明未衰，而軀殼已壞，年來百病叢生，載酒看花，勉隨人後，意興迥非昔時。憶自赭寇蕩平，享承平者三十年。方擬歌誦詩書，刻畫金石，逍遥物外，自全其天，以終我之餘生，乃不謂及身猶復見茲兵革也。

讀尊作感事詩，哀憤抑鬱，幾欲擊碎唾壺。陳太傅之書，無此悲痛；灑新亭之淚，不盡淒涼。中國非無兵衆，非無器械，非無險阻，惟志在一走，則一切皆不可恃。旅順天設之險而不能守，事可知已。此役也，一失於因循，不能自占先着；再失於粉飾，諱敗而爲勝；三失於將帥無人，兵士解體。今者天子有憂邊之色，三軍無報捷之書。濟濟廷臣，未聞決策設謀以制勝；桓桓猛士，未聞殺敵致果以同仇。當軸意在議和，特遣德璀璘往爲説客。惟是人微言輕，況又未奉朝命，日人之拒而弗納，宜也。夫議和之舉出之自我，必至需索殊奢。用兵之道，能戰然後能守，能守然後能和。今既戰、守兩無足恃，則和亦難驟底於成。然使既和之後，勵精圖治，竭力經營，寢甲枕戈，臥薪嘗膽，文武競勸，上下一心，選士儲材，練兵講武，一切加以整頓，以實心行實事，以實事呈實功，翻然一變其積習，庶幾漸著富強之效，而可馳域外之觀。非然，中國將爲衆矢之鵠。然則變法自強，固今日之急務亦要著也。

弟書一分，當陸續寄塵清覽，以太多則郵筒難以傳遞也。弟有友人書來，言蘇鄉未臻寧謐，土匪光蛋，結黨橫行，聚賭誘衆，藐官法爲

---

〔1〕 信中提及"弟行年將六十有八矣"。王韜出生於道光八年十月十一日（1828年11月7日），至光緒二十年（1894年）十一月十一日，他已經過了六十七歲生日，將近六十八歲了。信中又提到"赭寇蕩平，享承平者三十年"，1864年太平天國失敗，至1894年三十年了。信中又分析了甲午戰爭的情況，其中"特遣德璀璘往爲説客"，是光緒二十年十月事。光緒[二十年]十一月初五日信中講到書的股洋十元，並送書一份，而此信開頭就寫收到書洋十元，書將陸續寄來。根據以上幾點推斷，此信當寫於光緒二十年。

386

不足畏。將來養癰貽患,悉由此輩,辦之不可不早也。猶幸鄉間年穀豐熟,民庶樂業,尚可無患。

傳聞北河冰凍之後,倭奴將圖南竄。臺嶠爲其足跡所曾至,且與其國密邇,最屬可虞。補樓觀察處曾爲貽書説項,感何可言。此時事勢迫切,安有閒情及此?倭奴心志叵測,弟早逆料之於十數年以前,初不謂其猖獗至是也。事至於今,夫復何言?天氣漸寒,伏冀萬萬爲道自重不宣。鄉小弟王韜頓首上。十一月十有一日燈唇蕭渢。

(21) [光緒二十年十一月中下旬]〔1〕

何君桂笙近來意興迥不如前,食量亦大減,月杪驟患懸癰瘍,醫進以參苓,膿不得泄,毒痼於中,腎囊腫如斗大,舌黑氣呃,至今月十一日死矣,年僅五十有四,《申報》館中又少一好友矣。人生如輕塵棲弱草,流光荏苒,能有幾何?言念及此,一切冰冷。何君身後蕭條,篋中無一錢,正未知寡婦孤兒何以過活也。

(22) 光緒[二十年]十二月初七日〔2〕

綏之大居士仁兄大人閣下:頃奉環雲,歡喜無量。何君桂笙身後蕭然,琴書之外,了無長物。閣下眷懷良友,贈以厚賻,如此風誼,何後古人?弟不禁代爲頓首致謝。

倭犯北方,驚信迭聞,捷書未至。每得一音,輒欲拔劍斫地,把酒問天,而至於擊碎唾壺也。蕞爾島國,竟爾猖獗至是,不獨出於吾人意計之外,亦非彼之始願所及料。天實爲之,謂之何哉!倭人云欲南竄,遍播流言,此正其狡獪伎倆,所謂兵行詭道,聲東以擊西也。倭人船艦既少,兵卒又寡,合之則尚可支援,分之則力弱勢孤,立見傾危。

―――――――――

〔1〕 此信提到何桂笙"今月十一日死矣",查得1894年12月8日(光緒二十年十一月十二日)《申報》第1版報導,何桂笙於光緒二十年十一月十一日去世,那麽此信當寫於光緒二十年十一月中下旬。

〔2〕 信中寫了甲午戰爭事,又繼續前面[光緒二十年十一月中下旬]信,寫何桂笙去世後事,從這兩方面推斷,此信寫於光緒二十年。

彼方專心注意於北方，特慮南洋兵輪聚而至北，伺釁乘隙，攻其不備，故出此讕言，使南洋留以自防，不敢出雷池一步耳。彼若受創於北，計無復之，然後乃肯捨北而圖南，此時則猶未也。

惟今泰西各國，俱擁重兵，駐於海上，艋艟絡繹，旌旆飛揚，往來遊弋其間，名曰保衛，心實叵測，彼豈真愛我中國哉？特欲坐收漁人之獲。蓋有益同沾，泰西通例然也。彼調艦運兵，豈無所費？將來索取要約，勢所必至，而俄人於此尤眈眈焉，彼必靜待倭事之作何究竟，而後始發其端。我中國苟不自強，將為衆矢之鵠，故不可不早思變計也。誰灑長沙之淚，空呈同甫之書，惟於知己之前，聊一發其胸中之憤懣。閣下但自觀覽，勿出示人。天氣嚴寒，朔風凜冽，伏冀慎護眠餐，萬萬為道自重不宣。小弟王韜頓首上。十二月七日。

(23) 光緒[二十一年]二月二十五日〔1〕

綏之老仁兄大人閣下：前奉朵雲並近人書十六册，歡喜無量，再拜而後敢受，置之鄴架，頓覺貧兒暴富。自此當窗明几净時，每一展卷，輒歎先生愛我之深，而惠我之厚也。五畝園地殊空曠，穿窬胠篋本屬意中事。塞翁失馬，楚人得弓，細比雞蟲，不足增大智識之煩惱。且貧流獲此，可供數日食，亦係養濟院中一段功德，寬懷勿念，藉作達觀。小黑、大黑，溺職辜恩，殺而烹之，亦可供一飽。維念今之為將士者，非惟不能禦外侮，反輸情於敵，賣國肥家，曾大黑、小黑之不如。彼此對觀，又何足責？

今日之事，和戰皆非，然捨"和"之一字，幾若無可下手，天實為之，謂之何哉！聞日人郊迎傅相，供張甚盛，所索五事，萬難俯允。此事不知如何究竟。《申報》(二月十三日)所云，傅相出使東洋，並非議和，而奉皇太後懿旨，有經手未了之事，須傅相力任。此言未稔得自何處，殊覺駭人聽聞。

---

〔1〕信中寫李鴻章赴日本廣島，當指光緒二十一年去簽訂馬關條約。此信又提到何桂笙(高昌寒食生)喪事。以此兩點，並聯繫前面兩封信，推斷此信寫於光緒二十一年。

七、致友朋信函

　　至所索五事：一、遼河以東之地當割畀朝鮮，因昔年本朝鮮之屬地也。次如旅順、威海、榮城、登州，日人所踞而有之者，亦宜割畀。二、既割此數地，日人尚以爲不足，復思割據臺灣，以饜其所欲。三、索賠軍餉，不知定若干兆。四、日本所有官員商民，無論何處，足跡皆可遍歷。五、不許中國設立公使領事於其國中。

　　傅相既抵廣島，已閱三日，未聞就緒，未見眉目，而東洋又復調兵出矣。大沽口聞有倭艦十艘，並不攻擊炮臺，意將暗襲潛登，從間道入津，如當年英、法之故智歟？誠不可不防也。此間應試舉子，多有自崖而返者。竊以爲時艱孔亟，會試究非當務之急，似可緩至秋間舉行。孝廉既可出二萬金博得，又何必附生始可捐納，豈其中仍寓有鄭重名器之心歟？恐此舉徒有是言。近來擁厚資者多黠而吝，未必遽能踴躍也。息借商款，殊多觀望，抑何近來毀家紓難者之無人也？

　　吳門近日安靜否？鄧尉梅花想已闌珊。春寒如此，雪至盈尺，亦近來所未有。香雪海一帶，大都伐梅而栽桑，恐不二十年，名勝之區歸於烏有。人事變遷，滄桑轉瞬，不禁爲之歎息。

　　弟近日所刻書，尚存十九種，閣下如欲貽贈友人，可寄信來取，勿存一毫客氣也。此外伏冀珍衛眠餐，萬萬爲道自重。小弟王韜頓首上。二月廿五日燈唇。

　　高昌寒食生哀啓，當檢得寄來，訃文、謝帖或可毋庸寄矣。弟得稍暇，前後諸詩皆當奉和。

（24）光緒[二十一年][閏五月]十二日〔1〕

　　綏之大菩薩先生大人閣下：昨奉環雲，歡喜無量，展讀大著，廻環雒誦，頓覺遊興、詩興勃然而生，然勃然而生者，仍截然而止，直至今日，乃復相續。

　　前日聞閣下知和議已成，讀其節目，不禁太息欷歔，痛哭流涕，每讀一節，輒爲拍案，及至終篇，蹶然撲地，拯救百端，乃始廻生。此真

---

〔1〕　信中提及"和議已成"，當指 1895 年 4 月 17 日（光緒二十一年三月二十三日）簽訂了馬關條約。信末落款日期署"閏月"，當指光緒二十一年閏五月。

389

憂國憂民，忠君愛上，求之今人中絕無其人。逢有友人自吳門來者，輒詢近況，或云愈矣，或云尚未。若以閣下之痛憤不欲生爲無足重輕者，此國之所以日弱也。嗚呼！世之有心人能有幾哉！

近有北來諸君棲遲海上，每詢以都門舉動若何，措置若何，則皆以講好罷兵，天下已安已治矣，復何所慮，因循粉飾，虛憍蒙蔽，苟且浮惰，仍如故轍。長夜漫漫，何時復旦？積弊之深，積習之重，非大有力者不足以挽回之也。

弟老病頽唐，幾無生人之趣，數月來肝胃氣痛、齒痛、腰脊痛，食爲銳減，幾欲呼祝宗而祈死矣。

聞蘇、杭兩郡人，以日人在彼開埠通商，多購田畝，爲謀利計，殊可歎也。杭人特以重資延肆習西學者，教以西國之語言文字，以立其始基，此亦足以開風氣之先聲。將來西學、西法之興，其或濫觴於此乎？聞之又爲喜而不寐，怦然心動。

朝廷之上，雖狃成見，而草野之間，自有轉機。文道希嘗言，三代以後，必議成於下，而後施行於上。特慮上非所重，則下亦難行耳。遲之又久，怠心乘之矣。無論帖括之學不能廢，而爲富貴利達所囿，終難出此範圍。以天下之大，積弊之久，而欲以一二儒者轉移風氣，蓋亦難矣。杭郡人士，奮然以興，非不難能而可貴，特恐激於一時之忿，未必具有眞知灼見。惟願既有卓識，尤必持之以定力，十年之後，若有成效可觀，然後始可與言他。天下事難於創始，而易於樂成。《易》曰："窮則變，變則通。"其機既發，莫之能遏，亦由氣運使然。誠如是，天下幸甚，蒼生幸甚。

弟旦暮人也，一變至道，恐不及目睹其盛。他日弟生平著述流傳世間，或有誦我書，讀我文，而深惜弟之不遇者耳，弟不幸多言而中。嘗曰，日人之侵臺灣，即縣琉球之漸也；縣琉球即將來踞朝鮮、擾中國之漸也。詎料不十年，而其言皆驗矣。今日者，正中國盛衰之關鍵，是所望於後起之人。

今日天氣頗涼，案頭小坐，拈弄筆墨，念我良朋，輒作此紙。惟望攝衛維宜，加餐珍重，萬萬爲道自愛不宣。小弟王韜頓首上。閏月十有二日。

七、致友朋信函

(25)〔光緒二十一年八月初六日〕〔1〕

鋭止大高士老兄大人閣下：滬上有謝綏之者，容華綽約，車馬盈門，海上逐臭之夫，趨之如鶩，豈閣下之化身耶？抑現瑣子骨菩薩相耶？願閣下化千億萬分身，遍大千三千世界，以救人苦難，結歡喜緣，亦屬無量功德。一笑。

弟嘗見綏之，謂之曰："卿不居桃花塢中享清净福，來此污濁世界何爲？"渠曰："我以行善一片婆心，來此募化衆生，將作大布施，亦是現身説法。"弟曰："雖然，大善士名不可借稱，倘久假不歸，定干佛怒，請易名曰賽珠何如？"綏之唯唯而去。然昨經其門，"綏之""賽珠"竟雙列焉。輝煌金字之牌，不禁耀目；窈窕玉容之室，無限銷魂。聞其纏頭之金積至十萬，願助桃花塢謝將軍少爲征倭之費，何如？一篇絶妙文章，至此絶筆。

今日早上，於案頭得《金剛經》一册，上有巨名，昨夕在一室中大放光明，言"願皈依大善士，祈珍藏之，可免世上諸災厄。兜率天第三洞聖者書。八月五日。"

小雨微菲，几席清涼，快甚。

少時讀《學而》，開卷數葉曰："禮之用，和爲貴。先王之道，斯爲美。"不意今日衮衮諸公，皆奉此爲絶大經濟。既以"和"之一字爲一生定案，則以二字獻曰"去兵"。友人有詩兩句云："中朝不戰消兵氣，絶域求和識聖恩。"求和固出於絶域，何嘗不可行哉！

(26)〔光緒二十年—二十二年三月左右〕〔2〕

韜屢拜嘉惠，愧無以報。今命小胥鈔得《光福志》六册，送麈荃

---

〔1〕 信中引經據典議論"絶域（國外）求和"，當指光緒二十一年李鴻章赴日本簽訂馬關條約。信中還有"昨夕""兜率天第三洞聖者"在《金剛經》上留言，落款日期爲八月五日，信中又有"小雨微菲，几席清涼，快甚"之句，所以推測此信很可能寫於光緒二十一年八月初六日。

〔2〕 此信可能是某一封信的後續，但無從確認。信中叙述："癸春，陳君喆甫有詩。"據史料記載，光緒十四年後謝綏之在蘇州五畝園建立義塾，而此前此地是文人猜謎結社之地，那麼，癸春應該指光緒十九年（癸巳年）春天，而這封信應該是癸巳年後所寫。又，信中王韜擬在"春餘夏首，或作吴門之遊"，從這幾方面推斷，此信大約寫於光緒二十年至二十二年三月左右。

391

覽。是書外間絶無刻本，乃徐君所創作。徐君世居光福，即調之孝廉之先人也，生平長於曆算之學，具有心得，亦有著述，今藏於家。是書調之挽弟付之石印，然窘於孔方，未能集事。且其意急不及待，爰鈔副册，而以原書歸之，請俟他日，贊成是舉。書首尚宜補圖。弟處已錄得二圖，當令人繪出，後日呈上。《田賦》一門亦當補入，可參之邑志。尊作及諸名人詩，皆可附諸卷末。兵燹之後，諸名勝之或存或毀，不可不紀。山中寺觀既圮，而新建者略有數處，潘偉如中丞之韡園，亦爲繼起者也。雪琴之梅，鏡如之鶴，亦點綴景物之一也。若得閣下名筆紀之，俾成完書，廣集同人醵貲而壽之梨棗，亦足爲遊山之導師也。

癸春，陳君喆甫有詩，弟今當補和，並作《五畝園詩》，以應尊命。春餘夏首，或作吳門之遊，否則三伏中或可避暑，偃息園廬，作一月淹留，饔飧自備，不破費主人一物也。閣下以爲何如？其許我否耶？韜再頓首上綏之仁兄大人畏友史席。

（27）[光緒二十二年五月左右]〔1〕

鋭止老禪師：風疾已痊，留右手以寫經，廢右足以坐關，此吾釋迦牟尼大慈悲法也。然弟日夜祈禱，必使吾兄一手一足之烈著，大功於天下，功成身退，仍得臨水登山，逍遥乎物外。

今西學盛行，西學館開矣，趨終南捷逕者實繁有徒。閣下得天下英才而教育之，可以獨展抱負，敬賀敬賀。

嗟乎！前日東西洋所處心積慮者，弟早已言之，毋如言之諄諄，而聽者藐藐。今其事始興，其言已驗，恐將來所患者，不在日而在俄。且日亦患俄久，西人將自謀之不暇，而我中國於是乎多事矣。使吾言而不驗，乃天下之幸也。

屑軀幸賴頑健。昕伯自去歲九月中風，至今未愈，耳又重聽，目

---

〔1〕 王韜在信中講自己"七十之年倏然已至"，提及"於四月之杪遷居入城"等語，又記述了自己擬撰的新居楹聯。光緒[二十二年]五月二十二日王韜致盛宣懷函中寫到"明歲犬馬之齒已屆古稀"，又提及"於四月下旬有五日"搬入新居，也記録了這些楹聯。根據以上分析，此信當寫於光緒二十二年五月左右。

七、致友朋信函

復昏眊,幾成廢人。弟雖能與三五少年追逐,仍入歡場,復預綺席,顧七十之年倏然已至,炳燭餘光,能復有幾?所以悲昕伯者,亦自悲也。

閣下來書,語既勁爽,字復光采奕奕,後福未艾也。時務館非弟所設,特賃弟之屋,主其事者,汪君穰卿,梁君卓如,筆墨精利,識見遠到,於諸報館中允推巨擘。二君皆強學會中人,宜其學問之深達如是。頃已囑其送至尊處。

弟於四月之杪遷居入城,築畏人小築三椽,於此靜憩,自署門楣云:"聊借一椽容市隱,別開三逕寄閑身。"又云:"七秩餘生閑展卷,數弓……"〔1〕

(28) 光緒□□年十二月初十日

綏之尊兄仁大人閣下:前奉手翰並大著《譚中丞德政歌》,弟即欲刊之《申報》,而翌日見《滬報》已刊録,遂未發去。弟近日筆墨蝟集,俟稍摒擋後即當作和章,與大著一並刊登何如?聞日來小有清恙,是患頭痛否?此時當已霍然,念甚。天寒珍重,爲道自愛。愚小弟王韜頓首。十二月初十日。

3. 王韜致理雅各函〔2〕

(1) 光緒七年三月二十九日(1881年4月27日)

理大牧師夫人〔3〕大人閣下:遠別十年,未通一字,然想念之情,時縈寤寐間,未嘗一日忘也。猶憶曩者旅居蘇格蘭杜拉時,據石看雲,登山觀瀑,追陪遊展,殆無虛日。至夜一燈共坐,彼此紬書,有奇共賞,有疑共釋,此景此情,怳在目前。念屈指計之,不覺十有餘年

---

〔1〕 此信未完,"數弓"以下缺頁。據光緒[二十二年]三月二十七日王韜致盛宣懷函,"數弓"兩字下面是"隙地便栽花"五字,並且後面還有幾副楹聯。
〔2〕 本章節收録的王韜致理雅各的五封信函,轉載自香港商務印書館出版的《王韜與近代世界》(林啓彥、黃文江著)中收録的論文《從王韜晚年五札探其與理雅各牧師的交往》後的附録,個別字、標點與斷句作了一些改正。理雅各(James Legge, 1815—1897),英國傳教士、著名漢學家,香港英華書院院長。他是第一個系統研究中國古代經典的外國人,並將四書五經全部翻譯成英語。1862年王韜流亡香港後,做理雅各助手。1867年12月王韜應理雅各邀請去英國譯書、考察,1870年4月回到香港。
〔3〕 人,疑爲"子"。

393

矣。韜年齒日增，精神意興迥非昔時，幾於上年六月二十九日病去。去秋美國副使容君純甫擬招韜前往，以年老多病不欲遠行。德國星使李君丹崖，英國參贊劉君康侯皆所相識，若作泰西之遊，不憂無東道主人。況得夫子大人舊雨重逢，其樂如何也。湛牧師今時回國，言旋歸里，韜心亦與之俱來矣。

去歲之杪，唐應星觀察東還，述及曾至阿斯佛大書院得見夫子大人，作兩日之勾留，言夫子大人精神矍鑠，血氣充足，猶能攀登高塔頂，興致頗佳。理奶奶舊疾已不復發，亦不患頭目眩痛，時畏光明。韜聞之喜甚。惟是日未見聚米長公子，以往遊近鄉也，惟見大梅次公子、愛那五姑娘耳。次公子秉體稍弱，想讀書過勤之故歟！媚梨安三姑娘知已出閣，依第四姑娘聞往德國讀書，此皆韜所關心者也。每一思之，尚覺顯顯在目，他年韜身尚健，或者天賜機緣，幾再至英京，重得與夫子大人相見，庶幾此心稍慰耳。

韜受夫子大人栽培，恩深惠重，旅處香港已二十年矣！此初到時所未及料者也。承夫子大人之庇蔭，香港中西紳士皆推重，韜主理中華印務總局亦已九年，所作《循環日報》遐邇傳流，推爲巨擘，各省官商，頗多相識，然韜念斷不欲出山，功名之心已如死灰槁木矣。生平著述，已刻者得六七種，他日如刊經學書，當以一分寄呈。

聞夫子大人翻譯《易經》已竟，《禮記》亦已至半，想當不日刊出，傳示藝林，惜韜不得握管追隨於其際也。

大、中銅版字模兩副，今托湛牧師寄呈。原議大字四千五百個，中字六千個，今皆有所增益，乞照最低之值核算，大字每四個銀一元，中字每六個銀一元，其有不合用者，可將銅模退還，另行補鑄寄呈。寄來水腳保險之費，現由局爲代出，如所寄金錢三百五十磅已到，乞令署輔政使司史大人即刻交韜，以後之銀亦由其經手。

倫敦諸好友如詹那先生、雒頡先生、麥華佗先生相晤之時，均乞代爲問候。肅泐蕪函，藉抒鄙悃。伏乞萬萬爲道自重。後學王韜頓首上。辛巳三月二十九日。

理奶奶處代爲請安。

三姑娘、四姑娘、五姑娘謹候閫安。

七、致友朋信函

聚米大少君、大梅二少君謹問近祉。

(2) 光緒十七年八月二十九日(1891年10月1日)

理大牧師先生大人閣下：一別苒苒十九年矣！歲月不居，年華易邁，韜犬馬之齒已共六十有四矣。意興頹唐，精神疲薾，迥不如前，兼以多病，長事藥鐺，日惟閉戶著書，不出戶庭一步。去年正月兩湖督憲張香帥命譯《洋務叢書》，以韜總纂，譯者俱爲英國儒士，一爲傅蘭雅，一爲布茂林，前在福建廈門傳教，係倫敦教會中人，今秋譯事已畢，而增訂修飾尚有所待。

韜去天南之遯窟，就淞北之寄廬，一刹那間已閱八載。香港舊朋半皆凋喪，惟黃勝光景甚佳，福壽俱備。聞我大牧師先生大人體健意適，逍遥書史，遡聽臨風，曷勝欣慰。以德劭年高爲儒林之領袖，造就人才，提掖後進，代國家樂育乂俊，教誨英賢，則又不勝欽佩。前知翻譯莊老，今又紬繹《離騷》。《離騷》爲千古文詞之祖，皆由忠憤鬱勃所出，誠古往今來至文也。

委購各書，覓之尚未得全，容俟續呈。前日承惠寄之書四部，業經領到，敬謝敬謝！但未知價值若干，求爲示明奉繳。兹由慕先生處寄上洋銀七元，敬求代購《法王拿破侖第一戰紀》，其西字名目由慕先生開呈，此書爲英國名人愛立生所著，共計四册，紀拿破侖前後事跡特詳，由法國民亂始，至流三厄里那島終。韜可從此書知歐洲之戰績也。

前令少君大梅二世兄來，韜實未知，此由慕先生不先關照，與大梅二世兄無涉。想近日玉體安康，潭第綏吉。韜恨無縮地之方，奮飛至前，一覘芝宇也。此外惟萬萬爲道自重不宣。後學小弟王韜頓首。辛卯八月二十九日。

(3) 光緒十八年閏六月二十四日(1892年8月16日)

理大牧師先生大人閣下：前日接奉手翰，並各種西書，一切謹悉。書值共計金錢八鎊，自已付五鎊外，尚少三鎊，今仍於薛星使處匯付三鎊，求爲收取。種費清心，感謝無既。

韜前者旅居蘇格蘭鄉間二年有半，常至蘇京，見蘇前王之故宮在焉。訪其遺聞軼事，渺焉無傳。溯夫蘇格蘭見併於英已過二百餘年，前者固自立國稱王，儼然厠乎歐洲列國之間。蘇之文人學士，當必著有蘇史。乃今有英志而無蘇志，何歟？蘇王前事，僅見於四裔年表，寥寥數十字，語焉不詳，第不知今日倫敦書肆中，尚有蘇格蘭國史可以購求否？幸爲留意。

近擬撰《地球圖說》，專求志説，不必要圖，可有最詳、最新、最備者乎？前有美國人住於紐約克，名曰可爾敦，曾於一千八百六十三年六月著成一書，總名曰《地球圖説》。此書尚嫌其不詳不備，不知繼之而作者尚有人乎？可否代爲一訪之歟？

又，大英國主前年在位五十年，有人將其前後豐功偉烈著成一書，其書名曰《英主五十年功烈紀》。此書想書肆中必有購之，其價當非昂也。

薛星使處有二好友，一爲趙君静涵，江蘇人，孝廉也；一爲黃君公度，廣東人，亦孝廉而爲參贊，惜近已回華矣。如書中或有疑義，往問趙君可也，其人極誠樸可嘉。

先生近日玉體如何？年逾七旬，必當善自調攝。聞雒頡先生，年屆八旬，精神尚稱矍鑠，此真天賜也。威妥瑪公使，年齡亦高矣！前年回國之時，已覺其善忘，不知今在書院否？聞威公多好書，何不另撰一目録，以傳觀海外耶？

先生潭第安吉，聚米、大梅二世兄皆曾娶否？韜惟覺惓惓念先生而無一刻或忘也。王韜拜手謹上。時閏六月二十四日。

（4）光緒二十年正月十八日（1894年2月23日）

理大博士先生大人閣下：去年以疾病纏綿，致疏箋候，然遥望樹雲，寸心彌結。近日譯書，自五經之外，旁及諸子，《老子》《莊子》注釋家雖多，而能抉其微奧者殊少。

美洲芝加高四百年博物大會，會中正副兩董事皆有書來，招韜前往，韜以病軀未能經歷風浪之險，故爾未果。後擬作《儒教》一篇，以慕君維廉再四叮嚀，勿讚揚孔子，故未付之郵筒。

七、致友朋信函

韜自粵回滬，倏忽之間已十有三年矣！歲月不居，光陰若駛，回憶至英土、旅香海所歷情事，猶顯顯在目。惜以年來多病體衰，雖以出洋公使星軺苾苤至，皇華之選不絕於途，韜亦不敢作重遊之想。

邇來薛星使瓜期早屆，繼之前來者龔仰蘧方伯也。薛公為江蘇無錫人，韜之同鄉，以名孝廉贊襄曾文正公幕府，遇事頗有決斷，其幕中人亦多相識。龔星為廬州合肥人，出自世族，歷代簪纓，今其長子已入詞林，次子亦登賢。龔公曾任上海兵備道，韜久與相識，為人極和平溫厚，有長者風，大抵四月中可抵英京矣，至時當有書札呈覽。

前日慕君出示先生所譯《靜齋學術》，係宋末人劉薇所撰，講論儒釋道，顧此書韜未之見，暇時乞為詳示。

聞二少君大梅亦能著書立說，講求醫學。大少君聚米學問必更有進益，殊深念念，甚望其前來中土，得一見其崢嶸顯角也。媚梨安三姑娘、依第四姑娘、愛那五姑娘，想俱平安歡樂，在英京居住否？哈斯佛書院人才濟濟，必多可造之材。先生樂育英賢，造就後進，以備他日國家之用，不勝健羨。紙短情長，不盡縷縷，伏冀萬萬為道自重不宣。後學王韜頓首。甲午正月十有八日。

（5）光緒二十一年正月二十七日（1895年2月21日）

理大牧師先生大人閣下：別二十有三年矣，殆如一轉瞬間耳。雖相隔數萬餘里，而無日不魂思而夢繞之，初亦不自解其情之一往而深也。前年龔仰蘧居[1]星使至倫敦，曾肅手翰，並書三種《春秋經學》《西學輯存》《法國志略》托其代呈，亮已收到，久無回信，心甚疑之，豈作殷洪喬故事耶！

聞先生近譯老莊各書，懸想俱已印行，惜皆西文，不得一讀為快也。人生如白駒過隙，即使百年亦猶旦暮耳。明宮之福，所未敢望，但得順受其正，安然沒齒為幸多矣。韜今年已六十八歲，猶喜耳目聰明，手足便利，尚如昔日。惜不克重至英倫，與先生再得相見，為可悲耳。大梅大世兄、聚米二世兄學問聲名與年俱進，將來或至中土，得

---
[1] 居，此字疑為多餘。

以一見，欣慰何如！媚梨安、依第、愛那三位令媛，想俱皆納福，家室和諧，唱隨洽睦，定如所頌，未識有思遊中土之心否？

近日先生仍卜居於杜拉鄉中否？此鄉人情和厚。想閲二十五六年，雖山川無恙，而風景必當小有變遷。每一思及杜拉鄉中泉聲山色，如遇之於耳目間也。尚祈先生得有餘閑，時賜信音，曷勝盼切！今因慕牧師錦旋之便，特泐數行，略述近況，外附紅茶一箱、古墨一匣，聊表微忱，乞爲哂納。伏冀萬萬珍重眠餐，爲道自愛。王韜再拜頓首上。乙未正月二十七日。

4. 王韜致岡千仞函[1]

(1) [1879年] 5月2日[2]

鹿門先生閣下：昨蒙閣下以"登徒佻達"評弟，未識閣下亦識此四字之輕重乎？登徒子者，齷齪無行之尤者。自宋玉賦一出之後，若援以爲比者，必其人不足齒於人類者也。"佻達"乃子衿之無行者也，近日市井下流，乃得加以此名。不知閣下何憾於弟，而加弟以醜行，蒙弟以惡稱？夫使弟而誠"登徒佻達"，乃一齷齪無行之小人，市井下流耳。若爲友，則當割席之不暇；若爲弟子，則黜其籍擯之門牆之外，惟恐不速。乃閣下方將奉以爲師，甘居弟子列，折節下之，則四方聞者必疑且駭，甚爲閣下惜之，且爲閣下羞之。

夫擬人必於其倫，出言當衷諸實。閣下疑弟四十以外人，不宜如此，則當曰："王先生近知命之年，而尚好女色，齒高而興不衰，豈從來名士必風流歟？"嗜酒好色，雖非雅稱，然不過道其實耳，非訕斥笑駡

---

〔1〕 本章節刊登的王韜致岡千仞的十四封信，原刊登於《近代中國》雜誌第九輯（1999年6月1日出版）鄭海麟輯錄的《王韜遺墨》。岡千仞(1833—1914)，字振衣，號鹿門，日本漢學家。1879年王韜訪問日本時與他多有交往。1884年5月岡千仞來中國訪問考察，歷時320天，從南到北行程萬里，先後會見了李鴻章、盛宣懷、王韜、俞樾等中國的官員、名人近200名，寫下了日記體的著作《觀光紀遊》。

〔2〕 這裏第(1)至第(7)七封信，從内容看，都是王韜在日本時所寫，好幾封信的落款日月没有標明陰陽曆。查王韜是光緒五年閏三月初九日(1879年4月29日)從上海動身去日本的，七月十四日(8月31日)回到上海，除了第(1)封信難以確定陰陽曆，後面幾封信都能確定與第(2)封信一樣，落款日月是陽曆，那麽第(1)封信的落款日月暫且也作陽曆，存疑待查。

398

七、致友朋信函

之也,非鄙夷輕慢之也。至於"登徒佻達"四字,則詛斥笑罵、鄙夷輕慢無所不有,一若不屑齒諸人類者。然則閣下以此四字評弟,亦太甚矣!弟之爲人,狂而不失其正,樂而不傷於淫,具《國風》好色之心,而有《離騷》美人之感,光明磊落,慷慨激昂。揮金帛如土苴,視友朋如性命。生平無忤於人,無求於世,惟知率性而行,流露天真而已。若必矯行飾節,以求媚於庸流,弟弗爲也。王安石囚首喪面以談詩書,而卒以亡宋;嚴分宜讀書鈐山堂十年,幾與冰雪比清,而終以償明,蓋當其時能忍之時僞也。閣下徒能見不好色之僞君子,而未能見能好色之真豪傑,故弟謂閣下非知我者也。

昨夕席散之後,以此四字橫亙胸中,耿不成寐,不得不作書一通,以達左右,聊以一抒其憤懣不平。惟閣下察之,幸甚!弟韜頓首。五月初二日。

(2) [1879年]6月24日

鹿門先生大人閣下:前月接奉瑤華,領悉壹是。弟向呈一緘,不過於好友前直抒所志耳,原以在縞紵之列,故暢快以言之,若無足重輕之人,弟安肯再有一言。弟之曉曉者,正重視乎閣下也。以閣下一言之出,都人士奉若蓍蔡,凜若圭臬。則閣下之所以加弟者,正不得不爭,祈閣下垂亮此心,幸甚!

五六日文旆未來,豈有未釋然者耶?弟明日當偕寺田奉訪,一聆緒言,幸勿他出(約在十二時前後)。閣下爲史學之宗,弟所著日記將多所取正。有地志書,幸賜覽一二,如《大阪繁昌記》《兩國橋志》之類。肅此,即請撰安不具。愚弟王韜頓首。陽曆六月二十四日。

(3) [1879年]7月28日

鹿門先生大人閣下:昨夕相聚甚歡。尊作兩句極佳,已探驪珠,僕爲擱筆。角松崛强驕據之狀,殊覺可惡,能得金僕姑矢以一創之,則大快事矣。今奉上拙著《遯窟讕言》八部(每部四十五錢)、《甕牖餘談》八部(每部三十六錢),尤以速消爲要。得金即擲之虛牝也。即請文安。愚弟王韜頓首。七月廿八日。

399

(4) ［1879年］7月31日

鹿門先生大人閣下：昨夕之遊甚樂，惜先生不得來此共之也。小鐵、小勝俱有願爲夫子妾之意，而小勝歆羨尤切，此亦兒女一時之孽緣，了之之後，即如水流花開，風消雲散。嗚呼！天下事皆如是觀耳。

先生所云交換之《米志》《法志》，乞即飭人送來。因弟於遊日光山前，要裝箱寄回香港也。弟所攜各書，尚未售完，同閣下易《米志》《法志》，可歟？或可與坊友商之。專聽回音。即請撰安。愚小弟王韜頓首。七月三十一日。

(5) ［1879年］8月15日

鹿門尊兄先生閣下：弟一病頗唐，百事俱廢。茲者喘逆稍平，而頭目眩暈，弱不可支，正未知何如也。《米志》曾刷就否？易書之事，見時訂定，以數日間即欲寄橫濱也。此上，即請撰安。弟王韜頓首。八月十五日。

(6) ［1879年］8月16日

鹿門先生閣下：《米志》已接到，彼此核算，應找閣下處三圓二十七錢。不知要書乎？要白金乎？見時乞示知。即請崇安。弟王韜頓首。八月十六日。

(7) ［光緒五年八月中下旬］[1]

鹿門先生尊兄仁大人畏友閣下：令侄讀書，益有進境矣，念念。所有第三次送來之《米志》《法志》，尚未核查的確，惟據當時檢點裝書於箱筍中者，曾寫明米、法兩志共七十四部，惟須統查全數乃合。弟印書略有數種，惟隨閣下之意取之（如申報館所照印之《鴻雪因》《康熙字典》，弟皆有之。各種書籍亦無不備，惟君意擇焉）。即請崇安。

---

〔1〕 此信與前面的信聯繫起來看，似寫於1879年（光緒五年）8月中下旬，在8月31日王韜離開日本之前。

七、致友朋信函

愚弟王韜頓首。

(8)［光緒五年］十月十四日〔1〕

鹿門先生仁兄大人閣下：判襟橫濱，布帆遂遠，秋風無恙，安抵申江。載酒看花，殆無虛日。香海歸舟，已當秋仲，三五月圓，舉家歡喜。然銜杯望遠，未嘗不念我故人，而覺離思之全集也。重陽時節，又作潮郡之行，上謁丁丞，縱談一切。絮園風月，頗足留賓；鄴架圖書，盡堪娛目。池畔芙蓉盛開，絢爛如錦，勾留浹旬，殊稱暢遊。惟是宿痾時發，日夕從事於藥爐茗椀，鼠鬚側理，不復思御。日把君文，以作消遣，洵足以排悶蠲憂，掃愁起疾，不愧陳琳一檄，枚乘《七發》也。托鐫石章，已令手民速奏鐵筆，想月杪可竣工，以刀刻石，正復何所不靡。

閣下馬首西來，未知何日？《英志》《俄志》之撰，何時可成？歐洲大局，近日又將一變。普、澳相聯，法、俄又合，英國勢成孤立。前既用兵於阿富汗，近又將往討緬甸。波斯素爲印度之屏蔽，今反貳英而助俄。若使藩屬諸小國盡起而叛英，則俄人必將逞其窺伺之心。將來英、俄出於一戰，未可知也。拉雜書此，以博一粲。朔風淒厲，伏冀萬萬爲道自重不宣。愚小弟王韜頓首。十月十四日。

(9)光緒六年三月二十一日〔2〕

鹿門尊兄仁大人閣下：兩奉瑤華，歡喜無量，臨風雒誦，如挹芳徽。弟入春以來，恙無好懷，非藥爐茗椀，長夜無聊，即載酒看花，跌宕風月耳。信陵君醇酒婦人，豈真溺而不返哉，其心痛苦也。曩者小住江都，頗得友朋之樂，山水之歡，追隨諸君子後，開樽轟飲，擊鉢聯吟，畫壁旗亭，徵歌曲里。振衣上野之阜，泛棹墨川之濱，買醉長酡，追涼柳島。曾幾何時，而已不可復得矣。每一回思，輒爲悵惘！

弟目擊時事，無可下手。強鄰日迫，又有責言。既西顧之堪虞，

---

〔1〕此信述及離開日本後的心情，以及在香港過中秋節、重陽節的情形，所以應寫於光緒五年十月十四日。

〔2〕此信在《弢園尺牘》卷十二裏也有刊載，但文字較此有所不同。

401

益東瞻而興喟。今日亞洲中，惟中與日可爲輔車之相依，唇齒之相庇耳。試展輿圖而觀之，東南洋諸島國，今其存者無一焉。五印度幅員袤廣，悉併於英，其存者亦僅守故府，擁虛名而已。阿富汗已爲英所剪覆，波斯介於兩大之間，將來非蠶食於英，即鯨吞於俄耳。異日越南必滅於法，暹羅、緬甸必滅於英。其餘大小諸邦，盡爲歐洲列國東來逆旅，建埠通商，設官置戍，視作外府，此不過三百餘年間耳。亞洲諸國，已殘食至是，寧不大有可危乎！

聞貴國有志之士，近日創設興亞會，此誠當務之急，而其深識遠慮，所見之大，殊不可及。長岡護美、渡邊洪基，皆與弟相識，而爲是會長。昨比叡兵艦自東抵港，駕舶長官伊東祐亨，海軍中秘書福島行治，皆來就見。其奉使波斯者，爲吉田正春、横山孫一郎，其執興亞會中牛耳者，爲曾根俊虎、伊東蒙吉，咸願納交於弟，通縞紵而結苔岑焉。要之，貴國多慷慨激昂之士，國未有艾焉。嗚呼！當今積弱之弊，莫甚於誇張粉飾，苟且因循，文武恬嬉，上下蒙蔽，倣效西法，徒襲皮毛，而即自以爲足，此猶卻行而求及前人也。叔向懷宗國之憂，張趯居君子之後，每一念及，未嘗不輟箸而興嗟，停觴而不御也。世事日非，時局亂亟，弟惟有獨處空山，讀書遣日，慨慕黃虞而已。

芳序將闌，春寒猶厲，伏冀珍護眠餐，萬萬爲道自重。愚弟王韜頓首拜手上。庚辰三月二十一日。

承賜晶章之方，感謝無既。晶質潔淨無纖瑕，殊可寶也。遊山詩中用黃蝴蝶句，自是當時實事，非有掌故也。山中蝴蝶，黃色者尤多。

(10) 光緒[六年]四月初六日[1]

鹿門先生尊兄仁大人閣下：別幾半年矣，裘葛倏更，鶗鴂又換，停雲落月，時切懷思。屢於成齋先生處問訊近況，另復別肅專函，想俱檢入典簽，得邀清覽。

弟自遊揭陽返棹，即病宿痾，恒在藥火爐邊作生活。冬月又代人捉刀，筆墨之事蝟集。春光乍轉，俗事稍閑，而弟亦旋患嗽疾矣。賤

───────
〔1〕 此信開頭寫到"別幾半年矣"，那麼當寫於光緒六年。

七、致友朋信函

體之能逸不能勞如此，而謂尚能出而宣力於四方否耶？以上皆春初寫就，置諸俊筒，今又及夏初矣。日月如馳，所思不見，能勿悵然！

比來屢奉瑤華，如親晤對。承賜晶章，精瑩潔净，絕無纖翳，洵爲可寶，感謝之私，非可言喻。惟是瓊瑶之貽，惜無桃李之報也。

大著詩文，日夕展讀，一候稍閑，即當刊布。《日本雜事詩》知盛行於東國，惜弟僅刊八百部，未免太少耳。如東國可消至千部，弟當再刊。《米志》《法志》弟寄至上海銷售，均以價昂，尚遲有待。弟擬將米、法兩志加入弟之所譯，重爲刊行，何如？此千秋之盛事，不朽之宏業也。匆促不盡欲言，伏冀爲道自愛。愚小弟王韜頓首。四月六日。

(11) 光緒[六年]五月初十日〔1〕

鹿門先生尊兄大人閣下：去冬之杪，文篩從北海還，得奉手翰，歡喜無量。辱承賜以風鈴、酒器數事，色澤古雅，甚可寶貴，感謝之私，匪遑言喻。

疊次寄來大著詩文，並已捧誦。詩情蘊逸，文律精深，俱臻絕詣，十讀三復，欽佩良殷。來書云：秋冬之間，征車西邁，擬北探燕臺，南窮粵嶠，抒懷舊之蓄念，發思古之幽情，極黃河泰山之觀，而與名公巨卿相接，庶足爲豪耳。閣下之志，於是爲不凡矣。

弟蟄屈天南，巖棲谷飲，與當世大僚，久相隔絕。又生平不喜竿牘，以此人事並絕，日惟閉戶讀書，慨慕黃虞而已。

成齋久無信來，弟疊奉萬言，竟未得一字，輾轉思之，殊不可解。弟曩所屬望于成齋者殊厚，今落莫如此，殊令人歎息不已。便中請爲弟婉詞問之。

奉上拙著兩種，謹塵清覽。一披閱間，當如晤對於一室中也。天暑，伏冀爲道自愛不宣。愚小弟王韜頓首上。五月十日。

---

〔1〕 信中述及岡千仞"去冬之杪……從北海還"，鄭海麟輯錄的《王韜遺墨》認爲岡千仞於1879年(光緒五年)冬遊覽北海道，此信附件《岡鹿門致王韜函》寫於1879年12月底，此信寫於光緒六年，但是易惠莉《日本漢學家岡千仞與王韜》一文認爲，岡千仞是1880年秋冬遊北海道的，那麼此信附件《岡鹿門致王韜函》就寫於1880年，此信就應寫於1881年，即光緒七年了。存疑待考。

403

附：岡鹿門致王韜函（1879 年 12 月底）

　　紫詮先生坐下：弟本年遊北海道，望俄羅斯於極海絶天之外，有所喟然而慨焉。蓋北海全道，原隰之曠漠，海濤之猛惡，風土氣候之異常，山嶽巖石之峭拔峻厲，其所以快耳目，爽心神，蕩胸次，不一而足，頓覺胸膈間有一浩浩者存焉。夫敝邦幅員不中中土一省，而一極其極北，猶覺有一浩浩者存焉。况於一航域外，窮宇内之壯觀，其所得於浩浩者，果爲何如！

　　既而來函館，接先生所惠《蘅華館集》，捧讀一過，服其氣魄之雄，風神之秀。私謂昔人評馬遷云：得於名山大川者爲文章，故其文有奇氣。今先生周遊東西二洋，如龍動，如巴里，皆歐土大都，而先生遊其地，與其巨人長者周旋，此窮五洲之大觀者，宜其發于文章者，前無古人，後無來者也。顧弟生東洋小國，使其技有所少成，亦不足言。唯志學以來，兀兀四十年，未爲不專也；唯其所遊觀，不中中土一省者，宜其所得於浩浩者，如此之淺淺也。

　　人生百歲，忽焉半百，逝者如斯，他年追悔，不可復及。弟將以來歲秋冬間航中土，窮域外之壯觀。弟策此事，非一朝夕。唯病目不愈，故因循至今日。顧北海此遊，侵炎燠，凌風濤，蹈霜雪，冒峻險，而眼疾不加劇，此諺所謂"不醫常得中醫"者，甚無足憂。弟已決是志，不知先生果不鄙棄弟，紹介名公鉅卿，徘徊盛都大邑，使弟得達是志否？

（12）光緒九年正月二十七日

鹿門尊兄仁大人閣下：昨奉環雲，歡喜無量，臨風雒誦，如見故人。弟回帆香海，已涉深秋，隨即病咳，徹夜不寐，養病穗石，覓醫禪山，鴻爪雪泥，小有留滯。入春以來，患風濕注於四肢，手足拘攣，將成廢人，登山臨水，無望於此生矣。

閣下欲來中土，北歷燕臺，南避粵嶠，何不及弟未死時歌來遊之什乎？江都諸故人想俱無恙，顧皆久不得書，弟有書往，亦置之不答。日月如馳，山川孔遠，相思不見，我勞如何！栗本鋤雲、重野成齋、西尾叔謀、小牧櫻泉，此數君子者，皆弟深相結契，別離雖久，夢寐難忘，

七、致友朋信函

一别三年,並無一字。龜谷省軒兩通尺素,今亦久絕音問矣。墜雨天末,邈焉莫拾,私衷感喟,殊不可任!

今年三、四月間,弟病不痊,當歸泯瀆。貴國駐滬總領事品川忠道,弟素所相識,問弟行蹤,當知所在。香海安藤嘯雲與弟往來尤稔,所結蝸廬,正與彼衡齋衡宇相望。閣下如來,定當追陪遊展,一探名勝。

大著托皇華使館姚文棟寄來,弟並未接到。姚君弟初不識其人。使館隨員,悉皆近時新選,初未嘗盟車笠而投縞紵也。即黎蒓齋星使,知名已久,亦僅在香海一面耳。聞譯員梁緝堂在東京,其人則粵籍,爲弟舊交,托作寄書郵,當不蹈殷洪喬故事也。春寒,伏冀爲道自重。王韜拜手。癸未正月廿又七日。

(13) 光緒九年二月十五日(1883年3月23日)

鹿門尊兄仁大人閣下:前奉手畢,已有復函從郵筒寄呈,亮邀澄鑒。大著三篇,茲寄交佐田白茅先生處,令刊入明治文詩中,傳示遐邇,以爲矜式。

所托使館姚文棟寄來大著《尊攘紀事》《涉世偶筆》,至今未來,想已作洪喬故事矣。如見姚君,乞爲催之,須問其在何處轉遞,方有着落。弟恐眼福薄,故不能先時快睹耳。

文旌西邁,何時可來?殊令人望眼幾穿矣。弟入春以來,陡患風濕,注於四肢,動履維艱,深恐手足拘攣,將成廢人,登山臨水,無望於此生矣。遯跡天南廿有二年,行將息影敝廬,歸骨先壟,狐死枕丘首,仁也。

此間陰雨浹月,春寒逼人。伏冀餐衛適時,爲道自愛。吳郡弟王韜頓首。癸未二月十五日。

(14) 光緒[十年]八月初八日[1]

岡鹿門先生大人清鑒:今日得暢談,快甚。奉上拙著《弢園文錄

---

[1] 信中提到與岡鹿門會面,查得光緒十年八月初七日王韜寫《送岡鹿門遊京師序》岡鹿門於1884年(光緒十年)到上海與王韜相見。又,信中還提及送給岡鹿門《弢園文錄外編》,此書於光緒九年在香港出版。根據以上分析,此信當寫於1884年(光緒十年)。

外編》五册,祈察收。文旆回滬,當煮酒情話也。此上,即請午安。愚小弟王韜頓首。八月八日。

附：王韜所作序、跋(三篇)

① 送岡鹿門遊京師序(光緒十年八月初七日　1884年9月25日)

日本鹿門先生,今之豪俠士也。少有用世志,好讀經濟書,上下千古,意氣激昂,時爲天下畫奇計,灑灑成議。值幕府歸政,維新初建,君於危疑震撼之交,節行益著,檄朝下而夕行,慷慨就道,絶無難色,卒排羣議,有所建立。其有不得行其志者,天也。平居尤留心史事,捃拾前後事實,成一家言。曾築野史亭於家,閉門授徒,曉以大義,及門多幹材。近年隱居東京,以書史自娛。余於己卯春作東瀛之遊,始識於忍岡,辱投縞紵,往來無間。每見抵掌劇談,輒及軍國大計。君以一書生,欲與諸朝貴爭獻納於大廷,其志可謂大矣。余獨惜其不能見用於世也,然先生浩然之氣,不以是少衰也。

先生常有西行之想,意將南極粵嶠,北抵燕郊,瞻皇居之壯麗,攬都邑之崇閎,所至盡交其賢豪長者。此約已五年,而今日始得一踐也。先生發程之始,知余已回吳中,乃改道滬瀆,冀得先見顏色。交友之誠,如先生者,蓋亦罕矣。先生既至,買舟遊蘇杭,又至稽山鏡水間,訪朱舜水之後裔,與之留連往復,誠可謂好事者矣。繼賃西湖僧刹,安頓琴書,將爲消夏計。乃法人跋扈,風鶴頻驚,滬上友人,以書促之,匆匆遄返,吳越諸名勝,未及一遊也,先生亦啞然自笑矣。

今將往遊京師,冀有所遇。燕趙古所稱多慷慨悲歌之士,屠沽走販皆英雄也。先生往,當必能物色得之。余老矣,年來多病頽唐,日事閉關習静,百步之外,嗒然若喪,不能從先生一行,用慨然也。

書此以送先生,冀先生之必有所遇也。光緒十年甲申秋八月七日,天南遯叟王韜拜手謹序。

406

七、致友朋信函

② 宮島栗香《養浩堂詩集》跋（光緒五年六月下旬）

光緒五年己卯夏六月下旬，余遊日光山回，甫解裝，即謀歸棹。顧諸同人委校詩文，堆案如山積，而余亦以感受山中寒氣，宿疾陡發，因是暫緩西行，杜門謝客，藥爐茗碗，日事靜攝。稍閑，仍力疾從事於鉛槧。

宮島栗香先生《養浩堂詩》前後共四册，綜而讀之，始知其全。大抵先生之詩，祖[1]《風》《騷》，中溯漢魏，下探唐宋元明諸家，莫不討流窮源，而吸其神髓，於古樂府尤能心領而意會。故其所作，言簡意賅，節短韻長，駸駸乎有古音焉。日東詩人，可推巨擘。

惟予謂，日詩門徑，至今日而大開。自明之季朱舜水東來，詩教始盛，然爾後所刻諸名家詩，惟五七絕可誦，律詩已病其未諧，古風則絕無能手。即偶有奮然而爲之者，終不免秦武王舉鼎絕臏之患。逮乎近代作者，始知其弊。於是專肆力於三唐兩宋，遂足與中土爭長。余始見龜谷省軒七古，戛然異人，爲之讚歎不置。今睹栗香先生作，益知此事自有健者。然則詩教之興，於今爲烈，不益信乎。余日與東國諸君子交接，時得讀其詩文，而竊幸人才之薈萃於斯也。余何人，而得躬逢其盛耶！因跋栗香詩而附及之。吳郡王韜。

③ 小野長願《湖山近稿》序（光緒六年三月下旬）

小野伺翁徵君，今之詩人，亦畸士也。歲在丁丑，寺田望南寄余東人著述十數種，内有《湖山詩集》，余讀而好之，以其人爲古之人也。去年閏三月遊東瀛，小住江戶，集於不忍池上長酡亭，得見徵君，清臒古顏，道氣迎人。既通姓名，乃知即爲《湖山詩》者。杯酒從容，筆談往復。明日即介龜谷省軒，持其近稿續集見示，於是始得盡讀徵君平生之詩。

徵君於詩，用心甚深，而致力甚專，自壯至老，無一日不吟，而其境遇之崎嶇，遭逢之困頓，畏讒懼謗，遘亂罹憂，蓋極詩人之

---

[1] 祖，疑漏一"上"字，當爲"上祖"。

窮,宜其詩之立也。晚年朝廷知其才,特起之於家,俾爲文學侍從之臣,用備顧問。人方冀其刻畫金石,黼黻隆平,以鳴國家之盛,而翊贊維新之治。乃列朝班,不過十旬,即已飄然遠引,歸里養親。嗚呼！此非所謂難進易退者耶？人於是服徵君之高,不知徵君秉性恬淡,辭榮樂道,守約安貧,不訑於富貴,不役於功名,不歆於利祿,其素所抱負然也。才氣橫溢,天骨開張,力厚而思沈,理精而學邃,味淡而境幽,非尋常作詩者之詩也。而其尤不可及者,則徵君之品也。徵君於詩派源流,不名一家,而一展卷間,即知其爲湖山之詩,則以有真性情寓乎其中也。因其詩,知其人而兼可論其世,徵君之詩有焉。此森君春濤之所評也。洵知言哉！

徵君既挂冠,遂初服,後又重來京師,卜築三椽,藏書萬卷,優遊泉石,嘯傲煙霞,時與二三故人一觴一詠,結詩酒之會。凡遇月夕花晨,良時勝境,輒寫之以詩,故年愈老而詩愈多。日東之以詩鳴者,推徵君爲巨擘焉。徵君領袖詞壇三十餘年,猶不自滿,而必欲得余一言以爲信。去秋七月,余將去江戶,諸同人設祖帳於中村酒樓,徵君預焉。酒半袖出送行詩以贈別,意致殷拳,復申前請。嗚呼！余素不能詩,亦從不敢以詩人自居,雖言何足爲徵君重！

自回帆香海,迥隔南東,而追想山水之歡,友朋之樂,時形夢寐間。一燈風雨,長夜無聊,把徵君詩讀之,如與晤對。濡墨抽毫,遂作此紙,寫寄徵君,俾知海曲天涯,一段懷人憶遠之思而已。如以弁首,則我敢辭。光緒六年歲次庚辰三月下旬,天南遯叟王韜拜序。

5. 王韜致楠本正隆函[1]

1879年8月21日

敬謹呈上：

《普法戰紀》(每部八本)二部,共十六本。

---

[1] 楠本正隆(1838—1902),日本政治家,1877年曾任東京府知事。1890年在日本第一次大選中被選爲衆議員,後連續四屆當選。1896年封男爵。

七、致友朋信函

《瀛壖雜志》(每部二本)二部,共四本。
《甕牖餘談》(每部四本)二部,共八本。
《遯窟讕言》(每部四本)二部,共八本。
《豔史叢鈔》(每部四本)二部,共八本。
《弢園尺牘》(每部四本)二部,共八本。
《海陬冶遊錄》(每部二本)二部,共四本。
《西青散記》(每部四本)二部,共八本。

右共計拙著拙刻八種,凡十六部六十四冊,今願納之貴國書籍館,以供中外人就讀。若蒙賞收,而以貴國書籍交換之,曷勝幸甚!謹啓。清國吳郡王韜。明治十二年八月二十一日。

東京府知事
楠本正隆大人閣下

6. 王韜致增田貢函[1]

(1) 光緒五年四月初七日(1879 年 5 月 27 日)

岳陽先生大人閣下:昨荷寵招,得飫勝饌,至今齒頰猶香,感謝靡既。閣下抱非常之才,而不以供非常之用。文人失職,烈士暮年,其爲抑塞,初何可言?不佞於此,未嘗不歎造物者不能彌此缺憾也。然而閣下安居泉石,頤養性天,野史亭開,身操筆削,書城坐擁,酒國稱豪,此樂雖南面王不易也。況復梁氏孟光,惟耽道德;鄭家小婢,亦解詩書。一家嫻令,其喜可知。此則又令不佞深羨之,而不能自已也。閣下與弟滄波相阻,而心契潛通,臨風竦企,未面已親,殆江郎之所謂神合者。文章有神交有道,弟於閣下斯近之矣。有暇幸祈過我,同作清遊。肅此,即請撰安不具。愚弟王韜頓首。四月七日。

《清史攬要》弟要購百部或五十部,其實價若干?即祈復我。如購成,弟即欲送至橫濱,寄往香港也。敬俟玉音,服之無斁。王韜。

---

[1] 這裏刊登的王韜與增田貢的來回信函,摘自劉雨珍編校的《清代首屆駐日公使館員筆談資料彙編》(2010 年 12 月天津人民出版社出版)。

附：增田貢復王韜函
光緒五年四月八日(1879 年 5 月 28 日)
　　王公大人閣下：文況台安，嵩賀嵩賀。昨往高軒，坐留三日之香矣。自省失待亡狀，卻辱懇懇德音，汗赤何言。僕伏櫪已久，偶瞻閣下駃騠之逸才，而懦骨聳動，再生千里之志，何其快也。深感閣下值遇之恩，將結草報之。今辰賜教，將登龍門，而雲雨忽起，遂阻不果。近當拜惠，謹奉清遊之命。顧館人無堪慰藉者。有暇之日，頻頻往顧是祈。劣弟增田貢頓首敬復。

(2) 光緒五年四月初十日(1879 年 5 月 30 日)
　　岳陽先生大人：即請崇安。頃接瑤函，敬悉。書一事，緩一刻即有後命。此復。愚弟王韜頓首。

(3) 光緒五年四月十一日(1879 年 5 月 31 日)
　　岳陽先生大人閣下：終日栗六，竟無暑刻之閑，在己亦不知其何事。侵晨未起，即有叩門求見者，刺入而人至，殊不相識。折腰作禮，意殊謙恭，又不得不命之坐。於是磨墨濡毫，筆談刺刺不休，殊令弟衣不得著，面不得盥。久久辭去，意似少舒，而絡繹來者，仍復不絕。自出遊外，罕一人靜坐觀書者，殊覺厭苦。大著百部，謹如命。其價值百二十元，由栗本鋤雲處措繳。其書即祈遣人送至報知社。弟明日准午後遷至社中矣。大著讀過，欽佩奚似。容弟少暇，當寫一二詩文奉呈台鑒。專此。即請撰安。愚少弟王韜頓首。四月十一日。

(4) 光緒六年二月二十二日(1880 年 4 月 1 日)
(增田貢記：四月一日八百松樓高會，重野安繹交付王仲弢之信。)
　　送呈增田岳陽先生台啓　紫詮道士手緘
　　前書寶劍齋，因索《寶劍篇》。

七、致友朋信函

自言：此劍製自名人手，流傳至今九百年。
　　　寒芒高射牛斗外，夜夜齋中發光怪。
　　　昇平此物非用時，徒自炫鬻殊足戒。
　　　脫匣出示利無儔，其氣肅殺天爲秋。
　　　平生恩怨不快意，借我請斬仇人頭。

《寶劍篇》寫贈增田先生雅正。長洲王韜。

7. 王韜復宮島誠一郎函[1]

光緒五年五月十二日（1879年7月1日）

弟王韜頓首。耳隆名久矣，特未一見耳，瑤札下頒，獎譽過當，何當！弟明日有橫濱之行，後一二日，當造高齋作清譚也。此復宮島先生史席，即請文安。陽曆七月一日。

附：宮島誠一郎致王韜函

光緒五年五月十二日（1879年7月1日）

謹啓王紫詮先生：久仰高才。梅霖放晴，暑候已至，想貴履安綏，可賀可賀！僕竊聞貴邦方今碩學鉅儒，名聲藉甚，在北京則俞曲園，在江南則先生其人。及讀尊著書《普法戰記》，深歎其文才富贍，學識宏博，果知其名不誣，洵是一代名士。僕久希一瞻道範，何料乘槎東來，心爲之怳然。重野成齋，余積年學友，頃聞先生寓居彼宅，余適浴伊香保溫泉，數旬不在家，爲欠倒迎，請恕！余幼時有文字之癖，但家貧不能買書，且僻鄉乏師友，僅學小詩而已，到大文章，則未能窺其門。及漸壯，國家多故，東西奔走，投筆十有餘年，遂不成一技。方今遭聖代，會中東兩國同盟，

---

〔1〕這裏刊登的王韜與宮島誠一郎的來往信函，摘自劉雨珍編校的《清代首屆駐日公使館員筆談資料彙編》（2010年12月天津人民出版社出版），根據《近代中國》雜誌第九輯（1999年6月1日出版）鄭海麟輯錄的《王韜遺墨》作了校對，文中個別錯字、漏字作了訂正。宮島誠一郎（1838—1911），字栗香，又名宮島久吉，日本明治年間官員，後爲貴族院議員，積極與中國首屆駐日使團交往，涉及中日間重大外交問題，宣導中日同盟。他精通漢詩漢文，推崇孔孟之道。

星使來歡，余與何、張二公，黄、沈二君，辱交最厚，今又遇先生，可謂奇矣。昨托沈君以拙著詩稿，特恐才識短淺，來方家之笑，幸希提撕評閲，能有教則永以拜君之賜。筆不盡意，臨風結想，神馳文安，即頌日祺。己卯七月一日。

附録一　王韜簡歷

道光八年(1828年)1歲
　　十月初四(11月10日),出生於蘇州長洲縣甫里村(今江蘇省蘇州市甪直鎮),原名王利賓,字蘭瀛。父親王昌桂爲塾師,母親朱氏有文化。

道光十六年(1836年)9歲
　　入讀本村施氏書塾。

道光十九年(1839年)12歲
　　隨父親去吴村讀書。

道光二十二年(1842年)15歲
　　回甫里,入青羅山館讀書。

道光二十三年(1843年)16歲
　　秋,赴新陽應縣試,補博士弟子員。

道光二十五年(1845年)18歲
　　應試昆山,得一等第三名,入縣學中秀才。

道光二十六年(1846年)19歲

父親應邀到上海設館授徒,王韜代父去錦溪任塾師。

秋,赴南京參加鄉試,未中。

冬,與舉人楊儁第三女楊保艾結婚。婚後由錦溪返鄉甫里。

妻兄楊引傳,號醒逋,秀才,後爲王韜往來最密切的親屬。

道光二十七年(1847年)20歲

父親到上海墨海書館工作,這是英國倫敦會辦建的出版機構,由英國傳教士麥都思負責,以翻譯西方宗教宣傳品爲主,兼譯一些西方科技書籍。

冬,生一女,名婉,字茗仙。

道光二十八年(1848年)21歲

正月半前後,到上海探望父親,參觀墨海書館,拜訪傳教士麥都思、慕維廉等,對西方的宗教和科學文化有所認識。

道光二十九年(1849年)22歲

六月,父親病逝。

九月,應麥都思聘請到上海墨海書館工作,助譯西方宗教和文化書籍。改名王瀚,字子久,號蘭卿,在墨海書館工作了十三年。

道光三十年(1850年)23歲

春節後接妻女到上海居住。

六月,與麥都思一起翻譯的中文《新約全書》出版。

九月,妻楊保艾病逝。

咸豐元年(1851年)24歲

十月,將母親與弟弟接到上海一起生活。

咸豐二年(1852年)25歲

五月,介紹數學家李善蘭入墨海書館工作,與傳教士偉烈亞力一起翻譯歐几里得《續幾何原本》等西方數學書籍。

與舉人林益撫養女林琳結婚。

咸豐三年(1853年)26歲

介紹江蘇寶山文人蔣劍人入墨海書館工作,與慕維廉一起翻譯《大英國志》。王韜與蔣劍人、李善蘭成爲莫逆之交,經常一起喝酒唱和,議論時政。

咸豐四年(1854年)27歲

正式接受洗禮,成爲基督教徒。

次女生,名嫻,字槭仙,是個啞女。

咸豐五年(1855年)28歲

其弟王利貞回甫里,結婚成家。

咸豐七年(1857年)30歲

協助偉烈亞力創辦中文月刊《六合叢談》,刊登中外新聞,宣傳宗教,也傳播一些科學知識,王韜任中文編輯,一年多後停刊。

咸豐八年(1858年)31歲

與英國傳教士艾約瑟合譯《格致西學提綱》。

在墨海書館工作十三年間,除了先後與幾位傳教士合譯書籍以外,還撰寫《泰西著述考》等。

咸豐十年(1860年)33歲

八月,其弟王利貞病故。

同治元年(1862年)35歲

正月初四(2月4日),化名"黃畹",向太平天國將領劉肇鈞上書獻策,論證太平天國當時所面臨的大局,論述如何攻取上海,並請轉呈忠王李秀成。不久事發，被清廷通緝，後攜妻女住進英國駐滬領事館避難。

閏八月十一日（10月4日），隻身搭乘英國郵輪"魯納"號，秘密離開上海，前往香港。

閏八月十八日（10月11日），到達香港。因爲慕維廉事先寫信介紹，王韜下船後即住進英華書院，受聘於院長英國傳教士理雅各，從此改名王韜，字紫詮，號天南遁叟。就此在香港僑居，長達二十三年。

十二月初八日（1863年1月26日）妻子林琳偕二女王婉、王嫻，從上海搭乘貨輪來到香港。

同治三年（1864年）37歲

譯畢《毛詩集釋》30卷，深得理雅各贊賞。

撰寫《火器略說》《鐵甲戰艦圖說》等介紹西洋科技的書籍。將《火器略說》一書向丁日昌呈覽。

同治六年（1867年）40歲

十一月二十日（12月15日），受理雅各邀請，登輪動身前往英國，途經新加坡、檳榔嶼、蘇門答臘、馬來亞、錫蘭、義大利等地，抵達法國馬賽，再乘火車到巴黎。一路上考察民情，憑弔古跡，到了巴黎更覺眼界大開。最後來到倫敦，見到前來迎接的理雅各，一起到蘇格蘭。

同治七年（1868年）41歲

長女王婉嫁吳興秀才錢徵（字昕伯，1874年起爲上海《申報》總編）。

同治八年（1869年）42歲

十二月初四日（1870年1月5日），啓程回香港。在英國游歷兩年多期間，與理雅各合作翻譯了中國《詩經》《禮記》等經典，自己撰寫了《春秋日食辨正》等著作，還應邀在牛津大學、愛丁堡大學作了關於中國文化的演講。

附錄一　王　韜　簡　歷

同治九年(1870年)43歲

三月,回到香港。

從英國回到香港以後幾年中,除了與理雅各合作翻譯中國古籍經典《詩經》等外,自己還撰成《法國志略》和《普法戰紀》。

同治十一年(1872年)45歲

理雅各回英國牛津大學工作。王韜與同人集資買下英華書院的印刷設備,創辦了中華印務總局,首先出版了自己的《普法戰紀》。

同治十二年(1873年)46歲

十二月十八日(1874年2月4日),創辦第一家中國人自辦日報獲取成功的中文報紙《循環日報》,宗旨爲"變法自強"。王韜任主編、主筆達十年之久,先後發表了800多篇的政論文章。

光緒元年(1875年)48歲

《甕牖餘談》《遯窟讕言》在上海《申報》館出版。《瀛壖雜志》在廣州出版。

光緒二年(1876年)49歲

《弢園尺牘》八卷在香港中華印務總局出版,收錄王韜致親朋好友的信函,後來幾次補充重印。

光緒三年(1877年)50歲

長女王婉病逝。

光緒五年(1879年)52歲

三月十六日(4月7日),乘英國郵輪從香港赴上海。在船上結識上海輪船招商局會辦徐潤。

回上海後,住在徐潤的未園,第一次見到盛宣懷,後來兩人一直密切交往,王韜得盛宣懷資助甚多。

到故鄉蘇州甫里訪舊。

閏三月初九日(4月29日)，應寺田望南邀請，從上海出發，登輪赴日本作東瀛之遊。他周遊各地，考察了東京、大阪、神户、橫濱等城市，遍交賢士大夫，先後接觸六十餘人，共同討論中西文化，得到日本文化界的好評。在東京還謁見了清廷駐日大使何如璋、副使張斯桂、參贊黄遵憲等。

七月十四日(8月31日)回到上海。東渡日本歷時四月有餘，撰寫《扶桑遊記》一書，記載了對日本政治、經濟和文化的考察分析。

八月初一日(9月16日)乘船回香港。

光緒六年(1880年)53歲

五月，撰寫《弢園老民自傳》，列舉自己已經寫就的著作《弢園文録》《蘅華館詩録》《弢園尺牘》等有22種。

秋，肺疾加重，咳嗽氣喘，夜不能寐。

十一月，第二次刻印《弢園尺牘》十二卷，中華印務局出版。卷末加上《擬上合肥相國書》。

冬，又患目疾，不能看書寫作。

《扶桑遊記》在日本出版，但比原稿删去較多，王韜很不滿意。

光緒七年(1881年)54歲

春，疾病有所好轉。

夏，致信馬建忠。秋，與馬建忠在香港會面。馬建忠回天津後，王韜再寫信，再一次請他在李鴻章面前爲自己説情，"從容委屈言之"，因爲"久病思歸，以正丘首"，表達了思戀故鄉之情。

光緒八年(1882年)55歲

正月，丁日昌去世，曾與王韜多有來往。

四月，來上海，再去蘇州、甫里老家。

七月中旬前後，又回到香港。

光緒九年(1883年)56歲

春,陡患風痺,四肢不能動彈。

四月,又來上海,再去蘇州、甫里老家。連着兩年從香港回故鄉,他下決心準備結束在香港的流亡生活。

八月中秋前,回到香港。

秋冬之交,舊病復發,氣促且逆,夜不能寐。

十月初一日,赴廣州求醫,一個月後又到禪山養病。

十一月中旬,回到香港。

《弢園文錄外編》八卷在香港出版。

光緒十年(1884年)57歲

正月,復江西巡撫潘霨(字偉如,是王韜的同鄉)信,感謝他的知遇之恩,但婉言謝絕去做幕僚的邀請。

三月初,在盛宣懷、馬建忠等人幫助下,得到李鴻章的默許,王韜與家人一起回到上海,結束了在香港長達二十三年的流亡生活,住在滬北淞隱廬。後被聘爲《申報》主筆。

三月初八日,在《申報》發表《甲申春暮自粵歸吳,誌感四首》詩,內有詩句:"不爲海外長征客,暫息淞濱小隱身。""欲歸甫里是吾家,皮陸高風尚足誇。"可能他本來想回到故鄉甫里定居的(他第二年四月十三日給謝綏之等人信裏也有此意),但是由於種種原因,後來在上海定居了,一直到去世,長達十四年。

四月十日,附屬於《申報》的《點石齋畫報》創辦,每旬出版一期,由吳友如主編。從下半年起,每一期刊登王韜創作的聊齋式短篇小説集《淞隱漫錄》中的一篇,配圖一幅。

四月二十日,致信盛宣懷,感謝他在招商、電報二局中讓自己挂名文案工作,説對脩金多少並無奢求,但又懇請盛宣懷在李鴻章處代言,是否能在津海關道再挂一文案虛名。

閏五月二十三日,在《申報》發表一首詩《閒居感事,即用〈春暮自粵歸吳〉原韻四首》,內有詩句:"立功自信千秋業,報國猶存百戰身。"表達自己從香港回來以後"老驥伏櫪,壯心不已"的情懷。

八月，日本寺田望南、岡鹿門等友人來中國考察，特地到上海與王韜見面。

九月，自本月起，盛宣懷每月從招商局經費中給王韜二十元，另從電報局公款内每月也給王韜脩金。

光緒十一年(1885年)58歲

正月，創辦弢園書局，以木刻活字排版印刷，準備出版師友及自己的著作。廣東水師提督方照軒軍門寄來五百圓，盛宣懷、張曜等也陸續寄錢作爲資助。王韜把德國康貝著《陸操新義》一百部，以及自己的譯著《火器略説》一起寄給方照軒，作爲軍隊的教科書。書局還陸續出版許壬瓠的《珊瑚舌雕談》、蔣敦復的《嘯古堂詩集》、馮桂芬的《校邠廬抗議》、嚴九能的《娛親雅言》等書籍。

二月，回故鄉甫里，遊玩蘇州。王韜從道光二十九年(1849年)離開家鄉，在國內外奔波忙碌了幾十年後，他在給謝綏之等幾位友朋的信中都作如此感歎："卌年羈客，萬里歸人，而今而後，庶幾伏而不出矣。"

四月二十七日，回到上海。

秋，出任格致書院山長，推進西方科學技術傳播，培養實學人才。

致信上海道臺邵友濂，表示自己辦好格致書院的信心，並爭取得到地方政府的支持。第二年，王韜推行新的教學方法，請高級官紳結合實務爲格致書院出課藝考題，邵友濂積極回應，第一個出了文章題目。他給學生的文章審閲評定以後，給優秀者"於正獎之外複有加獎，特捐廉俸，加惠士林"，王韜非常感動，在《申報》發文讚美："邵廉訪樂育人材，無微不至，説士若甘，愛才如渴，宏獎風流，扶輪大雅。"

光緒十二年(1886年)59歲

春，提倡格致書院請鋭意洋務實業的李鴻章、盛宣懷等高級官紳出課藝考題，文章題目大都是關於西學新知的内容，學生論文優秀者可以得到一定獎金。從此每年四季舉辦考課，後來春秋兩季還有特課，學生參加者非常踴躍。王韜把每年的優秀論文彙編成册，印刷出版。每一篇文章除了出題的官紳有評語外，王韜還進行加評。後來他向盛宣懷推薦過格致書院學生鄒瀚飛、葉瀚等人。

六月，《重訂普法戰紀》一書由弢園書局刻印出版，在原來的十四卷基礎上，補充了許多內容，增至二十卷。

不久，弢園書局因缺乏資金而暫時停辦。王韜想以賣書之資來繼續刻書，給盛宣懷、伍廷芳等寫信送書，並請幫助推銷書籍。

光緒十三年（1887年）60歲

四月，又回蘇州、甫里。

夏，盛宣懷第一次為格致書院出課藝題目，關注到文章得第一名的鍾天緯。經王韜推薦，鍾天緯到煙臺，在盛宣懷的手下參與洋務活動。

日本友人岡鹿門將其所著《觀光紀遊》三十部寄給王韜，托他在中國代售。王韜也將自己的著作寄往日本，托岡鹿門代售。

七月，除了原來從招商局、電報局公款內按月各給王韜二十元外，盛宣懷再從自己公款內每月給王韜二十元。

十月，山東巡撫張曜函邀王韜明年二月去山東濟南會面。

年底前，上海人文書局出版《弢園尺牘》十二卷，這是該書第三次擴版重印。

光緒十四年(1888年)61歲

從光緒十三年除夕夜開始感冒風寒，引起喘疾、肝疾並發，以致夜不能寐，危坐達旦。發病長達四旬。本擬二月去山東，因病不能成行，一拖再拖。

二月十二日，日本人岸田吟香在上海發起成立玉蘭吟社，王韜等十一人參加，第二天又在徐園聚會。

九月初，從上海乘船出發去山東。先到芝罘（即煙臺）拜見盛宣懷，小住幾日。九月十一日從煙臺走陸路再出發，十天後到達濟南張曜處。在濟南住了一個多月，從陸路返回，於十一月二十七日到達上海。王韜山東之行，首尾近三個月。

從山東回滬後，可能因爲旅途勞頓，所以驟患腸紅，又發肝疾，服藥百裹，終罔見效。王韜每每在病中强撑着校讎自己還未出版的書籍。

光緒十五年（1889年）62歲

正月，兩次寫信向盛宣懷介紹日本人岸田吟香，説他"人極誠實，凡東國有疑難，多可訊問"。"如鼓鑄銀錢之事若成，擬招工匠，並仿照一切規模，彼可承辦。""倘肯代爲，必不有一毫侵漁浸潤其間也。"

七月下旬，出版《弢園著述總目》，列舉了自己已刻書目十二種，未刻書目二十四種。《弢園著述總目》以《弢園醵貲刻書啓》作爲序言，表示要重新設立弢園書局，繼續把友人和自己未刻的著作出版面世，所以想以股份的形式醵資刻書，每股二十五元，自一股至二十股，購買各隨其意。

下半年，在友人支持下，王韜的《重訂法國志略》《弢園尺牘續鈔》等多種著作得以出版。

八月初，搬家到南懷仁里，係花三千元買的房子。

九月，張之洞兩次從廣東發來電報，約請王韜編譯《洋務叢書》，王韜初以身體欠佳而婉拒，後張之洞再發超長電報懇邀，王韜應允。

十一月左右，王韜妻兄楊引傳去世。

光緒十六年（1890年）63歲

閏二月，《洋務叢書》已編譯好《商務》一門。擔任翻譯的是英國人傅蘭雅和布茂林。

四月底，經人介紹，王韜買了一位名叫阿福的十五歲妓女作小妾，没想到她不到四個月卷包逃走了，王韜被騙去五百大洋。

秋，王韜被聘爲《萬國公報》特約寫稿人，從該年第21冊起，直到他去世前一年即光緒二十二年（1896年）第89冊爲止，幾乎每一册都有他撰寫的文章。

十月，醵資刻書已新出版十二種，包括《西學輯存六種》《蘅華館詩録》等。

十月二十日，函介日本人中村雄助到煙臺去見盛宣懷，説他"精於電氣之學,善製電碗,價廉而物美,前曾效力於左右","中村製作實不減於泰西,且過之無不及也"。

十二月,盛宣懷邀請王韜主持編譯洋務書籍,並寄來一百元譯資。

光緒十七年(1891年)64歲

四月,替盛宣懷譯西洋商務書籍已完成五卷,謂"皆撮取其精華,近今談商務者所未有也"。

七月,《洋務叢書》已"草創甫就,尚須補輯,加以潤色"。

光緒十八年(1892年)65歲

下半年,《洋務叢書》初次改本,陸續交稿,共有一百多本。封面上的標題、日期、批語等均為王韜親題。其中《軍制門・泰西各國軍制五》封面上,王韜寫道:"壬辰八月十有四日,天南遯叟力疾讎校一過,頭目眩暈,幾不能支。"但是,由於張之洞對此書不滿意等原因,這部皇皇巨著沒能出版。

光緒十九年(1893年)66歲

年初(也可能是去年年底),將在今年(1893年)5—10月舉行的美國芝加哥紀念哥倫布發現美洲新大陸400周年的世博會正副兩位董事,皆有書信邀請王韜去參加,王韜因為年老體衰,擔心經不起長途跋涉的勞頓,沒去。美國邀請王韜,很可能是去年四月初五日(5月1日)《申報》刊登王韜所撰《哥倫布傳》一文,六月(7月)《萬國公報》第42冊全文轉載,文章後還附有英國傳教士、漢學家艾約瑟撰寫的跋文。

春,李鴻章給格致書院課藝春季特課文章優秀的學生共發三百二十五元之多,王韜高興地寫信給盛宣懷:"肄業諸生異常踴躍,特課卷竟將盈百,西學振興,當必不遠。"

六月,致信盛宣懷,求他幫忙將自己的外孫錢大受安置進上海輪船招商局,"得一啖飯處"。

七月中旬,喘疾復發,臥床不起數月。

八月,致盛宣懷信中提出,因年老體衰,"格致書院山長一席,韜明年意欲力辭不就",後來在好幾封信中一再表達此意。

十月,王韜孫子從璆結婚,有兩個地痞流氓來搗亂砸場,幾經危殆,王韜被打受傷,幸虧謝綏之調停,才獲有轉機,婚禮得以舉行。兩個星期過去了,王韜手還不能握筆。

光緒二十年(1894年)67歲

二月初七日,致盛宣懷信中再次請求"欸助以讀書之貲,鈔書之費,從招商、電報兩局,增益其數,按月致之,俾得壹志潛修,從此當閉户不交一客矣"。後來,盛宣懷答應了王韜的請求。

二月二十六日,英國傳教士李提摩太與王韜會晤,告以已集得獎金五百金,今年鄉試時他有五個題目,讓各省士子撰文,給列前茅者發獎,如此"必有巨製鴻篇發揮義蘊,中國得以臻于富强,不徒托之空言"。還請王韜代他感謝盛宣懷資助廣學會四十金。

五月,與孫中山在上海見面,爲孫修改《上李鴻章書》,並致信友人羅豐禄(在李鴻章幕府作文案),介紹孫中山前去見他,請他轉交這份上書,並設法引薦孫中山拜見李鴻章。由於甲午戰爭即將爆發,此事未果。

六月,中日甲午戰爭爆發。王韜對清軍節節敗退十分痛心,"每得一音,輒欲拔劍斫地,把酒問天,而至於擊碎唾壺也"。旅順口清軍全軍覆没,王韜極度憤怒,"中國非無兵衆,非無器械,非無險阻,惟志在一走,則一切皆不可恃",表達了强烈的愛國之情。

十月,告訴盛宣懷,在城西買了房子"畏人小築"(即城西草堂),等裝修好搬進去以後,"將閉户以勘書,取生平所作,寫成定本"。

十一月,致信謝綏之,述及集資刻書,覺得原定每股二十五元太貴,改成每股十元,先送書一份,買書打七折。

光緒二十一年(1895年)68歲

八月,與康有爲在上海見面,對他的維新變法思想和行動表示大力支持。陪同康有爲參觀格致書院,並作詳細介紹。

八月二十六日,致信盛宣懷,就中日戰爭失敗簽訂馬關條約發表自己看法,呼籲:"今日和議已成,所以爲善後計者,率以變法自強爲第一著。"

九月,女婿錢昕伯中風,其《申報》工作被迫停止,後來一直沒有康復,耳又重聽,目復昏眊,幾成廢人。

光緒二十二年(1896年)69歲

年初,組織人員爲盛宣懷抄錄此前張之洞委託王韜編譯的《洋務叢書》(又名《洋務輯要》)等書籍。

三月,城西草堂裝修完畢,雖"心力交瘁,惟明窗净几,尚可盤桓,種樹栽花,聊自怡樂"。門前室內王韜題寫了多副楹聯。

四月二十五日,移居城西草堂。

五月,介紹美國傳教士林樂知父女給盛宣懷作家庭英文教師。

九月,老病復發,臥床不起數月,甚至手不能寫字,讓人代筆寫信。

十二月,身體有所好轉,雖已能出門,但不敢走遠。

光緒二十三年(1897年)70歲

四月二十三日(5月24日),在上海病逝。

附錄二 人名索引

A

阿爾生(挪威) 238
阿樂(日)樂 286—288,291
阿廬力士託德爾(希臘) 50
阿幸(日) 288
阿藥(日) 284
愛立生(英) 395
愛那(英) 394,397,398
安藤嘯雲(日) 405
岸田吟香(日) 岸君吟香
　261,310
奧羽(日) 213

B

八户宏光(日) 宏光 272,273
八詠樓主人 254
白昂 149

白蘭(美?) 324,325
白乃孚(比利時) 白乃富 319
白少傅 白居易 231
班超 82
班固 孟堅 130,292
般輸 342
寶琴 372
寶珠 268,271,355
寶竹坡 150
鮑爵帥 鮑超 111
鮑德麟 208
鮑巧雲 345,380
鮑叔牙 鮑叔 叔牙 鮑子
　309,313,320,333,349,370
鮑叔衡 193
北條鷗所(日) 195,196
貝根(英) 50
俾斯麥(德) 102

附錄二　人名索引

彼得羅（俄）　102
扁鵲　79
伯顏　291,292
伯夷　133,135,136,288
補樓　387
布理乃爾（德）　93
布倫斯（德）　101
布茂林（英）　360,395

C

蔡和甫　和甫　206—208,237
蔡牽　18
蔡邕　271
蔡玉季　237
蔡鍾駿　208
蔡紫黻　33,237
倉頡　85
曹縵雲　339
查理第一（英）　101
查理第二（英）　101
懺情侍者　188,194
懺素庵主　312
長岡護美（日）　402
朝雲　289
車善呈　45,51,62
陳長庚　244
陳福　351
陳後主　101
陳悔門　202
陳見山　156

陳節母　177
陳恪勤　301
陳琳　401
陳平　21
陳蓉曙　131
陳同　279
陳湘蘭　334
陳湘雲　小陸昭容　332,334
陳孝女　孝女　花桂林　255—258
陳堯佐　149
陳翼爲　90
陳愚亭　206
陳宇山　225
陳玉麟　239
陳喆甫　陳明遠　200,202,392
陳執中　149
陳竹香　206
陳子山　155
成都周君　257
成富穆甫（日）　穆甫　291,292
程炳南　378
程步庭　197,219,221
程昌齡　48
程昉　149
程福姑　李鳳寶　阿福　330,336,368,377,378
程起鵬　45
程廷傑　62
程瞻洛　54,59

427

池田(日)　273
觸武　燭之武　321
儲桂生　88
川田甕江(日)　287
闖賊　李自成　132
醇賢親王　122
從珍　349,381
崔護　271

D

達文(英)　50,130
大梅(英)　394—397
德璀璘(德)　386
戴宏正　193
鄧肅　87
丁蘭生　245
丁日昌　丁雨生　233,320,367
丁韙良　360
定安　111
董狐　189,194
董琪　69
董琴琛　258
董文敏　301
董卓　21
杜牧　杜樊川　樊川　248—250,279,281,288
杜韋娘　287
渡邊洪基(日)　402
多正訥(日)　292

E

厄德伯(英)　101

F

法顯　251
樊素　189,289
范迪簡　208
范喬　188
范蜀公　245
方苞　望溪　292
方棣生　230
方干　264
方銘山　300
方星甫　蘭庭逸史　222
方照軒　198,218,297,300,306
啡哩特第二(德)　101
啡哩特威廉第三(德)　101
費理伯(法)　93
奮林(英)　323—325
馮桂芬　馮景亭　228
馮耕三　193
鳳琴　256
伏羲　21
福島行治(日)　402
富弼　104
富得力　120
傅蘭雅(英)　34,55,88,313,338,368,395

附録二　人名索引

G

岡千仞(日)　岡鹿門　鹿門
　　鹿門山人　振衣　天爵　190,
　　192,209,210,213,275,284,
　　288,295,370,398—406
高蜀州　高適　231
高陽酒徒　174
高詠之　202
皋陶　87,133,135,136
戈登(美)　160
哥羅咮(法)　102
葛道殷　39,48
葛士濬　葛子源　葛季源
　　312,313,327
工倕　138
公明宣　134
公孫度　18
宮島誠一郎(日)　宮島栗香
　　272,295,407,411
宮脅通赫(日)　62,248
龔景張　358
龔雲藻　43
龔照瑗　龔仰蘧　37,41,43,
　　51,301,310,311,397
共鼓　138
顧阿瑛　328
顧采玲　顧采苓　顧彩林
　　332,334,339
顧蔣氏　蔣銀大　155

顧蘭蓀　309,327,336,337,339
顧松泉　155
顧炎武　顧亭林　85,128
顧子山　326
管夷吾　管仲　管敬重　夷吾
　　管子　仲父　74,75,143,280,
　　349
歸有光　震川　292
龜谷省軒(日)　省軒　273,280,
　　405,407
郭子章　279
鯀　110

H

哈來忒(英)　94
海力參(英)　94
韓昌黎　韓愈　昌黎　韓退之
　　文公　76,129,130,238,244
韓通　149
漢高祖　漢高帝　100,107
漢惠帝　100
漢塞爾(西人)　140
漢文帝　100
漢武帝　21
漢宣帝　163,171
和珅　283
何桂笙　高昌寒食生　176,185,
　　212,213,236,387—389
何如璋　子峨　204,272
河汾　王通　129,130

赫君（英） 赫德 3,126,181
横山孫一郎（日） 402
蘅閣内史 289
胡安定 87
胡寶玉 327
胡公壽 198
胡家鼎 76,80,263
胡九皋 208
胡銓 230
胡鐵梅 363,365—367
胡永吉 71,77,80,259
胡燏芬　胡芸楣　胡雲楣 48,
　59,229,310,311
胡芸台 318
華爾（美） 160
華國盛 44
華國治 55
華佗 79
華陽范君 257
桓寬 16
黃霸 21
黃春甫　春甫 174,175
黃帝 21
黃健庵 367
黃夢畹　夢畹　申左夢畹生
　黃式權　畹翁 190,261—
　263,324,375
黃潤璋 72
黃珊林 245
黃勝 395

黃世榮 208
黃瘦竹 180,190
黃天河 130
黃遵憲　黃公度 213,228,272,
　274,275,281,284,344
懷得海（英） 122
惠施 313,333
貨狄 138
霍光 21

J

嵇叔夜　叔夜　嵇康 68,69,
　330
吉利豐（法） 151,152
吉田正春（日） 402
季孫 365
稷 100,111,117,133
加藤櫻（日） 262,284
賈魯 149
賈誼　賈生 167,179,186,188,
　198,224,297,385
蹇叔 321
劍華道人 367
江東老劍　老劍 189
江東小劍　小劍 189
江慎修 57
江統 186,188
江淹 199
蔣寶豐 81
蔣超　蔣退闇　退庵 357—

附錄二　人名索引

364,366,368,369
蔣劍人　228,300
蔣同寅　50,72
蔣子蕃　224
角松（日）　190,201,288,399
桀　100,103,120
金保三　310
金炳釗　208
金桂仙　339
金静芳　静芳　253,254,332,337,339
金蘭生　239
金佩林　339
金晴舫　330
金萱　379
金元善　71
經蓮珊　237,323
錦瑟　379
敬亭　315
鷲津宣光（日）　262,286
聚米（英）　77,394—397
覺阿　323
俊星東　251

K

康基由　149
柯來泰　69,73
可爾敦（美）　396
可娛（日）　290
孔子　宣尼　66,134,137,167,

358,365,382,396
寇準　103
奎中丞　奎俊　24
夔　133,135,174,175

L

琅威理（英）　160
勞斯珂（英）　58
勒美里（西人）　107
棱伽山民　326
黎純齋　黎蒓齋　9,261,405
藜床舊主　管秋初　179,190,193
李安邦　44
李伯鳳　240
李長庚　18
李從矩　240
李旦　106
李丹崖　丹崖　120,308,318
李德裕　250
李鼎頤　52,54,60,61,64,81,231
李光弼　226,385
李國英　59
李賀　197
李鴻章　爵相　合肥相國　傅相　李爵閣督　中堂　49,50,58,65,74,84,111,122,125,138,147,148,151,152,259,293,299,320,322,341,

431

344—346,351,352,388—390,398

李金蘭 240

李金玉 332,334,339

李經邦 63,70,78,82,86,260

李經畬 365

李龍光 46,47

李密 188

李培禧 40

李若谷 149

李少梅 366

李士英 240

李提摩太(英) 33,165,351,359

李西鐸 33

李湘矜 334

李小池 181

李芋仙 芋仙 190,191,195,209,210

李元鼎 76

李貞姑 蓮芬 碧奴 240,242

李鍾珏 214

李柱相 240

李子木 81,266,346

李尊勖 149

理奶奶(英) 394

理雅各(英) 295,326,337,340,393

栗本鋤雲(日) 281,404,410

栗毓美 149

櫟園 周亮工 222

梁金池 237

梁縉堂 405

梁龍高 243

梁啓超 梁卓如 393

梁少亭 206

梁氏 梁鴻 409

梁孝王 21

廖斌卿 斌卿 310,311

列禦寇 57

林寶芝 382

林逋 265,291

林黛玉 黛玉 327,334,337,339

林桂芬 桂芬 330,332,334,336,337,339,345,377,378,380

林季賢 68

林樂知(美) 樂知 1,165,180,358—361,363,364,366—369

林清 110

伶倫 342

劉邦俊 64

劉大夏 149

劉翰飛 44

劉嘉樹 362

劉康侯 156

劉坤一 峴帥 24,71

劉石庵 316

劉薇 397

劉孝標 228

附錄二　人名索引

劉裕　18
劉淵亭　306
劉楨　253
柳下惠　288
柳宗元　柳州　248
婁敬　103
魯本盤　366
魯國壽　魯介彭　365—367
陸存齋　269
陸放翁　陸游　211
陸建瀛　130
陸卿雲　330
陸天隨　甫里散人　陸龜蒙　243
陸小寶　小寶　寶兒　327,334,337,339,345
陸雨生　327
陸月舫　月舫　廣寒仙娃　廣寒仙子　月中仙子　陸爲華　195,202,236,268,303,307,309,312,328—330,332,334,336,337,339,345,371,376—378,380
路易(法)　102
禄利哥(俄)　102
羅稷臣　369,370
羅小寶　王蘭生　330
羅豫章　44
羅毓林　63
維頡(英)　394,396
呂翠蘭　謝湘娥　306,309,327,339,379,380
呂鏡宇　154

M

馬建忠　眉叔　372,373
馬江香　358
馬祺　149
馬巧珠　336
馬少游　290
馬湘伯　180
馬湘蘭　270
馬援　77
瑪利(西人)　231
麥華佗(英)　394
賣糖阿大　156
毛奇(德)　102
孟光　278,409
孟孫　365
孟子　128—130,137,147,213,238,284
枚乘　202,401
梅瘦鶴　200
美查(美)　324
媚梨安(英)　394,397,398
苗賁皇　283
繆蕚聯　繆少初　231
明太祖　131
摩詰　王維　212
慕維廉(英)　77,165

433

N

拿破侖(法)　101,102,230,299,395
拿破侖第三(法)　121,233—235
楠本正隆(日)　295,408,409
倪明峴　208
倪耘劬　186
年羹堯　283
聶士成　111
聶仲芳　62,68,69,73,76,85,247,248,263,328
牛僧儒　牛相　250

O

歐陽驥　58
歐陽永叔　歐陽修　279

P

潘伯寅　361
潘敦　77,85,87,265,266,365
潘季馴　149
潘鏡如　鏡如　373,377,378,392
潘孺人　潘珠　媚蘭　素五　190
潘希曾　149
潘小禁子　155
潘偉如　偉如　潘霨　320,373,392

裴克廉　106
裴式模　71
裴秀　67
佩卿　372
彭翠芬　小翠芬　339
彭瑞芬　330
彭瑞熙　36,39,208
彭壽人　70,72,260
彭雪岑　212
彭雪琴　雪琴　彭玉麟　彭剛直　124,221,293,297,392
品川忠道(日)　405
蒲生絅齋(日)　重章　275

Q

戚繼光　279
錢大受　孟勤　68,346,381
錢琴齋　120
錢清臣　45
錢文霈　75
錢昕伯　昕伯　210,237,305,324,325,346,392,393
錢志澄　48,229
喬諸海覓爾登(英)　93
琴娥　256
琴西　221
琴溪子　248—252
秦始皇　101
秦武王　245,407
秦錫田　37

附錄二 人名索引

(清)穆宗　111
(清)聖祖　110,152
慶邸　122
秋山儉爲(日)　203
邱處機　251
裘日修　149
屈念祖　208
瞿昂來　36,37

R

任伯年　202
日下部東作(日)　鳴鶴　275
容閎　容純甫　367
儒蓮(法)　234
儒略·該撒(意)　230
阮籍　279
若耳治第一(英)　101
若耳治第二(英)　101
若耳治第三(英)　101

S

三條實美(日)　290
桑維翰　103
森君春濤(日)　408
沙列斯不雷(英)　93,94
單秉鈞　55
商霖　40,49
邵慕堯　44
邵筱村　邵友濂　35,42
邵子　54

佘都轉　298
申公　136
神農　21
沈能廉　瘦腰郎　327,330,
　339,340,355,377,378
沈尚功　85
沈嵩齡　沈小園　326,327
沈誦清　廣文　164,356
沈素香　素香　330,337
沈文熒　梅史　274,287
沈雲　花月吟廬主　苕溪花月
　吟廬主　178
沈仲復　60
沈仲禮　120
沈贅翁　贅翁　358—361,363,
　364,368
盛康　盛旭翁　327,382
盛宣懷　紫藤花館主人　杏翁
　杏憲　杏花仙吏　杏蓀
　39,44,54,63,72,80,260,
　267,268,295,298,300—303,
　304, 306—323, 325, 326,
　328—341, 344—347, 349—
　355, 357—364, 366—372,
　374,375,377—383,392,393,
　398
施本思(英)　50
施大真人　323
施少欽　237
石村貞一(日)　貞一　283

435

石敬塘　103
石曼卿　281
石丸(日)　316
史悟岡　228
瘦鶴詞人　178
舒君惺　246,247
舒立榮　246
舒太孺人　余氏　246
舒芷厚　246
叔向　402
舜　虞舜　15,99,110,114,
　　133,275,276,355,358
司馬遷　馬遷　子長　16,404
司馬温公　司馬光　245
司空表聖　司空圖　245
斯福得惱可得(英)　94
寺田望南(日)　望南　寺田宏
　　士弧　190—193,205,272,
　　288,407
松方正義(日)　205
宋道　149
宋高宗　87
宋景濂　274
宋素秋　339
宋太宗　100
宋太祖　171
宋玉　199,398
宋子　128
宋子香　253
蘇東坡　眉州　230,250,376

蘇武　103
隋文帝　100
隋煬帝　100
孫桂寶　339
孫景康　41
孫蕖田　221
孫少襄　315,317
孫廷璋　59
孫維新　51,69,71
孫文玉　189
孫休　269
孫嶼芝　330
孫玉庭　18
孫兆熊　78,87

T

譚中丞　393
湯忠憨　316
湯顯祖　玉茗　244
唐德宗　100
唐傑臣　370
唐傑紳　237
唐景星　34,138,187
唐泉伯　237
唐太宗　100,129,244
唐應星　394
唐芝田　329
太不華　149
桃琴(日)　288
桃葉　289

附錄二　人名索引

陶宏景　279
陶師韓　48,71,77
陶泉明　363
陶朱　143,313
田嵩岳　晚霞生　255,256,348
田文鏡　283
聽秋聲館主　195
藤醇處厚(日)　284
藤田重遠(日)　332
藤野海南(日)　201
藤野正啓(日)　262

W

皖中願學子　201,202
萬玉田　173,182
汪桂芬　244
汪及光　208
汪蒲　208
汪穰卿　393
汪氏　127,177,222
汪子淵　362
王安石　王半山　280,359,399
王百穀　270
王充　16
王導　280
王敦　280
王藩清　琴仙　277,278
王輔才　58,60,83
王恭壽　36,47,303
王珪　280

王儉(朝鮮)　檀君　106
王儉　280
王濬　18
王蓮舫　蓮舫　蓮君　麗裳　姚蓉初　蓉兒　芙蓉　芙蓉城主　鏡芙　鏡芙山姝　鏡芙閣主　195,254,256,268,303—307,309,327,330,339,345,355,377,378,380,401
王倫　283
王莽　21,280
王佩蘭　194,306,309
王慶麟　264,265
王紹蘭　75
王叔和　80
王松堂　小樓主人　185,186,210—212,305
王韜　天南遯叟　淞北玉魫生　無晦　子潛　仲弢　弢園老民　淞北逸民　紫詮　紫銓　甫里逸民　王紫翁　1,3,9,21,33—37,39—64,66—91,93,106,128,173—206,208—210,212,213,215,219,220,222—225,227—233,236,238,240,242—248,251—253,255,256,258—261,263—274,276—281,283—293,295,298,300—306,308—341,345,347—365,

437

367—377，379—383，385—411
王惕齋　316，317
王天保　208
王菀生　211
王薇卿　339
王維楨　208
王蔚亭　237
王文成　280
王文韶　王夔石　353
王五寶　339
王西清　223
王獻之　王獻　子敬　281，289
王襄　56
王小鐵　222
王雅卿　195，202
王雁臣　237
王益三　64
王永年　303，324
王韻香　339
王兆泰　208
王治本　黍園　漆園　277，278，280
王志中　35，208
王竹鷗　227
王尊　149，197，275
王佐才　37，40，47，50，53，208，308
威廉(英)　101
威靈士(英)　94

威妥瑪(英)　396
韋子筠　327
衛滿　106
魏絳　103
魏默深　16，18
魏青州　18
文道希　文廷式　390
文仙　337
文玉　194
文宗顯皇帝　咸豐皇帝　239
鄔阿桂　155
吳昌綬　36，208
吳獨遊　206
吳福茨　52，60，69，77，86，247，266
吳蘭生　237
吳蓮卿　339
吳佩蘭　334，339
吳佩香　佩香　202，330，332，334，337，339，345，380
吳蕊蘭　245
吳山子　326
吳小紅　309
吳新卿　327，330
吳雪野　241
吳元盛　30
吳贊成　151
吳子登　313
吳子和　學博　203
吳子蔚　202

附錄二 人名索引

吳佐清 88
霧裏看花客 185

X

西尾叔謀（日） 404
席子眉 237
先憂草堂主人 149
項文瑞 61
項藻馨 68,71,75,88
項子京 328
蕭仿 149
蕭何 87
小曼 290
小牧櫻泉（日） 404
小勝（日） 281,400
小鐵（日） 280,281,284,286—288,293,400
小萬（日） 288
小野長願（日） 小野侗翁 徵君 407,408
小園居士 193
謝鵬飛 謝隱莊 349,382
謝綏之 謝家福 銳止老衲 銳止 銳衲 295,323,339,349,368,372,374,378,379,381,391,392
謝筠亭 237
信吉（日） 288
星使城北公 318
徐炳咸 155

徐馥蓀 265
徐庚香 197
徐古春 177,187,197
徐宏甫 380
徐蕙珍 330
徐建寅 徐仲虎 120,318
徐介玉 245
徐進齋 250
徐景甫 264
徐乃枏 208
徐乃秋 265
徐善貞 327
徐少甫 徐兆蘭 堯峯采藥子 鄧尉鋤梅山人 263
徐漱珊 269
徐孫騏 385
徐調之 392
徐秀貞 謝素英 339
徐偃王 32
徐有功 149
徐毓才 264
徐芝生 313
徐祝三 徐華封 317
徐子靜 237
許春榮 370
許厓 208
許克勤 53,69,75,79,85,86,260
許壬瓠 許起 玉笛生 174,178,228,233,243

許庭銓　許象樞　72,89
許希逸　367
許仙屏　仙帥　河帥　146—148
許星臺　39,221
許玉庭　208
許玉瀛　35,208
許仲韜　179
薛定金　339
薛福成　薛叔耘　17,18,36,40,46,224,310,311,316
薛慰農　212

Y

亞腓烈（英）　101
亞力山德第二（俄）　102
偃師　244
嚴分宜　嚴嵩　399
嚴家駿　208
嚴九能　嚴久能　228,374
嚴上舍　305
嚴祥彬　208
嚴芝僧　197,202
嚴助　21
巖穀六一（日）　巖穀修　275
顏魯公　326
燕臬斯（英）　251
楊家禾　61
楊榮春　360
楊史彬　80,89,267
楊廷杲　楊子萱　301—303,305
楊醒逋　378
楊選青　56
楊延緒　208
楊毓煌　78
楊毓輝　52,54,55,58,60,70,75,76,78,81,82,84,86,247
楊子雲　揚子　揚雄　74,85,279
堯　15,99,106,110,114,133,283,358
姚葆卿　183
姚文棟　405
葉瀚　浩吾　68,69,75,79,84,351,365
葉瀾　68
葉慶頤　心儂　358
葉秋笙　211
葉耀元　葉子成　229,242
葉志超　111
一得居士　230
依第（英）　394,397,398
伊東蒙吉（日）　402
伊東祐亨（日）　402
猗頓　143,313
以利撒畢（英）　101
義律（英）　232
易寶甫　190
奕訢　恭親王　恭邸　320
意琴室主　194,199
殷箕子　106

殷之輅　41,59,70,82,88,266,365
尹翁歸　21
友成(日)　291
于邑　60
余易齋　305
俞樾　俞曲園　俞蔭甫　221,398,411
俞贊　61
虞姁　138
禹　15,16,18,65,122,130,133,146—151,182,280,351
玉(日)　玉姬　288,291,293
裕禄　111
元順帝　102
元獎　251
袁松濤　239
袁翔甫　倉山舊主　193,237,270
源光國(日)　274—276
圓山大迂(日)　349,371
遠藤(日)　316
惲南田　357

Z

宰予　311
曾根俊虎(日)　402
曾廣鈞　曾重伯　190,205,206
曾國藩　曾文正公　湘鄉相國　111,205,210,320,340,397

曾國荃　九帥　曾爵撫　曾宮太保　曾沅圃　53,253,293,297
曾惠敏　122
曾紀澤　曾劼剛　襲侯　158,242
曾子　134,367
增田貢(日)　岳陽　鳴謙　272—274,276—279,281—295,409,410
詹那(英)　394
湛牧師(英)　394
張白於　222
張春亮　252
張鳳壽　82
張桂卿　154,332,334
張涵中　37
張和卿　365—367
張焕綸　張敬甫　313
張玠　40,46,63,72,80
張君平　149
張駿聲　88
張凌　208
張蓮方　148
張鵬翽　149
張騫　82
張勤果　122
張蓉臺　196
張山耒　274
張少渠　378

張叔和　張俶和　373
張斯桂　魯生　272,274,277—280,282—284
張素雲　312
張旭　277,281
張曜　朗帥　111,301,310,311,313,315—319,329
張幼亦　230
張元　283
張趕　402
張之洞　香帥　香濤制軍　198,322,326,327,334—337,345,349—351,355,359,379,380,382,385,395
張子菁　284
張子明　疏影詞人　222
章皇帝　清世祖　順治皇帝　99
齋藤（日）　284
趙國樂　149
趙静涵　396
趙文仙　330,334,339
趙詒穀　208
趙宜春　334
趙元益　39,41
趙雲林　155
浙西逸民　227
鄭觀應　陶齋　88,346—349,360,366
鄭和　30

鄭鶴清　208
鄭其裕　47
鄭讓卿　237
鄭小同　290
鄭玉軒　207,249
鄭雲芝　339
之溪居士　244,245
中村雄助（日）　中村雄輔　332
鍾期　150
鍾天緯　鍾鶴笙　39,47,51—53,55,308,311,317
仲容　174
重野成齋（日）　安繹　275,284,404,410,411
周勃　21
周定王　150
周公　110,214
周海舲　249
周蘭卿　339
周企澄　208
周青士　206
周世宗　102
周太常　241
周廷華　208
周文王　文王　85,111
周武王　106
周逸卿　206
周翊祥　208
周幽王　100
周玉山　147

442

附錄二　人名索引

周玉珊　36
紂　100
朱昂青　310
朱昌鼎　43,59,62,79
朱澄叙　51
朱衡　149
朱静山　379
朱可石　206
朱梅生　298
朱瑞卿　330
朱少谷　327
朱世樾　208
朱舜水　朱之瑜　魯嶼　文恭
　　274,275,406,407
朱素貞　189
朱逸卿　海上紅棠館主　215
朱穎伯　298
朱有濂　62,247,248
朱震甲　47
朱正元　67,259
朱稚村　202
朱子　128,275
諸葛亮　諸葛武侯　武鄉侯
　　武侯　111,214,238,355
祝聽桐　175
祝擷珊　310
莊周　莊子　174,396
子産　135
子貢　134,143
子路　355
子夏　135
子興氏　265,318
宗元幹　290
鄒翰飛　鄒弢　178,314,317,
　　318,327
鄒忌　355
鄒夢南　206
鄒紹曾　41
鄒衍　16—18,181
祖沖之　57,214
左孟辛　326
左清石　326
左小玉　339
左忠訓　44
佐田白茅（日）　白茅　291,
　　292,405